中國学術思想 研究輯刊

三八編

林慶彰 主編

第5冊

立命與經世：黃道周的思想世界

楊肇中 著

花木蘭文化事業有限公司

國家圖書館出版品預行編目資料

立命與經世：黃道周的思想世界／楊肇中 著 -- 初版 -- 新北
市：花木蘭文化事業有限公司，2023〔民 112〕
序 2+ 目 4+274 面；19×26 公分
（中國學術思想研究輯刊 三八編；第 5 冊）
ISBN 978-626-344-393-8（精裝）
1.CST：（明）黃道周 2.CST：學術思想 3.CST：儒學
030.8　　　　　　　　　　　　　　　　112010413

ISBN-978-626-344-393-8

9 786263 443938

中國學術思想研究輯刊
三八編　第 五 冊　　　　ISBN：978-626-344-393-8

立命與經世：黃道周的思想世界

作　　　者　楊肇中
主　　　編　林慶彰
總 編 輯　杜潔祥
副總編輯　楊嘉樂
編輯主任　許郁翎
編　　　輯　張雅淋、潘玟靜　美術編輯　陳逸婷
出　　　版　花木蘭文化事業有限公司
發 行 人　高小娟
聯絡地址　235 新北市中和區中安街七二號十三樓
　　　　　　電話：02-2923-1455／傳真：02-2923-1452
網　　　址　http://www.huamulan.tw 信箱 service@huamulans.com
印　　　刷　普羅文化出版廣告事業
封面設計　劉開工作室
初　　　版　2023 年 9 月
定　　　價　三八編 16 冊（精裝）新台幣 42,000 元

立命與經世：黃道周的思想世界

楊肇中　著

作者簡介

楊肇中，本名楊毓團，男，1977 年生，江西南昌人，南京大學歷史學博士，現任福州大學中國思想文化史研究所所長，教授、研究生導師；兼任教育部學位中心論文評審專家、福建省哲學學會理事、福州市船政文化研究會副會長。2014 ～ 2016 年，在復旦大學中國史學科從事博士後研究；2018 ～ 2019 年，任臺灣「中央研究院」中國文哲所訪問學人。近年主要研究領域：中國思想史、儒家哲學、政治哲學。在 CSSCI 等各類核心期刊上發表學術論文 50 餘篇；其中，《新華文摘》《人大複印報刊資料》等權威期刊轉載論文多篇。出版學術專著有《歷史觀照中的經世儒學》《舊邦新命——儒學公共精神的現代展開》等；主持完成國家社會科學基金項目 1 項，主持福建省社會科學基金重點項目 1 項；參與或主持其他國家、省部級項目多項。2015 年，獲第五屆全國「中國政治思想史論壇」優秀論文二等獎；2017 年，獲福州大學第六屆「傑出青年教師」勵志獎；2021 年，獲福建省第十四屆社會科學優秀成果獎（著作）。

提　要

　　本書基於思想史與社會史相結合的研究進路，構建晚明大儒黃道周的多維度思想世界，分別從黃道周的學問人生、心性論思想、易學與陰陽五行思想、禮學思想與史學思想等方面，著力呈現了一個儒者「立命」與「經世」的濃鬱情懷。

　　作者在進行思想闡釋時，敏銳地把捉黃道周的問題意識，將重建晚明天人秩序作為其再造儒學新生命的有效路徑。大體而言，王學末流近乎佛禪的學風導致晚明儒家社會道德的深重危機。這一對於儒學陷溺於「異端」之說的焦慮，是黃道周問題意識的起點，引致他「救之以六經」。在某種意義上，六經的宗旨在於探明天人之際，建構理想的天人秩序。然而，儒學陷於空幻玄蕩之境與政治社會的紛亂衰頹無不表徵理想天人秩序在晚明的失落。如上情形引燃黃道周致力於儒學重建的激情。

自 序

　　黃道周，字幼玄，號石齋，福建漳浦人，乃晚明一代大儒，其學貫天人，極博窮微，經史百家，無不隨問闡發。其生前即富於盛名，與黃宗羲的老師劉宗周，並稱晚明「二周」。

　　我與黃道周先生的緣份，始於十五年前在南京大學攻讀博士學位時。我師從著名思想史家許蘇民先生，研習明清思想史。業師治學嚴謹、視野開闊，在諸多研究領域均有獨特創見。記得我剛入學不久，為博士學位論文選題之事，去請教許師。他對我說，曾與日本大東文化大學河內利治教授一起參加學術會議，在談到當下學界對黃道周思想研究甚少情狀時，頗多感慨，希望後來者於此有所推進。雖然，河內先生是一位在書法研究上頗有造詣的學者，但他關注黃石齋，不僅是因為黃氏書法在整個中國書法史上的重要地位，而且也認識到其思想更是獨步晚明學界。職是之故，業師建議我嘗試研究一下黃石齋。後來，隨著所搜集的相關文獻資料的增多，我對黃道周思想逐漸產生了濃厚的研究興趣。因此，黃道周思想研究遂成為我的博士學位論文選題。這一研究選題，讓我真正嘗到了在古代原始文獻中一點點爬梳思想的艱辛與有得之後的激動與欣喜滋味。這即是作為一個研究古代思想史的學人，所必須具有的研究歷練。讓我感覺到自己在艱難困苦中得以不斷成長。而對當時這一研究心路歷程的描述，多年前曾寫過一段回憶文字，現摘錄如下：

　　　　南大館藏豐富，有著大量的黃道周著述文獻。除紙本外，相關電子版亦近一百五十萬言。尤記得在搜集文獻過程中，對電子古籍庫中凡涉及黃道周的各種資料，悉數將之複製出來，加以排版整理，前後花了一年多時間。最後，將這些資料複印、打印出來，邊讀，邊標點。開頭三個月，我雖天天泡在圖書館讀它，但卻一頭霧水，收穫甚少。其情形恰如黃宗羲所說：「學者而不能得其人之宗

旨，即讀其書，亦猶張騫初至大夏，不能得月氏要領也」。值此迷茫之時，偶得前輩學者指點：試試帶著問題去讀。這裡既指研究者本人的問題意識，亦指研究對象（歷史人物）的問題意識。於是，照此讀去，不久便稍有進展。一日，當我看到石齋先生對陽明後學進行批判的文字時，頓然心喜：原來其學術問題意識的起點即在於此。換言之，他的天人之學主要建基於對晚明時代陽明後學的學術流弊的反思與批判之上。其易學、陰陽五行說、心性論、禮學以及史學思想等無不與之相關。而後，循此以進，漸入佳境。

從某種意義上講，對於黃道周思想的研究將我帶入晚明那個風雲激蕩時代下斑駁陸離的思想史研究領域中。實際上，這個研究領域還有許多目前尚未釐清卻又頗值探索的問題。

接下來，需對於拙著的名稱做點說明。它是在我的博士學位論文基礎上修改而成的。當年提交論文答辯時的題目為「晚明天人秩序重建——黃道周儒學思想研究」。現在看來，從天人秩序重建的角度來探究黃道周儒學思想結構的邏輯理路，大體上是沒錯的。不過，從儒者「內聖外王」的思想旨趣出發，更可窺見黃道周經世思想建構的心路歷程。鑒於此，借這次修訂文稿之機，改用「立命」與「經世」兩個概念作為本書的正標題，並以「黃道周的思想世界」為副標題。其中，所謂「立命」即就儒者的「內聖」而言；「經世」則指涉儒者的「外王理想及實踐」。實際上，黃道周思想中的經世致用意識是非常鮮明的。一個儒者的整全性精神風貌在黃道周身上體現得淋漓盡致。此外，用「思想世界」這個概念，冀圖凸顯黃道周思想建構中的動態性。也就是說，它可以呈示思想建構與社會生活本身所存在著的互動關係，以及二者相互影響的複雜情狀。可以說，這一研究進路貫穿於拙著的各個章節。

誠然，就黃道周思想研究本身而言，僅僅是晚明思想史研究中的一個個案，但我相信，它對於整個明清思想史研究來說，或可提供一個深入探究且重構對是時歷史認知的新窗口。

最後，需要提及的是，承蒙極富文化理想與專業特色的臺灣知名出版機構——花木蘭文化事業有限公司的大力支持，拙著得以順利出版。在此，特致敬意與謝忱。

楊肇中

2022 年 12 月 9 日於福州大學旗山校區圖書館

目

次

第一章 緒 論

第一節 研究緣起

明清之際經濟、政治社會的劇烈變動，思想文化的紛繁與多元，深引學界關注。就思想史而言，如經世致用思潮、早期啟蒙思潮等迭相湧現。然而，在明清思想史研究漸為深入之時，如何進一步深化與開拓？在明清之際，是否存在著與以往研究面相不同的思想家及思潮呢？如果有，他們在思想上呈現出了哪些不同的面相，對後世產生了什麼影響呢？此外，在傳統文化的現代轉型過程中，我們應該以怎樣的態度去對待這些先賢的思想遺產？對於諸如此類問題的追問是筆者由來已久的學術興趣所在。

在某種意義上說，筆者是帶著這一學術好奇心跨入明清思想史研究領域的。起初，筆者汲汲於在學術研究的理論與方法上，尋求窺探上述問題的突破口。譬如，思想史與社會史如何結合與貫通，如何在哲學史與社會文化史中找到一種平衡？經過一段時間的摸索與體悟後，筆者漸漸領悟到：方法的創新固然重要，但是要建立在切實的文獻史料上。否則，猶如空中樓閣，沙上造塔。此外，欲開思想史研究新局面，需在個案上下工夫，經過深入研究一個個學界尚未深度關注的人物，而後加以總結，方可能提出一些新東西來，結論才能立得住腳。因之，筆者決心從歷史人物個案上入手。

而迄今學界對黃道周的思想研究得不多，與其本人在明清之際的影響力極不相應。〔註1〕不過，對於他的書畫研究倒是不少，而這在黃道周本人看來

〔註1〕黃道周生前即享盛名，頗負人望。這從時人對黃道周的評價中即可看出：崇禎朝敗亡後，南明政權初立，黃道周即被推許為堪當中興重任之臣。明代天

—1—

卻是其學問中無足輕重的事情。「作書是學問中第七、八乘事，切勿以此關心。」〔註2〕而對於其至為措意的第一二乘學問——經世儒學的研究，卻顯得冷清、寥落許多。個中緣由，頗值得探尋。總之，以上因素促使筆者將黃道周思想作為本書研究的對象。

確定將黃道周儒學思想作為研究對象，只是一個初步意向。至於如何下手，怎樣去開掘與清理他的思想遺產？具體而言，他是如何回應明清之際的時代思潮的？回應所依憑的思想資源是什麼？他思想中呈現出了哪些與同時代其他思想家不同的面相？他在晚明學術思想史上的影響與地位怎樣？這些都是本書在梳理黃道周思想時所必須作出的回答。

不過，就筆者粗淺的研究體會來說，在思想史上，對先賢思想資源的開掘及其在後世的影響力無一不表徵當下主體的興趣與關切。梁任公曾頗為睿智地點出：晚明顧、黃、王等人的思想在清末民初能夠得以復活，皆因時會使然。反映當下時代精神的思想根芽無疑會破土而出。而潛伏於地下者，只是未遇時而已。這可以說是思想史在演進過程中的一大特質。黃道周思想研究之現狀與價值亦可作如是觀。

在傳統文化的現代轉型過程中，傳統思想參與現代轉型或許是有次第的。當激進與保守二元對立的評判方法漸漸為學人所反思與修正之後，對於傳統思想文化資源的開掘，無疑會更趨於寬容與理性。在清末民初時期，黃道周沒有獲得像其晚輩顧（炎武）、黃（宗羲）、王（夫之）那樣的影響力，不是由於其思想不具有足夠價值，而是其學術性格在當時沒有燃起學人的興奮點。因此，其學術思想潛伏於是時諸種思潮之中，抑或處於邊緣地帶。相信在時遷世轉的當下，隨著學界研究的不斷深入，與文化重建態度的日益冷靜與理性，黃道周學術思想的價值將會逐漸得到人們的重視與進一步開掘。

啟舉人黎遂球曾向弘光政權，推許黃道周云：「且能使天下之人皆知有真忠孝，以立性命，此所謂三千一心，有何寇之足殄滅？今天下儒者之所推，固無如劉宗周、黃道周二臣矣。殿下誠以師禮待之，明示天下之人，以儒為重，將前此之竊儒生衣冠而無媿恥者，皆知反而求其真，得以為殿下應，且夫為此者於取天下之策，未嘗不善也。」（〔明〕黎遂球撰：《蓮須閣集》卷十四《上中興十事書》，清康熙黎延祖刻本。）清代學者章履仁亦說：「明季人物惟劉宗周、黃道周為士林儀表。」（〔清〕章履仁輯：《姓史人物考》卷九，清乾隆二十年刻本。）

〔註2〕黃道周：《書品論》，《黃漳浦集》卷十四《論、辨、考、說》，清道光十年（1830）福州陳壽祺刻本。

第二節　學術史回顧

　　黃道周去世至今三百六十餘年。對他的關注與研究大致可以分為如下兩個階段：清代與 20 世紀以降。

　　首先是清人有關黃道周著述文獻的整理成果。清初，其著述已被後人加以收集與整理，並撰有多種年譜、傳略。據廈門大學侯真平先生研究，有據可考的黃道周年譜有六種〔註3〕，黃道周傳記十九篇〔註4〕，今存或歷來著錄的黃道周的單行本 127 種，文集或其他著述結集若干〔註5〕，其中，收錄黃道周所著的詩文較為齊全的是清代福建陳壽祺編的《黃漳浦集》（50 卷）。乾隆四十一年（1777），黃道周被朝廷表彰為「一代完人」，其學術著述也大多被收錄進《四庫全書》〔註6〕。

　　但有關黃道周思想研究的成果卻屈指可數。主要有《明儒學案》與《四庫全書總目提要》中的相關論述等。《明儒學案》卷五十六《諸儒學案·忠烈黃石齋先生道周》一節中，摘錄了黃道周問答語錄體著述——《榕壇問業》中有關理氣、心性論部分，認為黃道周的學術貢獻在於批駁宋儒氣質之性的謬誤。黃道周主張，氣有清濁，質有敏鈍，不關性上事。這雖然擺脫了朱子性二元論之說的「拖泥帶水」的糾葛，但是，亦容易陷於無可把捉、操存的懸想境地。然而，黃道周心性論的價值卻不可忽視。正如黃宗羲所說，「有先生之學，則可；無先生之學，尚須商量也。」〔註7〕

　　清初孫奇逢、朱彝尊、李光地等對黃道周的學術思想也有所研究與評述。

〔註3〕黃道周年譜有六種：明洪思《黃子年譜》、明莊起儔《漳浦黃先生年譜》、清鄭亦鄒《黃石齋年譜》、清黃玉璘《黃忠烈公年譜》、清莊亨陽《黃忠端公年譜》、清金光耀等《先儒黃子年譜集成》。

〔註4〕黃道周傳記十九篇如下：黃景昉撰《黃道周志傳》、洪思《黃子傳》、查繼佐《閣部黃道周傳》、《黃道周傳》、黃宗羲《忠烈黃石齋先生道周》、張岱《黃道周後列傳》、屈大均《黃道周傳》、林涵春《黃道周傳》、邵廷宷、陳汝咸、鄭亦鄒、蔡世遠、楊陸榮、陳鼎、陳壽祺、徐鼒等均撰有《黃道周傳》，溫睿臨《黃道周列傳》、明史《黃道周列傳》、汪有典《黃相國傳》等。

〔註5〕至今存世的黃道周文集有：明洪思編《石齋十二書·黃子錄》，明李清訂、盧之頤校《黃先生進覽書四種》，清陳壽祺編《黃漳浦集》、清鄭開極編《石齋先生經傳九種》、清林廣顯等編《石齋先生經義四種》、清呂留良輯《黃石齋未刻稿》等。

〔註6〕據筆者查閱，《四庫全書》收錄黃道周著述有十種：《易象正》、《洪範明義》、《月令明義》、《表記集傳》、《坊記集傳》、《緇衣集傳》、《儒行集傳》、《孝經集傳》、《榕壇問業》與《三易洞璣》等。

〔註7〕（清）黃宗羲：《明儒學案》，中華書局，1985 年版，第 1334 頁。

如孫奇逢表彰其性命理學與氣節時說：「其邃於性命，精於詩文。人謂其節太奇，死太烈。理學先生，見幾明哲，似不如是之癡。忠到足色，方於理學無憾耳。捨忠節，別無理學之骨。死生去就，歸潔其身，豈可以一律論？忠節亦學也，事功亦學也，文章亦學也，莫不有孔子之道焉，是豈可以執一論哉？」〔註8〕孫氏在為《易象正》作跋時，對黃道周以《易》解《詩》、《春秋》的學術宗旨，表示了是時少有的認同：「後之讀《易》者，因羲、文、周、孔之卦、象、爻、彖，會而通之，神而明之，各從自己之心，以探大《易》之蘊。如周子之《太極圖》，則《易》之統體在圖矣。張子之西銘，則《易》之統體在銘矣。石齋讀《春秋》，《易》之統體在《春秋》。讀《詩》，《易》之統體在《詩》。謂《易》與《詩》、《春秋》合，失《易》之旨，並失石齋之旨矣。以天道徵於人事，自春秋迄今，《易》之實歷、象、數、性命，原一統事，非石齋其孰能研精至是耶？」〔註9〕他認為，黃道周這一學術理路，旨在會通《易》與《詩》、《春秋》三經之間的意蘊，而非拘泥於其表面文字。朱彝尊對黃道周的易學思想與詩才亦是不吝讚歎之辭：「先生機象之學，詞義深奧，後生或昧其指歸，詩才亦未免踦駁，要其光焰不啻萬丈也。」〔註10〕李光地對石齋思想也有著很值得注意的點評。他說：「其生平著書絕不可曉，蓋必得異人傳授，而以詩書文之，以見其非術數之學耳。」〔註11〕

其實，對於黃道周學術思想的研究，在清代乾隆之前，囿於政治敏感，學者大都不敢相與聞問。乾隆年間，當局出於政治與社會教化之目的，對於黃道周思想作了一定程度的正面宣傳。《四庫全書總目提要》對所收錄的黃道周著述進行一一點評。概言之，其認為黃道周的眾多學術著述價值在於如下三點：一、認定黃道周之學乃經世實學，「凡天文、地志、經史、百家之說，無不隨問闡發」，〔註12〕非好性命空談所能比擬；二、對於道周集解《禮記》五篇的解經方法雖不甚認同——認為其疏於訓詁考據，不合解經正軌，但是，其借經發義，聖人垂教、經世致用之心堪可彰揚；三、對道周著述的推崇，不僅是因其經世之價值，更因其人而重其書，這無疑與乾隆皇帝大力的道德表彰有關。

〔註8〕 （清）孫奇逢：《夏峰先生集》卷四《麟書鈔序》，中華書局，2004年版，第121頁。

〔註9〕 （清）孫奇逢：《夏峰先生集》卷九《跋黃石齋易象正》，第329～330頁。

〔註10〕 （清）朱彝尊：《靜志居詩話》卷二十《黃道周》，清嘉慶扶荔山房刻本。

〔註11〕 （清）李光地：《榕村語錄續集》卷八《歷代》，清光緒傅氏藏園刻本。

〔註12〕 （清）紀昀：《欽定四庫全書總目》卷九十三，《榕壇問業》，中華書局，1997年版，第1231頁。

「黃道周立朝守正，風節凜然，其奏議慷慨極言，忠藎溢於簡牘，卒之以身殉國，不愧一代完人。」〔註13〕乾隆朝廷的這一正面肯定，為黃道周在道光年間從祀孔廟奠定了政治基礎。道光五年二月十六日，禮部奏疏云：「道周以致知為宗，而止宿於至善，確守朱熹之道脈，而獨溯宗傳。」〔註14〕將黃道周納入朱熹理學的範圍之中。在筆者看來，這在很大程度上指出的是黃道周思想中的個別面向，而不是其學術的全景式圖像。

　　清代嘉、道年間學者蔣湘南〔註15〕對黃道周思想的研究較為深入，深得黃道周思想之奧旨，且對之推崇備至。蔣氏認為，「漢代通天地者，祇鄭司農一人，鄭公而後二千年始得漳浦黃公」，「其學足以開物成務，彰往察來。」〔註16〕蔣氏不但在學術價值的體認上，而且在文學造詣上也不吝讚美之辭。他「於先生之文，尤竭力崇拜。謂史遷而後，僅有明之王弇州、國朝之陳恭甫與先生鼎足三人。然王才高而學不足以副之；陳學淹而才不足以運之；才、學兩造其極，聲色臭味，無一不左、國、秦漢者，先生一人而已」。〔註17〕這是筆者至今所見到的對黃道周學術成就的最高評價。蔣氏將黃道周學術思想放在中國幾千年學術思想史上加以評價，確定其在學術史上的地位。誠然，隨性情所偏，各有所好。蔣氏這一評斷在某種程度上不可避免地帶有其自己的喜好。但其論定黃道周學問氣象博大、旨蘊深廣，是為史不多見的一代通儒的評騭頗中肯綮。

　　此外，清代學者鄭方坤編《全閩詩話》、蔣垣撰《八閩理學源流》、李清馥撰《閩中理學淵源考》等對黃道周思想均有論及，此不贅述。〔註18〕總之，明、

〔註13〕（清）陳壽祺編：《黃漳浦集》卷首，《乾隆四十一年十一月十七日論文》。

〔註14〕（清）陳壽祺編：《黃漳浦集》卷首，《道光五年二月十六日禮部謹奏》。

〔註15〕蔣湘南（1795～1854），字子瀟，回族，河南固始人。關於蔣子瀟學術思想之大略，近人夏寅官（1866～1943）有云：「先生之學，自經史、象緯、律曆、輿地、農田、禮制、兵刑、名法以及釋、道、西、藏，一一尋源沿流，究其得失。學博，故見無不大；識精，故論無不平；氣盛，故辭無不達，誠大河南北之巨儒。已所著書，解經者十之四，辨史者十之三，衍算者十之二，述刑名、錢穀、河鹽諸大政者十之一。」（《碑傳集補》，1923年燕京大學鉛印本，引自白壽彝主編：《回族人物志》下冊附卷之八《碑傳題跋酬贈》，寧夏人民出版社，1985年版，第1365頁。）

〔註16〕（清）蔣湘南：《遊藝錄》卷二《大儒五人》，民國資益館鉛印本。

〔註17〕黃道周：《黃石齋書牘·序言》，上海廣智書局（1908年）光緒三十四年版，第1頁。

〔註18〕參見（清）鄭方坤編、陳節、劉大治點校：《全閩詩話》，福建人民出版社，2006年版；（清）蔣垣撰：《八閩理學源流》，武漢大學圖書館藏本；（清）李清馥撰：《閩中理學淵源考》，清文淵閣四庫全書本。

清兩代，對於黃道周的研究主要處於上文所說的文獻整理階段，真正在學術思想上加以深入研究者不多。

其次，近代以降，黃道周的思想影響已不能望清初顧、黃、王三人之項背，基本處於邊緣狀態。20 世紀初葉，談到黃道周者，大多出於反滿與抗擊列強侵略的需要，大力張揚其民族意識與氣節。20 年代，梁啟超曾在《中國近三百年學術史》中，述及學術思潮與政治環境的關聯時，提及了黃道周等一批受陽明學影響的南明學者為保持民族人格所作出的重要貢獻。〔註 19〕他並沒有涉及黃道周思想及其在學術史上的地位問題。30 年代，面臨日本南侵之勢，郁達夫在福州亦慨然賦詩：「閩中風雅賴扶持，氣節應為弱者師。」〔註 20〕極力表彰黃道周的民族氣節。

20 世紀中期，較早涉及黃道周學術思想研究的，當屬鍾泰的《中國哲學史》。但是，其討論極為簡略。〔註 21〕40、50 年代，關於黃道周思想研究的著作，約略有二部：一為容肇祖先生著《明代思想史》；一為臺灣學者葉英撰《黃道周傳》。〔註 22〕其中，容肇祖先生將黃道周放在整個明代思想史的脈絡中加以考察，將黃道周定位為明末理學家，在理學範圍評定其思想價值：一、黃道周學說走的是對程朱理學與陸王心學修正的路子，強調其注重踐履求實的特徵。如「黃道周出自南閩，所受朱熹的遺風餘澤感化不少，又懲王派末流以虛談為見性明心之弊，故重踐履及躬行。」〔註 23〕二、黃道周學術具有向內的性格，「走玄妙的路徑」追求本體——至善之性的實現。在這一點上近於陽明而遠於朱子，其「格物致知」之解等同於陽明「致良知」之說，具有明顯的唯心論傾向；三、道周「慎獨」這一心性修養的學術旨趣，直接導致其後來不識兵務，被殺完節的局面。總之，容氏在理學的視域中認為黃道周思想的開創性不足，將之歸為「平時袖手談心性，臨危一死報君王」的理學士大夫之列。平心而論，容氏對於黃道周思想的研究並沒有超出黃宗羲的範圍。其僅取《榕壇問業》中心性部分而論之。

20 世紀 80 年代以後，相關研究成果漸為多出。其主要論著有：侯外廬主

〔註 19〕梁啟超：《中國近三百年學術史》，天津古籍出版社，2003 年版，第 15 頁。

〔註 20〕詹亞園：《郁達夫詩詞箋注》，上海古籍出版社，2006 年版。

〔註 21〕參見鍾泰：《中國哲學史》，商務印書館，1929 年版。

〔註 22〕參見容肇祖：《明代思想史》，齊魯書社，1992 年版；葉英：《黃道周傳》，大明印刷局，1959 年版。

〔註 23〕容肇祖：《明代思想史》，齊魯書社，1992 年版，第 317 頁。

編《宋明理學史》（1987 年）、王煜著《新儒家的演變——宋代以後儒學的純與雜》（1990 年）、廖名春等著《周易研究史》（1991 年）、日本學者福本雅一著《明末清初二集》（1993 年）、侯真平著《黃道周紀年著述書畫考》（1994 年）、侯真平、婁曾泉點校《黃道周年譜附傳記》（1999 年）、王壽南主編《中國歷代思想家（十四）——高攀龍、劉宗周、黃道周、朱之瑜、黃宗羲、方以智》（1999 年）、李書增等著《中國明代哲學》（2002 年）、陳來著《中國近世思想史研究》（2003 年）、翟奎鳳著《以易測天——黃道周易學思想研究》（2012 年）、楊肇中著《天人秩序視野下的晚明儒學重建——黃道周思想研究》（2013 年）、陳良武著《黃道周學術思想與文學研究》（2015 年）、許卉著《黃道周哲學思想研究》（2016 年）、鄭晨寅著《黃道周與朱子學》（2021 年）等。〔註24〕

　　首先，在上述論著中，有關黃道周文獻整理與研究的專著有侯真平先生的《黃道周紀年著述書畫考》（1994 年）和《黃道周年譜附傳記》（1999 年）二書。前者著重從文獻考證學角度對黃道周的生平、字號、親族、紀年、著述類別、版本以及書法繪畫進行了一一翔實的考證；後者對洪思等人所作《黃道周年譜》及其各種傳記等進行了點校與歸類。尤其是《黃道周紀年著述書畫考》一書，為後來研究者提供了諸多文獻資料與研究成果上的便利。同時，也正如有

〔註24〕 參見侯外廬等主編：《宋明理學史》，人民出版社，1987 年版；王煜著《新儒家的演變——宋代以後儒學的純與雜》，香港中文大學出版社，1990 年版；廖名春等著《周易研究史》，湖南出版社，1991 年版；福本雅一著《明末清初二集》日本同朋社，1993 年版；侯真平著《黃道周紀年著述書畫考》，廈門大學出版社，1994 年版；侯真平、婁曾泉點校《黃道周年譜附傳記》，福建人民出版社，1999 年版；王壽南主編《中國歷代思想家（十四）——高攀龍、劉宗周、黃道周、朱之瑜、黃宗羲、方以智》，臺灣商務印書館，1999 年版；李書增等著《中國明代哲學》，河南人民出版社，2002 年版；陳來著《中國近世思想史研究》，北京商務印書館，2003 年版。除此之外，還有王蘧常主編《中國歷代思想家傳記匯詮》，復旦大學出版社，1993 年版；劉蔚華主編《中國儒家學術思想史》，山東教育出版社，1996 年版；張善文著《歷代易家與易學要籍》，福建人民出版社，1998 年版；周建忠等著《楚辭學通典》，湖北教育出版社，2002 年版；陳慶元著《福建文學發展史》，福建人民出版社，1999 年版；楊海英著《洪承疇與明清易代研究》，北京商務印書館，2006 年版；張兵著《洪範詮釋研究》，齊魯書社，2007 年版；陳方既著《書法美學思想史》，河南人民出版社，1994 年版；劉北成主編《中國書法全集·黃道周卷》，榮寶齋出版社，1994 年版；黃淳著《中國書法史·元明卷》，江蘇教育出版社，2002 年版；馬琳等著《黃道周》，臺灣石頭出版社，2006 年版。上述書籍中，屬於純傳記、書畫藝術類。或略有論及黃道周的，僅存其目，文中均不作詳細介紹。

的學者所說，該書是作者集十年功力而成的學術考證之作，頗有文獻考證學意義上黃道周研究的補白之功。〔註25〕此外，還有翟奎鳳整理的《易象正》（2011 年）、翟奎鳳、鄭晨寅、蔡傑整理的《黃道周集》（2017 年）等。

其次，80 年代至 21 世紀初，大多論著以某一章或節的形式，對黃道周生平與學術思想特點等方面進行了簡要介紹與論析。

《宋明理學史》一書分別從黃道周的自然觀、易學思想、格物致知論、道德修養論、人性論等五方面進行論述，指出其心性學旨在調和朱、陸，但傾向於朱。道德修養論和人性論與其時諸多理學家並無二致。該書特別指出黃道周之自然觀與認識論頗與理學背反，其象數易學思想在實測精神與神秘主義之間充滿著張力。該書較之以前，涉及頗為全面。

王煜著《新儒家的演變——宋代以後儒學的純與雜》主要針對黃道周的倫理政治思想，分別從十二方面進行了全面的剖析，如仁義功利、禮樂征伐、知人、君親、文臣武將、朋黨、德刑、軍刑、禍福、道業、春秋孝經、姦臣等。

《中國歷代思想家（十四）——高攀龍、劉宗周、黃道周、朱之瑜、黃宗羲、方以智》一書，帶有傳記性質，但對黃道周學術思想亦稍有涉及，如探討黃道周致知的本體、性與氣質之辯均不脫《明儒學案》與《明代思想史》兩書範圍。

李書增著《中國明代哲學》論黃道周思想中的人性論、格物致知論與氣本論等多與《宋明理學史》相同。

陳來著《中國近世思想史研究》對黃道周的生平、著述以及學術傾向作了簡要介紹，並且從性與氣質、心性定靜、戒懼慎獨、樂律以及名學論等方面論析黃道周複雜的思想體系。尤為值得注意的是，陳氏指出道周不同於主流理學家的諸多面相，如其學術性格中具有較強的「藝文性」，學術意識直接先秦諸子，易學思想亦頗為獨到，總之，「他（黃道周）的思想雖然是明代儒學的一支，但確非理學所能範圍者。」〔註26〕這一論斷對於黃道周思想的體察無疑是頗具洞見的。

再次，近十年來，學界對於黃道周思想研究的專著日益增多，主要涉及其儒學、易學、理學、經學與文學等方面。從一定程度上，將黃道周學術研究領域推向深入。

〔註25〕燕源：《〈黃道周紀年著述書畫考〉評介》，《中國史研究動態》，1997 年第 9 期。
〔註26〕陳來：《中國近世思想史研究》，商務印書館，2003 年版，第 544 頁。

最後，在論文成果方面：據中國知網統計，截至 2022 年 11 月，涉及「黃道周」這一關鍵詞的共有 773 篇，以黃道周為研究論題的有 330 篇，其中優秀博士論文全文數據庫 1 篇，碩士論文 31 篇。〔註 27〕這些成果中涉及黃道周的歷史生平、書畫藝術、文學、科學理論及其思想等方面，但就本書所論黃道周思想方面，論文數量甚少。其中，袁爾矩先生的《黃道周與劉宗周哲學思想比較》(《甘肅社會科學》1989 年第 5 期) 一文。該文通過比較研究的形式，闡明了黃道周在本原論、氣質論、鬼神論與致知論等方面的思想特色。

20 世紀 80 年代以降，黃道周學術研討會召開 3 次，並編輯了相關學術論文集。它們大多在黃道周生平、政治活動、倫理道德、書法、易學以及自然科學等方面作了簡要論述。〔註 28〕這也為對黃道周思想的深入研究打下了一定基礎。總體而言，學界對黃道周思想的研究不夠重視，至今仍是明清思想史研究中的冷門。

揆諸古代學術思想史，古人學術創新的規則總是寓於復古之中。學者往往在復歸古典精神的過程中，獲致一種創新的能量。而中國幾千年學術思想面相繁多，復古內容亦相當複雜。黃道周學術思想以今文經學為主，兼綜漢、

〔註 27〕 本文所指中國知網統計數據，僅限於中國大陸部分，不包括港臺及海外其他地區。其中涉及黃道周的歷史生平、書畫藝術、文學、自然科學理論及其思想等方面，其思想方面論文有：袁爾矩：《黃道周與劉宗周哲學思想比較》(《甘肅社會科學》，1989 年第 5 期)；張啟琛：《論黃道周的民本思想》(《東南學術》，1992 年第 6 期)、《論黃道周改良現實的思想武器》等。大陸博士論文未上知網或已出版的，不在統計之列。另外，據筆者目力所及臺灣地區有相關碩士論文有 4 篇：韓學宏：《黃道周經世思想研究》(臺灣政治大學中國文學研究所碩士，1993 年)；廖益賢：《黃道周書法之研究》(臺灣文化大學歷史研究所碩士，2001 年)；楊智任：《黃道周孝經集傳研究》(臺灣高雄師範大學國文學系碩士，2004 年)；賴曉雲：《從黃道周書〈孝經〉論其書法藝術》(臺灣大學藝術史研究所，2004 年)，此部分參見漳州城市職業學院鄭晨寅副教授的《黃道周研究現狀述略》，《閩臺文化交流》，2008 年第 3 期。

〔註 28〕 自 1985 年以來，黃道周學術研討會共舉辦 3 次。第 1 次，1985 年 3 月 9～11 日，福建漳浦縣紀念黃道周誕辰 400 週年學術研討會，並編有《黃道周研究論叢》；第 2 次，1995 年 3 月，在福建東山縣召開紀念黃道周誕辰 410 週年學術研究會，編有《黃道周研究文集》；第 3 次，2006 年 11 月 26～28 日，福建江夏黃氏源流研究會在漳州召開黃道周學術研討會，並出版《黃道周學術研討會論文集》。以上內容可參見：結利：《黃道周誕辰四百週年紀念大會暨學術討論會在漳浦召開》，廈門大學學報，1982 年第 2 期；金鳴：《東山召開黃道周學術研討會》，漳州師範學院學報，1995 年第 3 期；溫欣：《黃道周學術研討會在漳州舉行》，登載於《福建日報》電子報，2006 年 12 月 1 日。

宋。但就其思想整體的特性來說，其復古之意毋寧在以漢代象數易學以及劉向、董仲舒陰陽五行說建構其學術思想體系。而這一學術體系的建構在科學大行其道的近現代歷史上，被視為神秘主義之學，迷信、荒謬之學。正如梁啟超在《陰陽五行說之來歷》一文中所說：「春秋戰國以前所謂陰陽所謂五行，其語甚希見，其義極平淡。……然則造此邪說以惑世誣民者誰耶？其始蓋起於燕齊方士，而其建設之，傳播之，宜負罪責者三人焉。曰鄒衍，曰董仲舒，曰劉向。」〔註29〕一向頗為冷靜寬容的梁任公於此情緒異常激越。這不能將之視為偶然現象，實緣於近代以降人們的普遍心理。故此，對於所謂反科學的神秘主義的拒斥，才是黃道周思想近百年來被蒙上塵沙，未能充分開掘的主要原因。不過，頗為弔詭的是，從黃道周的學術思想傾向來看，卻又表現出對自然科學尤濃的興味。因此，人們對於中國傳統的陰陽五行思想實有再認知、再反思之必要。

迄今，學界關於黃道周的研究雖涉及較廣，如易學、理學、經學、文學藝術等等，但對其思想作相對全面系統、整體性研究的成果不多。實際上，對於黃道周博大的思想體系來說，整體性研究或許更能窺見其在晚明時代的學術貢獻，彰顯其在整個明清思想史上的重要地位。

第三節　研究意義與方法

迄今，黃道周思想的研究成果雖然較少，但是近年來，卻漸漸受到當下試圖突破明清思想史研究傳統範式的學者的重視。本書以黃道周思想為研究對象主要基於如下幾點考慮：一、目前學界對黃道周思想研究頗為不夠，這既為研究帶來了挑戰，又呈現了頗大的開拓空間；二、當下明清思想史研究，在人物個案與學術、社會思潮研究的開掘程度有限，所得出的研究結論亦似乎大有值得商榷的地方。誠如有的學者指出，「長期以來，明代學術史整個為陽明心學所籠罩，甚至成為明代學術的代名詞了，而事實上，是時經學、史學、天文曆算學等均取得相當高的成就。所以，亟需在中國學術史大背景下，重新考察明代學術的發展流變歷史。」〔註30〕而這一問題的解決，必須通過大量的個案

〔註29〕梁啟超：《陰陽五行說之來歷》，《飲冰室文集之三十六》，《飲冰室合集》，中華書局，1989 年版，第 56 頁。

〔註30〕李聖華：《重估明代學術價值，建構「明學」研究新體系》，《鄭州大學學報》（哲學社會科學版），2005 年第 9 期。

研究，甚或區域性社會史料的發掘，來跳出學界原有的理論框限，進而補充、豐富甚或修正當下學界對明清思想史、社會史的認知。而筆者研究黃道周儒學思想的主要鵠的亦即在於此。

就所接觸到的黃道周思想文本來說，他的理學思考僅為其龐大學術體系中之一隅。儘管他與晚明諸多學者、思想家面對共同的時代問題，但是，其問題意識及其所映現出來的學術性格頗為殊異。正如陳來先生所說，「其藝文性較強，上接先秦子學，確非理學所能範圍。」〔註31〕而這一學術面相在今天仍未被開掘出來。如其得以開掘，不僅可以加深我們對「天崩地解」的晚明時期思想文化演變脈絡的理解，而且對傳統文化的現代轉型過程會有更為理性而清晰的認知。譬如，在儒家思想中，作為外在規範的「禮」與內在體證的「仁」如何進行「去神秘主義化」的貫通？〔註32〕晚明時期，面對儒學中朱子學與陽明學日益被反思與修正，道家與陰陽家思想如何把握時機，參與是時儒學重建？近代以降，科學實證思維與陰陽五行的神秘主義之間存在著怎樣的內在緊張？這些問題都是可以通過對黃道周思想的研究而得到一定程度上的清理的。

本書研究主要依據對原始文本史料的解讀，在前人研究的基礎之上，嘗試提出自己的新觀點。在研究過程中，本書致力於以下三種方法的運用：

第一、注重思想史與社會文化史相結合。侯外廬先生主張將哲學思想、邏輯思想與社會思想三者相統一於中國思想史研究之中，頗具睿見。〔註33〕隨著思想史研究的深入與學界交流的加強，學者們對社會與思想互動的思想史研究方式似乎漸成共識。中國大陸哲學史路向的思想史研究大體傾向於觀念史、精神史。而西方思想史研究基於對中國思想史家純哲學的研究路數的批

〔註31〕陳來：《中國近世思想史研究》，商務印書館，2003 年版，第 544 頁。

〔註32〕縱觀中國幾千年歷史，儒家思想中，儘管具有濃鬱的人文主義色彩，但是仍不可否認，同時它也具有某種程度的神秘主義的東西。如「天命」這一觀念。只是孔孟以後，尤其是漢代董仲舒以降，結合道家自然主義、陰陽五行家等思想，漸漸走向了一種去「神秘主義化」的路子。即使是講天人感應思想，也是以史為徵，而非漫天雌黃。它的人格神意識是在逐漸被淡化的。這也是中國古代自然科學得以不同程度的發展的重要表徵。如黃道周在弟子們問到「鬼神」一事時，不是存而不論，而是明確指出，「鬼神」之名，實際上就是中庸之「誠」，是神道設教的方法。「恐人忒離了，中間指出鬼神淺淺在人心目，使隱怪收其伎倆，小人吐其精誠。」（黃道周：《榕壇問業》卷五，清乾隆刻本）

〔註33〕參見侯外廬：《中國思想史通史・序》，人民出版社，1957 年版。

評上，提出了應更多關注思想的歷史脈絡的觀點。〔註34〕本文認為，二者應該進一步融合起來，合則兩美，離則雙損。在思想觀念的演變中，尋找社會影響的痕跡與其自身運轉的內在學術理路；在時代嬗變中，捕捉思想觀念的深層動因，以及思想是如何回應時代變遷的。既重視學術思想本身發展的內在理路，也注重時代背景，甚至是頗為微觀的生活經歷，對人物思想演進發生影響的一面，將社會史與思想史加以有機整合。在重構歷史人物生活場域中，對其思想世界加以鮮活的再現。譬如，黃道周的思想就帶有非常明顯的青少年生活經歷的印跡，及其地域文化色彩。否則，他學術思想中的諸多面相將很難得到合理解釋的。為此，本文還引入了「日常生活世界」概念來貫徹這一方法論，〔註35〕將黃道周思想發萌與演進的闡釋，嵌入他的個人微觀生活史之中，而不僅僅是訴諸於純粹哲學概念的抽象思辨來建構他的思想體系。

第二、注重思想譜系學分析方法的運用。本文運用譜系學分析方法，旨在釐清黃道周龐大思想體系中的學術淵源及其發展演變的脈絡與影響。藉此，進一步分析其在應對時代挑戰中的價值與意義以及思想的生命力。

第三、歷史語境法。在思想史研究中，以英國著名學者昆廷·斯金納為代表的劍橋學派提出了一個被芬蘭學者帕羅內稱之為「斯金納的革命」的研究範式。它不同於對傳統經典文本詮釋的「觀念史」研究，採取的是歷史主義的研究法：「從思想家文本中來研究思想家的思想轉換為研究思想家在什麼狀態下創作出了這樣的文本，使用這樣的詞彙來表達自己的思想。這也意味著要將思想家的文本（text）放在其所處的語境中（context）來研究。這樣的研究方法也被稱為『語境主義』（Contextualism）。」〔註36〕如果說，上述思想史與社

〔註34〕該觀點可參考，（美）艾爾曼：《中國文化史的新方向：一些有待討論的意見──代中文版序》，《經學、政治和宗族──中華帝國晚期常州今文學派》，江蘇人民出版社，1998 年版。

〔註35〕「日常生活世界」這一概念，標誌著 20 世紀哲學理論的一個重大轉向，許多西方哲學家為了應對現代理性文化主義的危機，紛紛將目光投向胡塞爾開創的「日常生活世界」理論。而在中國上世紀八十年代以降，因應現代化進程的文化批判與啟蒙，提出了邁向「日常生活世界」的文化哲學理論。而本文借用「日常生活世界」這一概念的主要目的就是，試圖擺脫在思想史研究領域中，由純粹抽象概念的思辨來構築思想體系的哲學闡釋模式。本文嘗試在日常生活世界的思維模式下，通過黃道周思想這一個案，建構社會與思想互動的思想史研究範型。

〔註36〕李宏圖：《語境·概念·修辭──昆廷·斯金納與思想史研究》，《世界歷史》，2005 年第 4 期。

會文化史相結合的研究方法僅就對黃道周思想的宏觀層面而言，那麼，歷史語境法就是針對黃道周思想文本中的細微層面、甚至一個小小的概念進行語境重建，儘量以思想家自己的方式去將其所思所想和盤托出，而不是強作解人。譬如，考釋其製作文本時的情境與原因以及想達到什麼目的等等。這亦即是陳寅恪先生提出「同情」的真瞭解法吧。它要求「必神遊冥想，與立說之古人，處於同一境界，而對於其持論者所以不得不如是之苦心孤詣，表一種之同情，始能批評其學說之是非得失，而無隔閡膚廓之論。」〔註37〕總之，本文試圖真正貼近研究對象的真實，去近距離地與之對話、解讀其思想深蘊。

不過，筆者頗為認同美國著名思想史家本傑明・史華慈〔註38〕的一段話：「無論宋明思想的實際內容多麼富有新意。終歸是一種在解釋學傳統之內運行的思想，這種傳統對待古代典籍的態度是極其嚴肅的。……原始文本畢竟會為它的解釋者的思想加上確定的外在限制，鑲嵌在特定的充滿自我意識的傳統（如儒家）之內的正典文本體系，可以決定性地造就後代思想家面向世界時所依恃的問題意識。在文本和解釋者之間存在著一種永恆辯證的互動關係，因而任何對待解釋的真誠努力，都必然包含著對於文本本身的深切關注。只有通過這種方式，人們才能對變化的程度和性質作出判斷。說到底，我們必須仔細斟酌對於原始文本的理解，對文本的關注反過來又必定激發人們對於文本得以誕生的歷史環境的關注。」〔註39〕史華慈這段頗中肯綮的論說點出了思想史研究中的實質性問題，那就是對任何一種古代思想的研究都會融入後人的解釋學視野之中，充分凸顯學術研究者的主體性。但是，文本本身的意義就在於為詮釋者的思想遊歷提供了一種學術的「指南針」。因之，對於文本的關注又必然會產生一種復原文本歷史語境的學術訴求。如此環環相扣，或許這就是思想史研究的魅力所在。

總之，本書注重社會生活史與思想史互動建構的研究方法，以時間為經線，力求在黃道周個人微觀生活史中展現他的思想演進的歷程；以黃道周的思想文本為緯線，通過語境還原方法，在是時多元學術思潮中，重構他的天人之學。

〔註37〕陳寅恪：《審查報告一》，馮友蘭：《中國哲學史》（下），華東師範大學出版社，2000 年版，第 432 頁。

〔註38〕美國學者「本傑明・史華慈」，又被譯為「本傑明・史華茲」，本文遵從前者，統一在正文中用「本傑明・史華慈」，特此說明。

〔註39〕（美）本傑明・史華茲：《古代中國的思想世界》，江蘇人民出版社，2004 年版，第 2 頁。

第二章　晚明社會文化與學術思潮

第一節　晚明社會政治背景概述

　　朱明王朝在歷經二百多年的承平之日後，整個社會呈現出了巨大的內在緊張與無法聚合的離心力。如同其他朝代末世的情形一樣，它處於分崩瓦解的前夜。而是時思想文化亦變動不居，極為多元，且與社會變遷有著密不可分的關聯。正如高瑞泉先生所說，「思想史本質上是社會史的有機組成部分，所以思想史應該有最基本的社會史還原，至少是思想史應該有社會史的根據」。〔註1〕

　　學界在考量明清之際思想文化發生變遷的原因時，首先將目光投向於是時社會經濟的異動情狀。對此，自上世紀三十年代以來，前人已有非常豐碩的學術成果。學界一般認為，明清之際的思想文化領域發生翻天覆地的變化，源於其時自然經濟逐漸解體，商品經濟得到高度成長。這一情形在明代中葉就已露端倪。嘉靖年間，「商賈既多，土田不重」，「末富居多，本富益少」，「貿易紛紜，誅求刻核。」而至萬曆年間，則出現了「金令司天，錢神卓地」的景象。〔註2〕晚明時期，東南沿海的國際貿易的繁盛更加表徵了商品經濟得到了進一步的發展。「由於葡萄牙、西班牙、荷蘭人、日本人全面介入中國的對外貿易，使原先主要面向國內市場的商品生產，一變而為同時兼顧國內與國外兩個市場。因為外銷價格的高昂，利潤可觀，不僅帶動了內銷價格的上揚，而且刺激了產量的激增，使商品經濟的發展水平達到了前所未有的新高峰。」〔註3〕

〔註1〕郭湛波：《近五十年中國思想史‧導讀》，上海古籍出版社，2005年版，第5頁。
〔註2〕（清）顧炎武：《天下郡國利病書》卷三十二，《歙縣風土論》。
〔註3〕樊樹志：《晚明史》，復旦大學出版社，2003年版，第74頁。

　　晚明社會商品經濟的高度發展，在一定程度上刺激了人們對於奢靡物慾的追逐，進而影響到社會風習的更迭。譬如，「民間風俗，大都江南侈於江北，而江南之侈尤莫過於三吳」，京師「侈靡極矣」，杭州「侈靡日甚」。〔註4〕而對於傳統社會產生衝擊與挑戰的新觀念抑或新思想亦不可迴避地在學術思想與社會的互動中凸顯出來。總之，「伴隨著商品經濟的蓬勃發展，首先是出現了『復非名教所能羈絡』的社會生活，然後才出現『復非名教所能羈絡』的思想家。」〔註5〕

　　除了晚明社會經濟的變化對思想界產生重要影響外，政治局勢是一個不容忽視的考量因素。中國傳統的官本位思想與皇權專制意識形態無疑具有十分優勢的資源整合力。政局的走向與學術思想的演遷似乎永遠有著至為緊密的關聯度。如果說中國傳統社會的演變規則是朝代不斷循環更迭的話，那麼傳統的政治制度文化是使其無法突破的主要癥結所在。

　　孟森先生說：「明之衰，衰於正、嘉以後，至萬曆朝則加甚焉。明亡之徵兆，至萬曆而定。」〔註6〕萬曆四十六年（1618年），努爾哈赤攻克撫順，侵入遼東，開啟了以清代明的序幕。萬曆朝自張居正卒後，朝政腐敗，庸人柄政，閹人聚斂，始顯江河日下之勢。至天啟、崇禎年間，此一頹勢尤熾。以前學界對於南明政治與社會不甚重視，常以崇禎十七年為明代的下限。近年來，隨著學界對南明史研究的深入，人們漸漸認同將南明幾十年的歷史納入明代社會研究的視域之中的做法。尤其是做明代思想文化史研究，如果漠視南明政權的存在，很多思想與政治社會現象都難以得到合理的解釋。鑒於此，本書所研究的黃道周思想的時間（年號）的標定，也是基於上述對晚明社會時段的劃分。如黃道周生於萬曆十三年（1585年），卒於隆武二年（1646年）。

　　張居正身後之明朝形勢逆轉而下，朝著無可療救的方向發展，內憂外患一步一步吞噬著明朝僅存的氣數。正如《明史》所言：「明自世宗而後，綱紀日以陵夷，神宗末年，廢壞極矣。雖有剛明英武之君，已難復振。而重以帝之庸懦，婦寺竊柄，濫賞淫刑，忠良慘禍，億兆離心，雖欲不亡，何可得哉。」〔註7〕在這樣一個沒落之世，社會矛盾日益積聚，上層政治人物黨爭不休、下

〔註4〕　（明）張瀚：《松窗夢語》，中華書局，1985年版，第79、139頁。

〔註5〕　蕭萐父、許蘇民：《明清啟蒙學術流變》，遼寧教育出版社，1995年版，第38頁。

〔註6〕　孟森：《明史講義》，中華書局，2006年版，第275頁。

〔註7〕　（清）張廷玉：《明史》本紀第二十二《熹宗》。

層百姓哀鴻遍地，民不聊生。「明自中葉以後，人民起事雖時有，然旋起旋滅，至崇禎朝遂以亡明，蓋由外困於建州，內民生日蹙故耳。萬曆之末，東事即起，餉不足而加賦無已，民失其樂生之心。」〔註8〕各地盜賊乘勢而動，人民揭竿而起，此起彼伏。

在中國傳統社會中，政治層面的衰變與危機，卻往往在很大程度上能夠煥發學術思想的活力。明萬曆以降，外患與內憂齊至，政治形勢可謂日益危殆。而是時學術思想亦呈現多元的異動情狀：程朱理學、陽明心學以及針對二者的批判思潮共舞其間。譬如，陽明心學雖然在嘉靖年間由於現實政治鬥爭的原因而被斥為偽學、異端，並未獲致朝廷的正式認可，但是，其影響力隨著門弟子講學活動的開展而逐漸增大。隆慶、萬曆年間，朝廷之中屢有將王陽明從祀孔廟的動議。不過，到了張居正柄政之時，他「素憎講學諸公，言路逢其意，攻守仁者繼起，以故卿貳、臺瑣以及詞臣，無一人肯具議者，事遂中輟。」〔註9〕其間，陽明心學的流播在一定程度上亦遭致壓抑。張居正死後，亦即萬曆十二年，陽明從祀孔廟的廷議終於獲得通過。「稱王守仁有用道學，其與陳獻章、胡居仁俱祀孔廟。」〔註10〕陽明心學在得到官方的確認以後，影響力尤甚。然而陽明心學發展到極盛之時，其所遭受到的批評也與日劇增。最後，它與程朱理學一併遭到了晚明學者的強烈反思與修正。

第二節　學術批判思潮的多元湧現

一、晚明學術批判思潮的形成

晚明批判思潮的衍生，與人們對於宋明道學或理學的反思與批判有關。換言之，是時學者批判鋒芒指向的是整個宋明「道學」。而「道學」這一概念在宋代以前是沒有的。《宋史・道學》云：「道學之名，古無是也。三代盛時，天子以是道為政教。大臣百官有司以是道為職業，黨癢術序師弟子以是道為講習，四方百姓日用是道而不知，是故盈覆載之間，無一民一物不被是道之澤，以遂其性。於斯時也，道學之名，何自而立哉。」〔註11〕從這段話看出，宋代

〔註8〕 孟森：《明史講義》，中華書局，2006 年版，第 356 頁。
〔註9〕 （明）沈德符：《萬曆野獲編》，中華書局，1959 年版，第 363 頁。
〔註10〕 （明）談遷：《國榷》，中華書局，1958 年版，第 4493 頁。
〔註11〕 （元）脫脫：《宋史》卷四百二十七《列傳一百八十六・道學一》，中華書局，1979 年版，第 12709～12710 頁。

之前，人們雖有「道」的觀念，但無「道學」這一名詞。其實，「道學」或者「道統」觀念是儒者們為了闢佛、老等所謂異端邪說，標舉儒學正統地位而設立的。其中，較早勾勒儒家道學系譜的當屬唐代韓愈。正如錢穆先生所說：「韓氏論學雖疏，然其排釋老而返之儒，昌言師道，確立道統，則皆宋儒之所濫觴也。」〔註12〕韓愈在《原道》中說：「斯吾所謂道也，非向所謂老與佛之道也。堯以是傳之舜，舜以是傳之禹，禹以是傳之湯，湯以是傳之文、武、周公，文、武、周公傳之孔子，孔子傳之孟軻，軻之死不得其傳焉。」〔註13〕是為道統觀念之較早表述。至宋，程頤重提「道統」：「周公沒，聖人之道不行；孟軻死，聖人之學不傳。道不行，百世無善治，學不傳，千載無真儒。先生生千四百年之後，得不傳之學於遺經，志將以斯道覺斯民。」〔註14〕張載亦云：「此道自孟子後千有餘歲，今日復有知者。」〔註15〕而後程氏四傳而得朱熹。朱熹集宋儒之大成，更為明確地標示儒家道統的千年傳承之鏈。正如宋代葉采為朱子《近思錄》卷十四解題云：「自唐、虞、堯、舜、禹、湯、文、武、周公，道統相傳，至於孔子，孔子傳之顏曾，曾子傳之子思，子思傳之孟子，遂無傳焉。迨於宋朝，人文再辟，則周子唱之，二程子、張子推廣之，而聖學復明，道統復續，故備著之。」〔註16〕

　　「道統」這一概念較早由朱熹提出來，亦即是自此而後，「道學」代表了對上述道統譜系中所有學說思想的稱謂。不過，在朱熹的眼中，「道統」與「道學」是有所分別的。朱熹認為，「道統」是自堯、舜、禹、湯、文、武、周公等內聖外王合一的學政統系；而「道學」是指孔子所開創的學術統系。然而，兩者具有共同的東西就是「道體」，而這個「道體」指的是《中庸》所謂的「孔門傳授心法」。但是，後世將「道學」與「道統」兩概念等而觀之，是自朱熹弟子黃榦開始的。他針對周公而後的道、治分裂的情形，造成「治統」這一概念來與「道統」概念對舉。〔註17〕總之，宋代儒者通過追溯道統譜系的歷史

〔註12〕錢穆：《中國近三百年學術史》，中華書局，1987年版，第2頁。

〔註13〕（唐）韓愈：《韓昌黎文集》卷一《原道》，香港中華書局，1972年版，第7～11頁。

〔註14〕（宋）程頤：《河南程氏文集》卷十一，明成化年間刻本。

〔註15〕（宋）張載：《經學理窟·義理》，《張載集》，中華書局，1978年版，第274頁。

〔註16〕（宋）朱熹、呂祖謙編，葉采集解：《總論聖賢》，《近思錄》卷十四，上海古籍出版社，2010年版，第347頁。

〔註17〕這一學術觀點，可參看余英時《道學、道統與政治文化》，《朱熹的歷史世界——宋代士大夫政治文化的研究·緒說》，北京三聯書店，2011年版。

淵源來確立「道」尊於「勢」的學術理據，從而達到「致君行道」抑或「引君行道」的目的。而本文是在約定俗成的意義上來運用「道學」概念的。嚴格地來講，這種學術思維模式是從宋代，尤其是從朱熹這裡開始的。在朱熹時代，出於黨爭需要，「道學」一詞曾被指稱為異端邪說。但是，自宋理宗淳祐元年（1241 年）被官方確認以降，以朱熹的學術思想為代表的儒學得到尊奉，成為是時社會的主流意識形態，並漸漸蔚起一股延續幾百年的「道學思潮」。其實，關於宋代而後的這一「道學」思想譜系，《宋史》有著較為詳實、完整的敘述：

> 千有餘載，至宋中葉，周敦頤出於舂陵，乃得聖賢不傳之學，作《太極圖說》、《通書》、推明陰陽五行之理，命於天而性於人者，了若指掌。張載作《西銘》，又極言理一分殊之旨，然後，道之大原出於天者，灼然而無疑焉。仁宗明道初年，程顥及弟頤是生及長，受業周氏，已乃擴大其所聞，表彰《大學》、《中庸》二篇。與《語》、《孟》並行，於是上自帝王傳心之奧，下自初學入德之門，融會貫通，無復餘蘊。迄宋南渡，新安朱熹得程氏正傳，其學加親切焉。大抵格物致知為先，明善誠身為要。凡詩書六藝之文，與夫孔孟之遺言，顛錯於秦火，支離於漢儒，幽沉於魏晉六朝者，至是皆渙然而大明，秩然而各得其所，此宋儒之學度越諸子，而上接孟氏者焉。後之時君世主，欲復天德王道之治，必來此取法矣。〔註18〕

以上引文，與朱熹本人對於「道學」、「道統」的認知有著頗為一致的看法。由此可見，自南宋理宗以後，實際存在著一股秉承朱學傳統的道學思潮。儘管王陽明打著挑戰程朱理學的旗幟，而提出異於朱熹的「致良知」之學。但是，其話語系統仍不出「道學」思想的譜系範圍。王陽明秉持的仍然是宋儒的「道學」思維：士人之志在於「行道」。而只是「行道」的路向發生了自上而下的逆轉。按照余英時先生的說法，就是由「致君行道」轉變為「覺民行道」。〔註19〕

自明代初年以降，程朱理學被立為官方意識形態，然而，到了明代中葉以後，程朱理學在科舉制度程式化的束縛下，逐漸僵化。誠如有的學者所說，「元明時期的『一尊朱氏為功令』，雖然使朱學躍居至尊地位，但實際上卻蝕

〔註18〕（元）脫脫：《宋史》卷四百二十七《列傳一百八十六‧道學一》，中華書局，1979 年版，第 12709～12710 頁。

〔註19〕詳細論述請參看余英時：《明代理學與政治文化發微》，《宋明理學與政治文化》，吉林出版集團有限公司，2008 年版。

去了朱學固有的學術品性，將它變成一塊仕途上的敲門磚，從而造成學術的庸俗化。」〔註20〕因此，它已不能很好地應對時代問題所提出的挑戰。加之正德、嘉靖年間，西北邊境戰爭不斷，各地藩王覬覦中央政權，土地兼併激烈，流民暴動不已。江南一帶商品經濟發達，而功利主義思潮隨之滋長蔓延。諸如上述情形，致使王陽明對是時學術人心產生了深深的焦慮。誠如其所說，「聖學既遠，霸術之傳積漬已深，雖在賢知，皆不免於習染。其所以講明修飾，以求宣暢，光復於世者，僅足以增霸者之藩籬，而聖學之門牆，遂不復可睹。聖人之學日遠日晦，而功利之習愈趨愈下，其間雖嘗盡惑於佛老，而佛老之說卒亦未能有以勝其功利之心；雖又嘗折衷於群儒，而群儒之論終亦未能有以破其功利之見。蓋至於今，利功之毒淪浹於人之心髓。」〔註21〕王陽明自貴州龍場一悟，揭出致良知之學，以此糾朱學之偏。而借是時講會盛行之機，陽明之學傳播甚廣，影響頗大。〔註22〕總之，從宋代程朱理學到明代陽明心學的幾百年中，道學思潮成為了宋明儒學的主潮。

王陽明卒後，其學分化甚大。在晚明清初的學者看來，江右之學尚能得其宗傳，而以王龍溪為代表的浙中王門，尤其是泰州之學漸漸失卻了陽明的宗旨。正如黃宗羲所說，「陽明先生之學，有泰州、龍溪而風行天下，亦因泰州、

〔註20〕周積明：《文化視野下的〈四庫全書總目〉》，中國青年出版社，2001年版，第140頁。
〔註21〕王陽明：《傳習錄》中，《王陽明全集》，上海古籍出版社，1992年版，第55～56頁。
〔註22〕有關陽明心學的影響問題，學界一般看法是，在明代中葉以後，陽明心學佔據主導地位，而有學者認為這是不合符歷史事實的，「陽明學雖然是晚明最重要的學術文化之一，它的身影和氣息也相當地彌漫在當時的文化表現之中，但是它絕不能完全掌控明代人的思想和行動，也未必有機和諧地與其他文學文化表現共存，它本身既非一成不變，它的影響和所造成的效果更不是靠著一種『想當然耳』的推論可以知悉。」（呂妙芬：《陽明學士人群體：歷史、思想與實踐》，北京：新星出版社，2006年版，第15頁。）畢竟朱子學在明代憑藉官方的支持，通過科舉制度的強大整合，成為當時社會的主流意識形態，佔據了主導地位。而對其形成巨大挑戰的陽明心學實際上是無法與之匹敵的。況且王陽明去世以後，其學說發生了較大的分化，其中，泰州學派學說被時人視為狂禪一路，流弊較大。而且，值得注意的是，考慮是時學術思潮的影響力必須加以地域性的觀照。譬如，陽明講學主要集中在江西、浙江一帶，而陽明心學借助講會宣傳，在這一帶地區頗富於影響力，而在其他地區未必盡然。如本文所考察的福建地區，情形就並非如此，這在是時許多方志、藝文志以及當地人物文集、傳記等文獻中多有體現。所以，前說在很大程度上都是後人的學術建構所致。

龍溪而漸失其傳。」〔註23〕至此，陽明心學隨程朱理學一道，成為是時大多儒者批判的主要對象。

晚明時期，以儒家的「內聖外王」作為最高追求的士大夫們的思維路徑是：政治的頹敗、社會的動盪根源於學術人心的敗壞。學術人心不治，政治社會遂不可治。這一「學術以經世」的思維模式，致使在晚明社會背景之下的學術思潮也發生了很大的變動。梁啟超曾說：「凡文化發展之國，其國民於一時期中，因環境之變遷與夫心理之感召，不期而思想之進路，同趨於一方向，於是相與呼應，洶湧如潮然。」〔註24〕因應學術環境的變化，晚明相繼出現了多元化的學術批判思潮。換言之，這些學術批判思潮在某種意義上，都是在對宋明道學的批判基礎上形成的。

二、學術批判思潮的多元路向

迄今，學界對明清之際的學術思想史研究，主要形成了具有較大影響力的四種視角抑或研究範式。「自20世紀初期以來，有關『明清之際』的學術思想研究逐漸成為學術界的熱點。與中國社會風起雲湧的社會思想互為表裏，有關這一段的學術研究也慢慢形成了四種範式，它們分別是『宋明理學反動說』、『中國早期啟蒙說』、『宋明理學的餘緒說』，以及宋元明清學術的『內在理路轉進說』。」〔註25〕以上各種論說，分別從不同角度建構了明清之際的多元學術思潮。基於前賢這些研究成果，筆者認為，晚明社會大體存在如下三種互為交疊而又各有側重的批判思潮：

（一）早期啟蒙思潮

如前所述，明代中葉以後，社會危機日益凸顯，程朱理學因自身僵化而無力應對這一危機。於是，對於理學的批判思潮應運而生，並逐漸開啟了早期啟蒙思想的新路。其主要有如下四點：

1. 最為重要的當屬陽明心學一路。陽明創「良知」之學以救理學危機。他提出「心外無理」，「心之本體即是天理」。因之，「『吾心』遂自然成為衡量一

〔註23〕　（清）黃宗羲：《泰州學案一》，《明儒學案》卷三十二，中華書局，1985年版，第703頁。
〔註24〕　梁啟超：《中國近三百年學術史》，天津古籍出版社，2003年版，第12頁。
〔註25〕　吳根友：《近百年來「明清之際」學術、思想研究四種範式及未來展望》，《國際明清學術思想研討會暨紀念蕭萐父先生誕辰八十五週年會議資料》，武漢大學中國傳統文化研究中心、哲學院聯合主辦，2009年11月。

切善惡是非的標準，成為一個人人心中具有的至高無上的良知法庭。」〔註26〕
陽明身後，王學分化極大，各立門戶，幾經師承，「最後李卓吾出，又獨創特
解，一掃而空之」。〔註27〕標誌著晚明早期啟蒙思潮進入了一個飛躍發展時
期。他們分別從理欲觀、公私道德觀、個性解放等方面提出了帶有早期啟蒙性
質的新思想：

　　第一、理欲觀。王艮以後，泰州學派逐步將陽明「良知」說發展成為一種
自然人性論，解除了「天理」對於「人性」、「人慾」的扼殺；何心隱提出了「育
欲說」，肯定了滿足與調節天下人的物質欲望與物質利益的觀點，明確反對程
朱「存理滅欲」之說。在此基礎上，李贄進一步提出了「自然真道學」的觀
點，認為，「自然之性，乃是自然真道學也」。〔註28〕他闡揚了上述自然人性論
思想，主張「穿衣吃飯即是人倫物理，除卻穿衣吃飯，無倫物矣」，〔註29〕以
「各遂千萬人之欲」來否定具有抽象普遍性的所謂「天理」的存在；

　　第二、公私道德觀。隨著以自然人性論為基礎的新理欲觀的確立，公私道
德觀亦出現了一系列的新氣象。主要以李贄等人為代表。李贄肯定「私」的合
當性地位，認為「夫私者，人之心也。人必有私而後其心乃見」。〔註30〕正如
蕭萐父、許蘇民先生所說，「李贄把人的物質利益的追求，趨利避害的生命活
動本能，當作了全部道德的基礎。」〔註31〕這一觀點是對當時假道學家們「破
私立公」的道德高調論的批判。另外，李贄認為，「商賈亦何鄙之有」〔註32〕
由此，與這一新公私道德觀相應的「工商皆本」思想也隨之汨然而出；

　　第三、個性解放思想。李贄針對虛假醜惡的社會現實，提出了「童心說」。
所謂「童心」就是「源自物質之自然的真實的人性」。〔註33〕他認為，只有在

〔註26〕蕭萐父、許蘇民：《明清啟蒙學術流變》，遼寧教育出版社，1995年版，第51
　　　　頁。
〔註27〕（明）沈德符：《萬曆野獲編》，中華書局，1959年，第690頁。
〔註28〕（明）李贄：《初譚集》卷一九《篤義》，《李贄文集》（第五卷），社會科學文
　　　　獻出版社，2000年版，第205頁。
〔註29〕（明）李贄：《焚書》卷一《答鄧石陽》，《焚書‧續焚書》，嶽麓書社，1990年
　　　　版，第4頁。
〔註30〕（明）李贄：《藏書》卷三十二《德業儒臣後論》，《李贄文集》（第二卷），第
　　　　626頁。
〔註31〕蕭萐父、許蘇民：《明清啟蒙學術流變》，遼寧教育出版社，1995年版，第127
　　　　頁。
〔註32〕（明）李贄：《焚書》卷二《又與焦弱侯書》，第48頁。
〔註33〕許蘇民：《李贄評傳》，南京大學出版社，2006年版，第213頁。

這一基礎上，才能拋棄偽善的道德，建立一種合乎現實人性的道德。基於此，他進而提倡「各從所好，各騁所長」的觀點。這反映了早期啟蒙思想家對於個性解放的呼喚。

2. 明中葉以降，王廷相、羅欽順等人主張「氣質之性」一元論，反對程朱理學「存天理滅人慾」之說，如「人具形氣而後性出焉」，〔註34〕「欲出於天，理在欲中」。尤其是吳廷翰，在王、羅二人的基礎上提出「尋天理於人慾之外則是異端之說」〔註35〕的觀點。總之，他們「『從氣質之性』一元論出發來反對禁慾主義」的思想，〔註36〕為早期啟蒙思想的出現奠定了哲學基礎。

3. 以東林黨人為代表，主張「以眾論定國是」。如趙南星主張，「惟國之有是，眾所共以為是者也，眾論未必皆是，而是不出於眾論之外。」〔註37〕繆昌期亦認為，「天下之論不過是非兩端而已，一是一非，一非一是謂之異，不謂之公。……公論出於人心之自然而一似有不得不然。」〔註38〕這反映他們對於晚明政治倫理的反思與批判，昭示了政治啟蒙思想的出現。

4. 崇尚自然科學。晚明出現了一大批熱衷於自然科學探索的學者。其中既有繼承中國本土固有的自然科學思想資源的李時珍、朱載堉、徐霞客、宋應星，又有受西方傳教士的科學實證精神所感，且試圖會通中西的徐光啟、李之藻、王徵等人。

（二）綜合朱、王的理學修正派思潮

晚明學術思潮日漸多元，居為社會主流意識形態地位的程朱理學，頗有日暮西山之感。即使是後來居上的陽明心學，此時也露出了頗為引人焦慮的流弊。宋明時代儒家學術統系中的兩大理論形態——程朱理學與陽明心學都面臨著時代的巨大挑戰。「修正思潮」便是在這種背景之下產生的。它主要凸顯了晚明多元學術運動過程中出現的，在承繼傳統學術譜系基礎上的批判性維度。現代新儒學主要創始人熊十力先生曾說：「晚明為漢以後學術史上最光輝的時代。」「晚明諸儒之學，雖多力反陽明，且上抵程朱，然諸儒根本精神

〔註34〕 （明）王廷相：《雅述·上篇》，《王廷相集》，中華書局，1989年版，第851頁。
〔註35〕 （明）吳廷翰：《吉齋漫錄》卷下，《吳廷翰集》，中華書局，1984年版，第66頁。
〔註36〕 蕭萐父、許蘇民：《明清啟蒙學術流變》，遼寧教育出版社，1995年版，第8頁。
〔註37〕 （明）趙南星：《味檗齋文集》卷一《覆新建張相公定國是振綱紀疏》，中華書局，1985年版，第6～7頁。
〔註38〕 （明）繆昌期：《從野堂存稿》卷二《公論國之元氣》，清末刻本。

自是宋學。」〔註39〕熊氏此一論斷雖含有絕對化的傾向，但在認知晚明儒者的
學術問題意識上承宋儒，大體是不錯的。

如前所述，朱、王這兩大學術形態均是在宋代以降的道學話語系統中所建
構與發展起來的，形成了幾百年來勢力強大的道學思潮。雖然「兩宋道學是在
最大可能的時空認知條件下，以最廣泛的宇宙情懷關注人生的存在情實而獲
得的一種生命理解。」〔註40〕但是到晚明，它們均因無法應對當時皇權官僚專
制社會的頹敗所帶來的時代難題而被質疑。至此，對於程朱理學與陽明心學
的反思與修正亦是勢所必然。在晚明幾十年間，蔚成一股頗為引入注目的「修
正思潮」。正如嵇文甫先生所說：「晚明時代是一個動盪時代，是一個斑駁陸離
的過渡時代。照耀著這時代的，不是一輪赫然當空的太陽，而是許多道光彩
紛披的明霞。你盡可以說它雜，卻不能說它『庸』，盡可以說它『囂張』，卻不
能說它『死板』；盡可以說它是『亂世之音』，卻決不能說它是『衰世之音』。
它把一箇舊時代送終，卻又使一個新時代開始。」〔註41〕在這一處於過渡時
代的修正思潮中，宋代新儒家所建構的儒學範式，雖然因成為明清鼎革這一
時代變局的替罪羊，被斥為空疏無用而遭到很大的挑戰，但是並沒有被全盤
否棄，仍然顯現出一股令人無法漠視的思想生命力，具有頗大的可塑空間。東
林學派以降的儒者對於宋明理學進行反思的價值，仍然可以在理學的統系中
得以估價。嵇文甫先生又云，「明代思想解放的潮流，從白沙發端，及陽明而
大盛，到狂禪派而發展到極端。於是乎引起各方面的反對，有的專攻擊狂禪
派或王學左派，有的竟直接涉及到陽明，這裡面最有力量能形成一個廣大潮
流的，要推東林派。此派以學術影響政治，在晚明歷史上放過極大的光輝。」
〔註42〕由此可見，該修正思潮大致始於東林學派對於朱學，尤其是對於王學的
反思與批判。

勞思光先生認為，晚明學術社會中的東林學派思想是建基於朱學與王學
之間的學術統系：「此學派（東林學派）之代表人物，如顧憲成、高攀龍，雖
頗攻王學之弊，而尊崇朱熹之學，其立場又非歸於程朱之形上學系統者。二人
皆對朱、王兩方有所評議，亦常代兩方有所辯解。……在哲學理論一層面看，

〔註39〕熊十力：《讀經示要》，臺北：明文書局，1984 年版，第 104、109～110 頁。
〔註40〕關長龍：《兩宋道學命運的歷史考察》，上海：學林出版社，2001 年版，第 4 頁。
〔註41〕嵇文甫：《晚明思想史論》，北京：東方出版社，1996 年版，第 1 頁。
〔註42〕嵇文甫：《晚明思想史論》，第 80 頁。

東林學派之理論實立於程朱與陸王兩支思想之間，而為一調和者。」〔註43〕而黃道周學術思想中的諸多面相可視為這一思潮之支脈。由於他的學術思想真正發生較大影響的時期是始於晚明啟、禎兩朝。如果劃分時段的話，他應該屬於這一修正思潮的第二期。〔註44〕如果說，以顧憲成、高攀龍為代表的前期修正派是批王返朱的話，那麼以黃道周、劉宗周等為代表的後期修正派則是融合朱、王之學，呈現出對宋明理學進行綜合的氣象。然而，這種綜合氣象卻不能涵蓋黃道周思想的全部內容。誠如前言，黃道周的學術是遠非理學所能範圍的。在某種程度上，他的學術思想是入於理學，而又出於理學的。所謂入於理學，也就是說，幾百年來宋明理學成為是時儒者無法漠視的主流意識形態。〔註45〕在作為晚明上層文化精英的黃道周的思想體系中，如果沒有理學的支撐，那是不可想像的。此外，黃道周於理學之外的學術成就亦得到了上至崇禎皇帝，下至廣大士人的承認，學術影響力頗大。然而，這些理學之外的學問所要達致的學術目的，又是無所背離於理學之旨的。

（三）經世實學思潮

　　學界對於「實學」這一概念爭論頗多。〔註46〕本文認為，實學並不是一個如玄學、佛學、理學、心學等具體學術形態的名稱，而在更多的意義上，是指一種帶有批判色彩的褒義學術稱謂。在明代中葉以後出現較多的「實學」提法，預示著對程朱理學，甚至對後來的心學流於空疏之論的反思與批判。除此之外，可能更為重要的是，明中葉以至晚明，日漸危殆的政治社會局勢使得學者更為注重人倫日用、形下層面的「實學」。「明代中葉以降，受社會危機不斷深化的影響，無論是崇尚程朱之學的學者，還是信奉陸王之學的學者，儘管對心性認識的路徑不同，但都一定程度表現出實學的取向。」尤其是到了晚明，實學思潮極為盛行，它「實際上是一個超越理學派別的社會思潮，是在

〔註43〕勞思光：《新編中國哲學史》，廣西師範大學出版社，2005年版，第395頁。

〔註44〕梁啟超在《中國近三百年學術史》一書中曾說：「王學在萬曆、天啟間，幾已與禪宗打成一片。東林領袖顧涇陽、高景逸提倡格物，以救空談之弊，算是第一次修正。劉蕺山晚出，提倡慎獨，以救放縱之弊，算是第二次修正。」本書的劃分受此啟發。

〔註45〕這裡所指的宋明理學，不是僅僅指涉程朱理學，而是在一個較為廣泛的意義上使用的。它包括陸王心學在內。

〔註46〕有關對「實學」概念的分歧與爭論，可以參看中國實學研究會主編的《實學文化與當代思潮》（2002年）中第二十一章《明清實學研究的現況及展望》。該文對各種觀點均有充分的論述。

當時社會全面顯現出危機的壓力下，富有社會擔當精神的知識界普遍欲求下的產物。」〔註47〕

張顯清先生曾對「經世實學思潮」的內涵，作了頗具概括性與包容性的歸納：一、反虛務實；二以救世為己任；三、注重生產，鼓勵工商；四、為「私欲」辯護；五、自然科學的復興；六、考據學的出現。〔註48〕這一概括可謂全面。它所涵蓋的既有應對道學的危機，也有應對現實政治社會危機而出現的各種思潮。本文認為，晚明時期的經世實學應該是具有更多的應對現實政治社會危機與困境的面向，如兵、農、工、刑等內容。誠如趙園先生所說，「被其時士人目為『經世之學』者，不但包括了已成專門之學的如天文、曆算、輿地等門類，也包括了其他有關生民福祉、社會利病的實用性知識。『經世』於此已不只是一種籠統的取向，而與諸種專門與非專門的知識以至技術發生了關係。」〔註49〕其實，這種傾向在明中葉以降就出現了。邱濬在《大學衍義補》一書中說：

> 臣竊以謂儒者之學有體有用，體雖本乎一理，用則散於萬事，要必析之極其精而不亂，然後合之，盡其大而無餘。是以大學之教，既舉其綱領之大，復列其條目之詳，而其條目之中，又各有條理節目者焉。其序不可亂，其功不可闕，闕其一功則少其一事，欠其一節而不足以成其用之大，而體之為體，亦有所不全矣。然用之所以為大者，非合眾小又豈能以成之哉，是知大也者，小之積也。……此臣所以不揆愚陋，竊仿真氏所衍之義，而於齊家之下，又補以治國平天下之要也。〔註50〕

宋代以降，學者們對儒家經典文本《大學》的不同詮釋角度，反應了不同時代的人們的不同價值取向。丘氏作《大學衍義補》的用意僅僅是為了完善儒家修齊治平的「內聖外王」的學術範型嗎？恐怕不盡然。從他的上述學術旨趣看，其在於補宋代真德秀的《大學衍義》中對治國平天下面向闡發的缺失的同

〔註47〕 向燕南：《從「主於道」到「主於事」：晚明史學的實學取向及侷限》，《學術月刊》，2009 年第 3 期。

〔註48〕 張顯清：《晚明心學的沒落與實學思潮的興起》，《明史研究論叢》第一輯，1982年 4 月。

〔註49〕 趙園：《制度‧言論‧心態──〈明清之際士大夫研究〉續編》，北京大學出版社，2006 年版，第 16 頁。

〔註50〕 （明）丘濬：《大學衍義補》序，清文淵閣四庫全書本。

時，也凸顯當時人們對於「經世實學」的高度重視。這預示著明代中後期經世實學思潮的湧動，風雲際會，至晚明幾十年間達到了高峰。黃道周的學術著述中就有大量的「經世實學」的內容。誠如崇禎朝閣臣蔣德璟所說，黃道周「不獨知樂律、天文地理，以至禮樂制度，醫卜星相，無所不通」。〔註51〕《博物典匯》與《群書典匯》等類書就是體現黃道周經世實學思想的文本。他這一學術偏好在一定程度上可視為對晚明時代思潮的一種回應。另外，直承其風的陳子龍也主持編纂了五百餘卷的大型經世文獻——《皇明經世文編》，聚集了門類眾多的經世實用的思想。他說：「俗儒是古而非今，文士擷華而捨實。夫保殘守缺，則訓詁之文，充棟不厭；尋聲設色，則雕繪之作，永日以思。至於時王所尚，世務所急，是非得失之際，未之用心，宜天下才智，日以絀，故曰：『士無實學』。」〔註52〕陳氏針對「時王所尚，世務所急，是非得失之際，未之用心」的時弊，呼籲士人重視經世實學。除此之外，徐光啟亦呼籲云：「率天人之人而歸於實用。」〔註53〕他曾翻譯《幾何原本》、《泰西水法》，且編著過《農政全書》、《崇禎曆書》等，這些都是有裨益於世用的經世實學。有關是時提倡「經世實學」的思想可謂不勝枚舉，小流萬般積匯，形成一股巨大的經世實學思潮。

在這一經世實學思潮的湧動下，加之，西學東漸，晚明自然科學也得到了較大的發展，「以李時珍、朱載堉、徐霞客、徐光啟、李之藻、王徵、宋應星、方以智等人為代表，他們在自然科學領域潛心開拓，作出了許多與傳統迥異，而與現代人的思想方法大致相同的新建樹。」〔註54〕明代中葉以後，隨著對空疏學風的深入批判，出現了一股考據學之復興的趨向，以楊慎、胡應麟、焦竑等為代表。這一學術致思路徑也被稱之為樸學。從明清學術變遷史來看，清代乾嘉時期所盛行的考據之學乃是明代中葉以降的實學之流的產物。

第三節　閩南文化與學風

一個人的生活經歷及其所在的地域社會文化必定對其思想產生重要的影響，換言之，在人的思想世界中必定會浸染其日常生活及其所在地域文化的底

〔註51〕（清）李光地：《榕村語錄續集》卷八《歷代》，清光緒傅氏藏園刻本。

〔註52〕（明）陳子龍等輯：《明經世文編》陳子龍序，中華書局，1962 年版。

〔註53〕（明）徐光啟：《徐光啟集》卷二《幾何原本雜議》。

〔註54〕許蘇民：《顧炎武評傳》，南京大學出版社，2006 年版，第 40 頁。

色。故此，本章在對晚明整個社會情狀與學術思潮進行簡要考察後，有必要述及是時閩南的地域文化與學風及其對黃道周思想的影響。

福建（簡稱「閩」）在唐宋以前，被人視為尚未開化的蠻荒之地。《國語》云：「閩芊，蠻矣。」鄭玄曾注云：「閩，蠻之別也。」閩乃蠻族之地的別稱，只是隨著後來中原政權的政治經濟重心南移以後，福建才漸次得到開發。「在中國歷史上福建的經略相當之晚，直到東漢，中國現有的版圖已大半歸入中原王朝奄有或羈縻之際，福建仍似一片孤懸海上的化外之地而有『閩在海中』之稱。」〔註55〕唐末五代之後，因戰亂而遷居的移民與眾多文人寓居閩地，福建的文化才出現了飛躍式的發展。除此之外，唐末以降，福建的海外港口貿易的興盛也進一步帶動了該地區的文化發展。時至宋代，閩地文化進入高度繁榮階段。據《宋史》的《儒林傳》與《道學傳》記載，閩人就有 17 位，居全國第一。兩宋進士總數約為 28900 多人，福建佔了近五分之一，居全國第一；《宋元學案》立學案者 988 人，福建 178 人，居全國第一。〔註56〕

而閩南地區又是福建地域文化中一個較有代表性的區域。自唐末宋代而後，代有人出，學術文化、教育事業十分發達。其中原因主要有如下三方面：

首先，就閩南學術、文教的興盛來說，與其經濟的發展可謂密切相關。唐宋時期，福建泉州設貿易港口，成為是時全國重要的對外貿易之所。「自唐末五代以來，海外貿易已逐漸成為福建發展的一個重要支柱。」〔註57〕明代漳州月港開放海禁，成為全國唯一的私人海外貿易港口，對經濟發展影響較大。漳南以「孤嶼遙屯，前代不啻瘠土，忽而聲名文物，成為東南一大都會。」〔註58〕而漳州的漳浦、龍溪兩縣的貿易氛圍更為濃鬱：「濱海上下，……海物互市，則漳浦、龍溪之民尤多。」〔註59〕在中國傳統社會中，經濟的發達，仍逃不脫政治文化的規制。人們好入政治仕途的觀念並未因之而改變。因此，大量的財力投向了科舉為官之路。是時書院、社學與義學等學術、科考機構大量出現。「成化、弘治年間，福建書院開始重新抬升，嘉靖年間進入高潮。漳州社學在明前期高達 280 所，遠遠高於全省其他地區，結合這一情況，漳州月港

〔註55〕林拓：《文化的地理過程分析：福建文化的地域性考察》，上海書店出版社，2004 年版，第 24 頁。
〔註56〕林拓：《文化的地理過程分析：福建文化的地域性考察》，第 47 頁。
〔註57〕林拓：《文化的地理過程分析：福建文化的地域性考察》，第 135 頁。
〔註58〕《海澄縣志》卷一五，《風土志》。
〔註59〕（明）陳子龍：《明經世文編》卷一八二《桂文襄公奏議四·福建圖經序》。

的興起對於文教格局的作用不言自明。」〔註60〕由此,是時閩南地區呈現「人文蔚起,官蓋林立」〔註61〕的情形也就不難理解了。

其次,地域文化的繁盛與否和地理環境亦有某種程度的關聯。譬如,「漳浦縣自然環境優越,素有『金漳浦』的美稱。屬南亞熱帶海洋季風氣候,夏天無酷暑,冬天無嚴寒。」〔註62〕該地自宋明以降,就成為人文鼎盛之鄉,尤其是在明代。黃道周亦曾應人之請撰《雙溪碑》時,述及過其家鄉漳浦人文之盛與當地豐富的水資源之間的密切關係:「吾浦故郡治,溪從西北來,至九曲引南澗東上,導縣陽十許裏,乃與潮合。潮上下,東自鹿溪,西至石衰,石衰之漲納於西湖,鹿溪之漲達於泮水,橫總衣帶在邑階除間,眾水勝之,故稱浦焉。明興二百餘年,浦人文最盛,則亦以是水故。僕從海外來,於今三十年,見諸溪流日益清淺,橋齒浮齦,常四五尺,每從長老出,西湖闢石衰之匯,登東印詢傅河之渚,率瀳勺浮,湛具名跡而已。考其故則雙溪與南澗合處為小水引之,南瀉南窪而東,淤失故道而走新利,由是,則毋論文治,即青白合章,通流為浦者,何以稱焉。」〔註63〕一方水土,養一方人,「明代漳州進士以漳浦、龍溪兩地最為密集,占該地區的 65%,且兩地進士均集中在正德以後。」〔註64〕而黃道周就是其中最為傑出的代表之一。

第三,宋代以降,閩南地域文化特色的形成還得益於具有個人思想魅力的學術領袖與精英,如宋代朱熹及其弟子黃榦、陳淳,明代陳剩夫、周瑛、黃道周等人,對於閩南地域文化的塑造可謂有至功。明代萬曆年間,學者羅青霄在為《漳郡志》作序時,談到漳州自唐宋以降,開疆拓土,文教鼎盛的情形,不吝讚歎之辭。他說:「漳自有唐將軍陳公元光於此撥亂反治,開疆啟宇,郡治之所由設,歷宋益宏以顯,大儒朱文公來守其郡,勉齋、北溪二公實羽翼之,講明理學而教化丕振,及至我國朝名宦鄉賢,彬彬輩出,文獻足徵,稱為海濱鄒魯,信不誣矣。」〔註65〕他對於朱熹及其弟子黃榦、陳淳等人所倡之理學嘉

〔註60〕 林拓:《文化的地理過程分析:福建文化的地域性考察》,上海書店出版社,2004 年版,第 119 頁。

〔註61〕 (清)李敬之:《海澄縣志‧序》,龍海縣地方志辦公室重印本。

〔註62〕 漳浦縣地方志編纂委員會編:《漳浦縣志》,方志出版社,1998 年版,第 1～2 頁。

〔註63〕 黃道周:《雙溪碑》,《黃石齋先生文集》卷十一,康熙五十三年刻本。

〔註64〕 林拓:《文化的地理過程分析:福建文化的地域性考察》,上海書店出版社,2004 年版,第 136 頁。

〔註65〕 (明)羅青霄:《萬曆癸酉漳郡志序》,光緒《漳州府志》卷首,上海書店出版社,2000 年版,第 12 頁。

惠閩人之功頗為激賞。在他看來，朱熹之於閩南的意義等同於孔子之於鄒魯。清代閩人蔡世遠亦頗為自豪地敘述宋明時期該地學術文化與風氣的盛況：「維漳建郡始於唐初，僻陋瀕海，然山水峭列，鬱積雄奇，有宋朱文公涖郡以後，陳北溪、王東湖兩先生親承其統緒，道術既一，禮法大明。勝朝陳剩夫、蔡鶴峰等又起而賡續之，沿及明季周忠愍、黃石齋諸公氣節文章，尤巋然為天下望。流風餘韻至今猶存。」〔註66〕他認為，朱熹曾做過漳州知府，其文教惠澤於民，對該地民風民俗的教化影響深遠。

宋理宗以後，朱子之學得以大力彰揚，元、明時期被立為官學，成為科舉取士的合法依據。它逐漸蔚起，成為是時社會的主流意識形態。生於晚明的黃道周受朱熹以降幾百年所蔚成的閩學薰炙，身上不可避免地具有朱學的色彩，而其身後亦為世人所膜拜，成為閩南學統中頗為閃光的一環。

正如有的學者所說，「學術的意義不侷限於學術本身，像閩學（閩學既指形成於南宋時期以朱熹為代表的理學學派，因該派主幹多為閩人而得名，又指以朱熹本人為代表的學術思想）從福建的民間學術上升到官方意識形態，並成為科考的依據，其本身就兼具國家哲學與社會意識的雙重角色，而福建成為一個科舉大省之後，它對福建文化理念的鑄造是不可忽視的。還有，一個學人思想傾向的產生可能存在著一定的隨機性，但特定地區內的人文群體具有相近的傾向，卻能浮現出這個地區共同的人文背景與基本特色。」〔註67〕此言可謂是頗中肯綮之論。這些經過幾百年的學術文化積澱對於閩南地區地域文化的影響是不言而喻的。反之亦然，閩南地域文化的色彩在一定程度上也薰染與塑造了其文人群體抑或個體的思想性格。如清代學者張夏在《洛閩源流錄》中談到黃道周的生平與學術時說：「不詳其師友淵源，其論學大指不離閩宗。」〔註68〕由此可見，閩學對於黃道周思想性格產生過巨大的影響。本文正是在這一意義上，把對宋代以降閩南地域文化的簡要考察，視為研究黃道周學術思想的一個不可或缺的組成部分。

不過，更為值得注意的是，明代中葉以降，居為官方主導地位的朱子學在當時思想界遭到嚴重挑戰，而閩南地區仍然尊奉其學不遺餘力。黃道周曾在

〔註66〕（清）蔡世遠：《康熙甲午漳郡志序》，光緒《漳州府志》卷首，上海書店出版社，2000年版，第18頁。

〔註67〕林拓：《文化的地理過程分析：福建文化的地域性考察》，上海書店出版社，2004年版，第22頁。

〔註68〕（清）張夏撰：《洛閩源流錄》卷十七，清康熙二十一年黃昌衢彝敘堂刻本。

《王文成公碑》一文中，描述閩南平和縣的學風云：「其士夫篤於經論，尊師取友，坊肆貿書，不過舉業傳注而已。」〔註69〕由此可見，晚明閩南朱子學的風氣仍然熾盛。正如李光地所說，「吾閩僻在天末，然自晦庵朱子以來，道學之正為海內宗。」在是時閩土之中，朱子之學的正統地位並未得到動搖，即使「姚江之學大盛於東南之時，閩士莫之尊，其掛陽明弟子之錄者，閩無一人焉。」〔註70〕清代學者對於黃道周「確守朱熹之道脈，而獨溯宗傳」〔註71〕的品論，在一定意義上與其對閩南地域文化的上述認知是分不開的。當然，黃道周是否「確守朱熹之道脈」，本文將在論述其思想時作具體分析，但無論如何，閩南學風給予黃道周思想的影響是不可忽視的。

〔註69〕黃道周：《王文成公碑》，《黃石齋先生文集》卷十一，清康熙五十三年刻本。

〔註70〕（清）李光地：《重修文莊蔡先生祠序》，《蔡文莊公集》，清乾隆七年遜敏齋刻本。

〔註71〕（清）陳壽祺編：《黃漳浦集》卷首《道光五年二月十六日禮部謹奏》。

第三章　黃道周的學問人生

　　黃道周（1585～1646，明神宗萬曆十三年至隆武二年），字幼玄，又字細遵，號石齋。〔註1〕福建漳浦鎮海衛（今福建漳州東山縣銅陵鎮）人，學者稱石齋先生。明隆武諡「忠烈」；清乾隆諡「忠端」。明萬曆四十六年（戊午，1618）舉於鄉試，天啟二年（壬戌，1622）成進士。「其學深於天人之際，極博窮微，皆本於《六經》」，「從之問業者幾千人」，〔註2〕學術影響力較大。其主要學術著作有：《三易洞璣》、《易象正》、《洪範明義》、《榕壇問業》、《孝經集傳》以及《禮記》經解五篇〔註3〕等。

　　縱觀黃道周的一生，與其說是一個朝廷官員，不如說是一位儒家學者：其在籍二十餘年，任職僅四年多，絕大部分時間都用在著述與講學之上。〔註4〕

〔註1〕 據廈門大學侯真平先生考證，黃道周的字號頗多，至少有32個。其中，對於「石齋」之號，源於黃道周對「石」的鍾愛，他說「石者，天下之偉林也！其精確瑰致，以御君子；其博篤安忍，以御小人。自仞壁而下，拳拳而上，天下之求成立者，皆取之矣！以為易與取之，以為易取而去之，石卒磝然無所復言。故天下之有道者，莫如石。」（侯真平：《黃道周紀年著述書畫考》，廈門大學出版社，1994年版，第7頁。）黃道周以「石」自喻，足見其剛烈正直的品格，以及思想意趣所在。

〔註2〕 （明）洪思：《黃子傳》，《黃道周年譜》，侯真平，婁曾泉校點，福建人民出版社，1999年版，第126頁。

〔註3〕 《禮記》經解五篇主要是指《坊記集傳》、《表記集傳》、《緇衣集傳》、《儒行集傳》、《月令明義》等。

〔註4〕 明代中葉以後，講學之風甚盛，尤其是陽明學派。其學術影響的傳播與擴大主要與他們大力提倡講學有關。這股學術風潮一直延續至晚明而不墜。黃道周作為當時儒學大家，從其問學者眾多，弟子達於千人，頗有當年王陽明講學之盛況。其本人亦是注重講學以經世，並編有《榕壇問業》（1632～1636年），以廣流傳，頗得其中之樂。

因此，本書對其學問人生歷程的勾勒，以講學時段為劃分標準，共分四個階段：第一階段，自出生至二十三歲（1585～1607 年）。道周少年即有異稟，雖學無師承，然因善學而聲名遠播，是為前講學期；第二階段，自二十四歲至三十七歲（1608～1621 年）。他居漳浦執教，開始講學，直至天啟戊午年得中進士，是為講學初期；第三階段，自三十八歲至五十八歲（1622～1642 年），居為京官的講學階段，是為其講學中期；第四階段，自五十九歲至六十二歲（1643～1646 年），居家講學與北伐蹈仁的實踐，為其講學末期。在這一以時間維度為座標的建構中，試圖結合是時整個社會風氣、民間信仰以及多元化的學術思潮，以呈現黃道周豐富的思想世界。

第一節 少年異稟與放浪不羈的文士之風（自出生至二十三歲）

明神宗萬曆十三年（1585 年）二月九日丑時，黃道周出生於福建漳浦銅山島深井村。〔註5〕對於黃道周家族情況的記載，除了道周在《乞言自序狀》一文中簡略提及外，其他文獻少有涉及。據黃道周自己介紹，其先祖龐德公大約於明成化、弘治年間，從福建莆陽遷居到銅山島，到他的曾祖父宗德公時，已經在銅山生活好幾代了。宗德公諸兄弟皆以家境富裕為自豪，而宗德公澹然，獨守清貧。其為人正直、常面折人，被人稱為東門憨公。至祖父世戀公時，家中益貧，其生子四人，道周之父青原公，排行第三，諱季春，字嘉卿。生道琛、道周二人。

據《洪譜》明神宗萬曆十三年（1585）載：黃道周之父青原公黃嘉卿，在道周出生之夜，即「夢有執金斧擁神人而至者，故生子，青原公喜其異人也。」〔註6〕道周弟子莊起儔亦譽其師之降生為「天地自然之精靈所孕」：「命直南斗，次於奎初，實涵象緯之秀，又所出生之地，在漳郡銅山所指深井，其地鬱

〔註5〕（明）洪思：《黃子年譜》，《黃道周年譜》，侯真平，婁曾泉校點，福建人民出版社，1999 年版，第 1 頁。
〔註6〕（明）洪思：《黃子年譜》，《黃道周年譜》，第 1 頁。
附注：筆者雖無法考證黃道周的父親是否有此一夢，但是可以看出如下兩點：其一、作為道周弟子對於先師的崇敬，以「神異」喻之，是能夠理解的；其二、2009 年夏天，為做黃道周研究，特赴其故里福建漳州東山縣銅陵鎮考察。我看到每家每戶，均有一幅精美的關公畫像，裱掛於廳堂之上，香火不斷，以示拜祭。由此可見，該地區的宗教信仰之盛。

崒環回，大浸浩瀚，先生之生，蓋備天海之精者也。」〔註7〕這頗有後設解釋的意味。但是，黃道周的青少年生活經歷確乎異於尋常，令人稱奇。

　　黃道周小時候就表現出異乎同齡人的好奇心與強烈的問題意識。據《洪譜》萬曆十七年（1589）載：道周五歲入私塾，老師授讀《論語》時，他問道：「聖人只教人以讀書，有子何教人以孝悌？聖人只教人老實，曾子何教人以省事？」〔註8〕教書先生一時難於回答上來。道周從小喜歡獨立思考的習慣，在某種程度上使得他日後即使學無師承，也能成為一代學術大師。由此可見其善學之一端。正如洪思所說，「子起於海濱，其學獨無所取與？曰：甚矣，子之善學也。」〔註9〕善學在於好問，獨立思考，不依傍他人之說。其後因獨特的學術性格而在晚明學術思想史中獨標一幟。

　　黃道周少時家貧，無足夠的經濟實力援師以教，所以「其學多出於二人」。〔註10〕道周「父親青原公，母親陳氏皆通經史而教之有法。」〔註11〕另外，黃道周在《乞言自序狀》中提及，其父親青原公授學於外祖父，不但頗具豪俠之氣，在鄉族中有一定威望，而且，頗通朱子性理之學。父親對他的學業要求非常嚴厲。據他後來回憶：

> 周為兒時，常閱曹子建詩，手自甲乙。公見之，叱曰：「子建輕薄，出語踉張，奈何傚之？」比稍稍為詩，公益不喜。一日周出，公盡焚架上所部書，陳諸性理書與朱子綱目，周歸見怢然感泣也，家久貧篋中書漶漫不可讀，公自入郡買性理書與朱子綱目，裝畢使兩人舁籃舉上行，公執蓋隨其後，安頓道旁，必端整待立。或怪問之，公曰：「此聖賢精神，天下性命所繫。」比歸，乃擇日為周開讀。〔註12〕

　　從黃道周這一生動的記錄可以看出：其父青原公以朱子理學為宗，並非

〔註7〕　（明）莊起儔撰：《漳浦黃先生年譜》，《黃道周年譜》，第47頁。莊起儔的描述固有後設解釋之意，但是，黃道周所出生成長的自然環境對於他的影響，應該來說是毋庸置疑的。秀麗無比的自然山川，波濤起伏的海浪與海濱鄒魯的人文傳承在一定程度上鑄就了黃道周的剛正的人格與闊達、宏通的學術氣象。

〔註8〕　（明）洪思：《黃子年譜》，《黃道周年譜》，第2頁。

〔註9〕　（明）洪思：《黃子年譜》，《黃道周年譜》，第1頁。

〔註10〕（明）洪思：《黃子傳》，《黃道周年譜》，第127頁。

〔註11〕（明）洪思《黃子傳》，《黃道周年譜》，第126頁。

〔註12〕黃道周：《乞言自序狀》，《黃石齋先生文集》卷十，清康熙五十三年（1714）刻本。

僅僅出於科舉應試的目的，而是內心深處予以的真正認同。這與程朱理學在明代官學化後所呈現的僵化與偽道學化的情形頗為不同。〔註13〕由此可見，他讓黃道周多讀朱子性理之書，並非單純為其子以後走科舉做官的道路作準備，而是讓少年道周領會做人的志向所在。「文以載道」的思想，在宋代以降的道學觀念中，一直頗受推崇。黃道周的父親無疑也是秉承了這一「重道輕文」的思想。他認為，對於「文辭」的追逐會損害到對道的體認。故此，他對於黃道周沉溺於文辭的喜好，提出嚴厲的批評。總之，父親所強調的「天下性命所繫的聖賢精神」對黃道周的影響無疑是非常大的。〔註14〕據《洪譜》萬曆十九年載，「黃子七歲，授《綱目》矣，青原公至自榕城負《綱目》一部，歸而授之。黃子讀之，數月不出戶，自是知古今邪正之辨，與王道之大也。」〔註15〕

其父母「深明忠孝大義，故黃子之學起於漳海之濱，海內從之問業者幾千人，教之皆必以忠、孝。」〔註16〕「忠」、「孝」為一切學問之本。道周在崇禎十一年（1638）開始撰寫的《孝經集傳》，除了有回應當時政治形勢的用意外，可能更多的是出於對「孝為六經之本」的體認，而這一體認大概源於兒時所受的庭訓之惠。

黃道周八歲以後，隨胞兄在銅山島魚鼓溪頓坑讀書。其間，他廣泛涉獵經傳子籍、詩賦聲律、鉛汞陰陽之學，九、十歲時，已能作文章。

〔註13〕本文認為程朱理學在元明以降，被立為官方意識形態，成為科舉取士的標準後，逐漸失卻了原有的學術吸引力與生命力，以致於在明中葉以後，遭到來自陽明心學等的多重挑戰。但是，在朱子學的發源地閩南一隅，卻仍然顯現出毫無動搖的學術情狀。

〔註14〕經過少年時期的庭訓，黃道周顯然接受了在在須體認聖賢之道的理學思維。但是，他對自己的興趣與愛好依然執著。譬如，宋代以降的道學家主張「文以載道」，重道輕文，而黃道周仍然堅持「非文無以見道」，「文」與「道」並重的主張。後來，他在榕壇講學時，也是一再強調「文藝」一途對於尋「道」的價值意義。他說：「古人風氣尚醇化柄在上，四十強仕成材乃達。今人舞象之年，便要立地頂天，文藝百行，便奪席登殿矣。如不於文藝一途指出，是聖賢晤對，滴滴還源，如此波瀾，何所底極。文成諸公，不合教人上屋去住，伊自家磨煉摧折自天隙來，卻教人不得。……只要自家卓爾高堅，雖造屢空，不墜空界。自家多識一貫，雖多億殖，不受物累，文藝講解，正是兩澤相麗處。……文章豈有鏟華就實之理，只看他瓊瓊鏘鏘，委蛇屈伸，與魚鳥自然夐異，何況出類拔萃之人，再無復疑文藝聲聞，足淬性道也。」（黃道周：《榕壇問業》卷二。）當然，這也可以視為黃道周對是時學界較為盛行的文學復古主義思潮的回應。

〔註15〕（明）洪思：《黃子年譜》，《黃道周年譜》，第2頁。

〔註16〕（明）洪思《黃子傳》，《黃漳浦集》卷首。

《洪譜》萬曆二十年（1592）載：「好觀六經之文。每喜挾冊而遊，振衣於漁鼓溪之上而樂焉。乃從其里人講業於此，求之六經，遂盡六經之意。三年能屬文。時走孤峰，蔭長松，便踽踽不能去。」〔註17〕

《莊譜》萬曆二十年（1592）載：「雅不樂與儕俗等夷，故獨從伯兄，講業於漁鼓溪之頓坑者凡數年。自經傳子籍，旁及詩賦聲律、鉛汞陰陽之學，無不耽精玄覽焉。」〔註18〕

由此可見，黃道周學問以六經為根底，旁及詩賦聲律，鉛汞陰陽之學。尤其是陰陽之學，對於黃道周後來的學問頗有幫助。他的易學、理學、禮學等均與陰陽五行之學有著較為緊密的聯繫。而且，他對於山水自然頗有流連忘返的情致。道周尤好從山石之間，尋找詩文創作的靈感。據其弟子洪思所描述：「每屬文，或先狂是，尋島中最高峰，對怪石長松踽踽移時。歸而揮弦，然後落筆，頃刻輒數千言，若有神授也。豈所謂山水移情者乎？」〔註19〕

據侯真平先生考證，黃道周在鼓溪頓坑讀書，持續到萬曆二十四年十二歲（次年出遊平和、博羅）。〔註20〕十三歲以後，黃道周「往來過從，輒多長者遊」。他曾出遊福建平和縣，並拜謁王陽明祠。據《洪譜》萬曆二十五年（1597）載：

師如平和，過王文成公廟而歎，見其湫側，為之徘徊乃去。……因歎其學被天下，高接於陸家，卑入於佛者，今天下爭辯之。……而平和獨以敦樸無詖邪相靡，學士篤於經綸，豈其山川雄駿苞鬱使然？亦賢人所治，諄諄講道德之力，昌黎所謂「民醇易於道古」者乎？子乃入其廟而歌曰：「思君兮中祖磯，揚靈龜兮播靈旗，矯欲來兮何期？……上天兮下土，不同時兮安得遊？登君堂兮不得語，耿徘徊兮中夜。」〔註21〕

〔註17〕（明）洪思等撰：《黃子年譜》，《黃道周年譜》，第2頁。

〔註18〕（明）洪思等撰：《黃子年譜》，《黃道周年譜》，第48頁。

〔註19〕黃道周：《書嵇康〈琴賦〉後》，《黃石齋先生文集》卷十二。

〔註20〕侯真平：《黃道周紀年著述書畫考》，第53頁。

〔註21〕（明）洪思：《黃子年譜》，《黃道周年譜》，第2～3頁。這裡有關黃道周撰寫《王文成公碑》的時間說法不一。洪思認為，該文是道周遊歷王文成公祠三十年後，應施邦曜之請所作。時間應該是天啟七年（1627年），而據侯真平考證，該文作於崇禎甲戌年間（1634年），又據黃道周在該文中提到施邦曜治漳八、九年後作此碑文。據此，洪思所說「既三十年」應該是一個概數，亦即「三十多年後」之意。

　　由此看出，陽明心學在明代中葉以後的巨大影響，「其學被天下，高接於陸家，卑入於佛者」，爭議較大。不過，如前所述，是時平和縣的朱學之風仍然熾盛。後來，黃道周雖然對於陽明後學中王學左派頗為反感，但是，對於陽明本人自始至終都是較為崇敬的。從他過王氏廟祠，「見其湫側，為之徘徊乃去」的情形中，我們可以看到其複雜的心緒。關於這一點，三十多年後，黃道周在《王文成公碑》一文中透露：「憶余舞象時，嘗遊邑中，時時出巂西，過瞻舊祠，疑其庭徑湫側，意世有達人，溯源嶓、岷，必有起而更事者。」〔註22〕少年時期，黃道周只是出於對聖賢的敬意，談不上有多少深刻認識。事隔幾十年後，自然別有一番滋味在心頭。對於黃道周來說，在朱學與王學之間，各取其所長，綜合調和，在互為平衡中構建自己的學術體系，陽明心學的思想資源可謂功不可沒。

　　少年黃道周除了對聖賢性命之學的關懷之外，對於方外之術亦頗感興趣。據《莊譜》萬曆二十六年（1598）載：十四歲時，道周「喜談黃白術，有棄家騰舉意。適江西二王子至，先生修刺伏謁，言丹砂可化為黃金，其說有驗。而是時神宗靜攝，頗好道家言，先生遂作書，將因王子上朝。」〔註23〕黃道周企圖借江西二王子來福建的機會，修書以獻化丹砂為黃金的方術於萬曆皇帝。這一投皇帝所好的做法，亦體現了晚明三教合流後道教思想在閩南社會的彌漫。即使黃道周後來在朝為官之時，也時常不忘訪道教家，煉製丹藥。崇禎四年（1631），黃道周因錢龍錫案，而不為崇禎帝所喜，被降三級調用期間，曾有「忽悟丹訣」欲「募親友共鑄丹井」的想法。並在《與劉魚公書》中透露了其還「山」修道的心緒：「周自出山以來，雖無豎立於朝，家亦無所負，早晚冀得開籠，永矢空山，無復風旛之意。近乃悟得諸丹訣，自希夷以還，未有悟其款曲者，意欲借棲雲一庵，自築丹室，募親友共鑄丹井，不過費二三百金，假三年之力，仰視蒼景，俯接龍鶴，不為遠矣。」〔註24〕黃道周自信領悟了唐末道士陳搏以來所未見及的丹訣。

　　英國學者李約瑟曾作過中西煉金術的比較研究。他認為，「古希臘亞歷山大文化與中國秦漢文化傳統截然不同。古希臘文化致力於點金術研究，堅信從其他物質中可以煉製出黃金：而中國文化則沉迷於長壽秘訣的探索，即相信靈

〔註22〕黃道周：《王文成公碑》，《黃石齋先生文集》卷十一。
〔註23〕（明）莊起儔：《漳浦黃先生年譜》，《黃道周年譜》，第49頁。
〔註24〕黃道周：《與劉魚公書》，《黃漳浦集》卷十七。

丹妙藥可以使人長生不老。無可置疑，正是具有中國特色的神仙不死的思想讓
人們滋生出這種想法。」〔註25〕中國文化中的煉丹術是為了追求長生不老，而
這一興趣明顯是道教的思想性格所在。追求長生不老則必然訴諸於對自然科
學世界的探尋。因此，在某種程度上講，中國古代自然科學的發展與道家、道
教有著密不可分的關聯。所以，有著濃鬱道家情結的黃道周對於自然科學的關
注，也就是必然的了。這可以從他對天文曆法的研究，以及對陰陽五行說的崇
信中體現出來。也正如李約瑟對於陰陽五行的精到分析：「陰陽是『古代中國
人能夠構想的最終原理』，五行說的影響之大，傳播之廣，使它遍見於中國古
代及中古的一切科學和原始科學領域」。〔註26〕而少年時期對這一知識的累
積，奠定了黃道周日後在晚明學術思潮中的獨特地位。

　　另外，黃道周這一濃厚的道家情結也表現在：小時候為了尋訪神仙異人，
他時常跋涉於高山峻嶺之中。據《莊譜》萬曆二十六年（1598）載：

　　　　黃道周聞羅、浮二山有真人居焉，其上多明砂、曾青諸靈藥物，
　　　　意忻然欲往。會先生母族有宦博羅學齋者，其子往觀，先生遂偕與
　　　　往。至博羅，聞有韓大夫，素以賢豪好士稱，先生不謁宦署，徑詣
　　　　韓大夫語。及羅、浮，振筆作《羅浮山賦》，無停思而多奇字。大夫
　　　　訝曰：「年少軼才也！」即邀先生與諸子同處於別館。自是，藉其一
　　　　馬一力，遍遊羅、浮，尋所謂朱明洞者，暮返朝往，冀有異人隱現
　　　　其間，時時長嘯呼之。〔註27〕

　　此外，黃宗羲亦記載了少年道周遊歷羅浮山的傳說。他在《明儒學案》
中說：「黃道周家貧，時時挾策遠遊，讀書羅浮山，山水暴漲，墮澗中，溯
流而入得遇異人，授以讀書之法，過目不忘。」〔註28〕道周少年時得遇「異
人」之說雖無信據，但可為黃宗羲讚歎其日後學問之博大、精深提供的一個
解釋。

　　黃道周博羅一遊，眼界頓為大開，且結交了許多當地名士，收穫頗多。據
《洪譜》萬曆二十八年（1600）載：「髫年即有四方之志，遊羅、浮、崧臺、

〔註25〕（英）李約瑟：《中國古代科學》，上海書店出版社，2001年版，第73頁。
〔註26〕（英）李約瑟：《中國科學技術史》第二卷《科學思想史》，上海古籍出版社，
　　　　1990年版，第254頁。
〔註27〕（明）莊起儔：《漳浦黃先生年譜》，《黃道周年譜》，第49頁。
〔註28〕（清）黃宗羲：《忠烈黃石齋先生道周》，《明儒學案》卷五十六，《諸儒學案下
　　　　四》，中華書局，1986年版，第1331頁。

匡阜，所至無不下榻盧左。」〔註29〕亦如蔡世遠所說：「抵博羅，謁韓大夫日纘。韓家多異書，得盡覽所未見。」〔註30〕其聲名亦自此鵲起，韓日纘日後成為其中進士時的座師。十五歲時，博羅「有貴族以女議配者，子辭之。於是博羅顯貴之家，愛其名士也，爭欲昏之，黃子雅避之，乃歸。」〔註31〕對於男女婚姻大事，少年道周倒是顯得有點晚熟，如其坦言，「僕生年十五、六，猶問姆氏，男女匹配，是為何故？」〔註32〕而且，黃道周終生沒有象其他官僚士大夫那樣，擁有三妻四妾。與之形成鮮明對比的是，在學界對明清之際的歷史研究，或有關晚明文學作品中，我們常常能夠看到，在是時士大夫社會中，才子佳人的男女之事，常被人們視為風雅之事。愈富有學識、才情的人，身上愈容易發生此等風流韻事。譬如，陳寅恪先生的《柳如是別傳》一書，就考證過晚明江南社會中的柳如是與陳子龍、錢謙益等眾多才子的情感往事。而作為「閩海才子」的黃道周，除了經常與師友飲酒賦詩，互為唱和之外，並不好男女之間的風流情事。《方望溪集》就留有一段關於此事的寶貴文獻：

> 崇禎某年，余中丞集生與譚友夏結社金陵。適漳浦石齋黃公來遊。與訂交，意頗洽。黃公造次必於禮。諸公心響之，而苦其拘也，思試之。有妓顧氏，國色也，聰慧，通書史，撫節安歌，見者莫不心醉。一日，大雨雪，觴黃公於余氏園，使顧佐酒，公意色無忤，諸公更相勸飲，大醉，送公臥特室。榻上，衾枕、茵蓐各一，使顧盡馳褻衣，隨鍵戶諸公伺焉。公驚起，索衣不得，因引衾自覆，而命顧以茵臥，茵厚且狹，不可轉，乃使就寢。顧氏遂昵近公。公徐曰：「無用爾。」側身向內，息數十轉。即便酣寢，漏下四鼓覺，轉面向外，顧氏佯寐無覺，而以體傍公，俄頃，公酣寢如初。潔旦，顧氏出，具言其狀，且曰：「諸公為名士，賦詩飲酒，是樂而已矣。為聖為佛，成忠成孝，終歸黃公。」〔註33〕

雖無可考證這則材料是否屬實，但是，後人對於黃道周學行一致，嚴謹守禮的高尚品質的欽佩是毫無疑問的。同時，這裡面也不排除地域風情對於士人

〔註29〕（明）洪思：《黃子年譜》，《黃道周年譜》，第 3 頁。

〔註30〕（清）蔡世遠：《黃道周傳》，《黃漳浦集》卷首。

〔註31〕（明）洪思：《黃子年譜》，《黃道周年譜》，第 3 頁。

〔註32〕（明）洪思：《黃子年譜》，《黃道周年譜》，第 50 頁。

〔註33〕（清）陳汝箴纂：《光緒漳浦縣志》卷二十二《人物志下·雜志》，民國二十五年朱熙鉛印影印本。

言行的薰陶與規範的作用。

　　黃道周回家以後，因隨身攜帶的籮筐中，盡是詩賦文稿，而遭到父親的怒責。此後，道周「焚其稿，更習舉子業」。其實，舉子之業為少年道周內心所不喜。蔡世遠說，「（道周）少負奇節，以孝聞。當神廟時，天下又安，道周見儒術日下，皇綱不振，憂天下將亂，年十四，慨然有四方之志，不肯治舉子業。」〔註34〕然而，作為孝子的他，遵從父命，爭取功名，光宗耀祖也是周遭社會環境使然。當然，不可否認的是，士人只有通過科舉考試，奔向仕途，才能實現平治天下的理想。這可能是包括黃道周在內的讀書人必須面對的現實。對於從小就極富經世濟民之志的黃道周來說，這一點似乎能夠給予他更大的動力。正如莊起儔在《漳浦黃先生年譜》中所說，道周在習舉子業期間，「於時事得失，往往慷慨指畫，有賈生流涕之意，不能自禁云。」〔註35〕而且，道周在此後的數年中，屢次向地方當局上書言事，但均不為所用。〔註36〕

　　黃道周十七歲開始研究《律呂》，十八歲研究《疇象》。其實，他對於聲律的研究，應該是在十七歲之前。其根據有二：一、他十二歲時撰寫的《書嵇康琴賦後》曾涉及這一問題，二，他在《榕壇問業》中說：「某自束髮時，常推演李書，本三寸九分之說，至廿四五歲，才知其誤。」。而束髮一般指十五歲。當然，這一時間問題，無關本文思想研究之宏旨，故不再深論。而黃道周做易學研究的時間當不早於十八歲。據侯真平考證，「《洪譜》記道周萬曆三十年（1602）18歲『作《疇象》』，不詳所據，且未言撰寫地點及卷數。所記若實，則此時道周仍居住在銅山。道周移居漳浦，是萬曆三十七年（1609）的事。與《洪譜》大約同時（康熙四年，1665）撰成的洪思《黃子傳》，又說道周的『《易本象》、《詩表》、《春秋揆》、《疇象》在梁山……皆或存或亡，多不傳』，仍然沒說其卷數。洪思同期所撰《收文序》，列舉所輯「石齋十二書」中，不見有《疇象》；所列佚書也不見有《疇象》。劉履丁，是道周早期弟子，崇禎十六年《跋易象正》說：『人言先生在西庫（按指崇禎十三、四年在刑部監獄）始作《象正》，此殊不然。三十年前，丁侍先生在浦東草廬，於時有《易本象》八卷、《疇象》八卷。《疇象》在吳亮恭侍御處，《本象》在張雨玉兄弟處，念之

〔註34〕　（清）蔡世遠：《黃道周傳》，《黃漳浦集》卷首。
〔註35〕　（明）洪思：《黃子年譜》，《黃道周年譜》，第50頁。
〔註36〕　據《洪譜》萬曆三十一年、《莊譜》三十四年條記載：黃道周在十九、二十二歲時，兩次上書論及時事方略，均未被採納。如萬曆三十一年，「秋七月，子獻時事策以幹藩臬，不用而去。」萬曆三十四年，「是秋，再幹藩臬，不遇。」

已三十餘年，當時三屬草本也。」這裡記述了《疇象》作於萬曆三十七年以前，凡 8 卷，為「吳亮恭侍御」收藏。《四庫總目·易象正》條下，概述劉履丁的這番回憶後，說《疇象》和《易本象》『蓋是書之稿本也』」，係指這兩書是《易象正》思想的濫觴。」〔註37〕因此，《疇象》文本今可能不存於世，但是，作為道周晚年易學思想的結撰之作──《易象正》是其幾十年易學探索成果的結晶，這一點應該是毫無疑義的。雖然，以前學界提起黃道周的學術思想，自然會想到易學抑或象數學。但是，綜觀道周的全部著述，我們可以發現：在他的學術系統中，除了易學之外，還有陰陽五行、天文曆法、性命之學以及禮學等內容。誠如黃宗羲所說，「漳海之學，猶如武庫無所不備，猶邃於易、歷。」〔註38〕易學在黃道周的學術思想中，佔有相當重要的地位。尤其是象數易學，成為他建構整個學術思想體系的具有支撐性的知識基石。

二十二歲，黃道周因其父遭受「族人之難」，移居銅山魚鼓溪頓坑。〔註39〕再次與胞兄道琛過著耕讀生活。「子亦不復遠遊矣，始卜築於此以為精舍，雜樹芙蓉、丹荔、龍目、修竹以居，然日益貧寂，而益讀書不衰。」〔註40〕在此期間，黃道周隨兄勞作之餘，坐於長松之下讀《易》。一天，道周兄弟倆坐在大石頭上講論《易》經，突然看見老虎從石下出來。道周對老虎說：「我兄弟二人在此談論經書，你也來聽啊？」老虎乃弭伏而去。由此可見，道周對於易學的癡迷程度之深，以致於無懼於老虎之威。正是由於早年對於易學的熱誠鑽研，他後來成為了晚明屈指可數的易學大師。

一年之後，黃道周參加縣試，名列第一。是年四月，遭父喪，故未登縣學籍。哀痛之中，黃道周作續《離騷》與《九戾傳》。據《洪譜》萬曆三十五年（1607）載：

> 夏四月，丁外艱，念其親侘傺不能自直，……親戚乖離，無以自振，窮至不能為喪，……辱不逮親，以視道周何如者！……故憂

〔註37〕侯真平：《黃道周紀年著述書畫考》，第 488～489 頁。

〔註38〕（清）黃宗羲：《黃梨洲文集》，中華書局，2009 年版，第 162 頁。

〔註39〕前文曾談到黃道周從八至十三歲，隨其胞兄道琛（道琛大道周十六歲）在銅山魚鼓溪頓坑讀書，而後出去遊歷。回來後與父母一起居住。所以到了二十二歲的時候，因其父遭遇「族人之難」而再次移居到魚鼓溪頓坑。這樣就可以推測，道琛早在道周小時候，就搬至魚鼓溪頓坑，與父母分住兩地。證據待考。關於「族人之難」，《洪譜》、《莊譜》等文獻均有言及，但都語焉不詳。故對黃道周家族之事，無法考究。

〔註40〕（明）洪思：《黃子年譜》，《黃道周年譜》，第 3 頁。

愁憤鬱而續《離騷賦》，作《離疚經》。既殯，作《九庚傳》。南海黃
公應舉為漳浦令，初校士，得黃生文，置第一。黃公異之……亟欲
見其人。……數日乃至，果白衣冠，揮涕而入，……大聲言：「生命
數奇，既不能事吾父，又安能事長者！」黃公益大異其人。……乃
問結撰何若，……既乃隕涕出其袖中書，文如《離騷》也。黃公見
之，泣曰：「余亦幼而孤，而黃生如此者，其才使之然也。」〔註41〕

　　該段話描述了黃道周面臨父喪之時的處境與心緒。道周對於父親的離世
有著久久難以揮去的因不能很好奉養父母，且辱逮於親而致的內疚。此外，
亦能窺見少年道周的孝子之情與世不多出的才華。黃道周在《續離騷》中亦
談到自己少時負節不合於俗，有辱於親的內疚以及道與時忤，報國無門的憤
懣之情：

道周少負節，不合於俗，十年於世，動見棄擯，……鄉里之人
至，目為放浪之士，益輕其親。……其父悲鬱侘傺，負奇以死。道
周時年二十有三，不能自具殯殮，又竄於荒崖窮谷之間，無戚屬知
故之助，……嗟乎岩穴，君不若父，道周今日誼不得死乎？……況
處末世，道與時忤，又不知鼎報之何如也。然道周有母，且奉遺骸
以畢茲生。俯仰之間，進退無據，於是呼天摽心而哭曰：「古之君子
不善於一時，則俟之後世，不獲報於百年，則報之千古。」〔註42〕

　　從黃道周這則帶有自傳性質的文字，我們可以窺見如下三點：第一，少年
道周特立獨行的性格，因不合於世俗社會的眼光，而被目為放浪不羈之人。為
此，其父母、親戚亦被鄉人瞧不起。故此，道周非常內疚地認為，父親的去世
與他有很大的關聯；第二、父親去世之後，道周卻無力「自具殯殮」，與古代
的賢人相比，他認為實在是有辱於親，情實難以堪；第三、身處末世，「道與
時忤」，欲效屈原之舉，但老母尚在，故有「俯仰之間，進退無據」之情。由
此，黃道周的濃鬱的「忠孝」思想得以顯現。而正是因為這一思緒在他內心翻
騰，致使他有「呼天摽心」之痛：既有處於鄉間不為世人所理解，且難以盡
「孝」之哀傷，又有天道難行，無法盡「忠」之悲憤。所以，他只能以「古之
君子不善於一時，則俟之後世，不獲報於百年，則報之千古」的古語來疏解
之。然而，由於黃道周這一早年的親身經歷，使得他對於忠、孝的認知更為深

〔註41〕（明）洪思：《黃子年譜》，《黃道周年譜》，第4～5頁。
〔註42〕黃道周：《續離騷凡二章》，《黃漳浦集》卷三十六《騷賦》。

刻。這在很大程度上，都反映在他的諸多學術著作中。「忠孝」觀念成為他學術思想中頗具內核性的組成部分。由此而觀，幾十年後，黃道周向崇禎帝上書，彈劾楊嗣昌、陳新甲等奪情之事，實在是情有所本。他本於對「既孝而忠」的深刻體認，而決非洩「自身未能入閣」的一己之私憤。崇禎帝自縊於煤山，南明政權不堪清兵一擊，形勢了然。然後，道周不計成敗，毅然募兵北伐，盡忠完節而已。黃道周這些日後的舉動，都可以從其青少年所留下的文本中得到較為合理的解釋。

第二節　青年才俊與學術批判的鋒芒（自二十四至三十七歲）

對於具有「內聖外王」情結的儒者而言，「學」與「政」是他們存在的方式與意義。「學而優則仕」亦成為傳統士人主要的行為模式。「學」除了自己潛心學問外，也包括致力於學問的傳播。而講學無疑不失為一種傳播學問的最佳途徑。或許，在某種程度上來說，這是中國古代文化在周公以後官師分治的歷史情境中得以傳承的至為重要的途徑。講學自宋代以降，蔚為風潮。當時士大夫知識分子主體意識極為勃興，如北宋張載宣稱，儒者所肩負的使命就是「為天地立心、為萬民請命、為往聖繼絕學，為萬世開太平」。這種豪情壯語對於當時及以後的士大夫知識分子們極具鼓動效應。加之，自宋太祖立下「不殺大臣及言事官」之訓之後，這樣一種較為開放的政治文化生態為培育士大夫積極向上的風氣提供了一個極好的時機。這也是宋代新儒學能夠崛興的一個非常重要的政治文化背景。宋代以降，新儒學思想的傳播有賴於講學活動的開展。而在明代，尤其是中葉以後，以陽明學派為代表的講學活動確乎蔚為壯觀。正如黃宗羲所講，「有明事功文章，未必能越前代，至於講學，余妄謂過之。」〔註43〕黃道周亦自然承續這一講學之風。據年譜記載，黃道周青年時期在閩南當地即享有盛名，所來問學者眾多。因此，在某種程度上，講學論道自然是黃道周日常生活世界裏最為重要的部分。

黃道周自父親去世的次年，亦即二十四歲時，走出銅山島，到漳浦鄉紳盧維禎家做家塾教師，並結識好友張燮。是年秋天，應張燮、高克正之邀，至漳

〔註43〕（清）黃宗羲：《明儒學案序》，《明儒學案》，北京：中華書局，1985年版，第7頁。

州，並住在張變家裏。其間，由於道周聲名廣播，前來問《易》者甚多。據《洪譜》載：「子始入州府（漳州），住張紹和家。於是黃子之名震浦中。……子講《易》於漳上。居無何，蘭水之人或以為黃子達者。少宰蔣公（按指蔣孟育）始見子而問《易》，子與之略談《大畜》而別。於是，蘭水之人聞之，往而問《易》焉。」〔註44〕這可以說是黃道周講學生涯的開始，也預示著他遭遇喪父之痛後，告別了放浪無羈於銅山島的魏晉文士般的生活。正如陳來對黃道周這一時段生活方式轉變原因的分析：「在父親死後，他逐漸留心學問，期望以此改正舊日文士的習氣，以盡孝母之道。免喪之後，他一改昔日名士生活方式，專心研究易象律呂。黃道周早年經意詩文，長騷賦，善鼓琴，遊心於山水之際，吟嘯於松石之間，他在氣質上更接近於賈誼、嵇康，而與宋明理學家們不同。因此，他在學術入門時，首先注意傳統中的易象之學，而非道德性命之學，也是很自然的」〔註45〕黃道周的學術思想體系中的知識支撐點在於其對易學與陰陽五行說的精研之上，尤其是易象之學。以「天道」叩問「人道」，以「天學」溝通「人學」，探尋理想的天人秩序何以可能，並試圖建構不同於宋明理學框架下的天人世界。他這一學術面向，在宋代以降義理易學派居為主流的學術形勢下，顯得頗為突出。在某種意義上，這是黃道周畢生的學術思想的血脈所在。

二十五歲，黃道周服完父喪之後，奉母親遷居漳浦縣城。〔註46〕並娶妻林氏，〔註47〕而後再次移居於漳浦縣城東郭（今漳浦黃道周紀念館所在地）。七

〔註44〕（明）洪思：《黃子年譜》，《黃道周年譜》，第5頁。

〔註45〕陳來：《黃道周的生平與思想》，《中國近世思想史研究》，商務印書館，2003年版，第502頁。

〔註46〕黃道周自從遷居漳浦縣城四年之後，曾回銅山省視舊居。此後，他再也沒有回過銅山島。在銅山度過了他的少年時代。雖然那有著許多令他不愉快的少年往事，但是故土難離，這種鄉愁確乎令人感傷。是時道周燈下留詩一首《癸丑春渡江省舊居甫數日生平所愛強半分袂與仲猶待僕至，心言為別，如復千里言辭不及執手悲猿鶴何能為懷，燈下作詩擬黃鶴遠別，雖非其類，情見乎詞矣》，以志情懷：「攬佩多傷心，所以碎琅玕。白雲間山川，哀哉何時還。」見《黃漳浦集》卷三十七《詩》，清道光十年福州陳氏刻本。

〔註47〕林氏作為黃道周的原配夫人，至今留下有關她的直接歷史資料甚少，至於她的家族背景等那就更不得而知了。她僅為黃道周生了一個女兒黃子本。她在道周四十多歲時，染病而死。後來，蔡玉卿嫁給道周為繼室。現在凡是涉及黃道周夫婦的資料，多以黃、蔡並稱。據有學者研究，林氏地位不如蔡氏的原因很可能是因為林氏沒有生兒子，而蔡氏卻有四子。「母以子貴」這也算是中國男權社會風俗傳統的一種表徵吧。

月，參加鄉試，下第而歸。據《莊譜》萬曆三十七年（1609）載：「先生赴會城就試，不遇。返渡釣龍江，舟覆溺水，恍惚如夢，遇有一人導之前行，至一殿，甚宏敞，榜曰：倪黃。復導而出。出乃泊岸，衣裳盡濕。先生大異，姑識其事。天啟二年壬戌，選館之夕，倪洪寶亦夢之。比揭榜，倪第一，而先生第二。兩人各述所夢，遂相得甚歡，厥後行事亦相類，蓋定數云。」〔註48〕這一頗具文學筆調的描敘，顯示了道周落第後的抑鬱與對於登科的渴望。對於是時讀書人來說，科舉考試是通往仕途為官，一展抱負的唯一途徑。至於從商與在家著述講學也是不得已、退而求其次的事情。對於頗負經世之志的黃道周來說，有此一夢，無以為怪。

不過，李光地亦有一個相似的傳說版本，錄此姑備一說：「黃石齋先生十六七時，便欲歷遊名山，遂結伴三四人，策蹇往羅浮，偶步溪澗，值雨後大水發，伴侶及黃所乘驢漂沒，而黃獨自登岸，黃反自喜，隱有所見，人以為有神授以書，及彼渡夾江，又舟覆，江深無底，死者多，而黃又起，又自喜，微語親知者，水底有造一新宮殿，而空其中，外榜曰：『倪黃』。故鴻寶與石齋相結極密。」〔註49〕倪元璐與黃道周均為晚明忠貞之臣，為後人所景仰。在此，將他們加以神秘化也是不難理解的。

在這一年中，黃道周對於易象、律呂的研究亦有很大的收穫。據《洪譜》萬曆三十七年（1609）載：

> 子作《易本象》凡八卷，亦以深明天人之際，然黃子猶謂未足以盡《易》，不欲存，以屬門人張若化、張若仲，存其草於山中，令勿傳。自《易象正》作，而後門人以《易本象》附其後。子推律呂。黃子觀李文利書而歎，病其疏矣。子少時，常推李文利之律而用之，今復推之於東象之上，知其不然也。〔註50〕

《易本象》是黃道周早期的易學著述之一，著眼於對天人之際的體察。然而，道周認為其易學思想尚不夠成熟，不准弟子張若化、張若仲外傳。崇禎十三年（1640），他在獄中開始撰作的《易象正》，方為其晚年定論之作。三年之後，經過與弟子們的反覆講論切磋，黃道周將之付梓。道周出獄之初，身體尚未復原，至九江西林寺時，他對弟子說：「及吾在，不定此本，後世誰復能定

〔註48〕（明）莊起儔：《漳浦黃先生年譜》，《黃道周年譜》，第 53 頁。

〔註49〕（清）李光地：《榕村語錄續集》卷十七，清光緒傅氏藏園刻本。

〔註50〕（明）洪思：《黃子年譜》，《黃道周年譜》，第 6 頁。

之者。」〔註51〕這表現了黃道周對於學術著述藏之名山，流傳後世態度之慎重，同時更凸顯出他對易象之學的極度自信。

　　至於律呂之學，黃道周此時亦有所得。早年，他在銅山島時稍有涉及，如《嵇康〈琴賦〉後》一文即有所流露。此後的幾十年間中，隨著黃道周對明代李文利的律呂之學的研究不斷深入，李氏觀點亦不斷得到修正。李文利為明代成化年間舉人，對於律呂之學頗有研究。他曾依據《呂氏春秋》而持黃鐘三寸九分之說，從而駁正了司馬遷的黃鐘長三寸九分之誤。但是後世反對者甚多，如黃積慶、朱載堉與乾隆四庫館臣等均不同意李文利的觀點。〔註52〕而黃道周自二十五歲之後，亦頗不以李文利的說法為然，「子少時，常推李文利之律而用之。今復推之於東皋之上，知其不然也」。黃道周說：「某自束髮時，常推演李書，本三寸九分之說，至廿四、五歲才知其誤。」〔註53〕不過，特別值得一提的是，道周的律數卻是來自於曆與《易》的啟示。將律、曆與《易》三者貫通為一，是他頗引以為自得之處。

　　其間，因切磋學問的需要，黃道周經常來往於漳浦與漳州之間。漳州許多賢達均引以為至交，以上賓之禮待之。「時時來郡中，諸先達競延致如素交，先生雖布衣，輒持古誼，坐上座無詘。」〔註54〕一天，他去拜訪素有漳州「才子」之稱的鄭懷魁。當時，鄭懷魁正在拿天文儀器測量晷影。他見黃道周來訪，便問：「若知北極有處中天否？」道周答不知。又問：「表影有處倒南否？」道周亦答不知。再問：「日出入有非卯酉否？」道周依然答不上來。爾後，鄭氏置而不論，只是與道周談論一些《史》、《漢》等文史之學。這件事情對一向好學而又性格倔強的黃道周來說，刺激是非常大的。正如他在《榕壇問業》中回憶當時的情形：「某歸，愧恨不食也。夜持竹幾坐中庭者，如此兩年之間二三百日，乃知南北中分、陰陽贏縮之說，以非觀察授我誣也。」〔註55〕從這段回憶中可以看出，他對於鄭懷魁還是抱有相當感激之情的。所以，他在鄞山時，曾告訴志學同人，親近先輩的重要性：

　　　　後生近先生輩，最為有益。某年二十餘，嘗同丹臺林公至郡寺，

〔註51〕黃道周：《易象正序述》，《易象正》，清文淵閣四庫全書本。
〔註52〕此類觀點可以參看《明史・藝文志》、朱載堉《樂律全書》卷十二、《四庫全書總目・樂類存目》等。
〔註53〕黃道周：《榕壇問業》卷五。
〔註54〕（明）洪思：《黃子年譜》，《黃道周年譜》，第54頁。
〔註55〕黃道周：《榕壇問業》卷十四，清乾隆刻本。

謁西聖及先賢像。林公曰：「若知今茲共謁何人也？」某云：「聰明
智慧人也。」林公曰：「是億劫來勞心苦行人耳。吾輩硬脊樑，仰鑽
勞心，霜鐵苦行，則異日亦可受人拜謁矣。」嗟乎！後生求益，何
可不親近先輩？〔註56〕

此後，除了易象與律呂之學外，天文曆法等學問也納入了他的研究視野
之中。也正是因為這一特殊的學術經歷，成就了黃道周後來將曆、律與《易》
三者融貫為一的學術風格。而當時西方天文曆法之學，隨著西學東漸之風進
入中國。是時崇信西方天文曆法的士人不在少數。而徐光啟就是其中的典型
代表。對於曆、律、《易》的關係問題。黃道周與徐光啟曾經在北京有過對
話。道周在他的《治曆說》一文中談到：

先年，見徐玄扈先輩，便進《易》為曆源之說。渠只搖頭云：
「《易》自是《易》，曆自是曆」。渠只見大衍三統，粗剿皮膚，不關
推步耳。又言斗分合有盈縮，猶月行之有遲疾。渠猶沉吟謂：「今已
行之，不知今誰行者？」及至余談五百一十一年曆，行退縮無復餘
分，斗差每年一百五十八分強，每六十三年而差一度，未嘗不心韙
其說。〔註57〕

就《易》、曆問題與徐光啟所進行的這次討論，黃道周在榕壇講學時，曾
多次對弟子提及。其主旨在於論述象數之學對於曆法運用的精妙，無需假借於
西方天文曆法。因此，道周之「《易》為曆源之說」，與徐光啟頗有分歧。「余
談五百一十一年曆，……未嘗不心韙其說」。當然，這裡面既有黃道周對得之
於心的學問的自信，也有傳統華夷之辨的觀念在起作用。

明萬曆三十九年（辛亥，1611），亦即黃道周二十七歲的時候。他參加漳
浦縣試、漳州郡試，均名列榜首。尤為值得一提的是，他以《一歲寒暑之候論》
贏得主考官馮挺的賞識，得補博士弟子員。由此可見，黃道周經過幾年對天文
曆法的刻苦鑽研之後，頗有心得。洪思曾對該文作過概括性的點評：

子小試時作也。蓋以辯橫渠張子「地沈而日長，地浮而日促」
之說也。正蒙云：「地有升降，日有修短，陽日上，地日降而下者，
虛也，陽日下，地日進而上者，盈也。此一歲寒暑之候也。」時子
二十有八歲，始以此文補博士弟子員。督學馮公場中獲是文，大器

〔註56〕（明）洪思：《黃子傳》，《黃道周年譜》，第54頁。
〔註57〕黃道周：《治曆說》，《黃石齋先生文集》卷十。

之。一時莫不嗟賞，謂得異人也。又數年，作《三易》乃明日差地

行之旨微矣。〔註58〕

　　是年秋，黃道周奔赴鄉試，再次落第而歸。〔註59〕這使得他對於通過科舉考試來實現自己為天下立道的恢弘之志的信心不免有些低落。之後，他不得不設教於漳浦家中。關於這段歷史，《洪譜》有著詳細記載：

　　　　子入省赴秋試，下第而歸。子教於東皋。黃子謂門人曰：「此道寂然，今當於深山之中遇之也。……嗚呼！僕生平放浪，言若雌風，恐不足以頓轉人心。今捨數行帖括，更無教處，徒使人厭耳！」然則，當時有銅山陳子士奇者，門人所謂西陳；有銅山陳子王賓者，門人所謂南陳，非帖括之徒與？……其事於子也，最久。故皆篤於忠信，以澤於仁義之言甚深。……然則，海邊而多賢人，何也？曰：「又有銅山孝廉劉子善懋之清夷，與丹山孝廉張子若化、進士張子若仲之靜溫……」人皆曰：「此國之顏子也！」門人歸之仁，以張、劉稱。」〔註60〕

　　人生幾何，再赴科考（鄉試）亦是三年之後了。李世愉曾描述落第士子的心境云：「當歷經10年寒窗而名落孫山時，落第者心中大都埋藏了一種自尊心受到嚴重打擊的酸楚。他們不僅要承受落第的沉重打擊，甚至還要面對周圍的冷嘲熱諷、鄰里的議論，以至造成一些人無顏做人的極端自卑心理。」〔註61〕此話對於頗具道家風格的黃道周來說，雖然顯得有些誇張，但還是大致能夠捕捉他的內心感觸的。他的科舉之路雖則不順，然而，講學與為人師表卻頗有成效。「海邊多賢人」，他為晚明社會培養了一批忠信仁義之士，對閩南社會良好士風的塑造起了十分積極的表率作用。

　　科考失利以後，黃道周愈發專注於學術研究。二十九歲，撰成《大咸經》。侯真平認為，「《明史·黃道周傳》中說『（道周）精天文曆數皇極諸書。所著《易象正》、《三易洞璣》、《太函經》，學者窮年不能通其說，而道周用以推驗治亂。』這裡提到的《太函經》，疑是《太咸經》的一音之轉。《太咸經》

〔註58〕黃道周：《一歲寒暑之候論》，《黃石齋先生文集》卷十。

〔註59〕黃道周曾於三年前鄉試落第。

〔註60〕（明）洪思等撰：《黃道周年譜》，侯真平，婁曾泉校點，福建人民出版社，1999年版，第7頁。

〔註61〕李世愉：《科舉落第：一個被忽視的研究領域》，《探索與爭鳴》，2007年第3期。

也是屬於《易》類著作。」〔註62〕而黃道周所從事的這類研究，在當時學界的反響怎樣？而他又是如何作出回應的呢？對此，《洪譜》為我們提供了相關信息：

> 子始杜門於東臯，……而黃子將以著書也，亦杜門焉。何也？曰：人豈有不避世而可以著書者乎？子杜門時，其旁鑿一竇，唯問業者得入焉。戒門人曰：『苟有近於勢利者，則君子必避之也。』……然黃子少已著書數十萬言，以明天地之道、帝王之義、萬物變化之紀，皆壹本於六經。而世猶非之，以為今之人未可以語此也，時復卑貶其論。……是以杜門益讀書，以尋六經之緒。子作《太咸》，以形聲色九九相推，各得七百二十九；本《河圖》曲折之勢，兩其陰陽，以六因之，盡萬物之用。〔註63〕

平心而論，黃道周的問題意識仍是宋學一系，而達致其學術理想的手段抑或方法論，卻是漢學一路。秦漢去孔子時代不遠，而道周常以復興周孔之學自任。即使是行事方式，他亦多含古風。不過，由於其此時聲名在外，想必日常師友應酬繁多，故需杜門著書。此外，從上文看，黃道周的學術路數似乎並不為世人所理解。「以明天地之道、帝王之義、萬物變化之紀，皆壹本於六經。而世猶非之，以為今之人未可以語此也，時復卑貶其論。」揆諸是時社會風氣，閩南程朱理學的風氣甚盛，講究道德性命之學，無疑為讀書問學之主流，加之幾百年的八股取士的僵化趨向。對於凡俗之人來講，對除此之外的學問，並不具有多大程度的認同感。因此，道周此學與世論不合也就是勢所必然的了。他在杜門期間所作的《太咸經》，一本於宋代以降頗為盛行的河圖、洛書之學。這些學問在明代理學盛行的情境之下確乎處於非常邊緣的地位。

清代李光地對於黃道周的學術思想曾有一段評論：「黃（道周）算命有秘傳，其以易經卦爻相配者，乃不欲以所學落於術數小道，乃文之以周孔之書，其實如何扯得來，老實說得別傳反光明，此石齋之過也。」〔註64〕李光地將黃道周易象數之學列為術數小道，應該不是個別之舉。此後，乾隆時代的《四庫全書總目》亦將黃道周的《三易洞璣》歸入術數一類，目之為易學之別傳，而非解經之正軌。「（該書）旁見側出，究自為一家之學。以為經之正義則不可，

〔註62〕侯真平：《黃道周紀年著述書畫考》，第75～76頁。
〔註63〕（明）洪思：《黃子年譜》，《黃道周年譜》，第7～8頁。
〔註64〕（清）李光地：《榕村語錄續集》卷十七，清光緒傅氏藏園刻本。

退而列諸術數，從其類也。」〔註65〕然而，對於以推闡「周孔之學」為畢生職志的黃道周來說，恐怕是無論如何也不會同意這些後世易學評判的。

　　三十歲以後，黃道周兼及《詩》、《春秋》的研究。他曾撰有《詩表》、《詩揆》、《春秋軌》、《春秋揆》等。不過，對於具體撰作時間，後世頗有分歧。據《洪譜》與《莊譜》載：萬曆四十二年、四十四年分別作《詩表》，《詩揆》、《春秋揆》等。而在《黃石齋先生文集》與《黃漳浦集》卻均在《詩表序》的前言中，載有洪思的一段與上述時間互為牴牾的話：

> 「少作也。時方弱冠，與《春秋軌》同作。」先子云：「梁山門人如劉完公、陳平人曾受是經，謂其體大思精，皆與《三易》表裏。今《春秋》亡，是經厪存其序言。而十二部與三十六表之義例，猶或可尋也。然尚逸卜雅頍弁以下表一序，與終卷七表之序，俱亡矣。」……凡黃子所為《詩序正》、《春秋表正》猶未脫草，以授弟子。《詩表》、《詩揆》、《春秋軌》、《春秋揆》漳上皆未有槧本，一遭巨亂，難復存矣。少從先子，獲聞其略云。〔註66〕

　　其中，洪思的「弱冠」之說與其在《黃子年譜》中的記載有著頗為明顯的差異。而在《石齋經義四種》中，胡夢鋪亦有與洪思相似之說：「聞《春秋揆》作於丙辰（萬曆四十四年，是年，道周三十二歲），以應知己之求，而《詩表》又在前數年。爾時夫子方弱冠，體大思精，皆與《三易》表裏。」〔註67〕這當與道周弟子洪京榜、胡夢鋪的誤記有關。因此，洪思在康熙四年編撰年譜時更改其說。黃道周對《詩》、《春秋》的詮釋與他的易象數學三者是互為發明的：

> 揆者，晷也，表晷也。日南則其晷陰，日北則其晷陽。揆之則於其景也。《春秋》者，《詩》景也。景者，陰也。《春秋》者，《詩》之陰也。《易》之道，其陽為《詩》，其陰為《春秋》。……《春秋》之紀二百四十有二，其三之八十有一，兩之一百二十。自文王受命之年，以及仲尼之沒，參之而得七，兩之而得五。文王以四千三百二十年為《春秋》，仲尼以三千六百年為《春秋》。五文王之《春秋》，有五文王者出。六仲尼之《春秋》，有六仲尼者出。〔註68〕

〔註65〕 （清）紀昀：《四庫全書總目》卷一百零八《三易洞璣十六卷》，中華書局，1997年版，第1428頁。

〔註66〕 （明）洪思：《黃石齋先生文集》卷七《序》；《黃漳浦集》卷二十《序》。

〔註67〕 （清）胡夢鋪：《詩表》後記，《石齋先生經義四種》，清道光五年（1825）刻本。

〔註68〕 黃道周：《春秋揆略》，《黃漳浦集》卷三十《雜著》。

　　由此觀之，黃道周的學術創造力確乎令人驚歎不已。《四庫全書總目》曾評價它：「蓋以《皇極經世》之學說《春秋》，自三傳以來，未之前聞。即邵子亦未發此義也。」〔註69〕這一承繼並超邁北宋邵雍的學術路數，發展到後來愈發純熟。它也常常被運用於是時政治與社會大勢的推驗。崇禎五年（1632），黃道周在給皇帝的《放門陳事疏》中，就運用到這一學說：「以天道為準，以《詩》、《春秋》推其運候，學本周、孔，無一毫穿鑿。」〔註70〕不過，可惜的是，除了給黃道周個人增添一定程度的神秘感外，其本身的影響似乎僅限於民間傳說，且被後世歸入古老的術數之列。

　　萬曆四十三年（1615），三十一歲的黃道周又一次面臨鄉試的挑戰。是年，黃道周應潮州知府詹佐雨的邀請，往廣東潮陽講學。歸來後，即參加鄉試秋試。道周應試文章頗得主考官來宗道、姜性的賞識，擬拔為第一。但他因卷文違反科舉程序而再次遺憾地落第。兩位主考官也為之頗感惋惜，並前來慰問他。這對一個落榜的讀書人來說，可真是罕見的殊榮了。福建督學鄭三俊聞之，也不禁歎惋不已，並邀請黃道周代草《齒錄後序》。有關此事，與道周同考的黃景昉曾在《黃道周志傳》中有著詳細的描敘：

> 歲乙卯，試闈牘，業擬公第一，格次場式，不終錄。主司來公、
> 姜公，督學鄭公，共歎惋久之。余以是秋舉於鄉，始獲交公。猶憶
> 送主司芋源（驛名，在福州西郊）江上，既登舟，特再延元魁五人，
> 公與焉。未幾，鄭公改組歸，獨偕公舟行數百里乃別，所慰藉良
> 至。〔註71〕

　　黃道周在第三次鄉試落榜之後，心緒不再像以前那樣起伏不定，而是平靜地回到家鄉，依舊閉門讀書、著述，以待時機。「屢敗屢戰」的科考境遇逐漸磨礪了黃道周應試的心志。三年之後，亦即是萬曆四十六年（1618），黃道周三十四歲的時候，郡試斬獲第一。因之，主考官岳和聲與他縱論程朱理學一系的羅從彥、李延平的「喜怒哀樂未發」之旨。這一理學的道德修養工夫應該是當時士大夫頗為熱衷於探討的問題。雖然，其論辨的具體內容至今不得而知，但是，道周深得岳和聲的認同與讚賞，應該是毫無疑義的。爾後，道周

〔註69〕（清）紀昀：《欽定四庫全書總目》卷三十，《春秋揆一卷》，中華書局，1997年版，第392頁。

〔註70〕黃道周：《放門陳事疏》，《黃石齋先生文集》卷一《疏》。

〔註71〕（明）計六奇：《明季南略》，任道斌、魏得良校點，北京：中華書局，1984年版，第315頁。

被邀請至福州講學。八月，他第四次衝擊鄉試，終獲成功。此次鄉試典試太史丁紹軾，[註72] 愛道周文才，欲拔其為第一名，但是，礙於道周試卷中有著明顯的抨擊當時朝政的痕跡，「皆疑言其太真，恐為朝廷及諸當事者所忌，低回久之，乃竟置為第七人。」[註73] 或許黃道周由於幾次上書不果，才採取這種形式直抒胸臆，向上建言的吧。正如趙園所說，「策論「策」之一體，緣用以試士而成為重要的政論形式，規範了士人的論政方式。……有明一代，士人譏切時政，就利用了此種文體、方式所提供的言論空間。」[註74] 但是，對於寒窗十年的讀書人來說，此舉風險代價未免太大了。據《明史》記載：嘉靖十六年，「應天府進試錄，考官評語失書名，諸生答策多譏時政」考官因而受到處罰，「而停舉子會試」。[註75] 所以，主考官將黃道周文卷置於第七名，正是據於上述考慮。

　　自明萬曆四十三年（1615）起，鄉試、會試榜發後，將錄取士子試卷選編成冊，並予刊刻，成為「程文墨卷」，以供科考士子借鏡。因此，黃道周此次鄉試的試卷才能作為文獻被保存、流傳下來。如策論五篇《勤政》、《正學》、《相權》、《黨禍》、《邊防》，以及《人臣盡力事君論》等成為了後人窺探其政治、學術思想的寶貴文獻。

　　就學術思想而言，黃道周在《正學》篇中透露出了他一些異乎宋儒的極具批判性的學術傾向。根據洪思對《正學》篇所作的背景交待，道周這篇策論是有著非常明顯的針對性的：「神宗末年，上倦於勤，下無良相，正學衰而邪說作，汝中之言滿天下，所憂不獨二患（黨患、邊患）之方深。」[註76] 學術人心與是時政治局勢一樣，令應試士子黃道周深以為憂。在他看來，以王龍

[註72] 據侯真平考證，丁紹軾（？～1626），字文遠，安徽貴池人。萬曆三十五年進士，選庶吉士，授檢討。天啟間，投靠魏忠賢，入閣，參加誣陷熊廷弼，任《三朝要典》總裁。以病卒。雖然當時朝廷東林黨與閹黨之爭異常激烈。但是，從這次鄉試看，青年黃道周並無捲入黨爭。即使是他成為進士，進入翰林院後，他深知黨爭之害，盡力避之。而道周在後來林林總總的史蹟記載中，卻被視為東林黨人。其實，對於晚明東林黨的劃分與考察應該據實進行微觀分析。從筆者掌握的材料來看，黃道周並非所謂東林黨人，最多是東林黨的同情者而已。

[註73]（清）陳壽祺編：《黃漳浦集》卷九，《萬曆四十有六年鄉試策》後語。

[註74] 趙園：《制度・言論・心態──〈明清士大夫研究〉續編》，北京大學出版社，2006 年版，第 40 頁。

[註75] 參見張廷玉：《明史》卷二八三。

[註76] 黃道周：《正學》，《萬曆四十有六年鄉試策》，《黃漳浦集》卷九《策》。

溪為代表的左派王學的流播對晚明社會道德人心的陷溺負有不可推卸的責任。而追其根溯其源，則是宋儒以降所抱持的「虞廷十六字」心傳的道統觀使然。〔註77〕此時的黃道周的學術視野已然超越了宋儒。他致力於以漢儒之學來救正宋代以降儒學專於內在心性一途的弊病。據之，我們可以窺見晚明思潮中確乎存在著多元化的學術生態。

次年，黃道周會試不第，依然如故地回到漳浦東皋。其間，道周可能因近年致力於科考，差不多已耗盡了家裏所有的積蓄。他平日雖有孔顏之樂，亦因經濟日陷窘迫，無可奈何。據《洪譜》萬曆四十七年（1619）載：道周曾「有書與門人曰：『騎驢載道，淒風烈日，計六千里，幸以皮骨歸見老親。雙鬢之外，四壁自如，窮於昔日。』又有書曰：『僕自兩年來，日市數升米，或一二斗許，雖苗魚姜蕨，莫之敢問。自計為諸生時，未嘗至此！今無可奈何耳。貧，何所不樂？但令老母日憂朝餐，殊非人理耳！忍此過後年不知如何！』」〔註78〕家境拮据，致使其不能很好地奉母盡孝，是黃道周的憂愁所在。不為賢人諱，或許是為了改變這種艱難處境，當時道周才不惜屢敗屢戰，寄希望於科舉中試。但是，三年等一回，只有等待下次進京角逐會試了。其間，朋友將道周平日為了應付科考的零星雜作彙編成《駢枝別集》。為此，黃道周在該文集自序中大發感慨：「夙年著書數十萬言，明天地之道、帝王之義、萬物變化之紀，極博窮微，世猶非之。乃復卑貶其論，以自手託於雕鏤之末。然其持論不一，往往自戾，今之人亦無得而稱焉。」〔註79〕在他看來，應付科舉的八股文章甚受人歡迎，而明天地、帝王之道的真正學問卻難以得到世人的認同。是時科舉取士形式與內容的日益僵化，使得絕大多數讀書人將全副精力投入到那些無用之學中去了。這種感受對於多次落第以歸的黃道周來說，無疑是異常深切的。儘管世風日下，聖學遮蔽。在這三年中，黃道周仍是執著於對「周孔聖學」的闡發，閉門撰述《三易洞璣》，並晝夜觀測天象，「晝則布算，夜測分野，鍵戶無外交。」〔註80〕對天文曆法進行類似現代科學實測的研究。

天啟元年（辛酉，1621）秋，黃道周再次北上，進京趕考。看到熙熙攘攘

〔註77〕關於黃道周對於宋儒以降道統論之批判，將在第五章「黃道周心性論思想」中加以詳論。

〔註78〕（明）洪思：《黃子年譜》，《黃道周年譜》，第9頁。

〔註79〕黃道周：《駢枝別集自序》，《黃石齋先生文集》卷八《序》。

〔註80〕（明）洪思：《黃子年譜》，《黃道周年譜》，第57頁。

穿梭於京師的士人們準備迎接來年會試，他喟然歎曰：「戰場中拔父救兄，異鄉里遇妻憐子，天下事都如做秀才赴科場時，則何事不可做也？」〔註81〕由此可見，科舉制度對於士人有著強大的吸引力。但是，也不可忽視的是，這一選拔制度一旦與某種意識形態合謀，最終會使社會活力走向衰頹。明代士人群體的社會活力在某種意義上為八股取士所吞噬。

第三節　「道尊於勢」與儒者的錚錚風骨（自三十八至五十八歲）

天啟二年（壬戌，1622），三十八歲的黃道周終於考中了進士（第 2 甲第73 名）。〔註82〕這裡面包含著作為讀書人的黃道周多少次的辛酸與期待。四次鄉試，兩次會試，黃道周邁向仕途之路充斥著諸多坎坷。與朱熹十八歲、王陽明二十八歲中進士相比，黃道周取得進士科名可謂是來得晚了些。典試座師為何宗彥、朱國祚（清代朱彝尊的曾祖父）與韓日纘。對於黃道周的文才，韓氏二十餘年前在廣東博羅就印象深刻，頗為讚賞。所以，作為分考官的韓氏看到他的卷文之時，不禁驚奇地歎道：「這必定是福建舉子黃道周的文章。」而後拆封檢視，果然不出其所料。

明代科舉考試程序是非常嚴格的：士子文卷必須經過特定人的謄錄之後，方可呈獻於考官評定優劣與名次。所以，黃、韓之間的這段機緣，想必是文氣相感使然。在黃道周的進士策論文中，至今完整保存著《學術》、《人才》、《察舉》與《考課》四章。在這裡，筆者針對黃道周作文「為時而發，直抒胸臆」的特點，擇其《學術》篇，簡要分析他此時的學術動機：

> 愚聞多欲之臣，勿與言格君，無術之學，勿與言諷古。……故黃帝之師三人，大墳、大撓、大真；顓頊之師三人，綠圖、老彭、伯夷。其後帝無常師。呂尚以先朝之老，西面而授黃顓之道，曰：「敬勝」、「義勝」二者而已。……每遇講說，天載玄默，則高誦典義篇

〔註81〕 （明）洪思：《黃子年譜》，《黃道周年譜》，第 57 頁。

〔註82〕 本次會試所錄進士中，後來與黃道周有關係的名單如下：文震孟、傅冠、陳仁錫、方逢年、汪喬年、倪元璐、方一藻、鄭鄤、陳演、盧象昇、蔣德璟、徐石麒、史范土、王鐸、王家彥、馬思理、吳執御、毛羽健、張國經、馮元飆、張國維、馬如蛟、陳盟、祁彪佳、張鏡心、倪元珙、喬可聘、傅朝佑等。摘自侯真平：《黃道周紀年著述書畫考》，第 84 頁。

竟而退。《記》曰：天子入於太學，承師問道，退而考於太傅。太傅
有罰其不則，而匡其不及。故古之天子，不率不則，天子之左右則
皆有罰也。今之保傅，必垂首容容，以事天子之左右，而欲其引古
據典，微言倘論，有益於天子之前，則豈不難乎？……此聖賢之所
以不靈，而《詩》、《書》陳說之所以無效也。〔註83〕

在這裡，黃道周對於是時君臣關係有著尖銳的批評，亦透露了他政論的
思想傾向。自宋代二程、朱子以降，儒者們立足於周、孔而後，官師分治，道
統與治統分離的命題，來闡述「道」與「勢」之間常常處於分庭抗禮的態勢。
故此，他們孜孜於建構道統的系譜，以論證「道」尊於「勢」的政治架構的合
理性。正如上文所述，黃道周對於宋儒的道統觀是持排斥態度的，並認為它應
該為後來的道學門戶之爭負責。但是，這並不意味著黃道周對於聖學抑或道
學的排斥。在某種意義上，黃道周與宋代以降的大多數儒者仍然保持著同一
問題意識，這主要體現在對君臣關係的認知上。臣子的義務與責任就是「格君
行道」，這是程朱理學存在的重要價值維度。所以，在這一層面上講，黃道周
的問題意識是屬於「述朱的」。但是「格君行道」的路徑卻與朱熹等人有所不
同。譬如，在《學術》篇中，黃道周將「格君行道」「道尊於勢」的歷史理據
引向了上古時代的三皇五帝與堯、舜、禹。他以三代之治的理想圖式中的官師
關係為範型，來對應並論證當下的君臣之間和睦關係何以可能的問題。黃帝與
顓頊均為上古的君王，而作為帝王之師的呂尚揭出他們的治道之祕在於「敬」、
「義」二字。換言之，君王處理與臣下之間關係的法則在於「敬」與「義」。
而對於大臣來講，則有匡君主之不逮的職責。但是，黃道周所看到的實際情形
卻截然相反：作為帝師之臣，「必垂首容容，以事天子之左右」。他們在皇帝面
前皆唯唯諾諾，「垂首容容」，何以能匡天子之不逮呢？故此，「欲其引古據典，
微言倘論，有益於天子之前」無疑是不可想像的事情。因之，儒者的「格君」
事業亦無從談起。面對這一情形，道周不由感歎：「此聖賢之所以不靈，而詩
書陳說之所以無效也」。

總之，黃道周《學術》篇的用意在於對是時君臣倫理狀況的合法性的質
疑。在某種程度上，他也表示了對當時士大夫的政治處境的憂慮：在他看來，
「道」無疑是尊於「勢」的，自上古而然。否則，「格君行道」易流於空談。

─────────────

〔註83〕黃道周：《天啟二年會試策抄四章・學術》，《黃石齋先生文集》卷三《策、對、
議》。

但是，在金字塔式的皇權專制中，君臣同構，〔註84〕二十餘年前，屢次上書而不果的經歷加深了他對這一問題嚴重性的認識。正是由於他執持在《學術》篇中所闡發的觀點，才會有其日後得罪於魏忠賢之事。其實，對於士大夫來說，政治文化生態較為健康的當屬宋代。宋太祖趙匡胤曾經立下國法家規：「不殺大臣及言事官。」宋代士人較為廣闊的政治活動空間在很大程度上培育了他們「為天地立心，為萬民請命，為萬世開太平」的「擔當天下」的精神。而以「格君行道」為職志的程朱理學正是在宋代這種士風昂揚的時期得以孕育成長。而自明太祖朱元璋後，士風漸為頹廢。譬如，「廷杖」雖然自東漢以降，歷代皆有，但是，在有明一代尤甚。〔註85〕明代朱國楨云：「成化以前，凡廷杖者不去衣，用厚綿底衣，重氈疊帕，示辱而已。然猶臥床數月，而後得愈。正德初年，逆瑾（劉瑾）用事，惡廷臣，始去衣，遂有杖死者。」〔註86〕但是，黄道周對於是時政治文化現象，無疑是有著較為深入思考的。他提出了一套極富特色的學術思想。只不過，他並沒有像王陽明一樣改走「覺民行道」之路。他還是在「格君行道」的路途中不斷跋涉前行。

天啟二年（1622）二月，會試完畢，黄道周又一次燃起上書的激情，以致於草疏至萬言。但因進士及第，未能如願。黄景昉《黄道周志傳》中有所記載：「先是，公之畢會闈也，既草萬言疏獻之閣下，會已擢第，不果。」〔註87〕黄道周初成庶吉士之時，仍因貧困而不能租賃房屋居住，只能暫時寄宿於京師的漳州會館。〔註88〕是年十月，道周與二位年輕氣盛、血氣方剛的同年文震

〔註84〕「君臣同構」是指君臣關係與臣僚之間的上下級關係，貫通於整個皇權官僚系統。這種嚴格的等級關係會導致士大夫獨立人格的喪失。

〔註85〕寬容、健康的宋代士風為具有「格君行道」品格的程朱理學的發展，提供了一個良好的外在環境。不過頗具反諷的是，「格君行道」的理學被定為官方意識形態後，並沒有促進良好士風的進一步發展，而是相反。但卻把這種「格君行道」的思維模式帶給了明代的士大夫，這就為明代士大夫以諸多悲劇收場埋下了伏筆。

〔註86〕（明）朱國楨：《湧幢小品》卷十二。

〔註87〕（明）計六奇：《明季南略》，中華書局，1984年版，第315頁。

〔註88〕「會館」是指明代以降，各地在異鄉為同籍人士設立的一種社會組織。在京師的會館，多是為科考士子而設的寓居之所。（詳情可參看王日根：《鄉土之鏈——明清會館與社會變遷》，天津人民出版社，1996年版。）譬如，福建人程樹德曾說：「京師之有會館，肇自有明，其始專為便於公車而設，為士子會試之用，故稱會館。」（李景銘：《閩中會館志》卷首《程樹德序》，民國三十一年鉛印本。）而黄道周當時作為從福建來京師參加會試的士子，就一直住在漳郡會館，直至次年，才借居於同鄉周起元（時任太僕少卿）家裏，「方公（周起

孟、鄭鄤相約一起上疏，彈劾當時大權在握的閹人魏忠賢。文、鄭二人已先後上疏，但是道周因為太夫人陳氏即將自漳浦進京，因而數焚其疏稿，以致於鄭鄤以為他膽怯怕事。

　　次年，黃道周的原配夫人林氏、女兒黃子本陪同太夫人陳氏來京，但是在途經浙江紹興時，林氏染病去世。而適值周起元剛由京城調任姑蘇巡撫。因此，起元替道周操辦喪事，並派人護送太夫人陳氏、女兒黃子本進京。黃道周一家對此頗為感激。後來（天啟六年），周起元「糾劾織造太監李實貪恣不法，又為蘇州同知楊姜辨冤，遂忤魏忠賢，被誣乾沒帑金十餘萬兩，下獄。」〔註89〕道周聞訊後，立即湊得數千金以資營救。起元死後，道周又為其撰寫墓誌銘。由此可見，黃道周與周起元的友誼深厚。周起元與高攀龍等被稱為「東林後七君子」，道周與東林黨人較為接近。東林黨人好以講學，抨擊時政。是時劉宗周面對「逆閹大興鉤黨之獄，緹騎四出，削籍遍天下」的情形，他說：「天地晦冥，人心滅息，吾輩惟有講學明倫，庶幾留民彝於一線乎？」〔註90〕但是，黃道周本人與此始終有意識地保持著一定的距離。他曾在《周忠愍公墓誌銘》中較為詳細地談到天啟年間的東林黨與閹黨之間的鬥爭情形：

> 公（周起元）固醇然大儒長者，鳴呼！公之行，今已著於天下矣。聖天子之旌別寵異，亦行且備矣。而後之人恐猶未知公之所以死，與世之所以死公者。公之初為御史也，東林議初起，公疏言：東林之學起於楊時。今欲借道學以攻楊時，借楊時以攻顧憲成、羅汝芳皆非是。於是詆道學者愈沸。公自是亦不復言東林也。既罷巡漕，出參粵西，以敦頤所治南安，九淵所治荊門者，治粵西，了不知其為御史時，浮沉八九年，乃備兵通州，召入為太僕時，諸名賢皆在京師，各治職不數往來。鄒總憲南臬創首善書院。每月一再會，以道佐官。兵科朱童蒙特疏糾之，於是攻道學者又起。明年公為中丞治蘇州，而童蒙先出為屬吏，疑公為已來也。又有所斃漕，卒公將核之，遂潛入都，與諸失職者相要和，而黨禍乃發矣。鳴呼！鳥獸之將至也，必先有讒說殄行。與聖賢交掉於內，而後異類

元）之入為太僕，予已為庶常，無僦，租借一榻」。（黃道周：《周忠愍公墓誌銘》，《黃石齋先生文集》卷十二，《墓誌、哀詞、書後、題詞》。）

〔註89〕侯真平：《黃道周紀年著述書畫考》，第89頁。

〔註90〕（明）劉宗周：《劉宗周年譜》，《劉子全書》卷二一。

乘之。蓋自先世如此矣。徐兆魁、姚宗文、劉國縉之徒，先詆東林
而後至。至而徐、姚無所居其功。朱童蒙、李魯生、李蕃之徒先詆
首善，而後魏、崔至。魏、崔至而朱、李無所呈其能。士君子不幸，
生值其間，不能槁首與申屠同行，又不能掩口，勒金人之銘，則其
見及宜耳。

公就逮至涿州。家人歸，貽予書曰：「人生如干將、莫邪，必有
一缺。仆於諸賢中最為駑鈍矣。而禍敗若此，公其慎之。」予念此，
未嘗不揮涕也。然不敢以此輟學問之事，嗚呼！道之將行也，以長
孺之戇，居易之率，不見誅於其主；道之將廢也，以蕭望之之信，
王嘉之慎，不能保其身，而榮睫者，以咫尺禍蹶動相笑也。方公之
入為太僕，予已為庶常，無僦，租借一榻，從公廳旁臥。公數約予
過首善，予數謝不敢也。及孫宗伯至、數談三案事，予亦微有異同。
然公不以是謂予不學。〔註91〕

黃道周撰寫的這一墓誌銘文，為後人瞭解晚明東林黨與閹黨之爭，提供
了珍貴的文獻資料。東林黨人承襲了宋儒以降「講學以明道」的傳統。但是，
涉及到政治鬥爭時，道學便不可避免地成為政敵攻擊的箭靶。「東林之學起於
楊時。今欲借道學以攻楊時，借楊時以攻顧憲成、羅汝芳皆非是。於是詆道學
者愈沸。」〔註92〕天啟二年，東林黨人鄒元標創辦了「每月一會」的首善書
院，兵科朱童蒙即上疏糾劾，攻擊道學之聲頓起。劉宗周也曾談到當時的情
態：「京師首善之地，道化之所自起也，而士大夫談學者絕少，間有之，便指
為不祥，以是益懸厲禁。」〔註93〕因此，在這種黨爭異常激烈的情況之下，黃
道周與其他東林黨人來往極為謹慎：「公數約予過首善，予數謝，不敢也。」
〔註94〕儘管對於大多東林黨人的學問、人品頗為敬服，但是，他卻不願捲入
朝廷黨爭之中。這也反映了他對於黨爭禍亂朝政的深刻認識。其實，黃道周
在早些年的鄉試策論中亦曾談及黨患之憂：「朋黨之故，今人言之詳矣。聲味
之滋，晏嬰辨其始；水火之論，司馬正其終。然而，同異互見，與世俱生。方

〔註91〕黃道周：《周忠愍公墓誌銘》，《黃石齋先生文集》卷十二，《墓誌、哀詞、書後、
　　　　題詞》。
〔註92〕黃道周：《周忠愍公墓誌》，《黃石齋先生文集》卷十二《墓誌、哀詞、書後、
　　　　題詞》。
〔註93〕（明）劉宗周：《劉子全書》卷二一。
〔註94〕黃道周：《周忠愍公墓誌》，《黃石齋先生文集》卷十二。

為調之，適以黨，方為解之，適以爭。末流之勢，崩潰愈甚。識者讀詩，而欲以反之無競。夫無競者，聖人之心。」〔註95〕晚明朋黨禍國，道周早有覺察，故用「無競」之心以待之。從這段話中，我們確乎可以解釋黃道周在翰林院時，極力迴避與東林黨人過分接觸的行為。正如侯真平所說，「道周《萬曆四十六年鄉試策》中已有《黨禍》篇，以黨禍為憂，故初仕時，雖不滿魏忠賢專政，但尚無意捲入黨爭，後因久在政壇，遂成東林後勁。」〔註96〕

天啟四年（甲子，1624），年初散館，黃道周被授為翰林院編修，參與修纂《神宗實錄》。其間，道周接觸大量史料文獻，其談經重史的風格可能與他這段在翰林院的編修《實錄》工作有關。晚明史學家張岱亦頗受黃道周史學思想的影響。是年，道周上書，疏請出使朝鮮，與調往遼東前線，均未獲准。這是他在朝時第一次申請外放而不得。道周此舉的原因主要有二：首先，他心懷壯志，冀望主動請纓立功。去年，黃道周曾作《論朝鮮不宜廢立其主檄》一文，論述對朝鮮李琮政變一事的看法。〔註97〕除此之外，對於魏忠賢專權，東林與閹黨黨爭激烈的朝政局勢頗為不滿，也是道周希望外放的一個重要原因。道周在給其親家朱節庵的書信中，曾透露他在京師的感慨：「弟視一官輕於蟬翼，但以老母遠來，未能脫釋，都門勉強棲遲，視月如歲。」〔註98〕加之，同年好友文震孟、鄭鄤等相繼為魏忠賢所排斥，被貶調外。自此，黃道周覺察到事無可為，故去意已決。

天啟五年（乙丑，1625），黃道周充任經延展書官，因一反膝行奉書的慣例而得罪於魏忠賢。次月，他告假回鄉。有關道周此次經歷，黃景昉在《黃道周志傳》中有所提及：「余以乙丑春，猶及一謁公。後聞之前輩云：公職當經筵展書。故事，展書官跪，膝行數步。公謂膝行，非禮也。平步進，傍侍駭然，逆瑺連目僝之，不為動。」〔註99〕其實，黃道周「不為逆瑺目僝所動」，敢於挑戰專橫跋扈的閹黨魏忠賢的舉動，正是他頭腦中「道尊於勢」思想的一大顯

〔註95〕 黃道周：《萬曆四十有六年鄉試策·黨禍》，《黃石齋先生文集》卷三，《策、對、議》。

〔註96〕 侯真平：《黃道周紀年著述書畫考》，第89頁。

〔註97〕 天啟三年（1623年），三月，朝鮮發生李琮政變，十二月，明朝承認李琮「遼東」，指後金自天啟元年以來連克瀋陽、遼陽、廣寧、義州等重鎮。故此，黃道周滿懷壯志，主動請纓。直至崇禎十一年（1638年）反對陳新甲出任宣大總督時，仍自請「解清華，以執鎮鑰」，以出宣大。

〔註98〕 黃道周：《與朱節庵書》，《黃漳浦集》卷十八《書》。

〔註99〕 （明）計六奇：《明季南略》，中華書局，1984年版，第315頁。

現。然而，他這一理想的君臣倫理範型，與明代士大夫動輒即受廷杖之苦的現實境遇，畢竟形成了鮮明的反差。因此，兩者發生衝撞似乎是無可迴避的了。此時，「歸鄉」成為「以身守道」的黃道周唯一可供選擇的途徑：「侍經筵僅一日，忤璫而去。」〔註100〕是年七月，黃道周攜太夫人陳氏與女兒返回福建漳浦家中。這是他進入仕途後的第一次返鄉。十二月，葬父於漳浦北山。據《洪譜》天啟五年載：

> 冬十二月，葬青原公于北山，因結廬其下。躬自負土成墳，勒
> 先人行事，銘於屏石。每書，輒簪筆以拜，一字一拜，拜畢而後書。
> 文皆從古，如三代以上碑。復立小石屏於墳後，曰「青原玄石」，背
> 勒三十五字，語同古讖不可解。次及墳庭，亦取青石圓砥之，著《河》、
> 《洛》正變之文，宛然地上。經營數年，然後就。常曰：「吾茲墳域，
> 上下數之，卦變俱全，後世誰復有能知之者？」〔註101〕

從黃道周為其父所立的碑文中可知，他崇尚的是「復古之學」，欽慕三代之治，以推闡周孔之學為畢生職志。他以易象數、河圖洛書之學為演說依據，加之，好用生僻字，尤以其青少年時所留下的騷賦之詞為最。其學問之難懂與傳之不遠，除了後世學風所偏之外，不能不說在很大程度上是與此有關的。李光地說，「其生平著書絕不可曉，蓋必得異人傳授，而以詩書文之，以見其非術數之學耳。」〔註102〕此外，宋儒大多認同「文以載道」的理念。而黃道周卻極力主張「文、道並重，求道於文」。他在家居講學時，曾一再叮嚀弟子：「文章豈有鏟華就實之理？只看他瑲瑲鏘鏘，委蛇屈伸，與魚鳥自然敻異，何況出類拔萃之人，再無復疑文藝聲聞足淬性道也。」〔註103〕黃道周這一學術面相，在宋明時代無疑是處於主流之外。但卻是他用來反對宋儒之學的有力的致思路徑。〔註104〕故此，黃道周常引以為自豪地說：「茲墳域，上下數之，卦變俱全，後世誰復有能知之者？」

〔註100〕　（明）黃道周：《辨仁義功利疏》，《黃石齋先生文集》卷一《疏》。
〔註101〕　（明）洪思：《黃子年譜》，《黃道周年譜》，第10頁。
〔註102〕　李光地：《榕村語錄續集》卷八《歷代》，清光緒傅氏藏園刻本。
〔註103〕　黃道周：《榕壇問業》卷一。
〔註104〕　本書在這裡說黃道周的學問是反宋儒之學，並不否認他對宋代諸儒之學的繼承。譬如其「格君行道」的問題意識與「主敬「道德修養，明顯是屬於程朱一路。但不容忽視的是，他對於宋儒之學似乎批判居多，而對於漢儒之學則多有承繼與開新。秦漢學術「去古未遠」，黃道周思想傾向於此，是符合他力圖「復三代、周孔之古」的思想的。

此後，黃道周一直居於漳浦北山墓廬。並於原配夫人林氏死後三年，亦即天啟六年（1626）春，繼娶龍溪隱士蔡乾鎏之女蔡玉卿。〔註105〕蔡氏為人甚孝，頗通詩文。道周曾在《乞言自序傳》中說：「繼娶蔡氏，蔡司農之侄女，嫻女紅，能誦五經，皆略上口，事太孺人甚孝。丁女母憂，水漿不入口者七日，周既貧，不事生產，賴蔡拮据，以有朝夕內外，親屬咸云蔡於文母嗣徽云。」〔註106〕爾後二個月，太夫人陳氏去世，黃道周守孝三年。其間，禁止一切宴飲、吟詠與書畫活動。「子水勺不入口者五日，敕斷外事，依依北山，不見津顯，不與宴會，不作詩文。」〔註107〕古人謂不孝有三，無後為大。母親陳氏去世之後，道周在給至友馬如蛟的書信中，透露他的這一不孝之憾：「去歲出都（1625年），先鴻寶歸，故不遑致書子舍，才十月二北堂色變，不孝半百，尚為呱孩。今未抱子，遂失所恃。依依空山，四顧幽澗。」〔註108〕日後蔡氏所生四子，可謂了卻道周的負親之憾。次年，合葬父母於漳浦北上家墓中，並以篆文手書《贈考青原公墓碑》。其間，有答謝葉向高書信一封，頗能反映道周此時的心態，茲擇要摘錄如下：

> 緬思往時，板輿都下，望老師之歸塵，哀黃鳥之莫載，入門對泣，伏枕衾衣，豈意歸來子舍未期，成此窮鼠，傷哉，命也。如死可贖人。某必以半百之生，代吾母大耋之命，如死可再死，吾母亦必以某代死之命，贖諸賢者已死之生。今乃令諸應生者皆死，應死者猶生。是某所七日而後以泣代漿耳。去冬師母歸塵，某出哭已久而柏下風寒無有動理。嘗望北斗，禮此函丈。近唯海氣日波月漲，四壁之軀，澗鮒相求，鐺底不存，頹飯莫續，中夜出墓，嗷然大號，

〔註105〕據侯真平考證，蔡玉卿（又名孝徵，字潤石、介石，人稱文明夫人，1612～1694）其名孝徵，是道周所改。其稱文明夫人，源於隆武朝所贈道周爵號「文明伯」。她本是龍溪隱士蔡乾鎏之女，天啟六年（1626）與道周結婚，生四子，能詩善書，學道周楷書幾可奪真，今有詩、書、畫行世。與道周琴瑟和鳴，互勉共勵，人比之「趙、管」（元代書家趙孟頫、管仲姬）。深明大義，後人有「閨閣中鐵漢」之譽。道周就義以後，她攜子孫避居福建龍海鄞山下（道周鄞山書院在鄞山），康熙三年（1664）前邊回漳浦北山故居。後以不屈清朝統治，再度攜家匿入深山，並拒絕送子孫入庠序。凡研究黃道周，尤其在書畫界，勢必言及蔡玉卿。
〔註106〕（明）黃道周：《乞言自序狀》，《黃石齋先生文集》卷十《表、啟、傳、行狀、狀》。
〔註107〕（明）洪思：《黃子年譜》，《黃道周年譜》，第10頁。
〔註108〕黃道周：《與馬騰翁書》，《黃漳浦集》卷十六《書》。

誠不如早歲豁然辭親離家，孤泛煙水時之近於道也。釋子千如將過
支提，附致謝謝。〔註109〕

天啟七年（1627）丁卯，「時海寇方亂，剽掠肆行，遠近為墟，子獨營壙
不輟，諸寇亦相戒毋擾。」〔註110〕黃道周曾在給葉向高的書信中說：「近唯海
氛日波月漲，四壁之軀，涸鮒相求，鐺底不存，頻飯莫續」，〔註111〕此當屬是
時閩南漳浦一帶海盜猖獗，洗劫當地居民的社會情形。據《漳浦縣志‧兵防》
載：「熹宗天啟六年十二月，海寇鄭芝龍自龍井登岸，掩襲舊鎮，守將死之
（原注「時殺傷無數，銳城被毀」）。」〔註112〕作為當地鄉紳的黃道周亦是束
手無策。故發出：「成此窮鼠，傷哉，命也」的浩歎。〔註113〕在這種無力濟
世之時，黃道周泛起逃世的念頭。並且，他常與千如法師等高僧頗有來往。
〔註114〕因此，在某種程度上，黃道周的思想總是在佛、道之間遊走。這也見
得當時士大夫雖有批道闢佛之志，然而，亦難於徹底擺脫二氏之學的影響。
總之，積極用世的思想與嚮往方外世界的念頭，同樣在黃道周身上表現得是
那麼的鮮明！

崇禎元年（戊辰，1628），徐霞客來漳浦拜訪黃道周。道周因處守制之期，
而未有書畫唱和。徐霞客（1587～1641），名弘祖，字振之，號霞客，江蘇江
陰人。晚明地理學家、旅行探險家和文學家。他年輕時科舉不第，遂與功名、
仕途訣別。他一生寄情於對名山大川的遊歷與地理的考察。《徐霞客遊記》是
徐氏著述中流傳於後世的代表之作。因此，後人在重構晚明史上那股巨大的
科學新思潮時，徐霞客成為了一道不容忽視的風景線。總之，他走了一條與
當時讀書人頗為不同的道路。黃道周引以為至交，「死生不易，割肝相示」。至

〔註109〕黃道周：《答葉文忠公書》，《黃漳浦集》卷十八《書》。
〔註110〕（明）洪思：《黃子年譜》，《黃道周年譜》，第10頁。
〔註111〕黃道周：《答葉文忠公書》，《黃漳浦集》卷十八《書》。
〔註112〕（光緒）《漳浦縣志》卷十一，民國（1936年）排印本，第28頁。
〔註113〕黃道周：《答葉文忠公書》，《黃漳浦集》卷十八。筆者在此作一大膽的推測：
　　　　天啟七年（1627年），以是時並未歸順明朝的鄭芝龍為首的海盜隊伍，對漳
　　　　浦一帶進行了大規模的洗劫。從黃道周給葉向高的書信中看，「今乃令諸應生
　　　　者皆死，應死者猶生。是某所七日而後以泣代漿耳。」這件事情對黃道周的
　　　　刺激是非常大的。由此，造成了黃道周對鄭芝龍的極壞印象。然而，具有反
　　　　諷意味的是，事隔近二十年後，鄭芝龍竟然與嚴「君子」與「小人」之分的
　　　　黃道周同事隆武帝。二人不睦，可謂由來有自。這在很大程度上影響到了二
　　　　人日後在抗清問題上的合作。
〔註114〕參見上述黃道周《答葉文忠公書》一文。

於兩人何以結緣，史無記載。〔註 115〕二人志趣相投，聞風相悅，大概是可以肯定的。

道周與徐霞客相互唱和的詩文多數收錄在《徐霞客遊記‧附編》中。崇禎三年（庚午，1630），黃道周聞警出山，路過毗陵（今常州）鄭鄤家。徐霞客聞訊，以快舟追至丹陽，與之相會。老友見面，飲酒賦詩自然是題中應有之義。道周借酒之勢，猶如千古才子王勃作《滕王閣序》般，揮筆急就《七言古一首贈徐霞客》：

> ……江陰徐君杖屨雄，自表五嶽之霞客。鳶肩鶴體雙瞳青，汗漫相期屢不失。事親至孝猶遠遊，欲乞琅玕解夜織。……聽君言下何蕭然，引人攀嶺捫晴天。所探幽奇既如此，豈有人岳當君憐？東魯仲尼去千歲，西羌大禹死何在？書生抱膝空咿唔，即化喬松安足賴！……男兒不仙必良將，驅龍凌波破蕩漾。挽河洗甲天下清，安能對鏡坐相向？……彎弓聞虎行逡巡，寂寂寞寞過冬春。何不還家酬所親，聽君霏語當採真？跂足北窗箕潁濱，而必棲棲攖此身！〔註 116〕

文震孟介紹當時的徐、黃相會的情形時說：「（徐霞客）真古今第一奇人也。嘗徒步萬里，訪石齋於墓廬。石齋北上，又衝寒追及於雲陽道中。沽酒對飲，且飲且題詩，詩成而酒未盡；文不加點，沉鬱激壯，遂成絕調。蓋以奇人遇奇人，固宜也。」〔註 117〕其實，黃道周在描敘徐霞客的同時，在某種程度上映現了自己的心聲。黃道周對於山川勝境亦有頗為奇特的感情。在其後的仕宦生涯中，他回鄉之時，必定以飽覽山水為一大要事。此外，黃道周之妻蔡玉卿也曾賦詩稱頌霞客云：

〔註 115〕據考證，黃道周與徐霞客之間，情誼篤厚，有史實記載的過往，有如下幾次：崇禎三年二月，道周聞警出山途經江蘇，霞客過常州鄭鄤家聞知，急以快舟追至丹陽，再次歡聚。五年秋，道周削籍還鄉過洞庭湖，兩人第 3 次見面。次年秋，霞客第 2 次入閩，第 4 次（最後一次）相會於丹霞旅次。十三年初冬，道周在詔獄，霞客遊滇歸，染疾氣衰，特遣長子徐屺探獄，隨贈《遊記》手本 4 冊與重貺，徐屺留京 3 個月而返，霞客聞道周慘狀，據床歎息，不食而逝。十五年四月八日，道周在赴戍途中，遣使祭奠霞客。此外，道周曾建議霞客改號霞逸，還撮合徐屺與繆昌期孫女的婚姻。今通行本《徐霞客遊記》附錄中，收道周與霞客唱和之篇最多。參見侯真平：《黃道周紀年著述書畫考》，第 103 頁。

〔註 116〕黃道周：《七言古一首贈徐霞客》，《徐霞客遊記‧附編》，上海古籍出版社，2007 年版，第 1161～1162 頁。

〔註 117〕黃道周：《七言古一首贈徐霞客》，《徐霞客遊記‧附編》，第 1162 頁。

江北江南十萬峰，奇花瑤草白雲封。徵君探遍幽玄跡，更侶山靈護絕縱。高風直繼張三豐，一仗飄然訪赤松。快把奇書遊記讀，頓如甘露豁心胸。〔註118〕

蔡氏詩文以淺白的語意表達了對徐霞客其人其書的敬佩之情。徐霞客在《徐霞客遊記》中亦對於黃道周的人品、學行推崇備至：「至人惟一石齋，其字畫為館閣第一；文章為國朝第一；人品為海宇第一；其學問直接周孔，為古今第一。」〔註119〕這並非僅僅出自於朋友之間的溢美之辭，確乎與黃道周在晚明社會中的巨大影響力頗合符節。

崇禎二年（己巳，1629），黃道周終於十餘年磨成一劍，撰成他的易學著作《三易洞璣》，並且邀請僧樗華就該書進行討論。之後，道周留有五言律詩八章《料理〈三易〉稍已從緒，約僧樗華尋其涯際夜拈八章》，以敘感懷。

天地久玄莫，殷勤付古賢。千春容道盡，白日不教言。龜蓍江河下，精靈俎豆前。分明木舌蔽，猶是結繩年。

有韻聞天樂，無言顯道威。日月懸玉尺，星界動金徽。已織自然採，因裁帝者衣。不知思慮表，誰與證同歸。

仰坐愁弟子，高堅苦後生。一朝垂夢寐，垂老屈精誠。衣帶銀河水，夢圖赤玉衡。莫言蒲席裏，團結得分明。

得後乃還定，定前百慮憧。眼光牛背上，石髓硬泥中。交膝歸名母，掉頭謝法空。請看雞唱外，別是一番風。

藥樹覆天下，上池洞一方。未嘗更毒手，安敢定醫皇。春至魚龍擾，霜高草木涼。簡中分毫髮，不得語汪洋。

朝聞何邃早，歸說不蜉蝣。探岱還金筴，量沙去海籌。電光明暈日，精氣射濤頭。勿以蘧廬舍，翻為主客遊。

愛惡平風雨，無端涸列星。疾留燈炙火，遲遠岸移舲，鬼哭晝前鬧，魚希晚後青。未應疑負墜，萬里坐玲嶁。

羲農行不遠，復坐已更端。季札遲歸魯，仲尼初制冠。朱明陽德盛，赤帝幅員寬。何處無為法，能分擊壤歡。〔註120〕

〔註118〕　黃道周：《七言古一首贈徐霞客》，《徐霞客遊記‧附編》，第1175頁。

〔註119〕　徐霞客：《滇遊日記七》，《徐霞客遊記》，成都出版社，1995年版，第631頁。

〔註120〕　黃道周：《料理三易稍已從緒，約僧樗華尋其涯際夜拈八章》，《黃漳浦集》卷三十九《詩‧五言律詩》。

黃道周在上述詩文中，將日夜冥想，仰思待旦地研究《三易洞璣》的艱苦心路歷程，呈現得淋漓盡致：「仰坐愁弟子，高堅苦後生。一朝垂夢寐，垂老屈精誠。」

《三易洞璣》無疑是黃道周極力表彰易象數之學的代表之作。他確乎以幾十年精力致力於復三代、周孔之古學的雄心來挑戰宋儒以降，大多流於義理路數的偏執：「世儒讀書，至修詞而極」，「以為象數之學不足留心」。〔註121〕故此，道周一反易學之陳習，直探《易》作之本源。「羲農行不遠，復坐已更端」，「何處無為法，能分擊壤歡」，其顯示了道周對這一久得於心的易著是頗為滿意的。

是年冬，黃道周在完成《三易洞璣》之時，聞金兵入關，於是慨然出山。

赴京途中，黃道周首先經過南岩，拜訪隱居於此的張燮，並作詩數首，其中《發郵過南岩因偕紹和鋤山再辟兩洞，信宿乃去四章》耐人回味，茲錄如下：

> 遣客畏官舍，離家乃鑿山。泉心看物破，雲蹤置人間。黔突隨征鳥，空巢托遠關。長安塵礫熾，誰共寫潺湲。
>
> 余心足穿寶，著人山眼中。行隨世笨鈍，暫與石玲瓏。采葛聞樵子，避兵傳老翁。不知小蛇徑，能與幾溪通。
>
> 人事有宣晦，英靈亦喟然。才消幾兩屐，已正半千緣。苔碣摸天水，藥窠準稚川。疑將湧塔意，諷作買山篇。
>
> 吾竟萬松嶺，君營七首岩。收除依竹馬，去住祝長鑱。品水分僧寄，飛花共鳥銜。差池能幾許，江上禮歸帆。〔註122〕

在黃道周心中，隱居山間的道家情懷與積極用世，慨然勤王的心緒糅雜在一起。因此，才有「泉心看物破，雲蹤置人間。黔突隨征鳥，空巢托遠關。長安塵礫熾，誰共寫潺湲」的詩句。隱士與儒士，道家與儒家，均可在黃道周身上顯示其身影。

黃道周徘徊再三，才起征程。而後經三山（今福州）、過建安（今福建建甌市），聞畿南諸縣已失，乃汰家從，偕妻蔡玉卿，出分水關（閩贛邊界），除夕前抵鉛山。次年（崇禎三年，庚午1630年）正月初，過信州（今江西上饒），

〔註121〕黃道周：《三易發明》，《黃漳浦集》卷二十九《雜著》。
〔註122〕黃道周：《發郵過南岩因偕紹和鋤山再辟兩洞，信宿乃去四章》，《黃漳浦集》卷三十九《詩·五言律詩》。

十五日，至浙江桐君山，探邸報不至，係纜數日，登釣臺峰。而後過吳門（今蘇州）、經毗陵（今常州）與同年好友鄭鄤相會。此時，傳聞北京戒嚴，驛道不暢，遂將蔡玉卿安頓於鄭鄤家，隻身北上。二月二十一日，至儀徵後，再偕玉卿北上。四月抵京。五月，黃道周奉命典試浙江鄉試。八月初二，黃道周抵達杭州，初九至十五日，為鄉試試期。黃道周給崇禎帝奏疏云：

> 既入闈，敦明功令，諸臣亦知臣孤介，無以軟熟相嘗者，看卷皆公堂。分閱三日，稍就緒。分考始各歸房。臣獨就堂中翻卷。日不離一榻，夜深始退。如此者十日。臣不敢自謂任勞也。至將草單，既拆卷，臣猶虛前七人，問諸臣凡數次，皆云佳士。臨時又去不愜意者一人，臣不敢自謂任怨也。得九十八人，皆英茂，強半寒士。〔註123〕

這段文字凸顯了黃道周在主持科舉考試中的勤勉、謹慎。他確乎在為朝廷遴選人才不遺餘力。滄海桑田，斗轉星移。道周雖久經科場，但是，此次情形與以前不同，在此次鄉試中，作為主考官的他取士九十八人。其中，曹振龍、何瑞圖、孟應春、朱朝瑛、錢朝彥、陸鳴煒等日後成為了浙江大滌書院的弟子。但他因疑榜中士子尚觀聲有作弊之嫌，遂將之除名一事而被禮部參奏為「非法割榜」。官場情形複雜、險惡，迫使他次年「引罪告病」。

主考期間，黃道周撰有《式士策》五章。主要包括《求才》、《救世》、《體數》、《言功》、《道業》等。其發論為《治天下必先立志論》。試畢，撰有《浙試錄序》、《書浙試錄序後》、《自明試務疏》等。這些文字無不彰顯了是時在政局危殆下，黃道周急切的救世心態。不過，他的《道業》篇更為引起筆者注意。該文論證的是儒家終極關懷的問題：學術與事功，抑或內聖與外王的關係。如果說黃道周在作為參加鄉試的士子時所作的《正學》篇是他挑戰學術主流的宣言的話，那麼，他在此次作為主考官時所撰的《道業》篇正式標舉了他追慕「周孔之學」的學術性格：

> ……聖人有所受於天地，逆知其所必至，奉而行之，以滌蕩逆惡而反本於德行。故聖人者，天地之孝子，修其道業以達天地之志事也。周公之志在《易》，其行事見於《周官》，仲尼之志在《春秋》，其行事在《孝經》。〔註124〕

此時，黃道周利用可以影響天下讀書人的政治資源，以他的「周孔之學」

〔註123〕 黃道周：《自明試務疏》，《黃石齋先生文集》卷一《疏》。
〔註124〕 黃道周：《式士策凡五章‧道業第五》，《黃漳浦集》卷十《策》。

來批判是時學術末流。他說：

> 聖人之道，無不可知者也。自羲軒以來，宇宙之奧義，周公白
> 之，周公之所未白，仲尼皆揭日月以正告於天下，……天地之樞命，
> 帝王之要會，非大聖智敏至者則不足以窮其奧。聖智敏至不恒有，
> 而其端又終不可蔽於天下，則必有奸黠之雄起而竊之。奸黠之雄睨
> 竊而獨至，則必有魚狐巫鬼，煽其陋說，以誑諸庸妄男子，若謂是
> 古之聖人所未嘗說者，不知古之聖人固已深著其事，舉而授之里塾
> 童子，防維之若此也。〔註125〕

經過這次主考鄉試之後，黃道周對於是時學術、科舉與經世人才的選拔等
問題有了進一步的透析。他在《浙試錄序》一文中有著詳細的闡論：

> 臣早歲在海上，未識胥濤，日在島中讀陸宣公書，見其文寬詳
> 洞互，謂是安瀾猶有文人之意，輒置之。去今三十年，論其世，復
> 其書，求一語之似不可得。既束帶及見先臣葉少師時，稱湖學分署
> 兩齋，別兵農水利算數之務，斷斷可行。臣謂此場中，不過一段題
> 目。古人六藝服習終身，令分別出途於曹郎中一簿吏手耳。試在天
> 下何所幹濟。今士燥髮摸孔孟衣冠，談笑無所不似，逮其離經，為
> 天子使，回視兩家。如未通姓，即欲程以世務，不過取幾種要書，
> 割截諷誦，大小數十條，稱通達人矣。天下事獨領見奇，群習之何
> 所不套以聖賢語。著令念誦白頭。尚如此，……舉孝悌力田，亦與
> 門蔭納粟同科，安得一藝上周孔之路。然去今未幾年，求一人曉兵
> 農算數，亦不可得。臣於是歎知言知人之難也。……如臣欲人法周
> 孔，敦尚仁義，一往深造為自得之言。夫深造自得之言，固督責剽
> 襲之所不至也。士不談仁義既數十年，如親父子老別不識頭面，驟
> 呼之真聲，發其汗泚而已。正恐汗泚而後，此仁義相呼，法周慕孔
> 者，又成套事。宇宙如許大，風尚所赴，何在不波，要如此，心獨
> 得之下，雖隔一壁，豈可告語？志天下者，不復知有鄉國，志千古
> 者，不復知有天下。……人患不深造，不能自得於千古，上下徒仰面
> 就人，一日服官，亦唯唯紙上，問左右取進止，其高者乃雜米鹽，修
> 一節貌，澹泊以自覆。其於聖門辨言，知人之道則又末矣。〔註126〕

〔註125〕黃道周：《式士策凡五章‧道業第五》，《黃漳浦集》卷十《策》。
〔註126〕黃道周：《浙試錄序》，《黃漳浦集》卷二十一《序》。

　　這段文字揭示了晚明科舉制度對於人才培育的戕害，以程朱理學為科舉取士標準的價值導向扼殺了經世致用人才的湧現。「去今未幾年，求一人曉兵農算數，亦不可得。」學風靡爛，「欲程以世務，不過取幾種要書，割截諷誦，大小數十條，稱通達人矣。」〔註127〕他認為，聖門之學貴在自得於心，而不是人云亦云，「上下徒仰面就人，一日服官，亦唯唯紙上，問左右取進止。」〔註128〕道周此論可謂頗中肯綮。它批駁的不僅僅是讀書人，而且也包括日益萎靡的晚明官場。

　　是年（1630）十一月二十六日，黃道周因天啟四年參纂的《神宗實錄》修撰完畢，而擢升右春坊右中允，並受邀出席禮部為該書竣工所舉行的宴會。他在《〈實錄〉禮宴詩四章》中說：「明光濡草數行中，愧汗難沾班馬功。……詞林職業輕於枲，冊海波瀾老自雄。祗仗老臣能率古，桐椅蕭葦共薰風。」這裡既有道周的功讓班馬的謙遜，又有「策海波瀾老自雄」的自信。但同時也暗含他無心戀棧於翰林院，而急切於致力地方政治，抑或邊疆軍事的心態。〔註129〕十二月十三日，對於黃道周來講，又是一個具有轉折性的開始。他上疏營救因主持定案而被閹黨借崇煥案攻訐入獄的閣臣錢龍錫。此後十幾年，他的政治命運可謂一波三折。原因在於其不是言官，欲盡言官之責。並且，更為重要的是，他直面對陣猜忌無度，剛愎自用的崇禎帝。或許，他的命途從一開始時，就已經被注定。

　　錢龍錫入閣之前，曾經為《明神宗實錄》總裁，與黃道周共過事。彼此之間有所交往與瞭解。錢氏因主持定天啟三案而遭閹黨嫉恨，而溫體仁對東林黨亦甚為排斥，故借袁崇煥通敵案，逮錢下獄。〔註130〕之後，黃道周曾對人

〔註127〕黃道周：《浙試錄序》，《黃漳浦集》卷二十一《序》。

〔註128〕黃道周：《浙試錄序》，《黃漳浦集》卷二十一《序》。

〔註129〕在黃道周有限的仕宦生涯中，他曾多次向崇禎皇帝提出外放要求，但是，均未獲成功。在崇禎朝，黃道周無疑是不得志的。不過，在客觀上，使得他有更多的時間用來從事著述與講學。後來，崇禎帝自縊於煤山，繼而南明政權、尤其是隆武政權成立時，他毅然出山，以遂心中所蘊藏幾十年的事功之心願。因為在某種程度上，王陽明政治軍事的示範效應在他的腦海中始終是揮之不去的。

〔註130〕「袁崇煥通敵」在晚明可謂眾口一詞，似乎已成定論了。只是到了清初，這一事實經過被揭發出來後，才知其冤。正如孟森先生所說：「豈知明季之事，惟耳目相及之人，恩怨是非，尤為糾葛。而崇煥之被謗，則於溫、錢相傾之門戶舊套以外，又多一虛憍愛國者之興奮，為清太宗反間所中，久而不悟，雖有正人，只能保錢龍錫之無逆謀，不敢信袁崇煥之不通敵。」（孟森：《明

說：「吾儕微勞，當此榮施，累輔何辜，獨以此時，拳梏銀鐺，搶首獄吏。舉朝無敢出一言者。」〔註131〕原本無意於捲入黨爭的黃道周在上疏之前，確實是經過了一番激烈的思想鬥爭的。這有黃道周在上《救錢龍錫疏》前夜所作的詩為證，《雲間相國已罷，攻者未已，思挽救之》云：「蟲聲唧唧繞闌干，獨坐更深漏滴殘；今夜愁思眠不得，蕭蕭風雨一燈寒。」〔註132〕其實，黃道周何嘗不知，此時上疏是需要冒很大風險的。但是，朝廷士大夫之無正氣也是他深為憂慮的：

> 當弦斷臂不須疑，領得燈寒讀史時。……半生未帶媚人草，六籍難開無字碑。此是只憑天眼到，未愁七尺坐為榴蓮；最無當是捨空山，今已身投虎豹關。一飽將家吾豈敢，四言作誄爾仍嫻。要離不入梁鴻傳，鰍史難居柳下閒。未是等倫休自擬，倘憑主聖得生還。〔註133〕

該詩表明，黃道周不惜以犧牲自己的政治前途，甚至生命為代價來為錢龍錫辯護。黃道周上疏云：

> 比來逮繫舊輔錢龍錫，拳梏銀鐺，對簿法庭，搶首獄吏。群臣相視，啞無一言。……衰颯如此，誰復挺脊梁擔安攘之略者乎？……然物情既如此，則邊將必驕，邊將志驕，則閣臣權絀。……臣於累輔未有半刺之投，一揖之雅。然度其人，中人耳，殺之不足明威，而徒有損於國。且今寇賊未殄，東江方驚。……倘天下遂無才，臣不揣請以鉛刀之，倘累輔罪猶可贖，臣請輟清華，歷疆場，視要害，約束東江，收拾遼廣，誓得一當橫原草，以為累輔減十一之死。〔註134〕

在該疏中，黃道周認為，錢龍錫一案不僅對錢氏的處置過重，前所未有，導致朝中大臣不敢用命；而且會致使邊疆將領越發驕縱。「臣於累輔未有半刺之投，一揖之雅，然度其人，中人耳，殺之不足明威，而徒有損於國。」道周

史講義》，北京：中華書局，2006年版，第349頁。）或許正是出於這一原因，除了疏救錢龍錫之外，黃道周當時並未站出來為袁崇煥辯護。

〔註131〕黃道周：《救錢龍錫疏凡三章》，《黃石齋先生文集》卷一《疏》。

〔註132〕清呂留良輯：《黃石齋未刻稿》，南京中央圖書館，民國三十六年（1947）影印本。

〔註133〕黃道周：《在詞林既九載以實錄成得遷官允猶未謝恩，值舊輔錢龍錫非罪下獄，四顧廷臣無復言者，中夜草疏排眾叫閽，並作小詩以別內子六章》，《黃漳浦集》卷四十五《七言律詩》。

〔註134〕黃道周：《救錢龍錫疏凡三章》，《黃石齋先生文集》卷一《疏》。

明言殺錢龍錫的危害。最後，他請求出鎮遼東，效命疆場，「臣請輟清華，歷疆場，視要害約束東江，收拾遼廣，誓得一當橫原草，以為累輔減十一之死」。這是道周第二次發出外放請求。然而，十二月十八、二十七日，連遭兩次切責回奏。「黃道周初疏狂肆，妄議祖德，曲庇罪輔，屢旨詰問，皆不實奏，一味誕詞支飾，本當重處，姑從輕降三級調用。」〔註135〕最後，以「曲庇罪輔」之罪降三級調用。至此，黃道周亦是有思想準備的。在「視官位為鴻毛」的黃道周看來，這樣的結果，亦是萬幸之事。其有詩云：「親從霹靂推車過，又得滂沱自在春；方生方死誰可憐，回肌起骨亦安然；人為多難三分識，花自經霜一倍開。」〔註136〕這是黃道周在與崇禎帝第一次政治較量之後的心聲。次年五月十三日，亦即是在崇禎帝四月十八日下詔求言之後，錢龍錫終於得以釋放，改戍定海衛。正如侯真平所說，崇禎帝「這時的久旱求言，給錢出獄一個機會，也給他自己（崇禎帝）一個臺階。」〔註137〕其實，不可否認的是，在舉朝無人敢為錢龍錫辨言的情形之下，黃道周的疏救確實給崇禎帝很大的震撼，為營救錢龍錫添力不少。

黃道周在崇禎四年降級聽調期間，被禮科參糾在主考浙闈鄉試中違規。四月，崇禎帝責令部科與浙江撫按徹查此案。道周上《引罪告病疏》解釋該案始末。並撰舉藝二十五篇，結集為《冰天小草》。〔註138〕洪思認為，該作主要針對於王龍溪等左派王學而發。而考諸道周此時所處的境遇，與其在《冰天小草》自序中所言，除了上述原因之外，恐怕亦另有深意在。試看黃道周自序：

> 仁義之教衰，則文行之途塞。文行之途塞，則聖賢之言，無以命的於天下。古之君子本仁於身，修義以及人。然後，布為文辭。……今之君子為利以考文，為文以飾行，苟取習俗以誣聖賢，以愚黔首，以誕天子。其稍有意義者，選妙微雋，自命而已。其平易通曉，則里巷之所周譬。揆於古今，治忽善敗則蒙然末視。見之而喜，去之不思，自是而學問之道可廢也。〔註139〕

〔註135〕黃道周：《救錢龍錫疏凡三章》，《黃石齋先生文集》卷一《疏》。
〔註136〕黃道周：《待命四十日凡再回話，以詆毀曲庇，幾坐重典而蒙恩薄遣，僅得調官，再賦示內，並答諸賀者六章》，《黃漳浦集》卷四十五，《七言律詩》。
〔註137〕侯真平：《黃道周紀年著述書畫考》，第117頁。
〔註138〕該作至今失傳，僅保留黃道周所撰序言部分。
〔註139〕黃道周：《冰天小草自序》，《黃石齋先生文集》卷八。

　　黃道周此文仍然是針對於當時士風所趨的抨擊。在科舉考試的規制下，士人不再著意於孔孟聖賢之學的仁義本教，而是一切以功利為首要目的。「今之君子為利以考文，為文以飾行，苟取習俗以誣聖賢。」因此，在他看來，聖賢學問之道不復存在，「仁義之教衰，則文行之途塞，文行之途塞，則聖賢之言，無以命的於天下」。教衰而治衰，聖賢之學的失墜，是晚明政治社會衰頹的根本原因。自是，黃道周極力提倡以「六經」意旨為學問的終極依歸。洪思曾說：「士之以六經為文章，蓋自《冰天小草》始也。」此話雖不免有溢美道周之嫌，但卻在一定程度上映現了其對於晚明讀書人所具有的頗大學術影響力。兩個月之後，黃道周再上《辨仁義功利疏》，以回應朝臣對於此次浙闈試題設置的責難與攻擊：〔註140〕

> 臣至浙闈，以《治天下必先立志》發論，見士子皆未有談仁義者，乃私引古今，折衷孔孟，歸本仁義，以治志氣。……堯、舜、周、孔皆由此出。……仁義廢，而尚刑名，非斯桑孔，皆從此出。天下之強弱，視於人材，人材之邪正，視於學術。學術之真偽，視於義利。……陛下試以此量天下之人材，程天下之學術，而邪正是非，燦然見矣。〔註141〕

　　黃道周主要針對是時社會功利主義思想盛行，視仁義之教為迂談的風氣提出批評。他認為，治天下以立志為先，立志以仁義為本，如此，人才可出，學術可正，天下可治。在他看來，學術風氣頗關乎道德人心之邪正。學術、人心與天下政治是三位一體的，「天下之強弱，視於人材，人材之邪正，視於學術」。十一月，儘管倪元璐等人一再勸阻，但是，黃道周在浙闈案結案之後，堅持上疏乞歸。十二月二十一日，黃道周的長子黃麑出生，給他一年多來，為政治鬥爭所糾纏的仕宦生活平添了一絲喜慶。道周中年得子，足以告慰九泉之下的雙親。其間，他曾作詩以示謝賀：

> 洗兒十日逢元日，作父中年合百年。未報乾坤留後乘，自除風雪見前緣。窪頭仁義行垂白，聃耳奉儀慎勿玄。物性癡黃癡有種，

〔註140〕據史記載，在明代嘉靖以降，朝中政爭愈發激烈。科舉考試試題的設置問題往往成為皇帝與大臣，大臣與大臣之間進行互相攻訐、鬥爭的藉口，這種情勢在萬曆以降，就更加明顯了。（可參看李樹：《圍繞試題的風波》，《中國科舉史話》，齊魯書社，2004年版，第195～198頁。）而黃道周此次作為浙江鄉試主考官亦面臨這一問題。

〔註141〕黃道周：《辨仁義功利疏》，《黃石齋先生文集》卷一《疏》。

吾今已作老蠶眠。〔註142〕

崇禎五年（壬申，1632）正月，黃道周在等待朝廷對他請假歸鄉的批覆。二十四日，道周上《放門陳事疏》，抨擊時弊，勸諫崇禎帝，指出崇禎改元以來「士庶離心，寇攘四起，天下騷然，不復樂生」，「小人柄用」，「諸大臣舉無遠猷，動成苛細。治朝著者，以督責為不經；談刀筆簿書，則以為知務。片言可折，則藤葛終年；一語相違，則株連四起」等，〔註143〕並且，借《周易》師卦中的「小人勿用」一語作為諷諫，又建議「曹濮之民可以靜鎮，通泰鹽徒必不可不收，津保近防可以酌往，淮濟聲援必不可不聯」等。〔註144〕二十七日，道周再上《放門回奏疏》，奉旨解釋前疏中所謂「葛藤」、「株連」之義，並進「平定私人武裝、遏止清人西向」的方略，以及舉薦具有軍事才能的將領，如馬如蛟、毛羽健、任贊化、惠世揚、李邦華、梁廷棟、徐良彥、曾櫻、朱大典、陸夢龍、鄒嘉生等人。二月六日，該疏被駁下。道周以「濫舉」、「呈臆」之罪遭削籍。〔註145〕這是黃道周第二次與崇禎帝的衝突，致使他遭受削籍而還的境遇。二月九日，正值黃道周誕辰，他偕夫人蔡玉卿與剛滿月的長子黃麑離京南返。據《洪譜》天啟五年載，黃道周「春二月，掛冠出都門。自濟寧過兗州，至曲阜，上孔林，謁周文公廟，下昌嶧，徘徊九龍山，孟林在焉。（而後）買舟至留都。」〔註146〕黃道周借助返鄉之機，第一次造訪誕生孔孟儒學的鄒魯之地。路途中，道周詩興大發。茲列數章，以窺其遭遇削籍還鄉時的心態：

> 血縷分明天上裁，快然墜地幾時回。重生已覺前生誤，開眼方思合眼哀。破涕一聲憐月脅，摩裟何處認珠胎。自從毛裏親親過，亦向牛頭關隘來。

> 一生卻有一生恩，灰草何當惜舊根。人報君新雙斷後，天排雲水兩空痕。翩翩已悉堂中事，高簡漸知方外尊。四顧蒼茫何所繫，頂頭白日見崑崙。

〔註142〕黃道周：《予年四十七矣，棲遲一官，辛未臘月，得成天放，乃舉一子，親朋畢賀動引子瞻之詞，予遂陶然以洗兒賦謝六章》，《黃漳浦集》卷四十六《七言律詩》。
〔註143〕黃道周：《放門陳事疏》，《黃石齋先生文集》卷一《疏》。
〔註144〕黃道周：《放門陳事疏》，《黃石齋先生文集》卷一《疏》。
〔註145〕侯真平：《黃道周紀年著述書畫考》，第127頁。
〔註146〕（明）洪思：《黃子年譜》，《黃道周年譜》，第12頁。

千年洗伐那能期，半百重生又一時。上智看多中歲扈，獨存能
得幾人師。約來大鳥成新別，謝去青繩失舊知。東向墜驢成一笑，
從今庭檻有安枝。〔註147〕

滿懷報國之志的黃道周，在數次上疏之後，均遭崇禎帝的切責與罪罰，頗
有不合時宜之感。此時，他對於踏入仕途略有悔意，心中自然不免泛起哀傷之
情：「重生已覺前生誤，開眼方思合眼哀。」然而，此次削籍而歸，對於頗有
道家情懷的黃道周而言，亦不乏有解脫之感：「翩翩已悉堂中事，高簡漸知方
外尊」，「東向墜驢成一笑，從今庭檻有安枝」。

五月，抵達南京後，黃道周在寫給岳父蔡乾鋆的書信中，坦言此次返鄉
的心情：「二月六日奉旨處分，九日出都門，從此灑然，無所繫累。有子可報
二人，去官可報君上。昔人云：『有子萬事足，無官一身輕』，誦之欣然也。」
〔註148〕由此看出，不樂於做官是道周素志，而中年得子更是他甚感安慰、欣
然之事。畢竟對於古人來說，這是恪盡孝道的最為重要的事情。

五月三至五日，「不尚空談，留心實證」的黃道周特地前往元代郭子儀創
建的觀象臺測量日晷，並留有《留都逢夏至因候日晷六章》〔註149〕：

陸海魚翔鳥欲瀾，迂儒猶自說臺官。天高遠道愁平子，錯憶凌
雲承露盤。

盛時冠蓋各軼榮，洛下無人復語閎。盲腐隨時看曆日，草青月
白自書生。

天道分明尺寸陰，何須玉黍訟高深。窮簷至晷通南極，史敬未
窺作洛心。

頻年薄蝕已難祥，空說十方差數長。誰識璣璿第一事，只憑日
德有低昂。

干戚方勤戎馬優，不知石鷁潤春秋。八能髦士何嘗盡，畏與歆
雄共擘流。

窮菟弋獲各能陳，儒墨當年鬥殺人。龍鳥何須求郯國，青天寫
影十分真。

〔註147〕黃道周：《二月九日是予初誕，以是日出都，掛帽驢背，乃作更生之詩》，《黃
漳浦集》卷四十六《七言律詩》。
〔註148〕黃道周：《與外氏書——出都道上與蔡太公》，《黃漳浦集》卷十九《書》。
〔註149〕黃道周：《留都逢夏至因候日晷六章》，《黃漳浦集》卷四十八《詩》。

在這首詩中，黃道周表達的是一種科學實測的精神。是時以徐光啟為代表的許多士大夫都欽服西方曆法的精準，而黃道周可能是當時少數與之爭辯的人。在道周看來，其與徐光啟的辯論有似儒墨之爭，「羿蟜弋獲各能陳，儒墨當年鬥殺人」。黃、徐之間的曆法論辯的具體時間，至今已無可考。但是，它對於黃道周的影響無疑是存在的。他要證明自己觀點的正確，唯一的辦法就是取徵於實測。所以，道周多年來一直留心於曆法的實測。這一點在他的自序中，已有詳細提及：

> 壬申五月初四日夏至，予僦舟將上九華、匡廬矣，念去歲在都下測冬至晷，常先曆八十刻。南都故有郭太史儀象，因就像臺候之……以初三、初四二日晷度之，日極短分交於子初，而《大統曆》在初四日辛丑戌時初，初刻則是後天九十刻也。惜時草草，不能先後七日求之。……〔註150〕

其實，黃道周去年在京師聽調期間，冬至即測日晷，發現「常先曆八十刻」。此次借道南京，利用天文臺設備實測夏至日晷。其發現《大統曆》所載「初四日辛丑戌時初，初刻則是後天九十刻」之說與實際所測夏至初三、四兩日的「日極短分交於子初」的結果相差甚遠。但是，道周對於自己的勘測結果並非十分滿意，「惜時草草，不能先後七日求之」。由此可見，黃道周在天文曆法研究中，不僅注重象數推理，亦留心於科學實測。這也在一定程度上成為了晚明自然科學思潮湧動的重要表徵。

六月，黃道周將妻兒安頓在南京後，帶著兩個僕從，西溯長江，縱情山水。他在《僦舍既定，遂遊山八章》的序言中云：「念身為民，池籠已決，世上自有雕題麴室，以供快宦，青壑丹崖，以娛幽目。不幸生在海表，萬里中州，幸未半途，得捨塵泥，以親雲水。方使雲將理其雀髀，若士分其蚨津，何為蜷然？更課世法限，魚鳥慕乎？」〔註151〕遂遊歷牛首山、池山、齊山、九華山、湖口及廬山，爾後，再返南京。然後，沿京杭大運河南下，歷攝山、遊焦山，過常州再會鄭鄤，遊茅山，三會徐霞客，並與之同遊蘇州；七月下旬抵達餘杭，入大滌山。並與何瑞圖等眾弟子創建大滌書院。〔註152〕此後，該書院成為道

〔註150〕黃道周：《留都逢夏至因候日晷六章》自序，《黃漳浦集》卷四十八《詩》。

〔註151〕黃道周：《僦舍既定，遂遊山八章》，《黃漳浦集》卷四十八《七言絕句》。

〔註152〕據《洪譜》記載，「大滌山者，當余杭之西，宋人所營建洞霄宮者也。舊祀李伯紀、朱元晦二先生，至是更加啟闢。」大滌山書院的營建費用大多為黃道周的弟子們所捐湊的。

周日後宣講周孔之學的重鎮。其間，黃道周留下詩作《大滌空山初宿李忠定公朱文公祠次四章》〔註153〕：

> 九鎖空山禾黍深，御書紫誥已沈陰。直曹願作老提舉，尚有衣冠照到今。

> 口蛤何時不化人，沙蟲猿鶴各能鄰。迂儒九死還初服，不啜靈芝亦總真。

> 碧霄帝子貴清虛，盡教儒臣棄舊書。先學上天後識字，當年先輩已超趄。

> 胡馬開消三百齡，墜垣猶自歌精靈。仙釋自然小天下，迂儒只合坐空庭。

該詩表達了道周參觀李、朱二公祠之後，對於宋儒惠澤後世的敬意。「直曹願作老提舉，尚有衣冠照到今。」他雖然對於宋儒的道統論深不以為然，但是，對於宋儒在釋、道對儒學大肆侵襲的情形下，與佛老決戰的精神，還是頗為敬服的。道周於崇禎戊寅年（1638）再入大滌書院時，曾詳細地談到李綱與朱熹二人的貢獻：「余少遠勳名，長疏尊導，繆從時路，領日於茲。感玄滌之未能，班李、朱而不逮。然觀其事，會酌其稽，百世之下，從可知矣。比考二公心身之際，備悉淵微。伯紀以誠明開君，元晦以格致引士。雖不標其宮庭，要無殊其旨趣。」〔註154〕其實，黃道周對於李、朱「誠明格致」，「開君引士」的推崇，實際上就是對儒家的內聖外王思想的肯認。而宋儒這種「格君行道」的思維，對黃道周確乎產生了巨大的影響。然而，事過境遷，宋代寬容的士大夫政治文化生態，已為明朝苛刻、酷烈的士大夫的境遇所取代。因此，執持「格君行道」抑或「引君行道」理念的黃道周一次次遭遇黯然神傷的落寞。於是，黃道周面對李、朱二位聖賢，大發感慨：「志二公之志，不以盛衰殊觀；學二公之學，不以平陂因運，遠近去就，歸潔其身，進退存亡，不失其正。不肖之所告於二公，即二公之所質於先聖。……於是與某等同致，微忱以邀神聽。」〔註155〕

崇禎五年（1632）八月初，黃道周出大滌書院。那山那水似乎承載著令他

〔註153〕黃道周：《大滌空山初宿李忠定公朱文公祠次四章》，《黃漳浦集》卷四十九《七言絕句》。

〔註154〕黃道周：《大滌書院記》，《黃石齋先生文集》卷九《書》。

〔註155〕黃道周：《大滌書院告李忠定公朱文公文凡二章》，《黃石齋先生文集》卷十二。

無法捨棄的濃濃聖學氣息。對於山水名勝的追逐，成為了他生命中一個頗具吸引力的事情。他再次西遊黃山、白嶽，東遊天台、雁蕩名山，而後才循浙、閩沿海返抵漳浦。正如洪思所講，「子（黃道周）自出都以來，自春徂秋，亦隨意放浪山水，東南奧區，十盡七八，（黃道周）曰：『何圖杖履，遂包斗牛之美。』」〔註156〕尤為值得一提的是，他日後北伐被俘，就義前，亦不忘賦詩，與曾遊歷諸山一一作別。他在《告辭十八翁詩》前言說：「生平所歷黃山、白嶽、匡廬、九華、浮丘、龍首、穹窿、玄墓、洞庭、三茅、天目、徑山、西陵、宛委、天台、雁蕩、羅浮、懷玉一十八翁，要當一一謝之。生死千秋，未必再晤，風雷楮黑，載其精神，亦使眾山聞之，謂吾不薄也。」〔註157〕這種將山水擬人化的思想或許不僅僅是出自於一種孩童般的想像，恐怕也是與黃道周的天人思想有關。「人法地，地法天，天法道，道法自然」的道家思維，以及本傑明・史華慈所謂的「相關性宇宙論」思維，使得他將周孔思想寄託於永存不毀的山水之間。

　　崇禎六年（癸酉，1633），四十九歲的黃道周開始了在漳浦北山墓廬講學、著述的鄉居生活。其講問記錄後來整理成《北山問業》。是年秋天，偕弟子洪京榜、張瑞鍾在福建龍海鄺山，首次卜築書院。深秋，徐霞客第三次來訪。其間，黃道周也作了不少制藝文章。據《莊譜》崇禎六年（1633）載：

> 往歲，登第後，不作舉業，比時時為之。或疑其相反，先生曰：「筋力時休，神明不歇。」先生又曰：「漢唐而下，斗分自贏趣縮，文章自盛而衰，崔、蔡之文不及班、揚，韓、柳之詩不及沈、宋。自元而來，斗分自縮而贏，文章自衰而盛，陶、劉之繼而有徐、何，徐、何之繼而有王、李。」〔註158〕

　　黃道周曾描敘當時的文風云：「制舉業之道與古文常相表裏，故學者之患，患不能以古文為時文。」〔註159〕由此可見，是時制藝時文常與漢唐古文的崇尚相為表裏。其表徵了時文中的復古意味之濃。「漢唐而下，文章自盛而衰」，黃道周的文學思想無疑帶有濃厚的復古主義傾向。另外，他還認為，歷代文章的「盛衰」與天文學上的「斗分贏縮」之間，二者步調是相為一致的。

〔註156〕（明）洪思：《黃子年譜》，《黃道周年譜》，第 12 頁。
〔註157〕黃道周：《告辭十八翁詩》，《黃漳浦集》卷四十八《五言絕句》。
〔註158〕（明）洪思：《漳浦黃先生年譜》，《黃道周年譜》，第 62 頁。
〔註159〕（明）艾南英：《天傭子集》卷三，《金正希稿序》。

　　次年，黃道周囑託弟子洪京榜將北山講問整理成《北山問業》六卷。〔註160〕
五月以後，道周應漳州推官曹惟才之邀，前往榕壇講學，從業弟子有一百二十
多人。在講學過程中，黃道周「因文證聖，隨所疑難，先經後傳，先籍後史，
自近溪、敬齋而上，周、程、羅、李而下，不妨兼舉，以印身心」。〔註161〕並
且，他將講學中所有問答內容整理成《榕壇問業》。該文本流傳於世，並被收
錄進清代《四庫全書》之中。其中，涉及內容廣博，氣象宏大。後人於此能窺
見是時士大夫講學活動的詳細場景。黃宗羲把它視為黃道周的代表作是頗具
眼光的。《四庫全書總目》對於該書的評論亦可值一觀：

> 　　其大旨以致知明善為宗，……書內所論，凡天文、地志、經史、
> 百家之說，無不隨問闡發，不盡作性命空談。蓋由其博洽精研，靡
> 所不究，故能有叩必竭，響應不窮。……先儒語錄，每以陳因迂腐
> 為博學之士所輕，道周此編，可以一雪斯誚矣。〔註162〕

　　此一評騭之語可謂頗中肯綮。在晚明學風偏於空疏無歸的情形下，黃道周
「不盡作性命空談」的學術風範，可謂令人耳目一新。《四庫全書總目》的評
斷代表著清代中葉學者肯認了黃道周對於晚明學術的巨大貢獻。黃道周除談
經之外，亦多勸弟子讀史。正如莊起儔所云：

> 　　（黃道周）嘗於歷代史中，自漢迄宋，取十二人，人自為傳，
> 二傳為卷，每卷各以行事相比，曰：《懿畜前編》，其編首諸葛侯，
> 而終鄴侯。是可以窺先生微意之所存也。又取明興以來，楊文貞而
> 下，得二十四人，所附見者若干人，曰：《懿畜後編》。二編皆綜厥
> 大家，或略或詳，非復史臣之所能到矣。〔註163〕

　　黃道周對於史學的重視，無疑是對晚明王學末流墮入狂禪的空疏之弊的
矯正。宋代蘇洵曾經談到「經、史相互為用」的問題：「經以道法勝，史以事
辭勝。經不得史，無以證其褒貶，史不得經，無以要其歸宿。」〔註164〕這一
論點亦可表證道周幾十年的學術心路歷程。當然，也不乏他依據自己的標準將

〔註160〕崇禎八年（1635），洪京榜因丁憂之事，遂而取消該計劃。因此，至今未見《北
　　　　　山問業》傳世，至於其講問的具體內容也就不得而知了。
〔註161〕（明）洪思：《黃子年譜》，《黃道周年譜》，第13頁。
〔註162〕（清）紀昀：《欽定四庫全書總目》卷九十三，中華書局，1997年版，第1231
　　　　　頁。
〔註163〕（明）莊起儔：《漳浦黃先生年譜》，《黃道周年譜》，第62頁。
〔註164〕（宋）蘇洵《嘉祐集》卷八《史論》，四部備要集部本。

一些特定的歷史人物作為道德與政治事功楷模的寄託的可能。

崇禎八年（乙亥，1635），五月至十一月中旬，黃道周繼續講學於榕壇。「出席者，八月二日正會凡 48 人，其餘各次講問人數不等。其中，與道周關係密切者如呂土坊兄弟、劉淳兄弟、鄭麒禎兄弟、張瑞鍾等。講問記錄整理成《榕壇問業》第 9～16 期。其中，五月六日首會，其講問記錄於十日定稿，是為第 9 期；六月五日，第 10 期記錄定稿；七月十五日，第 11 期記錄定稿，講問地點借在漳州王家園；八月二日，是榕壇正會（每季度第 2 月的二日為正會，即大會）出席者凡 48 人，記錄整理成第 12 期，於十五日定稿；八月鄉試（九日至十五日）結束後，又講問 1 次，記錄整理成第 13 期；十月二十五日，第 14 期定稿，十月五日或六日，第 15 期定稿；十一月十六日榕壇正會（因至天治岩劉濟兄弟家而延期），二十日將其記錄整理成第 16 期。」〔註165〕第 17 期是次年春天，黃道周在漳浦北山，針對弟子福建平和司鐸陳克蘊、福安劉薦叔、寧德薛當世、浙江嘉興陳蓋謨等人來信請教的問題進行函答後，命弟子張瑞鍾整理而成。而最後一期（第 18 期）為該年二月九日，黃道周回答蔣德璟所選崇禎六年以後他在漳浦北山與漳州榕壇所講的十八個問題，並於二月十五日定稿。

值得注意的是，除了《易》、《詩》、《春秋》之外，黃道周對於禮學的研究亦頗為引人注目。據《洪譜》崇禎八年（1635）載：

> 黃子五十有一歲。夏五月，復會於榕壇。子位講席，有期之喪，腰絰不除。張勛之瑞鍾請曰：「聞晦翁欲集《三禮大成》，有所不及；吳幼青論次稍定，又多所遺。吾漳素遵《家禮》，然期功之喪亦鮮有持者。不知孔門諸雜記平居皆可詳說否？」子曰：「平居且勿暇論，然《三禮》詮次極是學問中要緊，久已分類引申，但日用疏淡，未能繕寫耳。」即以《三禮定本》付勛之。然尚未及刊布也。〔註166〕

從上文可以看出，黃道周對於三禮之學頗為重視。不過，雖然後人集結的道周著述中，提到《三禮定本》一書，但久佚，已不可得見。爾後幾年中，黃道周所撰述的《禮記》經解五篇，也在一定程度上凸顯了他的禮學思想的內容及其特點。正如侯真平所說，「在道周一生著述中，《禮記》之作比較顯目，主

〔註165〕侯真平：《黃道周紀年著述書畫考》，第 157 頁。
〔註166〕（明）洪思：《黃子年譜》，《黃道周年譜》，第 13 頁。

旨在於針砭時弊。」〔註167〕黃道周此作具有非常濃鬱的經世致用的色彩。

是年十一月十六日，黃道周在榕壇舉行冬季講會時，接到聖旨，以「清望」復官，還任右中允兼翰林院編修。但直到第二年，亦即崇禎九年（1636）九月，黃道周聞清兵七、八月入侵京畿，才決定出山，於十二月抵京。次年（崇禎十年，1637）二月中旬，道周受命分考會試《詩》一房。其收穫最大的莫過於弟子門生的增多，其中大多數日後跟隨他講學。「是科進士中，後來與道周關係密切者如陳子龍、夏允彝、堵胤錫、錢肅樂、劉同升、趙士春、陸自岩、張天維、孫嘉績、吳嘉禎、王行儉、唐階泰、蔣棻、蔣鳴玉、柯元芳、余忠宸、吳春枝、尹文煒、侯鼎鉉、陳之遴、黃澍等人，以及後來垂名青史者如揭重熙、曹溶、沈履祥、胡夢泰、何弘仁、錢棅等。」〔註168〕這為擴大「道周學派」在晚明的學術影響奠定了基礎。在循例刊行試卷時，黃道周作《〈詩〉一房制義序》，對是時科舉程序進行了批判性的反思，對於「制藝文章無益於經世治國」之意，亦有詳細的闡論：

> 天下之治不治，不在文章。人才真偽，不係於看房稿，不看房稿。諸士讀《語》、《孟》、《學》、《庸》諸經，或二十年，或三四十年，及其開口，無一語似者，而獨怪房稿誕審能靈。……泛泛看房稿，不如誦《孝經》，於滅賊猶易為功也。……凡人學問，處處要從心性中來，勿從口耳邊來者，如聽街談，聞歡說苦，冷齒搏胸，枉自啼笑。從心性中出者，如向戰場拔父救兄，如在異鄉遇妻憐子，此處看不分明，切勿讀書也。〔註169〕

黃道周認為，人才的培育在於對於儒家經典義理的貫通。更為重要的是，「凡人學問，處處要從心性中來，勿從口耳邊來者」。黃道周雖然對於宋儒以降的純心性思辨表示過反感，但是，對於這種理學的修養工夫，在很大程度上予以肯定。「從心性中出者，如向戰場拔父救兄，如在異鄉遇妻憐子，此處看不分明，切勿讀書也。」他對於儒者所特為強調修齊治平的思維模式，也是深有體認的。在他看來，心性之學的價值即在於此。正如張君勱所頗具睿智的識見：「此段工作，實有不可磨沒之價值，吾人惟有繼其墜緒，發揮刷新，如西方近代思想之於希臘然，豈可漫以「心性空譚」四字抹殺之乎？」〔註170〕空

〔註167〕侯真平：《黃道周紀年著述書畫考》，第513頁。
〔註168〕侯真平：《黃道周紀年著述書畫考》，第166頁。
〔註169〕黃道周：《〈詩〉一房制義序》，《黃漳浦集》卷二十二《序》。
〔註170〕張君勱：《義理學十講綱要》，中國人民大學出版社，2006年版，第25頁。

談心性誠不可為，但是，棄絕心性上的砥礪與磨練，實在是置聖賢千年傳承的血脈而不顧的莽夫之舉，這或許就是黃道周此時所謂的「本懷」意蘊吧。其實，對於是時八股取士的制藝文風，曾經問業於黃道周的復社領袖張溥亦作過揭露。如張溥弟子吳偉業曾在《復社紀事》中談到：「先生（張溥）以貢入京師，縱觀效廟辟雍之盛，喟然太息曰：『我國家以經義取天下士，垂三百載，學者宜思有表章微言，潤色鴻業。今公卿不通六藝，後進小生剽耳傭目，幸弋獲於有司。無怪乎人持柄，而析枝舐痔，半出於誦法孔子之徒。無他，詩書之道虧，而廉恥之途塞也。……庶幾尊遺經，砭俗學，俾盛明著作，比隆三代，其在吾黨乎？』」〔註171〕張溥正是針對明代八股取士致使聖賢之學異化的情狀大發感慨。因此，他後來倡辦復社，在某種意義上，亦是對於當時垂頹士風的一種反動，並不僅僅是出於抨擊政敵的目的。

黃道周分考會試完畢，便一再具疏乞休。但是，均沒有得到崇禎帝的准許。五月二十六日，黃道周被升任為左春坊、左諭德兼翰林院侍讀學士、掌司經局事。這是黃道周自崇禎三年以來的第二次擢升。它進一步成為了「直言報國」的黃道周不斷向崇禎帝建言的動力。但是，屢次建言所用者少，甚至直接造成了崇禎帝與他之間的怨隙。而這種君臣之間的博弈後來引致了崇禎朝君臣離心，臣去君亡的悲劇的發生。五月二十八日，黃道周上《慎喜怒以回天疏》云：

> 為賜環已久，圖報無從，昧心不可，事君建言又非得已。……還顧往年，自請使鮮，經理東江之事，俱成囈夢，淒然淚下。……而諸臣過自懲艾，苟免朝夕，無敢為陛下昌明其說者。……蓋自三百載十三宗以來，未有士氣不揚，隨風茅靡至於今日者矣！臣觀天下災祥，係人主之喜怒，人主喜怒係天下之安危。……臣非言官，默不違道。然受特恩，起自草莽，雖不以言自居，天下猶以言責臣，近有韓愈、陽城之嘲，遠有孟軻、蚔鼃之諷，自顧惕然，無以自容。〔註172〕

在這則奏疏中，主要蘊含三層意思：首先，除了上書建言之外，黃道周似乎難於找到更好的途徑報效君主與國家。他曾經醞釀著外放，出鎮一方，試圖

〔註171〕（清）吳偉業：《復社紀事》，《東林本末》（外七種），北京古籍出版社，2002年版，第181～182頁。

〔註172〕黃道周：《慎喜怒以回天疏》，《黃石齋先生文集》卷一《疏》。

建功立業的想法，「還顧往年，自請使鮮，經理東江之事」。而這無疑似夢幻泡影般，「俱成囈夢」，令道周深感沮喪。因之，他屢次出山未久，即有乞休回鄉的念頭。致力於「引君行道」、「格君行道」的黃道周在此時不得不慨歎「圖報無從，昧心不可，事君建言又非得已」。此舉在客觀上成就他的直臣之名的同時，又不可避免地為他自己的歷史悲劇埋下了伏筆；其次，崇禎朝的君臣關係是非常緊張的。晚明黨爭頻起，崇禎帝猜忌不斷。在很大程度上，袁崇煥案是因崇禎帝受後金皇太極離間而起的。此案牽連舊輔錢龍錫。故此，道周奮力抗疏。「而諸臣過自懲艾，苟免朝夕，無敢為陛下昌明其說者」，此即凸顯了是時廷臣人人自危的景象。它導致了「自三百載十三宗以來，未有士氣不揚，隨風茅靡至於今日者」的後果；最後，黃道周認為，之所以出現上述極為不正常的君臣關係與頹靡的士風，是因為君主的喜怒無常所致。「臣觀天下災祥，係人主之喜怒，人主喜怒係天下之安危。」黃道周對於這種極有可能招致崇禎帝反感的言辭，也是有心理準備的：「然受特恩，起自草莽，雖不以言自居，天下猶以言責臣，有韓愈、陽城之嘲，遠有孟軻、蚍蜉之諷。」

　　黃道周除了上《慎喜怒以回天疏》外，六月，連上《求言省刑》、《三罪四恥七不如疏》。尤其是後者，其中有「不如鄭鄤」一語，讓崇禎帝大為光火。該疏云：

> 臣庸劣最無比數，不敢上方古人，正如今日諸臣，品行高峻，卓出倫表，則臣不如劉宗周；至性奇情，不愧純孝，則臣不如倪元璐；……文章意氣、轗軻拓落，臣猶不如錢謙益、鄭鄤。而諸臣或在草野，或墜淵壑。臣獨以庸劣餘灰，重依日月，猶不慚惡，如食斯飫。〔註173〕

　　在這裡，黃道周除了表示陛官後的自謙之外，也是對於朝政日非的抨擊，更是對於所謂東林黨人如劉宗周、倪元璐、錢謙益、鄭鄤等人遭受周延儒、溫體仁等閣臣的打壓與排擠的不滿。他用這種反諷的策略來達到勸諫崇禎帝的目的。不過，出乎意料的是，道周疏中「不如鄭鄤」一語，徹底激怒了剛愎自用的崇禎帝。六月二十九日，崇禎帝下旨責令道周拿出解釋來：「黃道周職在詞林，不圖報稱，一味偏拗好名，這所奏並舊牘附陳，語多含吐，且顛倒是非，甚至蔑倫杖母，名教罪人，猶云不如，是何肺腸？著回將話來！」〔註174〕鄭

〔註173〕黃道周：《三罪四恥七不如疏》，《黃石齋先生文集》卷一《疏》。
〔註174〕黃道周：《救鄭鄤疏》，《黃石齋先生文集》卷一《疏》。

鄖之案在晚明崇禎朝成為一大名案。謝國楨先生認為，該案的發生有著極為明顯的政治鬥爭背景：「東林的領袖（按：這時指文震孟、姚希孟舅甥等）被排去以後，（溫）體仁遂成了獨載制的內閣，他的大政方針，最可以教人注意的，就是鄭鄖之獄，箝制復社，及張漢儒訐奏錢謙益之事。這都可以說是溫體仁的德政。誣言鄭鄖杖母這件事，因為鄭鄖是文震孟的好朋友，所以故意與震孟為難。也可以說是與東林黨的人開玩笑。」〔註175〕而這一微妙的政治博弈自然逃不過黃道周的眼睛。在「嚴冷方剛，不諧流俗」的黃道周看來，這是出於某種政治目的的誣陷。故此，他並不迴避讚揚鄭鄖，以示對是時頗受打壓的東林黨人的聲援。所以，他在七月上《救鄭鄖疏》云：「朝廷必欲扶植綱常，治禦夷夏，自當取其顯著，略其微曖，收順而討逆，嚴大而略細，以至仁為本，以明武為用，勿使巇險小人，得射形影，而弄威福。」〔註176〕

值得注意的是，黃道周所上的《三罪四恥七不如疏》，這種帶有自謙性質的奏疏，竟然會引起朝廷的震動。除了「鄭鄖之案」為其導火索之外，還與黃道周平日的為人風格有關。據《明史‧黃道周列傳》記載：「道周以文章風節高天下，嚴冷方剛，不諧流俗。公卿多畏而忌之，乃籍不如鄖語為口實。」正因為如此，十月下旬，當皇太子將於次年二月出閣，循例挑選東宮講官時，首輔張至發堅決反對起用黃道周，而是時入選的項煜、楊廷麟二人則上疏推讓道周。張至發反駁云：「鄖杖母，明旨煌煌，道周自謂不如，安可為元良輔導？」〔註177〕於是，黃道周趕緊上《請告疏》，以釋朋黨之疑：「今邊圉多事，蒼生塗炭，二三詞臣，身不跨鞍，射不穿札，何苦相自推重，以啟疑端。」〔註178〕這顯示了黃道周對於崇禎帝頗忌臣下結黨的心理的深切瞭解。不過，小心謹慎的黃道周，在數年之後仍然未逃脫因朋黨嫌疑而下獄的糾纏。

崇禎十年（1637）十月二十六日，黃道周因掌管司經局事，見其頹敗不堪，而上《申明掌故疏》云：

> 臣觀聖賢讀書，不在於多，在記其要領，立見施政，足致盛治而已。昔宋仁宗致治四十年，道化翔洽，嘗見禮經浩繁，特於其中取《大學》、《中庸》、《儒行》三篇，以賜釋褐之臣，昭代採之。至以

〔註175〕謝國楨：《明清之際黨社運動考》，中華書局，1982年版，第66頁。
〔註176〕黃道周：《救鄭鄖疏》，《黃石齋先生文集》卷一《疏》。
〔註177〕（清）張廷玉：《黃道周列傳》，《明史》列傳二百五十五。
〔註178〕黃道周：《請告疏》，《黃漳浦集》卷二《疏》。

《學》、《庸》完於四書，為取士極則。漢宣帝亦致治多年，神鳥數
見，魏相為相，止採《明堂》、《月令》二篇，舉事舉時，準於陰陽，
不失其中而已。由是推之，《禮記》之中有《王制》、《月令》、《儒行》、
《緇衣》、《坊記》、《表記》……諸篇之中，《洪範》、《月令》尤為精
緊。〔註179〕

　　在該疏中，黃道周通過列舉漢、宋時，皇家政治教化典籍特重《禮記》中
的《大學》、《中庸》、《儒行》、《明堂》、《月令》等文獻的事例，提出從《書》、
《禮》、《易》、《詩》中抽出數篇集結成書，以講授於太子的奏議。有明一代，
像黃道周那樣注重《禮記》文獻對於政治的教化作用的人，是屈指可數的。此
後數年，黃道周致力於《洪範明義》與《禮記》五篇經解的撰述。這些著作，
除了《表記》、《坊記》之外，均在次年道周降調江西之前完成。他在答弟子書
中曾談到他在此期間集中寫作《禮記》等著述的心緒：「在長安中，閉門深於
幽谷。今復作小書生，再翻傳注，雖乘冬寫經，不以為勞。年過五十，無一言
可告天下，恐過此無所復進矣。」〔註180〕其經世之志溢於言表。是年十二月
十三日，黃道周晉升日講官少詹事協理府事兼管玉牒。這是他在崇禎朝的第三
次升職。或許這僅僅是崇禎帝對於黃道周所上《申明掌故疏》的肯定的表現。
之前，黃道周因「不如鄭鄤」之語，給政敵帶來了可攻擊的理由。「朋黨」在
晚明時期可是一個頗大的罪名，成為不同政見者之間（不同利益集團之間）相
互攻訐的鋒利武器。黃道周在給胞兄黃道琛的書信中即有明顯的提及：

　　　周至京一載，歲暮始得轉官，是閣臣迫於公論，不得不推，亦
聖主千秋特達，不為諸謗所動，如諸當道直以周及鄭玄岳為朋黨，
其所下石者，亦無不至耳！時間樂事惟有看子孫讀書、栽花種竹耳。
天下自是天下，蒼生自是蒼生，而必以天下蒼生易兄弟子孫之樂，
真為不知類者矣！〔註181〕

　　黃道周頗有厭倦晚明官場相互傾軋的意緒，回鄉歸田成為他此時的一大
心願。然而，對於頗具雄心壯志的黃道周來說，在內心深處卻又充斥著巨大的
張力──在經世與退隱之間，以致於他又一次發出「馮唐易老，李廣難封」的
浩歎。對此，他在本年所作的《偶贈方外》一詩中即有流露：

〔註179〕黃道周：《申明掌故疏》，《黃石齋先生文集》卷一《疏》。
〔註180〕黃道周：《答魏秉德書》，《黃漳浦集》卷十九《書》。
〔註181〕黃道周：《京師與兄書》，《黃漳浦集》卷十九《書》。

郭叟東園客，吳兒洛水舟。魚腥傾藥市，金氣賤羊裘。

有道亦無賴，逢時尚白頭。廖消黃石屨，那辨赤松遊。〔註182〕

崇禎十一年（戊寅，1638），對於五十四歲的黃道周來說，政治聲望到達了一個高峰，而政治生命卻跌入了其歷史的低谷。其原因就在於道周與崇禎帝之間政治對決的不平等。黃道周對崇禎帝形成了直接的巨大政治挑戰，導致他在古代皇權專制下不可逃避的悲劇命運：先是被降級調用，而後下詔獄、削籍發配等。是年二月十二日，黃道周侍經筵，並隨班召對，承問保舉、考選等選拔官員的方法。他批評崇禎帝用人不當，並薦舉二月九日因「屯豆」、「牆穴」案循律執法而被疑朋黨下獄的原刑部尚書，同時為遭溫體仁陷害的已故閣臣文震孟及其外甥姚希孟申雪。十三日，他上《補牘陳言疏》詳陳召對未盡之言。而後，黃道周又在崇禎帝責令回話的情形下，連上《遵旨回奏疏》、《遵旨再奏疏》，前兩疏均被崇禎帝斥為「偏私支飾」之見。五月，崇禎帝欲拔楊嗣昌入閣，始會推閣員。六月，楊嗣昌入閣。是時「明朝面臨農民起義和清人東窺的腹背夾擊，崇禎帝急需的是傑出的軍事統帥，寄望於楊嗣昌等人，故有意拔入內閣，但遭道周等東林後勁們的強烈反對，所以批評『清操之臣』『傲物』，為此道周不得不當廷辯護，據理力爭。……隨著六月二十四日楊嗣昌入閣，二十八日陳新甲出任宣大總督，……七月三日，黃道周並上《論楊嗣昌疏》、《論陳新甲疏》、《論方一藻疏》、《退尋清仁之旨疏》等疏。七月五日，平臺召對時再次頂撞崇禎帝，這場君臣衝突便達到了極限」〔註183〕在有關黃道周的諸多歷史傳記中，對於其與崇禎帝平臺召對的記載甚多。譬如：

……道周曰：「方念獨立敢言之人少，讒諂面諛之人多，臣不得不言。」帝曰：「我先師孔子攝行相事，誅少正卯。正卯當時亦稱聞人，五罪有一，不免孔子之誅。今人多類於此。」道周曰：「少正卯欺世盜名，心術不正，所以夫子誅之，臣生平自反置心，不敢不正，毫不敢有私。讀夫子書，惟求不得罪於夫子。」帝曰：「不圖這樣偏矯恣肆，本當拿問，念係講官，姑著起去候旨。」〔註184〕

可以說這是晚明君臣衝突的典型代表。在某種意義上，它也是當時「道」與「勢」的又一次碰撞對決。黃道周上三疏的初衷本是為聖賢的「孝悌」之學

〔註182〕黃道周：《偶贈方外》，《黃漳浦集》卷四十四《五言律詩》。

〔註183〕侯真平：《黃道周紀年著述書畫考》，第200頁。

〔註184〕（明）孫承澤：《山書》卷十一，浙江古籍出版社，1989年版，第280頁。

爭一線光明，而卻被崇禎帝當作為伏誅於孔子的少正卯一類人物加以訓斥。他在《論楊嗣昌疏》中說：「為臣教忠，為子教孝，垂憲萬世，本於民彝，不可易也。以君臣父子皆受於天，禮樂政刑之所從出，毫不可替。凡人遺其親，必不利於君，壞於家必無成於國。」〔註185〕在黃道周的思想中，「孝」為儒學根本，任何政治功利目的都不能以犧牲孝悌原則去獲取。如果突破這一底線，那麼儒家道德教化的防護牆將會轟然崩塌，國家政治的根基無疑會受到根本性的摧毀。另外，崇禎十年三月，楊嗣昌奪情出任兵部尚書之時，黃道周就有彈劾楊嗣昌的想法，並撰成《擬論楊嗣昌不居兩喪疏》文本。然而，黃道周的良苦用心，並未被崇禎帝所認同。

七月六日，閣臣即擬以「朋串擾亂」之罪，建議崇禎帝予以黃道周降級調用的懲罰。此後不久，黃道周果然被降六級調用，貶為江西布政司都事。八月，他以病乞休，並進呈《洪範明義》12卷、《月令明義》12卷、《儒行傳》18卷、《緇衣集傳》23卷。九月，離京返鄉。途經泰山岱頂觀日。至此，黃道周在崇禎朝的任職已告結束。十月，他順道再入浙江大滌書院。〔註186〕他在《大滌書院記》中說：

> 戊寅初冬，余再以逐客南旋，緬念斯山，睽違七載，又以中途警聽邊氛，未忍悠然絕帆胥江，遂復誅筇其間，徘徊日夕，嗟乎，天水之時，畫江中斷，李伯紀顛沛其先，朱元晦寥消於後。考其立朝，皆遠者不能需期，近者不能彌月，而汗簡所壽踰於鼎鐘，當其邁會，又何足談？僕以迂愚，幸逢盛世，怒蠹之氣，散其木難，前無伯紀慷慨劍舃之誠，後無元晦蘊藉經書之致，而欲與抗送千春，提衡九鼎，吾知難矣。〔註187〕

這是黃道周在崇禎朝的第二次被貶官以後，路過大滌書院時，面對李綱、朱熹二人所發之感慨。李、朱是黃道周所敬重的先賢，他們的政治境遇與道周大抵相同。故黃道周喟歎：以李、朱之才尚且如此，自己「抗送千春，提衡九

〔註185〕 黃道周：《論楊嗣昌疏》，《黃石齋先生文集》卷一《疏》。

〔註186〕 是時，講舍已由弟子何瑞圖等人建成。相從問業的弟子，有何瑞圖（字義兆）、曹振龍（字木上）、陳子龍（字臥子）、朱求祚（字士美）、倪先春（字梅生）、汪挺（字爾陶）、錢琳（字仲雍）、胡公占（名不詳）等。滯留至十一月十二日（或稍後）。與陳子龍等弟子講問《孝經》的紀錄，後被洪思編入《黃子文集》，名曰《臥子篇》。（侯真平：《黃道周紀年著述書畫考》，第225頁。）

〔註187〕 黃道周：《大滌書院記》，《黃石齋先生文集》卷九《記》。

鼎」的抱負的實現，其難就更為可知。雖然，他屢次不得志於朝，但是，並未
徹底放棄「建功立業」之念。這也可以解釋幾年之後，他最終接受隆武政權的
邀請，出任首輔閣臣的史實。黃道周在餘杭大滌書院逗留月餘後，於歲前返抵
福建漳浦老家。

　　崇禎十二年（己卯，1639）正月十五日，黃道周在漳浦北山墓廬率弟子修
復銅山孔子像，並撰《修像告先聖文》云：

> 消息，時也。剝復，數也。維聖人不以天違時，維至聖不以時
> 改度。故日月貞明，有千古之新；天地不敝，有萬世之土。鼎何以
> 取新，革何以去故？未墜之統留其緒。……龍蛇存身，神明存人。
> 此存之者，萬古常新。〔註188〕

　　這篇祭文明顯表露了黃道周此時不得不「安於天命」，去接續孔聖「未墜
之統」的心態。他時常通過走近古代聖賢的方法來獲取在學術與政治道路上不
斷前行的信心。次年，黃道周仍在漳浦北山守墓。一日，他於石上疊手而坐，
說：「吾今此坐，雖安亦危。」未久，有一異僧來訪，與道周對坐於榻，許久
未發一言，告辭之時，卻倦然而歎。道周甚是奇怪，以微言諷之。故此僧云：
「火將動，今不幸外疏及之，禍且不測耳。」〔註189〕此言與黃道周自己的預
感頗為一致。晚明政治波雲詭譎，黨爭愈烈，崇禎帝猜忌臣下朋黨之心愈盛。
即使在野的黃道周亦不能免。然而，道周對此是有所心理準備的。四月七日，
「崇禎帝降旨逮捕道周及原江西巡撫解學龍。事因去年冬解學龍晉南京兵部
右侍郎，今年春循例舉薦部屬，首推道周，閣臣魏照乘從中作梗，破例上聞，
並有所挑激，使崇禎帝懷疑道周、學龍結黨。」〔註190〕五月二十三日，黃道
周辭墓，前往南昌就逮。諸弟子依依不捨，道周作詩以別：「斯文未喪應能來，
湯花火花仍復開。」〔註191〕

　　七月至京，八月一、二日，與解學龍各杖八十，三日，戶部主事葉廷秀上
疏自請代罪，結果亦被杖八十，以削籍歸。自此，崇禎帝更是懷疑道周結黨，
將之下刑部大獄，嚴加審問。十一月，涂仲吉自南京北上，於十五、六、七三
日連章上奏疏救黃道周。是時通政使施邦曜頗為瞭解崇禎帝的性情，欲壓住不

〔註188〕黃道周：《修像告先聖文》，《黃漳浦集》卷二十八《文、頌、贊、箴、銘、約、
　　　　揭、題詞》。
〔註189〕（明）洪思：《黃子年譜》，《黃道周年譜》，第19頁。
〔註190〕侯真平：《黃道周紀年著述書畫考》，第234頁。
〔註191〕（明）洪思：《黃子年譜》，《黃道周年譜》，第19頁。

予上呈。他說：「吾與石齋先生交最厚，故不欲以過激僨事，若奈何更欲速之乎？」〔註192〕涂仲吉遂參劾施邦曜。崇禎帝果然愈疑，將仲吉等人下獄，邦曜也遭削籍。十二月底，該案諸人均被移至北鎮撫司對質，拷問朋黨之事。其間，「一過北司，四經拷問；再入刑部，三經審鞫」，〔註193〕黃道周被誣為賄賂解學龍，以求薦用。涂仲吉的疏救也被誤認為是收買之舉。另外，「當局唆使許臣虎誣指黃文煥、陳天定、文震亨、董養河、楊廷麟、劉履丁等人與道周結為「福黨」，遂使前 4 人下獄，後 2 人被盤查。」〔註194〕黃道周除了承認「講學結社」之外，拒絕任何子虛烏有的誣謗。次年，五月二十日，黃道周返回刑部監獄，之後數月，黃道周上《獄中乞恩疏》，以釋崇禎帝的朋黨之疑。該疏云：

> 今刑部讞上，所定臣何罪，審臣何語，臣皆不敢辨，亦不敢知。然臣自計，一生無門外交遊，無一介取與鉛槧，終年不知馬足。即如丁丑三冬至戊寅七月，所進呈三十六卷書，皆臣手勒，一再易草，則臣之不暇朋從，亦可知矣。臣窮愚極黯，計自天地父母而上，惟聖主為能知臣，為能容臣，為能矜臣、憫臣，為能教誨、訓討臣，為能生死肉骨臣。臣雖一旦溘然，七尺齏粉，不敢自謂臣不遇也。〔註195〕

此疏一上，應該說黃道周在某種程度上給自己解了圍，也給崇禎帝一個臺階下。另外，復社領袖張溥等人在此期間，予以大力營救。〔註196〕黃道周最終於十二月九日，獲釋出獄，被永戍四川酉陽宣慰司。九死一生的黃道周感慨繫之：「臣獨以踽踽涼涼，攖此奇禍。計我朝廷杖二百餘臣，或讁或逐，未有訊鞫之苦，株連之多如臣者，幸以螻蟻餘魂，及聞寬大之恩，蟄蟲朽草，欣欣更生。」〔註197〕至此，這一君臣之間的政治較量得以終結。黃道周一案在晚

〔註192〕（明）洪思：《黃子年譜》，《黃道周年譜》，第 20 頁。
〔註193〕黃道周：《獄中乞恩疏》，《黃石齋先生文集》卷二《疏、箋、揭》。
〔註194〕侯真平：《黃道周紀年著述書畫考》，第 266 頁。
〔註195〕黃道周：《獄中乞恩疏》，《黃石齋先生文集》卷二《疏、箋、揭》。
〔註196〕從年齡來講，張溥算是黃道周的晚輩，他亦曾向道周問學。他們之間的交情甚厚，作為晚明復社領袖的張溥，在當時有著巨大的社會影響力，往往能夠左右朝政。其座師周延儒能夠再次入閣為相，與張溥的政治運作關係極大。道周入獄不久，周延儒入閣。他為營救道周起了一定作用。其間，周延儒也起用了許多東林黨人士，這些都構成了後來黃道周獲釋出獄的一個較為重要的政治背景。
〔註197〕黃道周：《感恩疏》，《黃石齋先生文集》卷二《疏、箋、揭》。

明崇禎朝的影響極大，這主要因為他作為是時詞林清流的學術聲望大，加之，與崇禎帝進行政治對決，直接增加人們對該案的關注度，因此，後世有關晚明朝政的文獻資料對此事多有記載。

在刑部獄中，黃道周仍然堅持易學研究。他最為重要的學術成果就是撰寫了晚年易學著作——《易象正》。崇禎十三年（1640）八月至十二月，黃道周向同在獄中的方孔炤、方以智父子及孫嘉績等人傳授《易象正》中的《歷年十二圖》與《大象十二圖》。方以智後來回憶當時的情形說：

> 崇禎庚辰，先中丞（按指父孔炤）以忤楚相逮理，銅海先生（按指道周）拜杖，同在西庫衍《易象正》，小子得侍，時見揮灑，文不加點。偶請《象正》、《洞璣》之旨，疑《尚書》不合《易》策之故，以虛舟子圖質難，先生就足然揮之，別書《寒枝問少年幅》。當時謖謖浮氣乍斂，知先生之教深矣！忽移北司，所衍《二十四圖》亂播在地，先中丞收之，皆手書宋體，鐵畫森嚴。〔註198〕

此外，黃道周在崇禎十四年（1641）作《方密之屢索〈易象正〉未之敢授爰謝乃翁仁植》一詩云：

> 憶在少年喜易象，束髮危襟日相向。於今忽過五十年，九草七籤未得上。真宰惡人塵務多，韋編不得揮陽戈。文臣素相各悱憤，垂老欲墜將如何。白雲庫中百二日，宛轉呻吟裂血碧。玄黃初寫《十二圖》，龍馬已齧三寸膝。桐城方公愛此經，苦無部署相批繩。自言詮經家三世，義理象數猶未明。……緬想方公食三歎，定謂此書終河漢。〔註199〕

從此詩中可以看出，黃道周對於易象學的研究，可謂畢盡一生心血。即使是在深陷於冤獄之中，仍然執著於「推天道以明人事」的學術研究。他這一易象學派的致思路向頗具創新性。即使是素有三代家學淵源的桐城方氏父子在黃道周面前，也不得不自稱「義理、象數猶未明」，虛心求教。黃道周雖然對於《易象正》這部晚年定論性的著作頗為自信，但是，此時該書尚未成熟，便不肯輕易示人。〔註200〕除此之外，黃道周在詔獄中書寫《孝經》石臺本、定

〔註198〕（明）方以智：《浮山藏軒別集》，引自中國社會科學院清史室編《清史資料》輯6，中華書局，1985年版，第105頁。

〔註199〕黃道周：《方密之屢索〈易象正〉未之敢授爰謝乃翁仁植》，《黃漳浦集》卷三十八《七言古詩》。

〔註200〕崇禎十五年（1642），黃道周出刑部獄後，循命赴謫所，途經九江西林寺，並

本共 120 餘本。是時道周學行名震天下，諸本得以廣泛流傳，得者以為至寶。〔註201〕揆諸道周手書《孝經》的用意，除了其確乎認同《孝經》為教治之本外，也是對於崇禎九年，皇帝頒表《孝經》與批駁楊嗣昌等奪情傷孝行為的再次回應。不過，仍未捐棄前嫌的崇禎帝看到道周手書的《孝經》文本時，卻認為這是他的沽名釣譽之舉。

崇禎十五年（壬午，1642）正月，黃道周在離京赴戌四川酉陽之前，曾作七律詩《壬午元日感事四章》。其中有云：「師臣者帝古尊賢，況在宸居異講筵。七聖道通大麓外，八能占應泰階前。未須審象知惟肖，不待飄風賦有卷。十四朝來燕故事，安昌稽古序當年。」〔註202〕洪思以為此詩是為崇禎帝隆禮周延儒所作。然而，結合黃道周自身處境，這恰恰反映了其在一直以來所抱持的「帝王師」理想幻滅之後的落寞。四月八日，黃道周聞摯友徐霞客去世而作《遣奠霞客寓長君書》云：「庚辰（崇禎十三年）初冬，拜尊公授衣之惠，知耿耿相念，如將遠別，神明相告，夢寐以通，過此十餘日，則束身北寺，雖欲致寒溫，不可復得。乃知逸客靈爽，洞見幽玄，雖不肖以天自信，未若尊公之契闊通神也。」〔註203〕去年，黃道周在刑部獄中，徐霞客獲悉後即遣長子徐屺探監，後來徐霞客聞道周冤情，於病榻長歎，不食而逝。因此，此詩是黃道周聞訊後，有感而發。

四月下旬至五月下旬，黃道周第三次來大滌書院講學，廣泛闡論六經與理學思想，而其講學的內容則反映在《儒脈》、《朱陸刊疑》、《格物證》、《子靜直指》、《太玄原本》、《三易發明》、《三易指歸》、《與孟長民說〈詩序〉》與《樂律論衡》等文本中。對於黃道周來說，通過講學來宣揚儒道，實在是必要之

修訂獄中撰著《易象正》。他說：「及吾在，不定此本，後世誰復能定之者？」（〔明〕洪思：《黃子年譜》，《黃道周年譜》，第 21～22 頁。）可見其易說之精微，已非常人所能通悉，也凸顯了他對這一晚年易學著述的自信。

〔註201〕 對此，廈門大學侯真平先生有一段考證文字臚列如下：本年在刑部獄中，書寫《孝經》120 本，其中 40 本是依據早年的整理本書寫的，名為《孝經定本》或《孝經別本》，用以贈送親友；另外 80 本，是依據當時通行的「石臺今文本」書寫的，用以應付獄史或外人，其中有些被隨侍的崑山諸生朱永明私下出售，為鄉紳所爭購，甚至流入宮中。這 120 本，各加有論贊，無一相同；多為楷書，間有隸書等。今有不少存世本。其實，從這一側面也可以看出黃道周在是時社會的聲望與影響力之大。

〔註202〕 黃道周：《壬午元日感事四章》，《黃漳浦集》卷四十六《七言律詩》。

〔註203〕 黃道周：《遣奠霞客寓長君書》，《徐霞客遊記》（下），褚紹堂等整理，上海古籍出版社，2007 年版，第 1185 頁。

中，又充滿著諸多無奈。正如他在《大滌書院三記》中所引周敦頤的話：「三十年讀書，亦欲一濟蒼生，行其所學，如果不遂，與子盤桓，論道講書，未為晚耳。」〔註204〕「政治」與「學術」對於古代儒者來講，無疑是其生存意義所繫，兩條至為重要的生命線。五月下旬，黃道周出大滌書院，擬赴戍所，但因途中突發瘧疾而滯留於江西九江。十月一日，黃道周接到解戍還職之旨。據侯真平考證，「八月，（黃道周）見蔣德璟《召對恭紀》，於是得知蔣德璟和周延儒、黃景昉、吳牲、陳演等已勸得崇禎帝恢復自己原職的消息。九月，具疏辭謝，但未能送達。十月一日接旨，從而得知八月二十五日已降諭吏兵二部，以「清操力學」免戍還職。十月上旬，又聞有旨催任，但其旨久未下達。同月返鄉。」〔註205〕黃道周基於對崇禎帝的瞭解，遂不作覆出計。他於是年閏十一月，自九江過南京、鎮江途中，以病為由作《免戍辭職疏》。與此同時，並上《乞赦解學龍、葉廷秀疏》。解、葉二人亦因之得以赦免。如果說把崇禎朝臣分為東林黨與閹黨兩派的話，那麼，此次黃道周最終能夠出獄還職，無疑是因為東林黨在政治鬥爭中佔據上風。十一月上旬，「無官一身輕」的黃道周第四次入大滌書院，並在此停留十餘天後，返抵漳浦。

第四節　禮學經世與「不可為而為之」的外王實踐（自五十九至六十二歲）

崇禎十六年（癸未，1643），五十九歲的黃道周回到家鄉漳浦北山，再次過起居家講學的生活。這是他生命中最後的講學階段。其間，他與眾弟子籌建講學書院，並系統講授禮學思想。不過，在崇禎帝自縊煤山，南明政權繼起之後，頗負海內人望的黃道周被時勢推到政治、軍事的風口浪尖之上，最終以兵敗完節，結束了他坎坷、曲折的一生。

是年三月，黃道周及弟子們開始將漳浦東郭的故居改建為明誠堂。他在《明誠堂啟土祝文》云：「維崇禎十有六年三月三日丙申，浦中諸賢達孝廉茂才，咸廣德心，用圖麗澤，以東郊草廬山川明淑，舊當蟄伏，為潛確不拔之區；今值朋來，為講習麗澤之用，爰謀革故，以就鼎新。……今以賢達孝秀之請，煥為奎壁，聯聚之祥，德果不孤，道成多助，千里之內，備有賢人，十步

〔註204〕黃道周：《大滌書院三記》，《黃石齋先生文集》卷九《記》。
〔註205〕侯真平：《黃道周紀年著述書畫考》，第305頁。

之餘，未乏芳草，所以酬我圭峰，開茲泰運信神明之功，亦朋友之力也。謹以是日告於司土，將版築以就柱梁。」〔註206〕三月十九日至五、六月，黃道周與弟子呂而遠、張勣之等再至龍海蓬萊峽考察，並營建鄴山書院。〔註207〕八月，作為黃道周多年來研究禮學的結晶——《孝經集傳》一書告成，隨即向弟子傳授。

　　據《莊譜》崇禎十六年（1643）描述，黃道周講授《孝經集傳》時的具體場景：「秋八月朔，《孝經集傳》成，是日先生同諸弟子就北山草廬具章服，北面望闕，五拜三稽首，又向青原太夫子墓前四拜再稽首，乃於堂中特祀管、葛、吳、李四先生前，再拜起立，置書於案上，諸子各四拜受卒業焉。」〔註208〕十月，《坊記集傳》、《表記集傳》相繼撰成。自此，黃道周的禮學著述宣告完成。他說：「宋淳化、至道年間，嘗以《坊》《表》二記頒賜廷臣。今《禮經》備在學宮，而習者沿為曲臺遺言，無繇知為《春秋》義例之所從出者。故復略舉大意，使相屬比，引申觸類，以究其指歸。」〔註209〕這是黃道周自崇禎十年接掌司經局事以後的撰述規劃，中途因其貶官、降級調用江西而被中斷。不過，值得一提的是，黃道周對於《孝經》的重視與深度闡論，使得他的禮學思想成為晚明重視政治教化功能的《孝經》學思潮中頗為醒目的一支。其間，黃道周有意識地從事學術思想的整理與總結工作。他的易學、陰陽五行說與禮學在此時都趨於成熟，並均有文本刊印與流傳。黃道周對於「禮」的重視不僅在學術文本中體現出來，而且，亦見諸日常生活的實踐。次年三月，明誠堂竣工後，黃道周及諸門人與當地官員鄉紳等聚集，舉行講問大會，並演習了鄉飲酒禮。總體而言，黃道周一生的學術興趣大致可以劃分如下：早年傾心於易象與陰陽、律呂之學；中年涉及性命之學；晚年頗為流連於禮學

〔註206〕黃道周：《明誠堂啟土祝文》，《黃漳浦集》卷二十八《文、頌、贊、箴、銘、約、揭、題詞》。

〔註207〕該書院後來又稱為「文明書院」。據洪思在《鄴山書院記》一文中注明鄴山書院的來歷時說：「是山亦名焦桐山，蓋乙亥卜築時，或云：『是山，惜殘山矣！』門人笑曰：『殘，乃虁下之焦桐。』黃子聞之，遂名焦桐山雲。癸未卜築時，或云：『是山，惜但山之骨矣！』門人笑曰：『其骨似鄴侯。』黃子聞之，故復『鄴山』之。三堂：初築三近堂於中峽，門臨黃子之釣臺，蓋明瀾門也，今為黃子廟；次築鄴山神堂於峽北，曰與善堂，以棲先聖賢，門瞰大江，蓋上下天地同流門也；次築鄴山講堂於峽南，曰樂性堂，為鼓篋者之所休，門瞰大江，蓋敬恕為宗門也。」

〔註208〕（明）莊起儔：《漳浦黃先生年譜》，《黃道周年譜》，第 77 頁。

〔註209〕（明）莊起儔：《漳浦黃先生年譜》，《黃道周年譜》，第 77 頁。

的闡發。〔註210〕

崇禎十七年（甲申，1644）正月，已至花甲之年的黃道周向朝廷上《在山乞休疏》。該疏云：

> 臘月，臣始決意出山，離墓下至江東，已百四十里，諸生相持登高臨遠。臣偶失足顛隕層厓二十餘丈，適墜石灰中，頂踵幸全，而左腕、右足，醫治困於庸醫，恐成廢疾，嗟哉，命也。臣生逢盛時，仕登華貫，進多狂瞽，則有斧鑕之虞，退可棲遲，又有溝壑之患。臣死於溝壑，伏於斧鑕，則重傷明主之心，斧鑕得生，溝壑不死，又莫塞孤臣之願。所由者，持身不審，寡過未能，德薄則不佑於鬼神，數奇則取憎於造物。〔註211〕

黃道周請求致仕的理由是去年臘月登高失足墜崖，身體有殘疾之憂。其實，黃道周不欲復出的原因主要在於其對崇禎朝政治時勢的判斷，出山定難見容於朝。他在給陳御史的書信中，曾透露過自己的真實想法：「里門嘯聚，日以益繁，墓下廬居，豺虎所嗥，每望松楸，徒有悲涕。此時猶談出山，真情理所不至，倫類所未許也。」〔註212〕

是年三月十九日，李自成攻陷北京，崇禎帝自縊煤山。消息傳至福建，是在二個月之後（即五月二十七日）。是時，黃道周正在漳州鄴園講學。據《洪譜》崇禎十七年（1644）載：「燕都三月十九日之變至，先生乃率諸弟子為位於鄴園，袒發而哭者三日。」〔註213〕

五月三日，南明弘光政權成立。而後黃道周因時望被推為吏部左侍郎兼翰林院侍讀學士。道周隨即上《時務疏》，陳述中興十策。該書雖上，卻未能見用。時值鄴山書院落成，黃道周率眾弟子舉行了鄴山大會，這也是他一生中最後一次大規模的講學活動。出席講會者約四百餘人。講會上，黃道周坦言他的中興之志：「今日中興，歷合成周，德逾建武。臥東山而起者，君父之義也。痛神州之沉者，《詩》、《書》之力也。子弟之樂，有賢父兄。」「中興之日，見

〔註210〕 本文這一大致的劃分，指的是黃道周在不同時期的學術興趣的側重。黃道周學術思想體系的一大特點就是能夠將「形上」與「形下」的知識給予「一以貫之」的詮釋。例如，他主張《易》、歷、律三合一的觀點，以及《易》、《詩》、《春秋》與《禮》諸經之間相互融貫的學術論證。

〔註211〕 （明）洪思等：《黃道周年譜》，第 23 頁。

〔註212〕 黃道周：《答陳御史書》，《黃石齋先生文集》卷二《疏、箋、揭》。

〔註213〕 （明）洪思：《黃子年譜》，《黃道周年譜》，第 26 頁。

此講席，以蔚天下蒼生。」〔註214〕此時，歷史丕變的當口又一次激起了黃道周中興大明的洶湧澎湃的豪情。他在《鄞山講堂哭烈皇帝文》中說：「十三宗之澤在人，統必有歸，五百年之歷未改，亂終底定。」〔註215〕

是年九月十五日，黃道周出山，至泉州後，卻萌生悔意，不欲應詔。最後，在好友蔣德璟等人的勸說下，他才繼續北上。其原因在於弘光政權是由閹黨馬士英、阮大鋮一班人把持著。作為東林黨人抑或東林黨的熱切同情者的黃道周，對此是心存疑慮的。誠如莊起儔所說：「先生又以為臣子造孽，貽禍至此，苟能渙然寤旦，與新君更始，則江左夷吾何殊中原管、葛？若復怙勢爭權，蒙面屈膝，天下事尚可為哉？」〔註216〕另外，黃道周也在給楊廷麟的書信中，慨歎他的擔憂：「吾輩頑石，搗骨合藥，無補於天，猶冀後人嗅此藥氣耳。」〔註217〕黃道周一直是在這種顧慮重重中，走向弘光政權的駐地——南京的。十月二十一日，黃道周一行人至浙江衢州。此時，他被晉升為弘光政權禮部尚書兼翰林院侍讀學士協理詹事府事。出於對弘光政權的審慎的政治判斷，黃道周隨即上《衢州聞升辭職疏》，以身體不堪重任為由，疏辭該職：「臣聞命自天有，隕自地，雖薰風始播，百穀咸昌，而枯楊生華，樓苴易絕，比歲以來，一再折肱，苟存性命。上之不能裹屍橫草，稗聖主光復之思，下之不能負重挽強，資賢臣一得之用，徒以殘喘，仰累大官。」〔註218〕辭職雖未獲准，但是，黃道周也不急於上任。十一月上旬至十二月三日，黃道周第五次入大滌書院講學。其間，劉宗周、陳子龍、蔡端敏等都有信勸阻黃道周赴弘光之任。〔註219〕黃道周在《甲申冬至大滌山禮闕用諸友韻六章》詩中隱隱約約透露了他進京上任前夕的心境：

> ……草堂委佩亦蕭森，猶是鳴騶未出心。吾道不隨日暮盡，野葵偏識主思深。猿麏逐隊禳香火，龍虎江頭禮盍簪。三十五年開禹鼎，莫愁王謝共浮沉。周命殷整共鼎新，壁光藜火照西鄰。窮崖已識天根復，幽谷如頒寶曆春。愧少謨猷扶帝略，疑將迂腐潤儒紳。

〔註214〕（明）洪思：《黃子年譜》，《黃道周年譜》，第27頁。

〔註215〕黃道周：《鄞山講堂哭烈皇帝文》，《黃漳浦集》卷二十八《文、頌、贊、箴、銘、約、揭、題詞》。

〔註216〕（明）莊起儔：《漳浦黃先生年譜》，《黃道周年譜》，第86頁。

〔註217〕（明）莊起儔：《漳浦黃先生年譜》，《黃道周年譜》，第86頁。

〔註218〕黃道周：《衢州聞升辭職疏》，《黃漳浦集》卷四《疏》。

〔註219〕侯真平：《黃道周紀年著述書畫考》，第367頁。

蔓龍蹤跡猶荒遁，莫說玉皇香案臣。〔註220〕

　　弘光元年（乙酉，1645）正月，黃道周抵達南京，就任弘光朝禮部尚書、協理詹事府事兼翰林院學士。由於馬士英等人把持弘光政權，排擠東林黨人，黃道周頗感失望，覺得朝事已無可為。二月二十三日，他上疏請赴浙江紹興祭祀禹陵。三天後獲准。四月一日，黃道周抵紹興，致齋七日後，至禹廟行禮。其間，他「徘徊殿中，仰視榱桷，風雨總集，階除齒齒，幾不可上，出顧廊序，斷碣殘碑，鞠為茂草。歎江東文教猶未陵夷，何遂至此？」〔註221〕於是，他上《請修禹廟疏》。未幾，再上《奉祀會稽乞休疏》。該疏云：

　　　　臣當先朝年力尚健，四顧無徒，誠欲奮其空拳，以雪詞林之恥。
　　先帝每以臣為空言，顛倒曲折，欲進臣於實事。然臣二十年無一實
　　任之事，則亦二十年無一面詼之言。今年逾耳順，百病交攻，逢時
　　中興，偷脅車服，出入俛仰，四出蒙面，乃欲以芻蕘之言，幹恢剿
　　之業，真跛鱉學步於麒麟，螢火颮光於日月也。〔註222〕

　　在這裡，黃道周表面上抱怨了其在崇禎朝的不遇：他剛直的性格，致使其在崇禎朝二十餘年，一直未獲得崇禎帝的真正信任：屢次請求外放，都未能如其所願。其實，道周此疏的言外之意，恐怕在於指責馬士英等人把持朝政，以致於正直之士沒有真正用武之地。即使是在這種情形之下，黃道周心緒也是徘徊不定的。據洪、莊二譜記載，黃道周在去紹興祭奠禹陵之前，夜夢高皇帝謂曰：「卿竟捨我去耶？」子對曰：「朝廷捨臣，非臣捨朝廷。」以是雖乞歸，猶徘徊江渚，未忍遽去。〔註223〕

　　五月十五日，清兵南下，僅存年餘時間的弘光朝不堪一擊，潰敗如退潮然，弘光帝逃奔於蕪湖黃得功軍中，而首輔馬士英則擁兵於西湖。黃道周在出紹興的途中，聽到這些消息，遂帶領弟子涂仲吉與長子黃麑等南下金華，招募義勇軍，抗清勤王。六月八日，馬士英等人在杭州擁立潞王朱常淓監國。黃道周遂向潞王建議任用賢才，舉薦劉宗周，並作《請召劉宗周、姜曰廣、高宏圖、楊廷麟、劉同升，以收人心箋》。十一日，潞王採納道周建議，頒行六件急務，但皆因兵臨城下而無法實施。城中官民潰散，而道周等人被迫移舟富春

〔註220〕黃道周：《甲申冬至大滌山禮闕用諸友韻六章》，《黃漳浦集》卷四十七《七言
　　　　律詩》。
〔註221〕黃道周：《請修禹廟疏》，《黃漳浦集》卷四《疏》。
〔註222〕黃道周：《奉祀會稽乞休疏》，《黃漳浦集》卷四《疏》。
〔註223〕（明）洪思：《黃子年譜》，《黃道周年譜》，第28頁。

江上。鑒於此，他認為，由馬士英支持的潞王政權也是大事難成。

六月十三日，黃道周在浙江桐廬會見唐王朱聿鍵。「（黃道周）乃從舟中晤唐藩，見所談論，慷慨以恢復自任，因同眾交拜，約成大業。」〔註224〕因之，閏六月，唐王行監國事。七月朔日，黃道周等協力勸進，奉唐王即天子位，改元隆武，大赦天下。道周任少保兼太子太師、吏部尚書、武英殿大學士。此時，作為隆武朝的首輔，他的政治聲望已達極點。極富雄心壯志的黃道周滿懷匡復、中興之志。誠如，他在七律《召入內廷面論國事艱難，群工須盡改崇弘時陋習，庶可光復舊物，臣道周伏地痛哭，內監掖之起，賜御詩一章，恭和原韻，呈進上慰宸衷》中云：

> 醜夷寇掠幾時休？擾害民生二十秋；豈有殘山容立馬？更無剩水蕩扁舟。君臣立志卑南宋，文武齊心剿北酋；人定勝天天降鑒，乾坤萬里克時收。〔註225〕

另外，他在《陛見後門下士毛生來見作詩示之》中也說：

> 出山辭鶴侶，軒冕奉新君；幸有八閩地，綿延三百春；有懷唯國難，圖報在今辰。急務誰先著？尊皇庇萬民。〔註226〕

幾十年政治抱負的壓抑，似乎在此時得以釋放。對於隆武帝的信心燃起了黃道周「得君行道」的激情與衝動。之前，黃道周全身心投入講學活動的一個重要原因，正如鄧實所說，「士君子生值衰時，目睹朝政之混亂，僉人之弄權得志，舉世混濁，不得不以昭昭之行自潔，其講學著書，皆其不得已之志，思以清議維持於下。」〔註227〕不過，在隆武朝中，與海盜出身的鄭芝龍等人的遭遇，阻遏了黃道周傚仿諸葛武侯，進而匡復大明的雄心，造成了他幾十年仕宦生涯中的政治宿命。黃道周「力主匡復，且欲行使首輔職權，但遭心懷異志、擁兵自重、攘權專政的鄭芝龍集團所掣肘，遂使『文武不和』，以『朝宴爭班』及某諸生（佞鄭芝龍者）上書攻擊『道周迂腐』等形式，使黃、鄭衝突公開化。」〔註228〕其實，黃道周與鄭芝龍的鬥爭，不應僅僅被視為朝臣之間

〔註224〕 （明）洪思：《黃子年譜》，《黃道周年譜》，第29頁。
〔註225〕 （清）呂留良：《黃石齋未刻稿》，《玄覽堂叢書》續集（鄭振鐸輯），國立中央圖書館，1947年版。
〔註226〕 （清）呂留良：《黃石齋未刻稿》，《玄覽堂叢書》續集（鄭振鐸輯），國立中央圖書館，1947年版。
〔註227〕 （清）鄧實：《復社紀略跋》，《東林本末》（外七種），北京古籍出版社，2002年版，第287頁。
〔註228〕 侯真平：《黃道周紀年著述書畫考》，第391頁。有關於隆武朝中文武大臣之

的名份之爭，更多的是，蘊含著性格剛直的黃道周對於鄭氏海盜人格的厭惡。誠如日本學者福本雅一所說，「鄭芝龍本為海盜，應明政府招撫而被授予爵位。閩地的士大夫常將他稱為『賊』，地方官員也一直拒絕其統屬關係。因擁立之功而聲望漸漸升高，兵馬錢糧大權均歸鄭氏掌控，雖然建有隆武政權，但兵民幾乎不支持他，甚至可以說是明顯地嫌惡（他）。」〔註229〕此時，黃道周的心理壓力甚為沉重：「旁觀側目疑臣尚有功名之心，姍笑詆譏，靡所不止。舉天下所指，為迂闊無當之辨，皆舉而加之臣。臣茫然無覺，猶聾馬思鍾，啞嬋操琴，了不知其意向所在。」〔註230〕其間，黃道周亦有詩《示路閣部》，表露了他在隆武朝文武衝突之後心緒的低落：

茫茫宇宙一浮漚，萬里新秋繞郡樓。遠遠砧聲和野哭，霏霏月色愈添愁。十年多難離鄉恨，百鍊剛腸繞指柔。底事不堪回首說，風風雨雨滿皇州。〔註231〕

正是由於這種政治的糾結，促使早有「欲灑熱血於疆場」心願的黃道周在不久後，走上「自請行邊」之路。晚明談兵風氣甚盛，正如趙園所講，「談兵即經世，當明亡之際，尤其是經世之首務，明末士人勇於任事，與軍事有關的，最屬當務之急。」〔註232〕黃道周無疑亦是受此風氣所感。他於崇禎十六

間的衝突，黃道周弟子錢澄之曾在《所知錄》中有段詳細的記載：「芝龍、鴻逵自恃有援立功，驕蹇無禮。上嘗賜宴大臣，芝龍以侯爵位宰相上。首輔道周引祖制：『武臣無班文臣右者』固爭之，遂前道周。芝龍怏怏不悅。諸生有佞芝龍者，上書言，道周迂腐，非宰相才，上怒，敕督學御史抶之，芝龍又薦其門下朱作楫吏科給事中，章正發戶部主事，皆不允。於是，益懷怨望。及行郊天禮於南臺，二鄭皆稱疾不出。戶部尚書何楷劾：「郊天大典，芝龍、鴻逵不出陪祭，無人臣禮，當正其罪。」上賞楷有風裁，即令掌都察院事。已而鴻逵揮扇殿上，楷呵止之，二鄭益怒。楷知不為所容，亟請告。上欲曲全之，允其回籍，俟再召。楷至中途，盜截其一耳。抵家未久，死。蓋芝龍令部曲楊耿害之也。」（錢澄之：《隆武紀事》，《所知錄》卷上）隆武朝中大臣之間的不和與爭鬥，在很大程度上，消解了該政權的向心力，預示著分崩離析即將成為隆武政權不可逃避的命運。

〔註229〕（日）福本雅一：《黃道周與隆武朝》，《明末清初》（二集），同朋社，1993年版，轉引自漳州城市職業學院黃道周研究室編：《2008～2009年黃道周研究成果選編》，2009年6月。

〔註230〕黃道周：《行都求去疏》，《黃漳浦集》卷四《疏》。

〔註231〕（清）呂留良：《黃石齋未刻稿》，《玄覽堂叢書》續集（鄭振鐸輯），國立中央圖書館，1947年版。

〔註232〕趙園：《制度．言論．心態——〈明清之際士大夫研究〉續編》，北京大學出版社，2006年版，第79頁。

年（癸未，1643）鄉居時，撰成《廣名將傳》。其序言云：「當今重武，英傑群興，莫不思登壇而麾日月，借箸而談風雲。」〔註233〕

兩年前，一心隱退，欲終老田下的黃道周本著嘉惠後學的目的，撰成該書。不料風雲際會，自己卻有帶兵作戰之機。新建立的隆武政權，必須在軍事上立得住腳，才能生存並完成匡復重任。因此，黃道周在《前自請行邊疏》中，直陳北伐的戰略意義：「為天討不可久稽，閉關終無了日，乞先自行邊，以申大義，以鼓眾志。……棲遲歲月，天下嗤嗤謂吾君臣苟安南都，與琅琊益州共為雌雄，亦大江左右之所疑惑也。」〔註234〕由此可見，黃道周的募兵北伐並非出於意氣用事，頗有重要的政治軍事戰略的考慮。

隆武元年（乙酉，1645）七月二十二日，黃道周以「欽命招徵直省便聯絡恢復南京江北等處地方，少保兼太子太師吏兵二部尚書武英殿大學士」的官銜出師，北上抗清。然而，「隻身攜帶若干空白委任狀（僅限委任參謀、副總兵以下軍職），和御賜軍餉白銀2640兩，以及僚友張肯堂、何楷、周廷鑨、余颺、林之果等人捐助軍餉白銀1860兩，前往郊外芋原驛，擬溯閩江赴延平、建安、建陽等地召募義士組建抗清義師。敦請親友、門人協助召募鄉親從征。」〔註235〕八月三日，黃道周以忠義相激奮，在延平募得秀才陳雄飛等義士384人，編為第1營。沿途招募，憑籍他的聲望與僅有的政治資源，至十一月上旬，總兵力達11800餘人。黃道周進軍路線為沿延平、建陽、崇安，出分水關，經廣信、婺源、徽州，進而直搗南京。

在北伐過程中，黃道周亦留心於政治教化，以利軍需。據《洪譜》弘光元年載：是年十月一日，黃道周率部至廣信。當地鄉紳迎請道周入城。道周看到城中百姓逃亡殆盡，錢糧俱無的情形時，說：「古人有作內政寄軍令者，吾今且以王道寓兵機」。〔註236〕於是，他下令實施養老之政：凡當地居民年滿七十歲以上者，都給予金帛、酒肉。次日，又出示考校子弟。經過一番仁政之施，原先逃往外地的男女老幼都回到城中，安居樂業，就連青壯年也不召自歸。「遂更申在洋獻馘之義，講學於明倫堂。諸鄉紳子弟皆已畢至，樂助軍需，免致催科之擾，諸人咸願樂輸，軍賴以濟，又勸令自募鄉兵，固圍翼，助王師。

〔註233〕（明）黃道周：《廣名將傳‧原序》，孟冰點校，書目文獻出版社，1986年版，第1頁。

〔註234〕黃道周：《前自請行邊疏》，《黃漳浦集》卷五《疏》。

〔註235〕侯真平：《黃道周紀年著述書畫考》，第402頁。

〔註236〕（明）洪思：《黃子年譜》，《黃道周年譜》，第32頁。

給以閣禮，而信州鄉紳詹兆恒、俞益華，次及金華鄭守書、常山呂繼望、東山張受祿等，諸慕義從軍者幾及萬人。」〔註237〕由此可見，黃道周在江西廣信短暫主政，成效極為明顯。

在軍事上，道周軍隊雖小有勝利，然而，在十二月二十四、二十五日，進軍婺源途中，遭到清朝提督徽寧池太總兵張天祿部的四路合擊，援兵遲遲不至。據《洪譜》弘光元年（1645）載，黃道周在距婺源城十里的明堂裏紮營的當天晚上，曾得一場惡夢。於是，次日清晨，道周撰寫禱文、準備牲祭，以禳解禍。〔註238〕然而，未等他做法祈禳，清兵突至。兵潰之際，道周臨危不懼，策馬直前，最終因寡不敵眾，從容就俘。

「當生置金陵軍前，朝廷得一忠義之人，勝得土地數州。」〔註239〕鑒於南明隆武朝首輔大臣身份所具有的巨大政治影響力，黃道周被解往南京。在囚於婺源、徽州的途中，他曾兩次絕食，欲自盡殉節。弟子趙士超勸說道：「金陵不遠，倘得面數賊臣誤國及君之罪，魂魄依傍孝陵，死亦未晚。」其間，黃道周作《自悼八章》云：

> 昔年為柳下，今日見薇陽。此道原無可，於生亦不傷。雲霄人望絕，金石鬼劑香，莫信惠連後，遂無日月光；樂毅未歸趙，魯連不入秦。兩書傳白壁，隻字動青蘋。得正吾何憾，微名世所親。……已發英雄歎，仍多親戚憐。徑當文謝後，可在殷房前。夫子寧欺我，萇宏尚有天。春秋二百載，研淚紀新編。……〔註240〕

黃道周誼在一死，義無反顧。就義之前，他曾在弟子蔡春溶、賴繼謹等所寄家書後，題詞二首，以明其志：「綱常百世，性命千秋；天地知我，家人無憂。」「蹈仁不死，履險如夷；有隕自天，舍命不渝。」〔註241〕這種崇高的人

〔註237〕　（明）洪思：《黃子年譜》，《黃道周年譜》，第 32 頁。

〔註238〕　（明）洪思：《黃子年譜》，《黃道周年譜》，第 35 頁。《洪譜》這一記載，應該不是空穴來風。黃道周的這一禳解之法，頗有古代術數之風。這與他的「陰陽五行」、「天人相應」思想相為一致，具有一定程度上的神秘主義色彩。有關這一神秘面相在道周身後傳得更為神奇。在某種程度上，也許正是由於此，遮擋了後人對於道周深邃學術思想的研究興趣。

〔註239〕　（清）陳壽祺編：《黃漳浦集》卷首《傳節錄》。

〔註240〕　黃道周：《自悼八章（時在婺源絕粒七日）》，《黃漳浦集》卷四十四《五言律詩》。

〔註241〕　（清）鄭亦鄒撰《黃石齋年譜》（輯錄），《黃道周年譜》，侯真平，婁曾泉校點，福建人民出版社，1999 年版，第 116 頁。

格魅力，致使道周身後美名不斷地被傳揚開來。其中，流傳最為廣泛的是，有關洪承疇與黃道周的故事。黃道周被押至南京後，時任江南總督的洪承疇欲以同鄉之誼，前來勸降道周。道周聽後，說：「承疇死久矣，松山之敗，先帝痛其死，賜祭九壇，親自哭臨，備極典，焉得尚存此無籍小人冒名耳！」〔註242〕當時，洪承疇無地自容的尷尬是可以想見的。另有記載，黃道周在洪承疇探獄過後，曾疾書一聯：「史筆流芳，雖未成名終可法；洪恩浩蕩，不得報國反成仇。」〔註243〕黃道周利用詩句的諧音來諷刺承疇不能為國殉節，繼而投靠滿清之事。這種故事能夠得以廣泛流傳，也充分反映了是時滿漢政權衝突中人們所具有的強烈民族意識。明亡之後的忠節之士自然會被人染上神聖的色彩，而改換門庭，投靠滿清的所謂貳臣們則成為人們表達對清軍南下時，對漢族地區無情征伐的憤懣的對象。〔註244〕

　　隆武二年（1646）二月九日，黃道周在其誕辰之日，作《蒿里十章》，並在自識中說：「防風雖倒，猶留一節，以問尼山。」〔註245〕為晚明學術人心留有一份正氣，成為道周臨終前的最大心願。三月五日，黃道周完節於南京曹街。其弟子趙士超、蔡春溶、賴繼謹與毛玉潔等「四君子」也於同日就義。難怪乎洪思讚歎道：「蓋不獨二百七十年之綱常肩自一人，抑且三千年來之師弟，於茲謹睹者也。」〔註246〕黃道周就義以後，隆武帝賜爵為文明伯，諡號忠烈。在福京天興府（今福州）立閩忠廟，樹「中興大忠坊」。在道周家鄉漳浦建有「報忠廟」，樹「中興蓋輔坊」，春秋致祭；其妻蔡玉卿被封為一品夫人；其四子被分別特授為錦衣衛指揮、錦衣衛正千戶（這二支俱世襲）、尚寶司丞與中書舍人，以此表彰黃道周對於大明王朝的終節之志。爾後，滿懷中興之志的朱聿鍵在失卻了黃道周這樣的膀臂之臣後，難免黯然神傷。當勢力凌厲的清兵順勢南下之時，隆武政權也瞬間崩解飄零。

　　後世學者對於黃道周北伐兵敗的檢討甚多。其中，清初朱彝尊認為，「道

〔註242〕　（明）錢澄之：《所知錄》，見清陳湖逸史《荊駝逸史》，宣統三年上海錦章圖
　　　　　書局石印本。

〔註243〕　（清）劉獻廷：《廣陽雜記》，中華書局，1957年版，第59頁。

〔註244〕　值得注意的是，晚清民國時，面對西方列強的入侵，中國近代民族主義意識的
　　　　　再度勃興，儘管前後兩者的具體內容有所不同，但是，相似的形式會一股腦地
　　　　　導致晚明民族抗爭場景的復活。如黃道周等為漢民族而奮力抗爭的事蹟，無
　　　　　疑也會成為近代中國民族主義意識迅速湧現與積聚的精神思想資源。

〔註245〕　黃道周：《蒿里十章》，《黃漳浦集》卷五十《七言絕句》。

〔註246〕　（明）洪思：《黃子年譜》，《黃道周年譜》，第37頁。

德公自重，文章公自深，若夫軍旅事，似非公所任，用違其才，此百世所惋惜者。」〔註247〕朱氏認為，黃道周的道德文章，乃為一代雄才，而軍事征伐，實非其所長。他將道周的北伐失敗主要歸結於軍事統帥謀略的欠缺。而清光緒年間學者李岳瑞卻提出了與之相反的看法：

> 南都既覆，唐王崎嶇奔走於嶺海之間，識者已知其無能為矣，而兵權猶操之鄭氏之手。先生雖有經天緯地之略，而手無斧柯，餉絀兵單，以烏合之義民，而當新朝方興之氣。雖管葛復生，曾何能濟？知其不可為而為之。鞠躬盡瘁，以竭吾力，畢吾志而已。成敗利鈍，豈以先生之明而昧之。後之人不察其故，而第就勝負之跡以尚論古人，豈有當哉？〔註248〕

李氏所見可謂深為的當。時勢迥異，豈能僅以成敗論之？全祖望亦有推崇道周的節義、學問的憑弔詩文云：「漳海精忠薄九霄，我來三弔大中橋；降臣蒙面終無賴，義士同心不可撓；閩嶠山川增卓犖，孝陵風雨已蕭寥；洞璣絕學誰窺見，天挺應推百世豪。」〔註249〕

清乾隆四十一年以後，乾隆皇帝頒令表彰黃道周：「黃道周碩學清操，孤忠亮節，克全儒行，無愧貞臣，今諡忠端。」〔註250〕道光五年二月，禮部批覆是時閩浙總督趙慎畛，以及福建在籍紳士編修陳壽祺等人的奏請，准許黃道周從祀文廟。其辭曰：「至其生平，講學浙閩，以格致為宗，而歸宿於至善，與劉宗周之誠意為宗，而歸本於慎獨，學術洵為相等，雖其講《易》，兼明象數，亦猶邵子先天之學，可與《程子易傳》專言義理者並行，實與聖經有稗，足為後學師承，是其亮節孤忠，早樹楷模於史冊，正誼明道，復標圭臬於儒林，應如該督等所奏，準其從祀文廟東廡，在明臣羅欽順之次，以崇儒術，以闡幽光。」〔註251〕以上主要是在政治操守與學術思想等方面對於黃道周所作的表彰。總之，道周身後，可謂備極哀榮，為後人所景仰，堪為一代聖賢。

〔註247〕（清）朱彝尊：《靜志居詩話》卷二十《黃道周》，清嘉慶扶荔山房刻本。

〔註248〕黃道周：《黃石齋書牘》，上海：廣智書局，清光緒三十四年（1908）版，第2頁。

〔註249〕（清）全祖望：《鮚埼亭詩集》卷一《過石齋先生正命處，詩以弔之》，《全祖望集匯校集注》，上海古籍出版社，2000年版，第2045頁。

〔註250〕（清）陳壽祺編：《黃漳浦集》卷首《御製題勝朝殉節諸臣錄序》。

〔註251〕（清）陳壽祺編：《黃漳浦集》卷首《道光五年二月十六日禮部謹奏為遵旨議奏事》。

第五節　一個儒者的問題意識及其學術理路〔註252〕

晚明社會政治局勢的動盪，內憂外患的加劇，學術思想領域也發生了巨大的變遷：程朱理學日益僵化的同時，作為朱子學的挑戰者而出現的陽明心學，至此時亦顯露弊端。王學末流更是被指為陷溺人心的異端之說。朱、王二學似乎皆無力挽救晚明社會於頹唐、既倒之勢。正如管東溟所說，「此際此風，豈但提陽明無善無惡四字救不得，即提孟子性善二字亦救不得。」〔註253〕學術上的創新與出路也必然成為是時儒者最為關切的問題。當時學界存在一種要求突破自宋代以降幾百年來的道學問題意識下的傳統學術範式的新訴求。在嚴格意義上講，宋代以降的新儒學運動發展到晚明，遭遇了無比巨大的學術困境。新儒學所宣示的理想目標與真理在現實中表現得是那麼的可望而不可及。但是，正如美國學者墨子刻所說，「一個服膺新儒學觀念的知識分子卻不能因為這些『內部的』和『外部的』障礙就放棄最終目標。那樣做意味著放棄與道德宇宙融為一體的內在真誠的願望，墮入『恐懼和焦慮』的生命狀態，放棄達到聖賢『地位』的權利，放棄認同於有領袖魅力的優秀人物的努力，並放棄尋找某種途徑以實現《大學》所說的『修齊治平』最高理想的希望。此外，放棄了這個最終目標，不論做什麼，生命都是『死寂』的和無意義的。」〔註254〕黃道周無疑是晚明這一新儒學運動的中堅力量。而他的主要學術問題意識亦在這一時代變遷的脈絡中得以清晰呈現。鑒於此，筆者認為，黃道周頗憂心於晚明儒學的內在心性維度日益遁入玄虛空寂之境，故而，他特為提出「救之以六經」，力圖天人合一，內外融貫地進行儒學重建。

黃道周的學術思想新面向及其問題意識主要表現在如下三方面：

〔註252〕說明：首先，第三章以較長的篇幅，將黃道周六十二年的生涯鋪陳開來。其目的在於以日常生活的視野，將黃道周的儒學思想世界立體地呈現出來。它不僅僅是一種滿足於記敘筆調的人物傳記，而且著力於對黃道周的心態的分析，及其與學術思想相互關聯的闡釋。通過這一方法的運用，我們捕捉晚明儒者黃道周的問題意識，會顯得更為生動、切實；其次，本小結的命意，既在於對黃道周的學術問題意識與儒學思想維度做一個鳥瞰式的論析，又在於為後面諸章具體分類闡釋黃道周的學術思想作一個理論鋪墊或引論。故而特此申明，以免有前後重複之嫌。

〔註253〕管志道：《問辨牘》卷之利集，《四庫全書存目叢書・子部》第87冊，第734頁，南京圖書館藏本。

〔註254〕（美）墨子刻：《擺脫困境——新儒學與中國政治文化的演進》，南京：江蘇人民出版社，1996年版，第149頁。

　　第一，黃道周對於象數易學的大力闡揚表現出了鮮明的復古主義意緒。而掩藏其後的問題意識則在於：致力晚明儒學範型的創新與重建。一如本書導論所言，中國傳統學術創新的一大運行機制就是復古，亦即是通過復古來表達對於當下學術情狀的不滿，與找尋建構新型學術範型的思想資源。譬如，《易》為六經之首，其價值歷來為儒家士大夫們所同認。尤其是到了宋代以降，《易傳》和《中庸》共同成為儒者們因詆拒佛、老等所謂異端之學，對日益收拾不住的儒門的嚴峻挑戰而進行形上玄思的建構資源。義理學派在宋代以後上升為占主流的易學話語模式，頗有如日中天之感。而對義理的闡發到了晚明之時，逐漸流於虛玄空疏，幾近於佛禪之學。是時儒學為一種巨大的文化危機感所籠罩。這從黃道周當時所留下的文本中充分顯現出來。因為其對於這一晚明儒家文化危機有著肺腑感受與深切思考。

　　即使到了清初，學者們在紛紛檢討明朝之所以敗亡的原因時，也大多歸咎於是時學界的空疏之風。由此而觀，晚明清初對於王學末流的批判，實在是儒者們進行學術反思與復古創新的極為重要的理論背景。黃道周在對《易》的經典詮釋上反對純義理之學，而主張以象數之學為主，兼綜義理。眾所周知，漢代以焦、京為代表的對於《易》的詮釋主流為象數之學。在黃道周看來，秦漢去古未遠，易學思想復漢代之古，亦即是復周孔之古。正如他在《三易洞璣》中，將《三易》詮釋為伏羲、周文王與孔子之《易》一樣，而這種易學的理論基底是「象」與「數」。象數詮釋模式是直探本源的易學研究範式。通覽道周的著述文本，其陰陽五行說、心性論、禮學以及史學思想等無不充溢著濃鬱而古樸的象數氣息。換言之，後者成為了建構前者的重要理論支撐。黃道周這一易學路向的終極目的在於「推天道以明人事」：將義理易學中的天道「內在心性化」引向」外在客觀化」，以對治晚明空幻玄蕩的學風。

　　第二，黃道周的陰陽五行思想與「格君行道」問題意識的契合。對陰陽五行說的闡發是黃道周學術思想中，僅次於象數易學的，極富於特色的學術範型。黃道周這一學術的特質凸顯其在一定程度上是對於宋學的反動，以及對於先秦、兩漢之學的復歸。筆者認為，黃道周的這一復古意緒，並不是一時的心血來潮所致。其中，除了他自小喜好道家、陰陽學的興趣之外，可能更為重要的是，對宋儒特有的「格君行道」思維路徑的反思與另闢奚徑的探尋。儒學特有的經世品格，致使士人有著執著的入世精神。這一點自孔孟而然。也正是由於這一儒學特質，政治對於儒者形成了巨大的吸引力。士大夫的「格君行道」

的問題意識就是這種吸引力的重要表徵。在這一問題意識下，儒者通過吸取佛老思想資源，進行形上建構，以天命義理實體化的形式來論證「格君行道」之何以可能。在宋代「不殺士大夫」的寬容時代氛圍中，張載發出「為天地立心，為生民立命，為往聖繼絕學，為萬世開太平」的豪言，凸顯了儒者「格君行道」的神聖性。然而，有明一代嚴苛的政治文化生態，對於宋代以降士大夫頭腦中濃鬱的「格君行道」的觀念進行了無情催壓。這也是陽明心學之所以在明代中葉以後得以出現的、一個頗為重要的政治文化背景。

黃道周雖然頗為反對宋儒的「道統」思維，但是，其在「格君行道」方面卻無疑繼承了他們的思維路徑。這種思維使得他遭受了崇禎帝的不少杖責。面對晚明這樣一種政治文化生態，黃道周在學術思想中走了一條與王陽明不相同的路。王陽明改「格君行道」為「覺民行道」，提出「致良知」思想，而黃道周則力圖通過復興漢代的陰陽五行、天人感應思想來重新貞定「格君行道」的合法性。與漢代儒學相較而言，道周結合最為前沿的天文曆法知識，發揚陰陽五行思想，將天人關係建立在一種外在的客觀規制的基礎上，並用宋儒以降的形上思維加以融貫。因此，他這一學術思想在一定程度上消解了神秘主義與實證主義之間巨大的內在張力。總之，在某種意義上，黃道周陰陽五行思想中的問題意識正是來自對明代以降二百餘年政治文化生態的深層思考。

第三，返諸儒家經典的禮學研究，亦意在破除晚明空疏玄妙的學風。本為回應佛老挑戰的心性儒學至明代，可謂闡發無餘蘊了。形上思辨至陽明之時亦已達巔峰之勢，但卻盛極而衰。在晚明儒者看來，是時學界充斥著一股無可否認的空疏之風。它成為是時大多學人共同攻伐的對象。譬如，黃道周對於王龍溪、李贄等人所進行的強烈批評，就是在上述學術氛圍中展開的。

清代阮元曾在《國史儒林傳序》中說：「我朝列聖，道德純備，包涵前古，崇宋學之性道，而以漢儒經義實之。聖學所指，海內向風。」〔註255〕在這裡，阮氏直陳清代學術是性道宋學與經義漢學相結合的較為完滿的儒學形態。其實，在黃道周的學術思想中早已呈現了漢宋兼綜的態勢。他承繼宋儒以降「格君行道」的思維，以砥礪心性為鵠的，又以漢代經學，尤其是禮學來救正晚明學界的空疏之弊。易言之，黃道周主張返諸六經，回歸儒家原始經典，以抽繹聖學之源，與心性體悟相互發明。並且，他提出由「敬」復「禮」，「本體」與「工夫」兼重等一系列儒學實踐路徑，以達致「仁」與「禮」之間的貫通。在

〔註255〕（清）阮元：《國史儒林傳序》，《揅經室》一集卷二，四部叢刊本。

明代思想史上，黃道周對於禮學的研究是異常引入注目的。《孝經集傳》與《禮記》經解五篇是其禮學思想的主要代表作。值得注意的是，黃道周的禮學思想對於後世尤其是清代學術產生了較大的影響。譬如，清初顧炎武等人提出「經學即理學」的思想，以及清代禮學思想的勃興等學術現象的產生，均與黃道周等晚明儒者的大力倡導有關。總之，黃道周禮學思想的問題意識主要來自於應對晚明空疏學風的挑戰。

黃道周將自先秦以降，孔孟儒學由外向內的發展路徑，加以逆轉，向外開拓，並且內外結合。如果將這種內外結合的方式勾勒成一條學術理路的話，那就是：「仁」—「愛」、「敬」—「孝」—「禮」—「天道（理）」、「天命」（易與陰陽五行）。〔註256〕在某種意義上，這一天道、人道互為貫通的學術圖式彰顯了黃道周重建晚明天人秩序的意旨。對此，黃道周本人亦有非常明確的闡述：

> 道不足以立人，則聖人不以立教，非聖人不以立教，天固制之，聖人亦不能違也。聖人者，以人而溯天，多有所未明於天；以天而治人，多有所未明於人，自是而學出焉。故學者，聖人所與天下，共出相明也。〔註257〕

黃道周認為，人道關乎儒家立教之宏旨，對於人道的關切是一切學問的出發點。這是聖人也不能有所違背的。但是，僅僅執著於人道，不去實實在在地探尋天道，而是玄虛妄測天命之所行，雖為聖人，「以人而溯天，多有所未明於天」。如果一味追索所謂天道，而不明人倫之道，則「以天而治人，多有所未明於人」。由此而觀，黃道周主張天道、人道是為儒學之兩翼，不可有所偏廢。換言之，在他看來，儒學之神髓在於天人之學，在於建構理想的天人秩序。

〔註256〕通讀黃道周的學術著述後，筆者能夠明顯感覺到他孜孜用力於溝通儒學諸概念中的內外關係，並提出一套學術理路。其中，最能表現他漢、宋兼綜這一命意的是對於「天道（理）」、「天命」的闡釋。在宋儒的主流觀點中，「格君行道」的形上依據就是「天道（理）」、「天命」。至於自身如何來承「天之所命」，須要參驗體證的。於是乎出現了以「已發」、「未發」等帶有神秘主義意味的工夫去體證「天道（理）」、「天命」的心性論思想。而黃道周更多的是用易學與陰陽五行說來闡發「天道（理）」、「天命」的意蘊。易言之，他基於天人合一，天人相應的理論視野，以極富宇宙論色彩的上述學說為「天道（理）」、「天命」作注解。在某種程度上消解了儒家學說中的神秘主義傾向，接近於道家的自然主義。

〔註257〕黃道周：《三代之學皆以明人倫論》，《黃漳浦集》卷十四《論、辨、考、說》。

　　總之，晚明社會各個層面的巨變促使了黃道周在儒家自身的學術系統中進行了深層的反思與檢討。正如美國學者狄百瑞所說：「在回應新挑戰的過程中，儒家對學問的認識確實隨著時間發生了變化。思想和哲學上的長期『擴張』與階段性的『緊縮』交替出現。在『緊縮』期，出於原教旨主義（fundamentalist）的本能要求，人們力圖重新確立傳統的根基，似乎是為了防止學術探索過於偏離道德和社會基礎，或者防止學術探索在另一個極端上因為道德狂熱對事實視而不見。最偉大的儒家總是設法在忠於核心價值和不斷進行學術探索，追求博學境界之間維繫一種平衡。」〔註258〕在某種意義上，晚明儒學的發展正處於這種熱切呼喚原教旨主義，向周孔之學復歸的「緊縮期」。因為時至晚明，儒學的發展在三教逐漸融合，外加天主教襲入的巨大洪流之下，如何通過復古主義的手段，收縮學術戰線，保持其原本的核心競爭力，成為其不言而喻的中心議題。黃道周復先秦、兩漢之古的問題意識與學術傾向，只有在這一思想背景下才能得到合理解釋。

〔註258〕（美）狄百瑞：《儒家的困境》，北京大學出版社，2009年版，第105頁。

第四章 「凡人學問，處處要從心性中來」──黃道周心性論思想

　　黃道周的學術思想雖非理學所能範圍，但理學作為宋明時代的一個思想主潮，其所體現的時代精神以及所衍生的問題意識，又是黃道周所不能迴避的。因此，對於心性論問題的探討仍是黃道周儒學思想中尤為重要的論域。

　　黃道周分別從本體論與工夫論二個層面建構其心性之學：一、他提出了「性本論」。在本體意義上將人性之至善永恆的特質加以肯定，力圖廓清宋儒以降「氣質之性」的論說給儒家道德理想秩序重建所帶來的障礙；二、他頗為重視儒學工夫論，分別從「格物致知」、「未發、已發與慎獨」、「博與約」以及「克己復禮」等層面，闡論「由工夫以見本體」的思路，力圖消解晚明「無善無惡」論給儒家道德重建所帶來的實踐困境。此外，其「博學於文」的工夫論亦旨在批判醉心於「精一危微」的內在心性的道統論，以及推擴儒家在經驗世界秩序層面的重建能力。

第一節　晚明「無善無惡」論以及黃道周的問題意識

一、晚明「無善無惡」論之緣起與衍伸

　　錢穆先生云：「宋明理學，至於陽明良知之論，鞭闢近裏，已達極度。而王學自龍溪、泰州以後，風被既廣，流弊亦顯。」〔註1〕理學因良知論而至極盛，但亦因良知論而漸轉式微。其關節點就在於這一「千古聖賢相傳一點滴骨

〔註1〕錢穆：《中國近三百年學術史》，北京：商務印書館，1997年版，第10頁。

血」的良知論。實際上，與王陽明同時代的羅欽順曾對他的「致良知」說提出質疑。「在王學即將盛起之際，羅欽順其實隱約早已察覺王學有易養成學者『好簡厭煩』的盲點，其雖然可免去盲目格物地背誦經籍的弊端，但也將同時造成更多浮誇不實的學風。」〔註2〕陽明生前此弊尚未凸顯，身後則難以避免。而「其關係尤大，最為詭屬者所藉口，則莫如天泉證道記所舉『無善無惡心之體』一語。」〔註3〕這也就是陽明「四句教」中的「無善無惡」論。〔註4〕

陽明高弟王畿（1498～1583年），字汝中，號龍溪，浙江山陰人。他大力發揮「四句教」中的「無善無惡心之體」之旨。這在《王畿集·天泉證道紀》、《傳習錄》以及《王陽明年譜》等文獻中均有記載，雖表述方式不盡一致，但意旨差異不大。〔註5〕且看王龍溪在《天泉證道紀》中談「無善無惡」：

> 夫子立教隨時，謂之權法，未可執定。體用顯微，只是一機，心意知物，只是一事，若悟得心是無善無惡之心，意即是無善無惡之意，知即是無善無惡之知，物即是無善無惡之物。蓋無心之心則藏密，無意之意則應圓，無知之知則體寂，無物之物則用神。天命之性，粹然至善，神感神應，其機自不容已，無善可名。惡固本無，善亦不可得而有也。是謂無善無惡。若有善有惡，則意動於物，非自然之流行，著於有矣。自性流行者，動而無動，著於有者，動而動也。意是心之所發，若是有善有惡之意，則知與物一齊皆有，心亦不可謂之無也。〔註6〕

在王龍溪這段話中，集中表述了他的「無善無惡」說，謂之「四無」教法。不可否認，他的邏輯思維中仍然有著朱子學的身影——未發、已發之辨。在未

〔註2〕 何佳駿：《羅欽順與王門書信往來探析——以其中所涉格物致知思想為論述焦點》，臺灣《鵝湖》雜誌，2004年第8期。

〔註3〕 錢穆：《中國學術思想史論叢》（七），九州出版社，2011年版，第151頁。

〔註4〕 黃宗羲在談到「無善無惡」說的來源時云：「四句教法，考之陽明集中，並不經見。其說乃出於龍溪。則陽明未定之見，平日間嘗有是言，而未敢筆之於書，以滋學者之惑。至龍溪先生始云四有之說，猥犯支離。勢必進之四無而後快。」由此可見，「無善無惡」之說正式始於王龍溪。不排除龍溪借天泉證道之師說來張大自己主張的可能。也有學者認為，黃宗羲此說是在其批判「無善無惡」派的同時，尊崇王陽明，上接陽明心學的學術譜系的一種策略。

〔註5〕 學界對於《天泉證道紀》一文的史料價值有過爭論，認為該文是龍溪身後由弟子所編撰，或為抬高師門在王學中的地位所作。

〔註6〕 王畿：《天泉證道紀》，《王畿集》卷一，南京：鳳凰出版社，2007年版，第1頁。

發之中狀態下保任天理良知流行，而不落於後著。正如王陽明在天泉橋證道時所說，「人心本體原是明瑩無滯的，原是個未發之中。」〔註7〕所以，王龍溪的工夫表現為對於未發之中的心之本體的一種把捉。也就是說，即本體即工夫。此外，以無善無惡之名來表徵良知本體在未發情形下的狀態。這種狀態其實就是一種至善，「無善而至善」。該說頗似道家的「無極而太極，無中生有」。它與陽明傳世文本中的思想不一樣，且影響甚大。但不可否認，心學發展到龍溪這一步，確乎既是對朱學的連續反動，又是其自身邏輯衍伸的必然。晚明時代的王學內外，讚譽、追隨者多，批評、剖擊者亦不少。

就「無善無惡」論的思想史衍伸而言，首先，親炙龍溪之門的王襞對於其師「無善無惡」論是多所領會的。正如黃宗羲所說，「先生之學『以不犯手為妙，今人才提學字，便起幾層意思，將議論講說之間，規矩戒嚴之際，工焉而心日勞，勤焉而動日拙，忍欲希名而誇好善，持念藏機而謂改過，心神震動，血氣靡寧，不知原無一物，原自見成。但不礙其流行之體，真樂自見，學者所以全其樂也，不樂則非學矣。』此雖本於心齋樂學之歌，而龍溪之授受，亦不可誣也。」〔註8〕由此可見，王襞的「見成良知」的理論依據應是源於龍溪之「四無」教法。如果說其父心齋之學因主「滿街都是聖人」、「日用即道」而謂之狂，龍溪之學因主「四無」的本體論而謂之近禪，那麼他的學問便趨向於狂禪一路了。不過，王襞算是個過渡性的人物。於時人看來，在這條路上走得更遠的當屬李贄。按照師事與學問的譜系，李贄是王襞的弟子，屬於泰州學派，〔註9〕而「黃宗羲的明代思想史觀有一個基本態度：晚明時代的心學末流的種種弊病幾乎都與泰州學派有關。」〔註10〕因此，他說「陽明先生之學，有泰州、龍溪而風行天下，亦因泰州、龍溪而漸失其傳。泰州之後，其人多能以赤手搏龍蛇，傳至顏山農、何心隱一派，遂復非名教之所能羈絡矣。」〔註11〕更值得注意的是，他在編撰《明儒學案》時，未將名動一時的李贄編入泰州學案或其

〔註7〕 王守仁：《傳習錄下》，《王陽明全集》卷三《語錄三》，上海古籍出版社，1992年版，第117頁。

〔註8〕 （清）黃宗羲：《明儒學案》，北京：中華書局，1985年版，第718頁。

〔註9〕 學界對於李贄是否屬於泰州學派看法不盡一致。如吳震先生從真實師承關係角度認為，李贄不屬於泰州學派，他是一位超出當時任何學派的學無常師而又特立獨行的思想家。（吳震：《泰州學派研究》，中國人民大學出版社，2009年版，第38頁）

〔註10〕 吳震：《泰州學派研究》，中國人民大學出版社，2009年版，第211頁。

〔註11〕 （清）黃宗羲：《明儒學案》，北京：中華書局，1985年版，第703頁。

他學案，認為其早已越出儒家之矩矱，坐實佛禪一路了。而反過來看，李贄思想在晚明社會的巨大影響也確乎可見一斑。

李贄（1527～1602），字宏甫，號卓吾，福建泉州人。明萬曆學者焦竑曾在《藏書》序言中說，「卓吾先生隱矣。而其人物之高，著述之富，如珠玉然。山暉川媚，有不得而自掩抑者，蓋聲名赫赫盈海內矣。」〔註12〕李贄學術性格獨特，批判性強，堪為晚明時代的「解構大師」。〔註13〕而他對於王龍溪卻是異常崇拜的。他說：「聖代儒宗，人天法眼。白玉無暇，黃金百鍊。……雖生也晚，居非近，其所為凝眸而注神，傾心而揀聽者，獨先生（王龍溪）而已。……我思古人，實未有如先生者也」。（《王龍溪先生告文》。）〔註14〕又如《龍溪王先生集》一書刊行後，李贄對之評價云：「蓋先生學問融貫，溫故知新，若滄洲瀛海，根於心，發於言，自時出而不可窮，自然不厭而文且理也。而其誰能贊之歟！故余嘗謂先生此書，前無往古，後無將來。」（《龍溪先生文錄抄序》）。由此可見，李贄對於龍溪學問推崇得可謂無以復加。因此，李贄對於龍溪思想的核心「無善無惡」論的發揚也是合符學術邏輯的。

一如前述，李贄對於王龍溪的學問至為讚佩。其根源於後者在學理上對他思想的巨大影響。李贄《童心說》在一定程度上呈示了他一生的主要學術理路。誠如有學者所說，「『童心說』是李贄思想的核心和靈魂，也是他思想的邏輯起點。」〔註15〕李贄云：

　　　夫童心者，真心也。若以童心為不可，是以真心為不可也。夫童心者，絕假純真，最初一念之本心也。若失卻童心，便失卻真心；失卻真心，便失卻真人。人而非真，全不復有初矣。童子者，人之初也；童心者。心之初也。夫心之初曷可失也！然童心胡然而遽失也？蓋方其始也，有聞見從耳目而入，而以為主於其內而童心失。其長也，有道理從聞見而入，而以為主於其內而童心失。其久也，道理聞見日以益多，則所知所覺日以益廣，於是焉又知美名之可好

〔註12〕（明）焦竑：《藏書》焦序，《李贄文集》，社會科學文獻出版社，2000年版，第1頁。

〔註13〕參見張再林：《作為「解構大師」的李贄》，《西北大學學報》（哲學社會科學版），2009年第5期。

〔註14〕李贄：《雜述》，《焚書》卷三，《李贄文集》，北京：社會科學文獻出版社，2000年版，第112～113頁。

〔註15〕許蘇民：《李贄評傳》，南京大學出版社，2006年版，第201頁。

也，而務欲以揚之而童心失；知不美之名之可醜也，而務欲以掩之
而童心失。夫道理聞見，皆自多讀書識義理而來也。古之聖人，曷
嘗不讀書哉！然縱不讀書，童心固自在也，縱多讀書，亦以護此童
心而使之勿失焉耳，非若學者反以多讀書識義理而反障之也。夫學
者既以多讀書識義理障其童心矣。……聖人又何用多著書立言，以
障學人為耶？童心既障語，見而為政事，則政事無根抵，於是發而
為言，則言語不由衷；著而為文辭，則文辭不能達。非內含於章美
也，非篤實生輝光也，欲求一句有德之言，卒不可得。〔註16〕

從以上文字我們可大致看出，李贄這一「童心」說的背景與陽明心學興起
的背景大體相同：朱子之學在明中葉後的僵化，社會風教頹唐，功利主義盛
行，聖學日益失墜。李贄將這種社會弊病歸之於假道學、偽道學的毒害。故
此，他提出「童心」說，以冀圖救正明代中葉以降，學術與社會風俗江河日下
的局面。所謂「童心」，字面意思是指人處於理想的初生狀態下，沒有被後天
俗世所侵染的心，亦即是無所掩飾的「真心」。李贄的「童心」之喻表達的是，
對當時學術與社會人心的頹壞、虛假的強烈不滿與憤懣之情。他說：「蓋方其
始也，有聞見從耳目而入，而以為主於其內而童心失。……其久也，道理聞見
日以益多，則所知所覺日以益廣，於是焉又知美名之可好也，而務欲以揚之而
童心失；知不美之名之可醜也，而務欲以掩之而童心失。」是時程朱理學等官
方正統意識形態的社會教化功能的實踐在很大程度上遭致失敗。面對這一學
術情狀，他提出了復歸「童心」的必要。

其實，李贄所謂復歸「童心」何以可能？我們可以在「無善無惡」論中找
到它的義理依據。如上文所述，陽明後學「無善無惡」論的宗旨在於試圖找尋
具有本體意味的天理良知。而這種天理良知的尋找是在借助朱子之學一系的
未發已發路線。他們為了達到良知本體自然流行的不受已發境況中所謂氣質
之性干擾的目的，必須在處於「無善無惡」境界中的未發中，將良知加以呈
現，進而做保任工夫。這就是本體即工夫。而不是從已發之「意」上入手。如
從「意」入手，那麼，就有被後天壞的習氣所侵染的危險。這也就是李贄所說
的，「聞見從耳目入，而主於心，遂失其童心；道理從聞見入，主於內而童心
遂失。童心即是良知；童心失，良知遂失。」總之，「無善無惡」派諸人對於

〔註16〕李贄：《童心說》，《焚書》卷三，《李贄文集》，北京：社會科學文獻出版社，
2000 年版，第 92 頁。

聖學修養中的後天工夫，有著深切的憂慮與擔心。〔註17〕然而，李贄所謂的「童心」怎樣才能得以發見呢？這無疑可以在王龍溪「無善無惡」論的思維框架下找到答案。因此，李贄作為王龍溪的學術傳人〔註18〕，在很大程度上繼承了王龍溪「無善無惡」論這一核心性思想。

二、緣「無善無惡」論而起之晚明論爭狂潮

如前所言，王龍溪「無善無惡」論的學脈雖然在很大程度上得到傳承與衍伸，甚至蔚成晚明一時之風潮，但對之批評，與之論戰的聲音一直不絕於是時學林。大體說來，對於王龍溪、李贄一系的「無善無惡」思想提出不同程度批判或護教主要來自三個方面：浙中王門內部、江右學派以及東林學派等。

第一、浙中王門內部。據記載，錢德洪是與王龍溪一起在天泉橋接受陽明證道之人。王、錢二人因何而證道？皆因他們對陽明「四句教」的領會不一。王龍溪在首句「無善無惡心之體」上頗有領悟，認為僅此一句便可一體通照「意」、「知」、「物」，一了百當。錢德洪雖認同師門「無善無惡」論本身的合理性，但對王龍溪基於「無善無惡」論的「四無」說表示反對。他認為，首句只是陽明說教之化境，而非一種教法，因為於此無法做工夫。他說：「心體是天命之性，原是無善無惡的。但人有習心，意念上見有善惡在，格致誠正，修此正是復那性體工夫。」而王龍溪引其師原話來回應錢德洪對他「敗壞師門教法」的批評：「學須自證自悟，不從人腳跟轉。若執著師門權法以為定本，未免滯於言詮，非善學也。」〔註19〕實際上，王、錢二人觀點的歧異在於：是在「先天」上做工夫，還是在「後天」上做工夫。而王陽明雖首肯王龍溪「四無」說，分判其為兩種教法，但同時亦偏向錢德洪的「四有」論。他曾審慎地說：「利根之人，世亦難遇，本體工夫，一悟盡透。此顏子、明道所不敢承當，豈可輕易望人？人有習心，不教他在良知上實用為善去惡工夫，只去懸空想個本體，一切事為俱不著實，不過養成一個虛寂。」〔註20〕即使如此，陽明「四句教」給後人留下了巨大的理論辯難與學術歧變的空間。正如錢穆所云，

〔註17〕 為了與本章節主題保持一致，筆者將王龍溪、李贄學術流派命名為「無善無惡」派，與嵇文甫先生提出的「左派王學」抑或「王學左派」概念，名雖不同而意近一致。而且，學界亦多將該派，尤其是後繼者，視為「王學末流」。

〔註18〕 有關論證李贄是王龍溪的學術傳人的論著，可參見方祖猷：《王畿評傳》，南京大學出版社，2001年版，第421～424頁。

〔註19〕 王畿：《天泉證道紀》，《王畿集》卷一，第1頁。

〔註20〕 王守仁：《王陽明全集·傳習錄》，上海古籍出版社，1992年版，第118頁。

「此乃陽明講學本身一歧點，惟在陽明當時，弊害尚不襮著。自經龍溪推闡盡致，遂至泛濫放決，離失本原。」〔註21〕

龍溪身後，弟子中亦多有為「無善無惡」論護教者。譬如，明萬曆二十年（1592 年）前後，甘泉學派的許孚遠作《九諦》以攻王龍溪的「無善無惡」論，周汝登則以《九解》來為龍溪辯護，是為晚明學術思想史上有名的「無善無惡」之論爭。〔註22〕許氏認為，「文成宗旨，元與聖門不異，故云性無不善，故知無不良，良知即是未發之中，此其立論至為明析。無善無惡心之體一語，蓋指其未發廓然寂然者而言之，則形容得一靜字，合下三言始為無病。今以心意知物俱無善無惡可言者，非文成之正傳也。」〔註23〕而周汝登回應道：「維世範俗，以為善去惡為堤防，而盡性知天，必無善無惡為究竟。無善無惡，即為善去惡而無蹤跡，而為善去惡，悟無善無惡而始真。」〔註24〕從許、周二人的言語中，我們可以發現，二人對於孟子性善論並無疑義。只是前者擔心不著漸進工夫於已發之際的意、知、物的無善無惡，是有違於陽明良知之教的；而後者則從境界論來闡釋「無善無惡」論的「四無」的恰當性。正如日本學者佐藤鍊太郎所說，「王畿所說的無善無惡是超過由思慮分別對置的善惡水準，對至高的本體的善，不可能用語言表現。不是不辨別善惡。」〔註25〕又如陳來明白透徹的分析：「『良知』不僅是知善知惡的道德主體，又是具有『無善無惡』的情緒主體。『無善無惡』心之體是指出良知作為情緒主體具有的『虛』、『無』特性，這種特性表現在良知不會使自己著在哪一事物之上，而使之成為良知流行無滯的障礙。⋯⋯是一個與道德倫理不同面向的問題，指心對於任何東西都不執著的本然特性是人實現理想的自在境界的內在根據。」〔註26〕

第二，頗得陽明精神血脈之傳的江右學派，對於王龍溪建基於無善無惡論的「現成良知說」提出了批評。譬如，羅洪先說：「良知固出於稟受之自然而未嘗泯滅，然欲得流行發現如孩提之時，必有致之之功。非經枯槁寂寞之

〔註21〕 錢穆：《中國學術思想史論叢》（七），九州出版社，2011 年，第 152～153 頁。
〔註22〕 黃宗羲在《明儒學案》中，將周汝登置於泰州學案之下，而近年來，有學者考辨周汝登實為王龍溪弟子，應該隸屬於浙中王門。此條可參見彭國翔：《周海門學派歸屬辨》，《浙江社會科學》，2002 年第 4 期。
〔註23〕 （清）黃宗羲：《明儒學案》（下），北京：中華書局，1985 年版，第 973 頁。
〔註24〕 （清）黃宗羲：《明儒學案》（下），第 861 頁。
〔註25〕 佐藤鍊太郎：《明清時代對王學派的批判》，《國際明清學術思想研討會暨紀念蕭萐父先生誕辰八十五週年會議資料》，2009 年 11 月，第 48 頁。
〔註26〕 陳來：《宋明理學》，上海：華東師範大學出版社，2004 年版，第 216～217 頁。

後，一切退聽而天理炯然，未易及此。陽明之龍場是也。學者捨龍場之懲創，而第談晚年之熟化。譬之趨萬里者，不能蹈險出幽，而欲從容於九達之逵，豈止躓等而已哉？」〔註27〕羅氏主張良知必須通過工夫來呈現，而不是聽憑心體的自然流行。他在給王龍溪的親筆信中，直接批評道：「終日談本體，不說工夫；才拈工夫，便指為外道，恐陽明先生復生，亦當攢眉也。」(《寄王龍溪》)。羅洪先認為，王龍溪無疑是在以佛解儒，至少是近乎佛的。他說：「自來聖賢論學，未有不犯手做一言，未有學而不由做者，惟佛家則立聖位。此龍溪極誤人處。」(《讀雙江致知議略》)

江右學派的另一代表性人物王塘南，也在激烈地剖擊王龍溪的無善無惡論所帶來的學術人心上的隱憂：「學者以任情為率性，以媚世為與物同體，以破戒為不好名，以不事檢束為孔顏樂地，以虛見為超悟，以無所用恥為不動心，以放其心而不求為未嘗致纖毫之力者多矣，可歎哉！」(《三益軒會語》。)他的觀點也直接為東林學派批判王學末流提供了依據。儘管這種批判有時不免出於各種誤解。因為「以儒家以內聖外王以成己成物的立場看，則立『心體（良知）為至善』而不說『無善無惡』可更能勵進群倫，敦德成化，符合於儒家『為天地立心，為生命立命，為往聖繼絕學，為萬世開太平』的學問使命。即此而觀，陽明身後便可留下諸多頭緒讓後世收拾、整理。撮其大要，則立教而生『人病』者，有所謂王學末流空疏之弊。另外，以反心體之無善無惡而矯正之，進而倡言性善之說者，有東林學派之興起。」〔註28〕

第三，東林學派。該學術群體對陽明後學「無善無惡」論批評最為激烈。其原因正如唐君毅所說，「晚明東林顧憲成、高攀龍之學，世皆謂其起於對陽明與王門之學而有之評論，此則源於王學之滿天下，而流弊亦隨之以起。」〔註29〕顧憲成認為，「無善無惡四字，最險最巧。君子一生，兢兢業業，擇善固執，只著此四字，便枉了為君子；小人一生，猖狂放肆，縱意妄行，只著此四字，便樂得做小人。語云：「埋藏君子，出脫小人」。此八字乃「無善無惡」四字膏肓之病也。(《還經錄》)顧氏將王龍溪的無善無惡論看做是猶如洪水猛獸般的險惡。其主要是因為體認良知本體流行的工夫的「敬」字，在王龍溪等人的思想系統中隱遁了，以致於他們猖狂無忌，破壞名教。「東坡譏伊川曰：

〔註27〕羅洪先：《寄謝高泉》。
〔註28〕東方朔：《劉蕺山哲學研究》，上海人民出版社，1997年版，第20頁。
〔註29〕唐君毅：《中國哲學原論‧原教篇》，北京：中國社會科學出版社，2006年版，第287頁。

「何時打破這『敬』字？」愚謂近世如王泰州座下顏何一派，直打破這敬字矣。」（《小心齋劄記》卷九）。顧氏大抵以朱子學重工夫的方法論維來剖擊陽明後學。當然，他的批判策略主要基於其在經驗層的倫理意義上對「無善無惡」論的理論盲點與流弊的深度認知。他說：「見以為心之本體原是無善無惡也，合下便成一個空；見以為無善無惡只是心之本體之不著於有，究竟且成一個混。此之謂以學術殺天下萬世。」〔註30〕在他看來，「前者是從理論上對性善論這一傳統信念的公然挑戰；後者則是在現實問題上混淆善惡，是對惡的公然助長和恣意縱容。過分強調了本心至善的絕對性，從而未免忽視了人性惡的根源性問題。」〔註31〕因此，這一學說的「空」與「混」終將導致晚明社會道德人倫的頹敗。對此，高攀龍亦云：「始也掃善惡以空念耳，究且任空而廢行，於是乎名、節、忠、義輕，而士鮮實修。」〔註32〕

平心而論，顧、高二氏確乎以儒者視域，對宋代以降思想史上的「惡」問題進行了有力的追問，與之前單向度地逐善的儒學主流路徑不同。然而，為陽明心學護教的管志道則繞開人性倫理問題，徑直在無可言說的本體論意義上與顧憲成辯說「無善無惡」：「無善無惡心之體，原不為論性而發，」〔註33〕乃是「人生而靜以上一段公案。」「說到人生而靜以上，便是繼之者善，是性之原而非性也。」〔註34〕由此，他既在一定程度避開了顧氏性善論的究詰，又維護了陽明後學「無善無惡」論的理論自洽性。由此可見，顧、管二人的辯論因各持一方而難有真正的交鋒。同時，此次論爭也正如吳震所說，「從思想史的角度看，可以說顧管之爭標誌著無善無惡論解釋史的終結。」〔註35〕然而，論爭的終結並不意味著學界對於「無善無惡」論的聲討的停止。

劉宗周對「無善無惡」論所帶來的學術弊病亦有獨到分疏。〔註36〕他說：

〔註30〕顧憲成：《小心齋劄記》卷十八，臺北廣文書局，1975年影印本，第421～422頁。

〔註31〕吳震：《陽明後學研究》，上海人民出版社，2003年版，第81～82頁。

〔註32〕黃宗羲：《明儒學案》卷五十二《東林學案一》，《忠憲高景逸先生攀龍》，《雜著‧崇文會語》，北京：中華書局，1985年版，第1424頁。

〔註33〕管志道：《續問辨牘》，《四庫全書叢書存目》（子部第88冊），齊魯書社，1997年版，第96頁。

〔註34〕管志道：《問辨牘》，《四庫全書叢書存目》（子部第87冊），齊魯書社，1997年版，第738頁。

〔註35〕吳震：《陽明後學研究》，上海人民出版社，2003年版，第79頁。

〔註36〕黃宗羲在《明儒學案》中為其師另立一蕺山學案，與東林學派相區別。但因晚明黨爭而被列為東林黨人，故本文將劉宗周放在東林學派下面提及。

「然則陽明之學，謂其失之粗淺，不見道則有之，未可病其為禪也。陽明而禪，何以處豫章延平乎？只為後人將『無善無惡』四字，播弄得天花亂墜，一頓扯入禪乘，於平日所謂良知即天理，良知即至善等處，全然抹殺，安得不起後世之惑乎？陽明不幸而有龍溪，猶之象山不幸而有慈湖，皆斯文之阨也。（《答韓位》）。」劉氏把王陽明與宋儒羅從彥、李延平等人，皆看作為具有儒家聖賢氣象之人，與佛禪無涉。故不可指斥其為禪；而陽明後學中的左派，卻因「無善無惡」論而墮入禪乘一途。故而，他對王龍溪進行大張韃伐：「陽明不幸而有龍溪」。龍溪的出現被劉氏看成是「斯文之阨」。針對如此學術境況，他與其他東林學派人士一樣，注重強調工夫來救正「無善無惡」派之偏。「學者只有工夫可說，其本體處直是著不得一語，才著一語，便是工夫邊事。然言工夫而本體在其中矣。大抵學者肯用工夫處，即是本體流露處；其善用工夫處，即是本體正當處。非工夫之外別有本體，可以兩相湊泊也。若謂兩相湊泊，則亦外物而非道矣。」（《答秦宏佑》）。所以，他以「慎獨」二字來表證工夫之所在。「學問吃緊工夫，全在慎獨。人能慎獨，便為天地間完人。」〔註37〕「慎獨」的用力處在於誠意。意即為「已發」，而不是像「無善無惡」派那樣試圖在具有「未發」意味的良知本體處作保任工夫，以此來杜絕它們所帶來的「任情率性」的弊病。

三、黃道周基於批判「無善無惡」論的問題意識

黃道周明確將王龍溪與李贄放在一起加以激烈的批評。據他的弟子洪思所陳當時之情形：「時天下將亂，王畿、李贄之言滿天下。世之治制舉義者，不歸王，則歸李。歸王之言多幻；歸李之言多蕩。凡不則不潔之言，皆形於文章，子（按：指黃道周）憂之。謂謝焜曰：『為王汝中、李宏甫則亂天下無疑矣！」〔註38〕黃道周認為，王龍溪失之於玄，亦即是指其「無善無惡」論。李贄失之於蕩，亦即是基於「玄」之上的放縱無歸。因此，他們的思想對於晚明社會危害巨大，亂晚明之天下者必此二人。黃道周顯然是針對王、李二氏思想在晚明社會所帶來的破壞性影響而言的。因此，他對於「無善無惡」論無疑是持反對態度的。而其性命之學的問題意識即在於此。分而言之，主要有如下二點：

〔註37〕（明）劉宗周：《劉子全書遺編》卷一，《證人社語錄》。
〔註38〕黃道周：《冰天小草自序》，《黃石齋先生文集》卷八。

第一、王龍溪的「無善無惡」論，雖然有著直探「本體」的思路，但是，「無善無惡」的表述，將會模糊儒家嚴守善惡倫理之分的界限，客觀上會導致「學者以任情為率性」，「以虛見為超悟」，〔註39〕「一頓扯入禪乘」，最後「猖狂放肆，縱意妄行」。它對於致力踐履道德理想，安頓社會秩序的儒家來講，無疑是頗為致命的。

崇禎甲戌（1634年）八月朔二日，黃道周在漳州榕壇講學時，談到嚴辨善惡的問題。他說：「大要聖賢看『善』字精，則看『不善』字自嚴耳。善、惡無鄰，分路岔頭，都是異類。」〔註40〕在這種「聖賢」與「禽獸」二元截然分立的儒學思維中，善惡是儒學道德系統中所必須正視的一對矛盾。黃道周是直標孟子性善論為儒學正傳的。任何模糊兩者界限的學說，都將受到他的嚴厲批判，因為「善、惡無鄰，分路岔頭，都是異類」。這是黃道周批評王龍溪、李贄的主要理論基調之一。正如日本學者溝口雄三先生所指出的：「每個人的道德內發性的命題已不能解決問題。無善無惡說所具有的破壞性，如果說由其產生了肯定新的欲望的秩序觀，那種破壞性與欲望的無制約的放縱相聯，反而不能不說是和新秩序觀處於對立狀態。〔註41〕故此，黃道周嚴斥王、李之學「亂天下」。

第二、黃道周批評「無善無惡」論還在於其只關注本體而不重工夫。王龍溪「無善無惡」論是就直探「未發」之中的「良知本體」而言。這一詮法是為「上根人」所立的頓悟之法，忽視了漸進工夫。正如羅洪先的批評：「終日談本體，不說工夫；才拈工夫，便指為外道」。這亦是黃道周對於王龍溪的強烈批評所在。他曾將王陽明與王龍溪二人思想作比較時說：

> 文成諸公不合教人上屋去住，伊自家磨煉摧折，自天隕來，卻教人不得。人只管上屋，不知他是屋匠，上下無疑。天下人各有心眼，那個不知龍溪說喫〔註42〕不得。〔註43〕

黃道周認為，王龍溪的學問雖直承陽明而來，但是，二者終究不同。他將陽明形象地比喻為「屋匠」，其能上下屋，皆因有「工夫」所致，「伊自家磨煉

〔註39〕（明）王塘南：《三益軒會語》，《明儒學案》卷二十《江右王門學案五‧太常王塘南先生時槐》，第482頁。

〔註40〕黃道周：《榕壇問業》卷四。

〔註41〕（日）溝口雄三：《中國的思想》，中國社會科學出版社，1995年版，第93頁。

〔註42〕喫 chi 平聲，「吃」的異體字，指「領會」的意思。

〔註43〕黃道周：《榕壇問業》卷一。

摧折，自天隕來」。而後世學良知之學者，棄「工夫」而言「本體」，故而上得屋，卻下不來。黃道周批評王龍溪並未領會陽明學問之要旨，其「無善無惡」論完全有違於孔孟之教。因此，黃道周重新拈出孟子性善之旨，以資救正。

黃道周說：「天下非難治也。教則治，不教則亂，晚世非難教也，本性則教行，不本性則教不行。」〔註44〕他認為，天下之治在於儒家的道德教化，欲教化則須本「性」而教。然而，所本何「性」？本孟子所謂「至善」之人性。這就是他的「性本論」。在某種意義上，晚明「無善無惡」論為黃道周對於儒家性命之學進行反思與重建提供了一種重要的學術背景與問題意識。當然，對於朱子學的反思與批判亦是其性命之學重建過程中的重要一環。

總而言之，黃道周的心性之學的問題意識主要來自於他對於朱、王二學的修正與綜合。在黃道周看來，宋儒所謂「天理之性」與「氣質之性」的人性二元論不能有效地建構晚明社會的儒家道德理想秩序；陽明後學在闡發「良知本體」的學路上，逐漸遠離了原始儒學的經世意旨。他們對於「無善無惡」的闡論將陽明心學推向深入的同時，卻也導致了士人丟棄工夫，直接追求所謂「良知本體」的空幻玄蕩。它反映了晚明士人對於頗具三教合一氣象的王學思想，可能導致孔孟之學失墜的憂慮。因之，黃道周重建性命之學的主要內容體現在二個方面：一、提出了至善永恆的性本論；二、強調「由博返約」的工夫論。

第二節 「陰墜於佛，以顯爭於禪」──黃道周對宋儒道統論之批判

晚明學界出現了一股反道統論的思潮。而這主要導源於是時士人對於宋明理學的反思與批判。黃道周雖然並不全盤否認宋儒學問，但是相比之下，還是傾向於漢儒之學的。如果說清代中葉出現以乾嘉考據學為主要標誌的漢學復興的話，那麼在晚明反宋儒道統論的思潮中就已經出現漢儒之學崛起的徵象了。而黃道周的儒學思想無疑是這一學術現象中的典型代表。他的學術思想在很大程度上是與其反宋儒道統論的立場互為關聯的。

宋明理學得以確立的合法性來自於道統譜系的建構。道統論中的學術譜

〔註44〕黃道周：《聖世頒孝經頌》，《漳浦集》卷二十八《文、頌、贊、箴、銘、約、揭、題詞》。

系，為宋儒以降的理學形態提供了一種合理的依據。發萌於孟子的道統建構意識成為了宋明理學極為重要的思想資源。誠如前文所言，儒家道統論的建構意圖，除了闢佛、老，振興儒學之外，還在於以「道統」制約「治統」。這是宋儒「格君行道」得以實施的重要文化保障。

不可否認的是，這一觀念在以後幾百年來的儒學復興運動的實踐歷程中，雖然成功建構了所謂心性儒學，但在政治實踐層面上，卻遠遠未能達到它的預期目標。在「道」與「勢」的博弈中，士大夫心目中「格君行道」的理想的君臣圖譜無疑成為了一種一廂情願的政治訴求。這種情形在明代尤甚。與之形成鮮明對比的是，宋儒道統論在儒家思想發展的途程中，卻令人扼腕地為學術與政治的黨同伐異開了一道口子。其頗具悖論意味的是，原本帶有遏制皇權性質的道統論卻又在一定程度上消蝕了儒者對抗皇權專制的內在精神，這也是導致晚明以降理學衰敗的重要原因。道統論為理學的崛起開闢道路，同時，又充當了使理學逐漸變得僵化與衰頹的學術角色。由此，對於宋儒道統論的詬病與批判勢不可免了，其中以晚明儒者為最。

其實，儒者對於道統論的批判，從宋至晚明一直不斷。其主要根源於宋儒道統論在嚴格正統意識下的排他性。這一排他性所引致的諸種學術弊端，在明代中葉以後顯得尤為突出。譬如，傳統學術與政治從來就不是那麼涇渭分明。因此，學術伐異與政治攻駁，日益成為其時一大社會景觀。鑒於此，人們紛紛將質疑與批判的目光進一步地投向了幾百年來儒者精心構築的道統論。當然，這也是學術思想史演變的內在理路使然：「明代中期以後，考據之學漸興，程朱理學道統論的經典依據也逐漸遭到普遍懷疑，道統論的基石由此慢慢解體。」〔註45〕諸上原因將道統論逼到了空前緊張的地步。清人汪廷珍曾精闢地點出道統與理學命運的關聯：「虞廷以十六字之心法衍道統，而理學乃得承於後代。理學者，道統所由寄也。」〔註46〕在某種意義上，晚明士大夫們對於道統論的攻伐，也就意味著對於宋明理學的全面反思與批判的開始。

首先，晚明時期頗具批判精神的李贄曾以狂者的胸次與銳利的學術眼光，對道統論提出了質疑與批評。〔註47〕他說：

〔註45〕王世光：《程朱道統論的終結》，《天津社會科學》，2001 年第 2 期。
〔註46〕（清）汪廷珍：《象山文集序》，《陸九淵集》，北京：中華書局，1980 年版，第 546 頁。
〔註47〕雖然在「無善無惡」論思想上，李贄遭到來自黃道周的強烈批評，但是在批判宋儒道統論上，二人所持立場大致是相同的。

道之在人，猶水之在地；人之求道，猶之掘地而求水也。然則水無不在地，人無不載道也，審矣，而謂水有不流，道有不傳，可乎？……自秦而漢而唐而後至於宋，中間歷晉以及五代無慮千數百年，若謂地盡不泉，則人皆渴死矣；若謂人盡不得道，則人道滅矣，何以能長世也？終遂泯沒不見，混沌無聞，直待有宋而始開闢而後可也？何宋室愈以不競，奄奄如垂絕之人而反不如彼之失傳者哉？〔註48〕

在這裡，李贄以「水無不在地」的「水」與「地」的關係，比喻「道」對於人來說，是時時存在的，以此來駁斥韓愈以降諸儒所謂「軻之死不得其傳」之說的荒謬。進而又以注重「事功」的視野，來譏刺宋儒道統論：漢唐不得所謂道統，卻反倒強盛於得之於道統的宋代。「對於先秦諸子的學說，李贄都能以平等的眼光去看待，為早已被罷黜的諸子百家鳴不平，他認為各家原是平等的，並無尊卑之分，他們各自成家，各有一定之學術，各有必至之事功。」〔註49〕李贄這一學術主張，就是對於尊崇儒家心性一系為正統的道統論的反動，以及對於宋明道統論視域之外的諸子與佛、老之學的重視。他抨擊道統論中的儒道系譜中斷說，其目的是為了在某種程度上的反傳統確立理據，進而才能提出「不以孔子之是非為是非」的結論。這是當時頗為大膽的言論。

無獨有偶，與李贄同一時代的學者鍾天完，對於「軻死而不得其傳」的道統中斷論，也表示了強烈的質疑：

……故愚以為論道於孔子以前，則其統專而歸於一；論道於孔子之後，則其統散焉而無歸，非無歸也，其無不歸者，從不必孔氏而從孔子也。……即老莊之清淨、釋氏之解脫者，皆謂道統之旁流亦可也。……然則，孔子之傳可謂獨在孟軻，而軻之後，便不得其傳哉？〔註50〕

該說對於宋儒道統論的批判無疑亦是頗為有力的。鍾天完認為，孔子而後，道統之「道」呈現分散狀態。由此，他進一步主張，「老莊之清淨、釋氏之解脫者，皆謂道統之旁流亦可」。也就是說，即使是老莊與釋氏之學也應該

〔註48〕（明）李贄：《藏書》卷三十二《德業儒臣後論》，《李贄文集》（第二卷），第595頁。

〔註49〕許蘇民：《李贄評傳》，南京大學出版社，2006年版，第252頁。

〔註50〕（明）張萱：《西園聞見錄》卷七《道學》，民國十九年（1930）哈佛燕京學社刊印本。

被視為道統之旁流，而不是異端之學。所以，在鍾氏看來，以孟軻為獨得道統之傳的說法，只能是宋儒們不實的虛構。所謂道統中斷之說，也自然是無稽之談了。

而年輕時期的黃道周在萬曆四十六年（1618）參加鄉試時所寫的策論文《正學》篇中，就對宋儒道統論進行過強烈的批評。他說：

> 道統之說為聖人而開者也。聖人不出其緒。……故記者得口，誦者得耳，學者得拇，教者得指，皆影其一端，以象其只體，而必自以為聖人拳曲其緒，謂統在於是。……有宋諸儒自濂溪始，以為直接洙泗，遂掃古之所尚，以歸之豪傑，謂未窺聖人之道。……而性道命仁，又夫子所罕言，乃取所罕言者，日夕而研之，以為入室為升堂，豈不異哉？……陰墜於佛，以顯爭於禪，吾知其未之能為也。有宋君子既不得於時，則退修其身，若孟子所謂窮居見於世，是亦聖人之徒矣。而必以為聖人之統必至此而開，則將何所置彼宋前諸君子也哉？……夫聖人之道則曰博文而已，約禮而已。荀況曰不明王道，不述禮樂，而日為奧窔之論者，天下之陋儒也。荀卿沒而賈誼、董仲舒、申培、韓嬰、劉向、鄭園、應劭、賈逵，吾猶有取焉。……治統既紐，而欲以道統自與，則何所獨自為門戶，必是此而非彼？故致知主靜者之至今為梗也。是以道莫大於不爭，而學莫大於克己。豪傑之與儒者均之可為聖人。〔註51〕

在這段極具批判性的文字中，至少包含了如下三層意思：

第一、批評「道統」論者以內在心性之學為儒學之正統的褊狹。黃道周認為，「道統說」是後人為標舉聖人而建構起來的一套學術譜系。在這一譜系之下，記、誦、學、教所得，也僅僅是儒學全體之「一端」，但是，道統論者卻「自以為聖人拳曲其緒，謂統在於是」。由此，他指出了宋儒建構道統系譜思想的虛妄：「有宋諸儒自濂溪始，以為直接洙泗，遂掃古之所尚，以歸之豪傑，謂未窺聖人之道」。宋代以降，儒者們為了闢佛老而浸淫於「性道、命仁」。於是，性命之學成為了儒學思想中的自命正朔。而在黃道周看來，宋儒執著於這些夫子所罕言的「性道命仁」之學的做法，實際上是「陰墜於佛，以顯爭於禪」，恰恰成為了儒學之偏途。由此可見，黃道周對於宋儒將內在心性之學，視為儒學正宗的觀念是深不以為然的。他認為，漢儒的經傳之說與宋儒的內在

〔註51〕黃道周：《正學》，《萬曆四十有六年鄉試策》，《黃漳浦集》卷九《策》。

心性之學，在探明聖人之道方面，具有同樣的價值與意義。所以，他有如下質問：宋儒既然不得志於外王事功，便可獨善其身，致力於自身道德之修養，何必以為聖人之學在於「內在心性」？如此，置「宋前諸君子」於何地呢？道周這一看法，在宋代以降的士大夫精英階層中，無疑是處於非主流地位。而恰恰是這種非主流式的觀點，卻具有十分深刻的洞見。

第二、提倡漢學，以救宋學褊狹之弊。黃道周引用荀況的話來批評將儒學僅僅是定位為心性之學的做法乃是陋儒所為。「不明王道，不述禮樂，而日為奧窔之論者，天下之陋儒也。」他否棄宋儒以降狹隘的學術視界，將心性論之外的學術派別納入儒家聖道建構的視域之中：「荀卿沒而賈誼、董仲舒、申培、韓嬰、劉向、鄭園、應劭、賈逵，吾猶有取焉。」我們在黃道周這一思想文本中，能夠很明顯地見到漢儒之學在其思想體系中佔據頗為重要的地位。當然，黃道周對於宋儒的批評不在於全然否定他們的價值意義，而是將他們的價值世界大大擴充了。由此而觀，闊大的學術視野與漢、宋兼綜的恢弘氣質，成為了黃道周學術性格中頗為突出的面相。

黃道周提出了救正宋儒因褊狹的道統論所引致的陷溺於心性一途的方法，那就是通過博學眾家之長，以明王道，復歸周孔之禮。正是在這樣一種義理觀照下，漢代董仲舒、劉向等人的學術路向成為了黃道周學術體系建構的一大思想資源。由此而觀，黃道周著重於外在禮樂的教化，而不是醉心於易流於空疏無歸的心性一途。從他所列舉的人物看，亦是多係於秦漢名儒。另外，在以後幾十年的學術生涯中，他的著作亦頗多漢儒之學的氣象。其實，他試圖通過對宋學作某種程度上的反動來糾正是時學界存在的一股陷溺社會道德人心的王學末流趨向。值得注意的是，黃道周特別強調：「聖人之道」在於「博文」與「約禮」。在某種意義上，他這一「博文約禮」之說，實際上開了清初顧炎武提出的「博學於文，行已有恥」的思想的先聲。

第三、批評因道統論而引致的儒學門戶紛爭的現象。黃道周認為，宋代以降的道統論出現，除了闢佛老之外，還在於士大夫構建道統以抗衡治統的理念，「治統既紬，而欲以道統自與」。但是，它又不可否認地釀成了門戶之見。這是他深為痛詆的。也誠如《四庫全書總目》所概括的宋明理學的弊端：「學脈旁分，攀緣日眾，驅除異己，務定一尊，自宋末以逮明初，其學見異不遷，及其弊也黨。」〔註52〕在黃道周看來，分門別戶，排斥異己之說與宋儒以降的道

〔註52〕（清）紀昀：《欽定四庫全書總目》，《經部總敘》，中華書局，1997年版。

統論有著至為密切的關聯。道統論在很大程度上阻遏了儒學的正常發展。他認為，「道莫大於不爭，而學莫大於克己」，這才是延續儒學生命力的睿智之舉。

尤為值得注意的是，黃道周抨擊宋儒以降，將「學術」與「事功」分途，把建立「事功」的豪傑之士逐出儒家道統譜系的做法。黃道周說：

> 豪傑之與儒者均之可為聖人。故以子貢而述諸子，則董生、河汾、濂溪、伯淳、正叔、橫渠、堯夫、考亭，是冉雍、顏淵、顓孫師、子貢、子夏、宰我、言偃、曾參之行也；以夫子而述，則賈生、葛侯、李文靖、韓魏公、司馬君實、范文正，是范文子、桐提伯、華士會、晏嬰、伯夷、叔齊、柳下惠之行也。然則聖人右豪傑，左儒者乎？……窮理盡性以至於命，則雖聖人終其身，猶自以為未有焉爾。〔註53〕

黃道周以孔子、子貢不單獨以道德抑或豪傑的標準來衡論聖人為例子，列舉了董仲舒、諸葛亮、王通、司馬光、范仲淹等名儒作為聖人之選。他認為在學術抑或事功等方面有成就的人均可列入聖人之域，而且，兩者不可截然二分。因為在他看來，「子貢與夫子之論人……未有剖之為道德與豪傑者」。〔註54〕他試圖打破孔子之後，道統系譜為學術英雄所獨佔的局面，以復歸到學術、事功並重的狀態。總之，黃道周對宋儒關於儒家道統譜系的建構模型提出批評，指出了宋儒道統論的褊狹性，進而強調儒者在致力於「窮理盡性以至於命」的天人之學時，須以謙遜為本，因為「雖聖人終其身，猶自以為未有」。

究其攻擊宋儒道統論的原因，主要是為了對於晚明天人秩序的批判與重建尋求思想的合法性。而道統論是宋明理學的核心內容之一。因此，對於理學進行反思與修正來說，擊破它的理論基底——道統論無疑是顯得非常必要。正是由於這一邏輯關聯，明中葉以降，學界普遍沉浸在一片騷動的情形中，紛紛將批判之劍指向了宋儒道統論。黃道周不但對王學左派有著尖銳的批評，而且頗有「不以程朱之是非為是非」的性格。而這種學術性格為他重建晚明理想的天人秩序奠定了堅實的基礎。

清人曾評價黃道周的學術性格云：「以致知為宗而止宿於至善，確守朱熹之道脈而獨溯宗傳。」〔註55〕該評斷雖有所據，但終非的當之論。而洪思對於

〔註53〕黃道周：《正學》，《萬曆四十有六年鄉試策》，《黃漳浦集》卷九《策》。

〔註54〕黃道周：《正學》，《萬曆四十有六年鄉試策》，《黃漳浦集》卷九《策》。

〔註55〕（清）陳壽祺編：《黃漳浦集》卷首《道光五年禮部奏表》。

其師黃道周的學術思想的分疏卻頗與事實相符：「黃子之學，大則周孔，小則伊孟，亦不盡宗考亭。往在浙江講堂時，與諸生復談易象、詩、書、春秋、禮、樂，新故異同之致，不能不與元晦牴牾。黃子曰：『然而，元晦醇粹矣。由子靜之言，可省諸探索之苦，其弊也易；……由元晦之言，高者不造頂無歸；深者不眩厓驚墜，由其道百世無弊，則必元晦也』。故世謂文明之學宗考亭。」〔註56〕按照洪思的觀點，黃道周雖不完全認同朱熹對於儒學經典的詮釋，但卻指出：朱學較陸學而言，「高者不造頂無歸；深者不眩厓驚墜」，其流弊較少。在這一意義上，他認為「其道百世無弊，則必元晦」。因此，「世謂文明之學宗考亭」。由此而觀，洪思對這一問題的分疏確有見地。

第三節 「氣有清濁，質有敏鈍，自是氣質，何關性上事」——黃道周性本論

本體論與工夫論構成了宋明理學最為重要的理論框架。二者亦是儒者達到成聖成賢境界所必須含攝的兩個主要向度。它們所要闡明的中心議題就是性命之學的問題。對於這一問題的探究直接關乎儒家道德倫理秩序，以及其實踐教化何以可能的問題。就本體論而言，黃道周主要在對宋儒「天理、氣質之性」二元論進行批評的基礎上，提出了「性本論」思想。

張載說：「由太虛，有天之名；由氣化，有道之名；合虛與氣，有性之名」。〔註57〕又云，「形而後有氣質之性，善反之則天地之性存焉。」〔註58〕在這裡，他將「性」明確分為「天地之性」與「氣質之性」。程顥說：「生之謂性，性即氣，氣即性，生之謂也。」〔註59〕此「性」主要指涉「氣質之性」，其中含有先天氣稟之「善」與「惡」的存在。程頤受到張載與程顥的影響，在「性即理」的基礎上，主張「性字不可一概論，『生之謂性』只訓所稟受也，天命之謂性，此言性之理也。」〔註60〕又云，「論性不論氣不備，論氣不論性不

〔註56〕黃道周：《王文成公集序》，《黃漳浦集》卷二十一，道光年間陳壽祺刻本。附注：「文明之學」即為黃道周之學。「文明」之稱是由南明隆武帝在黃道周殉節之後所賜「文明伯」的封號而來。
〔註57〕（宋）張載：《張載集》，中華書局，1978 年版，第 9 頁。
〔註58〕（宋）張載：《正蒙・誠明篇》，《張載集》，第 23 頁。
〔註59〕（宋）程顥、程頤：《遺書》卷一，《二程集》，中華書局，1981 年版，第 10 頁。
〔註60〕（宋）程顥、程頤：《遺書》卷二十四，《二程集》，中華書局，1981 年版，第 313 頁。

明。」〔註61〕朱熹則繼承了張、程的思想，在「氣本於理」的理氣觀基礎上，提出「論天地之性則是專指理而言，論氣質之性則以理與氣雜而言之」〔註62〕的觀點。他認為這一純粹先驗之「理」即是「天地之性」抑或「天命之性」，先於「氣」而存在，而萬物之化生「必稟此理然後有性，必稟此氣然後有形」〔註63〕。朱熹即強調了論「性」與「氣」的不可分割，又將「天理之性」與「氣質之性」並列對立。他認為，人所稟受之氣質有清濁、偏正之分。將人性中之「善」歸於人所稟受的氣質的清正，而將「惡」歸結為人所稟受的氣質的昏濁偏塞，這一昏濁偏塞氣質是人的惡的品質之根源所在，造成了至善本性抑或天理的蒙蔽。所以朱熹將氣質之性中「惡」的部分作為與「天理」相對立的「人慾」來看待，強調「存天理滅人慾」。總之，他將「天理」與「人慾」截然對立的思想是與其人性論互為表裏的。

隨著程朱理學影響的逐漸擴大，尤其是在它被確立為官方意識形態後，這種人性論思想成為了一種主流觀念。但是，「在程朱理學取得統治地位數百年後的明代中葉，伴隨著在廣大區域內的近代商品經濟的萌芽和人的覺醒，對理學禁慾主義的反抗與批判才成為一種比較普遍的社會思潮和一大批學者的共識」。〔註64〕如羅欽順等人「克服了理學關於『天命之性』與『氣質之性』的對立，從『氣質之性』一元論出發來反對禁慾主義，提出了「欲出於天，理在欲中」的命題」。〔註65〕他們不再把「理」看成是具有抽象普遍性的可以離「氣」而存在的，而是把它看作為「氣之理」。在某種意義上，這一觀點開啟了明中葉以降，學者對於宋儒，尤其是程朱二元性論批判的序幕。而黃道周則從另外一個角度對宋儒性二元論思想展開了批評。

黃道周的「性本論」思想建基於對宋儒人性論的批駁之上。其內容主要包括二個方面：一、「性」必須是處於本體地位的，一元性的，不可雜於「氣質」；二、「性」是至善永恆的。

首先，黃道周對宋儒關於性命之學的核心概念——「性」的界說提出了明確的批評：

> 有宋諸儒，初皆泛濫於內典，於性命上事看不分明。《易》稱繼

〔註61〕（宋）程顥、程頤：《遺書》卷六，《二程集》，中華書局，1981年版，第81頁。
〔註62〕（宋）朱熹：《答鄭子上十三》，《朱文公文集》卷五十六。
〔註63〕（宋）朱熹：《答黃道夫》，《朱文公文集》卷五十八。
〔註64〕蕭萐父、許蘇民：《王夫之評傳》，南京大學出版社，2002年版，第330頁。
〔註65〕蕭萐父、許蘇民：《王夫之評傳》，第330頁。

善成性，《學》、《庸》止善、明善，孟夫子接直思、曾，更無半語差錯。濂溪便說性上有剛善、柔善，剛惡、柔惡。此皆認二、五以為太極，錯認氣質以為天性也。伯淳原本濂溪，便說有氣質之性、義理之性，與孔孟何其異旨！張橫渠聰明在諸賢之上，又說繇太虛，有天之名，繇氣化，有道之名，合虛與氣，有性之名，合性與知覺，有心之名，不知虛、氣更是何物？如此等議論，豈可令孔孟見之乎？〔註66〕

　　黃道周首先批評宋儒大多受佛教經典（亦即是「內典」）的影響，導致在性命之學上與儒學原旨相背離。〔註67〕所以，他主張必須要回歸儒學經典文本——《易》、《大學》與《中庸》上來討論孔、思、曾、孟一脈相承的「止善、明善」之旨。黃道周認為，論「性」，只是至善而已。他對於周敦頤以「善惡」、「剛柔」論「性」，程顥談「性」有「義理」、「氣質」之分，以及張載以「氣」論「性」等觀點均予以了明確的批評。他把這些觀點看成是與「孔孟何其異旨」的論調。在黃道周看來，任何將處於本體地位的「性」納入現實經驗層面的氣質之中進行論證的做法，都是有悖於孔孟原旨的。試看他與弟子的一則對話：

　　　某云：「古今唯有周、孔、思、孟識『性』字，楊、荀、周、程只識得『質』字，告子亦錯認『質』字耳。……善繼天地，性成萬物，繼天立極，是性根上事，範圍曲成，是性量上事。『善』是萬物所得以生，『性』是萬物所得以成。」秉德云：「此便如太極未分時候耶？」某云：「分後仍是此太極，三百八十四爻只是兩畫所變，其不變者，雖四千九十六卦，顛撲離合，依舊圓成。」王豐功云：「未發以前，性在天地之心，已發以後，性在萬物身上，自家胸中，有何生成安頓天地萬物去處？」某云：「未發前，性亦不落天地；已發後，性亦不落萬物。只是自家看得天地缺陷，萬物顛踣，便惕然如墜性傷生一樣。此是我自家繼成本色。」〔註68〕

〔註66〕黃道周：《儒脈》，《黃漳浦集》卷三十《雜著》。
〔註67〕關於「內典」一詞的解釋如下：「內典」又作「內經」、「內教」。指佛教之經論書籍。而佛教以外之典籍稱外典。《大智度論》有「習外典如以刀割泥，無所成而刀自損」之語。道安之《二教論》則謂：「救形之教，教稱為外；濟神之典，典號為內。」用於書名方面則有南朝梁代虞孝敬《內典博要》、唐朝道宣《大唐內典錄》等，參見《佛學大詞典》。
〔註68〕黃道周：《榕壇問業》卷十，清乾隆刻本。

在上述對話中，黃道周主要圍繞「性」，闡述了三個方面的問題：一、他標舉周、孔、思、孟的「性」論學統，嚴格地將「性」與「質」區分開來。孟子以後，以「質」論「性」的諸家主張，均為黃道周所否定。他極力樹立「性」之至善的本體地位；二、當弟子魏秉德以道家「太極」的概念類比「性」時，黃道周以太極、陰陽化變之理詮說「性」的特徵：「分後仍是此太極，三百八十四爻只是兩畫所變，其不變者，雖四千九十六卦，顛撲離合，依舊圓成」。也就是說，「性」在整個經驗事物的變化過程中，並未改變它的原初屬性；三、針對於王豐功以《中庸》的「未發」與「已發」的概念來討論「性」在多大程度上發生改變的問題。黃道周仍然認為：「未發前，性亦不落天地；已發後，性亦不落萬物。」他強調在「未發」、「已發」二個階段，這一「繼天成性的」本體之「性」不會在著於經驗事物之後而有所改變。

其次，他在批駁周、程等宋儒論「性」的謬誤的同時，析論了「性」與「氣質」以及它們之間的區分。他說：

> 自孟子後，無有知性者。董、賈尚不錯，至周程便錯耳。……氣有清濁，質有敏鈍，自是氣質，何關性上事？如：火以炎上為性，光者是氣，其麗於木而有明暗，有青赤，有燥濕，是質豈是性？水以潤下為性，流者是氣，其麗於土而有重輕，有晶淖，有甘苦，是質豈是性？……天地之大德曰生。生是天地之性，是就理上看來。……不曾以二氣交感者稱性也。以「生」謂「性」，自然以食色為性，以食色為性，便與鳥獸異類無別耳。……天有氣數，人有氣質，天命在氣數中，人性在氣質中。何嘗不是？然說氣數則有災沴之不同；說天命則以各正為體；說氣質則有智愚之異等；說人性則以至善為宗。〔註69〕

在這裡，黃道周比較翔實地闡發了他的四點性論思想：

一、在以復歸孔孟原旨為職志的黃道周看來，「自孟子後，無有知『性』者」。即使是在孟子地位大為提升的唐宋之時，孟子對於「性善」詮釋的精蘊，並沒有被很好地傳承下來。與漢儒相比，對後世誤導最大的就是宋儒之周、程等人，因為他們以「氣質」來論證「性」的問題。要領悟「性」的奧妙，就必須要將「性」與「氣質」截然二分，不得混雜在一起；

二、黃道周以五行中的「水」、「火」兩種物質來解釋何為「性」、「氣」與

──────────

〔註69〕黃道周：《榕壇問業》卷十七。

「質」。譬如，「火」這一物體的「性」就是表現為「炎上」的特性。而由火而發出的「光」就是屬於「氣」一類了，至於其「質」就是木頭被點燃之後，火光所呈現的「明暗」、「青赤」、「燥濕」等形態；「水」之性表現為「潤下」的特性，「流動」便是該物之「氣」的形態，當其與土混合後，便有「重輕」、「晶淖」與「甘苦」之分，這就是「水」的「質」。由此可見，黃道周將「性」與「氣質」區分得非常清晰：「氣有清濁，質有敏鈍，自是氣質，何關性上事？」

三、黃道周認為，「生」字是就先驗層面的「理」來說，指的是「天地之性」，而不能將之解釋為經驗層面上之「氣質」的特徵。因此，不能以「陰」、「陽」二氣之交感為「性」，否則，便是以「氣質」為性了，如此，易墮入一種「人」、「獸」無所區分的道德窘境：「自然以食色為性，以食色為性，便與鳥獸異類無別」。其實，在這裡，黃道周力辨氣質之性之非，主要出於對治晚明學者「以情識為良知」的學術流弊的考慮。譬如，黃道周弟子洪思曾批評李贄云：「歸李之言多蕩」。〔註70〕此言簡明地點出道周將李贄視為「亂天下」之異數的原因所在。道周師弟斥李贄為「蕩」，主要在於其「以食色為性」的主張。不過，現代學界不乏大力表彰所謂李贄的「自然人性論」者。他們認為，李贄的這一思想「不是一種主張人應該恣情縱慾，把人引向獸欲的魔窟的理論」〔註71〕這一自然人性論呼喚著一種道德的真誠，這種真誠「又不是先驗的良知良能，而是順其性格氣質之自然，在後天生活中自然而然地形成和呈現出來的。」〔註72〕這對於是時社會道德的重建具有十分重要的啟蒙意義。不過，平心而論，這一現代解釋似出儒學觀照之外，且未必能盡李贄之本意。

四、黃道周主張「性」既不雜於氣質，又不離開「氣質」，因為「天命在氣數中，人性在氣質中」。但他著重強調的是，「氣數」雖有「災沴」之不同，「天命則以各正為體」，不會因之而受到損害。由此，人的氣質雖有智、愚之分，但人性卻是以「至善」為依歸的。對於黃道周來說，人性之「至善」的信念是不可動搖的。

復次，黃道周與眾弟子講學時，曾談到「性」之「常善」與「有恆」的問題。弟子玉宸闡述黃道周的意旨云：

> 宇宙聖賢，總是「善念」做起。這個「善念」，在天為「明命」，

〔註70〕黃道周：《冰天小草自序》，《黃石齋先生文集》卷八。
〔註71〕許蘇民：《李贄評傳》，南京大學出版社，2006 年版，第 365 頁。
〔註72〕許蘇民：《李贄評傳》，南京大學出版社，2006 年版，第 368 頁。

則曰不已；在人為至誠，則曰無息。無息、不已正是恒處。……捨
一個善，無處討有恆；捨卻有恆，亦難名至善。〔註73〕

這段話的意思是，「宇宙之天為善不已」，而人則是「繼天成性」的。黃道
周由此推論人性之「善」之說自有本源。而且，這一「至善」之本性是永恆不
息的，「在人為至誠，則曰無息」，「無息正是恒處」。再者，黃道周主張，僅此
一「善」性是永恆的，「捨一個善，無處討有恆」。如果它不能保持永恆的話，
那就不能稱之為「至善」了。

上述觀點對於宋儒周、程等人將「性」析分為「剛柔」、「善惡」，「天地之
性」與「氣質之性」的說法是一個很大的否定。當然，誠如侯外盧先生所指出，
黃道周此一論說的鵠的在於「反對宋代理學家把性分為『天命之性（或稱天地
之性）』和『氣質之性』，以及他們企圖從先天氣稟的不同中去尋找由「善」變
「惡」的根源。」〔註74〕正是出於這一目的，黃道周指出：「心性不與四肢分
咎，天命不與氣數分功；天有福善禍淫，人有好善惡惡；中閒寂然，感而遂通，
再著不得一毫氣質。」〔註75〕

黃道周在論述怎樣體證「性命」之所在時，卻在一定程度上有著與陽明心
學中的「良知呈現」相同的思路：「凡說性命，只要盡心者，不欺本心，事事
物物當空照過，撞破琉璃，與天同道，四圍萬里不見浮雲。」〔註76〕其亦注重
發明「至善」之本心。此論與洪思所謂「黃子學善朱子，素不喜文成良知之說」
的觀點有一定程度上的出入。黃道周雖然對於陽明後學，尤其是對不講求朱子
學意義上的工夫，主張「無善無惡」論的左派王學進行強烈批評。但是，對於
陽明本人之學確乎有著諸多激賞之處。崇禎八年（1635），黃道周在為漳州郡
守施邦曜輯選的《陽明先生集要》作序時談到：

明興有王文成者出，文成出，而明絕學，排俗說，平亂賊，驅
鳥獸。大者歲月；小者頃刻，筆致手脫，天地廓然，若仁者之無敵。
自伊尹以來，乘昌運，奏顯績，未有盛於文成者也。……雖然晦翁
學孔，才不及孔，以止於程，故其文章、經濟亦不能踰程，以至於
孔。文成學孟，才與孟等，而進於伊，故其德業、事功皆近於伊，

〔註73〕黃道周：《榕壇問業》卷十四。
〔註74〕侯外盧等主編：《宋明理學史》，人民出版社，1987年版，第664頁。
〔註75〕黃道周：《榕壇問業》卷十七。
〔註76〕黃道周：《榕壇問業》卷十七。

而進於孟。〔註77〕

在該序中，黃道周對於王陽明的「學術」、「事功」均作了極高的評價，認為其「明絕學、平亂賊」之功，直逼伊尹。「筆致手脫，天地廓然，若仁者之無敵」。相反，他對閩學、是時社會主流意識形態理論的創建者朱熹的評價卻為一般，「晦翁學孔，才不及孔，以止於程」。黃道周認為，就德業、事功而言，陽明良知之學皆「近於伊，而進於孟」。按照黃道周的看法，領悟「格物致知」之旨在於「盡至善之性」的道理，是士人真正成就一番事功的必要條件。由此可推，在黃道周看來，王陽明之所以能成就事功，原因就在於他通透「本心至善」的良知之學。因此，在這個意義上，黃道周推服陽明良知之學，並將之加以吸收。然而，黃道周為什麼不直接借用陽明「良知」概念來建構其性命之學呢？個中緣由，主要有以下二點：其一、陽明後學在晚明社會中造成了較大的流弊；其二、在晚明復古主義思潮下，回歸孔孟之學的學術訴求，致使黃道周要單拈一個「性」字，以規避程朱理學與陽明心學的理論本身在衍化過程中所帶來的弊病。

最後，黃道周僅在本體意義上談「至善「之人性，但是，亦終究無法迴避儒學實踐的問題。黃道周將任何氣質的、經驗層面所謂的「不善」完全歸到後天的「習」上，將宋儒以降的「氣質之性」的說法全然排斥在儒家道德的義理系統之外。他說：

> 粤思古人，心源維一，繼之成之，其道鮮失。成繼伊何？曰維一，善為天志事，與人同貫，……善言善色，變為巧佞，性為習遷，乃失其正。……繼天之志，成天之事，育物為仁，正物為義，繇仁義行，……天下相成，其道乃醇。為天孝子，則繼其志。為天忠臣，則成其事。成性存存，道義之門。〔註78〕

在黃道周看來，「人性」與「天道」是相親、相鄰的。任何將「性」與可能產生或存在「惡」的因素的經驗氣質層面加以聯繫，抑或將「性」與「無善無惡」的論調等同的觀點都是有悖於儒家孔孟之教的。他認為，「天命之性」、「義理之性」在天人相交過程中是不會有所損耗與失落的，如「心源維一，繼之成之，其道鮮失」。「至善」之人性乃是繼天而成，「善為天志事，與人同貫」。然而，現實經驗層面中的「惡」從何而來呢？黃道周認為，「善言善色，變為

〔註77〕黃道周：《王文成公集序》，《黃漳浦集》卷二十一《序》。
〔註78〕黃道周：《與善堂記》，《黃石齋先生文集》卷九《記》。

巧佞，性為習遷，乃失其正。」這完全是後天不正之「習」遷所致。所以，儒者應該「繼天之志，成天之事」，以「育物」「正物」之仁義本體境界來範導自我，加強道德修養工夫。由此，「天下相成，其道乃醇」，才能建構儒家理想的天人秩序。總之，黃道周在否認「氣質之性」之說的基礎上，將儒家道德修養的工夫，從先天與後天之性的互為雜糅中撇開，直奔純粹的「至善之性」的體認，省卻了宋儒那種拖泥帶水式的道德實踐路徑的糾纏。

不可否認，黃道周這種降低「氣質」在性命之學中的地位的思想在晚明時期，顯得較為殊異。正如陳來所說，「明代儒學在中期以後，越來越重視氣質的作用，如王廷相主張『性出於氣』，人只有氣質之性，沒有什麼不受氣質影響的本然之性。劉宗周也主張『只有氣質之性，更無義理之性』。在這個問題上，黃道周與明代後期主流哲學的看法不同。」〔註79〕黃道周所提出的「性本論」思想雖在一定程度上有對治晚明儒學流弊的作用，但其自身在儒家道德實踐問題上亦面臨著質疑與拷問。

黃宗羲認為，黃道周的「人性」論雖有所取，但卻不具有多大的可操作性。他說：「先生深辨宋儒氣質之性之非，氣有清濁，質有敏鈍，自是氣質，何關性上事？性則通天徹地，只此一物，於動極處見不動，於不睹不聞處見睹聞，著不得纖毫氣質。宋儒雖言氣質之性，君子有弗性焉。畢竟從夾雜中辨別精微，早已拖泥帶水去也。故知先生之說為長。然離心之知覺，無所為性，離氣質亦無所為知覺，如此以求盡性，未免易落懸想。」〔註80〕在黃宗羲看來，宋儒在「夾雜中辨別精微」的做法，確乎容易導致「拖泥帶水」，但黃道周所提出的「著不得纖毫氣質」之「性」的觀點，亦是「去除一弊，又生一弊」。因為「離心之知覺，無所為性」。「性」不在經驗層面的氣質之中去探求，欲「盡性」則無從下手。總之，黃宗羲認為，黃道周的性本論「易落懸想」，亦不利於儒家道德理想的實踐。不過，平心而論，黃道周性本論的道德實踐的巨大動力與自信力來源於其對天道的深邃體知，非此莫由。因之，他的理論雖具有相當的自洽性，但對一般儒者而言，其實踐路徑之高妙誠難企及。在這一意義上，它與陽明致良知之學的實踐困境，看似相反而實相同。

〔註79〕陳來：《黃道周的生平與思想》，《中國近世思想史研究》，商務印書館，2003 年版，第 520～521 頁。

〔註80〕（清）黃宗羲：《忠烈黃石齋先生道周》，《明儒學案》卷五十六《諸儒學案下四》，中華書局，1985 年版，第 1334 頁。

第四節 「做聖賢人，不吃便飯」──黃道周工夫論

晚明時期，隨著儒、釋、道三教進一步融合，儒者近禪趨佛現象的出現，朱子之學意義上的「工夫」，逐漸被士人所輕棄，以致於晚明清初學者反思明代的衰亡原因時，往往將之歸結於讀書人的空談心性，不務實學。故此，明清之際，人們提倡實學者甚多。「實學」頗有經世致用之意，無疑可以代表當時士人的一種重要價值取向。而這種價值取向的激發，在一定程度上，又與人們對於晚明「無善無惡」論的批評有關。如前所述，王龍溪「無善無惡」論甫一提出，影響極大，同時也遭致許多儒者的猛烈攻擊。其中，批評的焦點主要集中在工夫論上。因此，在某種程度上，工夫論成為了晚明大多士人所探討的頗為重要的內容。黃道周的工夫論也正是在這一思想背景下展開的。

黃道周時常告誡弟子：「做聖賢人，不吃便飯」。[註81] 由此可見，他對心性修養中的「工夫」的重視程度之高。在陽明後學影響頗深的晚明時代，黃道周曾深辨王陽明本人之學與其後學之間的差異性。崇禎七年（1634），黃道周在福建漳州榕壇為王陽明祠撰寫碑文時說：「文成自家說從踐履來，世儒都說從妙悟來，所以差了。伊歷過許多湯火，豈世儒口耳所就？」[註82] 黃道周認為，陽明良知之學亦由「工夫」而來，而絕非世儒所謂「妙悟」空想所致，據此，他批評那些不事工夫，而執著於良知本體自然呈現的「現成良知」派。

另外，黃道周在榕壇講學時，批評了王龍溪重「本體」與「空」的論說。試看他與弟子林非著的對話：

> 林非著云：「王龍溪云：『古人之學，只求日減，聖人本空，賢人屢空。』顏子知得減擔法，所以其庶。」某云：「大差了，顏子如是減擔，仲尼寧是拋擔耶？」非著云：「龍溪又言：『入聖之方，須有主腦，不是靠聞見幫補些子耳。』」某云：「此亦不同，多聞多見是吾用財時候，……不見不聞是吾財竭時候，無悔元吉是吾合財歸命時候。……財空命復，財竭智全，只關工夫，不關本體上事。」[註83]

從這則材料可以很明顯看出，黃道周對是時士人頗受王龍溪「重本體、輕工夫」思想影響的現象提出了批評。他對於王龍溪的「聖人本空，賢人屢空」觀點不以為然。他認為，直證本體的「減擔」之法，非孔、顏詮法，「顏子如

[註81]（明）洪思：《黃子年譜》，《黃道周年譜》，第 24 頁。
[註82] 黃道周：《書王文成公碑後》，《黃石齋先生文集》卷十二《墓誌、書後、題詞》。
[註83] 黃道周：《榕壇問業》卷八。

是減擔，仲尼寧是拋擔耶？」。凡聖人之學皆在「多聞多見」的「工夫」上下手。所以，他說「財空命復，財竭智全，只關工夫，不關本體上事」。總之，在黃道周看來，龍溪之學是對於陽明之學的「工夫」與「本體」並重的面相的曲解，是對陽明良知之學的背離。同時，他亦明確表達了對「工夫」在體認天命之性中不可或缺的作用的重視。確如清代學者陳汝咸對其性命之學的特質的概括：「非有明善之功，斷無由盡性以達天，是乃聖門之學也。」〔註84〕黃道周這一「欲盡性達天，須有明善之功」的主張，亦即是「由工夫以見本體」的意思。其實，黃道周這一批判指向，在一定程度上代表了晚明士人逐漸回到頗帶朱子工夫論意味的「由博反約」，由修煉工夫而達致「本體朗現」境界的儒學思維路徑上來。

下面主要圍繞儒家性命之學的幾個關鍵概念、範疇，來論析黃道周學術思想中這一趨向與特色。

一、格物致知

儒家經典《大學》是「古之大學所以教人之法。」〔註85〕而「格物致知」是其重要的工夫路徑，也是達到「修、齊、治、平」的目的，進入「明明德，止於至善」的理想境界的運思起點。然而，士人對於「格物致知」這一概念理解的不同會導致他們在理學思維上呈現出不同的面相。宋代以降，疑經思潮風行，朱熹「獨於《大學》移其文，又補其傳」。〔註86〕他說：「所謂致知在格物者，言欲致吾之知，在即物而窮其理也。蓋人心之靈莫不有知，而天下之物莫不有理，惟於理有未窮，故其知有不盡也。是以大學始教，必使學者即凡天下之物，莫不因其已知之理而益窮之，以求至乎其極。至於用力之久，而一旦豁然貫通焉，則眾物之表裏精粗無不到，而吾心之全體大用無不明矣。此謂物格，此謂知之至也。」〔註87〕朱熹對於「格物致知」的理解，表徵著一種由外至內，由博而約的「即物窮理」的思路。

以王陽明為代表的陽明心學，對於「格物致知」的理解則轉向內在：「心

〔註84〕（清）陳汝咸：《明誠書院記》，《漳浦縣志》（清康熙志・光緒再續志），福建省漳浦縣政協文史資料徵集研究委員會編，2004年版，第620頁。

〔註85〕（宋）朱熹：《大學章句序》，《四書章句集注》，中華書局，1983年版，第1頁。

〔註86〕（清）皮錫瑞：《經學歷史》，中華書局，2004年版，第190頁。

〔註87〕（宋）朱熹：《大學章句》，《四書章句集注》，中華書局，1983年版，第6～7頁。

外無理、理在心中」。從少年格竹，到後來貴州龍場悟道的經歷，使王陽明認識到朱子「即物窮理」路徑的弊端。他說：「吾教人致良知，在格物上用功，卻是有根本的學問。日長進一日，愈久愈覺精明。世儒教人事事物物上去尋討，卻是無根本的學問。方其壯時，雖暫能外面修飾，不見有過，老則精神衰邁，終須放倒。譬如，無根之樹，移栽水邊，雖暫時鮮好，終久要憔悴。」〔註88〕王陽明這一儒學工夫的轉向標誌著與朱子之學大相異趣。其實，程朱理學、陸王心學之間在所謂「道問學」與「尊德性」等方面的強調重點不一，正映現了儒者們在達致「明明德」與「止於至善」的工夫路向的差異。而這種工夫論又主要表現在士人對「格物致知」的理解上。如前所言，在晚明時期，王學左派的「現成良知」說遭受極大的駁難之後，學界出現了某種意義上的「批王返朱」的思潮。其實，這一思潮的特點多少帶著兼綜朱、王之學的身影。

首先，黃道周對「格物致知」中「格物」含義進行了闡發。崇禎甲戌（1634）五月十六日，他在漳州榕壇講學時，曾圍繞《大學》闡發「格物致知」之義：

> 某云：「某今日說格物致知，……未嘗結得「敬」字。賴賢此說，得到格於上下，格於神、鳥、獸、草、木、魚、鱉道理。……格物是個明善。」楊玉宸云：「……只如一「學」字，晦翁謂「明善復初」，陸說是「自然有覺」，將「覺」先於「學」，抑「學」後乃「覺」耶？」某云：「聖賢只是如此學問，猶天上日月，東西相起。……吾人只此一段精魄，上天下地，無有停期，溫故便知千歲，知新便損益百代，切勿為時師故紙，蔽此晶光。」〔註89〕

在這段對話中，黃道周關於「格物」的意思，較朱、陸來得寬泛些。其中包含二層意思：其一、他認為「格物」就是將天上地下，萬事萬物皆納入所格之物的範圍，這裡面既包括朱熹的「即物窮理」，也包括陸象山的「格心」「格意」。在「格」的過程中，須「結得敬字」，「敬」則誠，誠則有功。「格物」的最後境界便是「明善」。所謂「明善」就是明至善之「性本體」；其二、朱熹主張通過「即物窮理」，從而最終達到「明善復初」的目的，推崇一個「學」字；而陸氏認為，「吾心」即「宇宙」，「格物」即為「格心」，崇尚一個「覺」字。但是，在黃道周看來，他們在對「格物致知」的理解上，均有偏差。他認為，

〔註88〕（明）王守仁：《傳習錄下》，《王陽明全集》卷三《語錄三》，上海古籍出版社，1992 年版，第 99～100 頁。

〔註89〕黃道周：《榕壇問業》卷一。

「格物」的過程就是「學」與「覺」相互為用的過程。由此可見，他對於程朱理學與陸王心學在「學」與「覺」孰先孰後問題上的分途，是頗不以為然的，因為「上天下地，無有停期」。因此，他認為，在「學」與「覺」上一較高下的做法，是不明「格物」的真諦。總之，黃道周所謂「格物」，既包括格外在客觀之萬事萬物，也包括格心、格意。

不過，對於上述所謂格外在之事物，與格心、格意二者，黃道周雖不主張它們在道德實踐上有先後之分殊，但是，仍然透露出了他有一種價值優先的考量。進言之，格心、格意比格外在之萬事萬物更具有價值優先性。他說：

> 身、心原無兩物。著物便是妄意。意之與識，識之與情，情之與欲，此數者，附身而起，誤認為心，則心無正面，亦無正位，都為意識情慾誘向外去。……若論格致原頭，要曉得意、識、情、欲，俱是物上精魄，不是性地靈光也。〔註90〕

這一段話的大意是，「身」和「心」原本無二，心為身之主宰。但是，「意」、「識」、「情」、「欲」皆由心而發，若不在「心」上做格致工夫，直去格所謂外在之物，易導致「著物」，「著物便是妄意」。那麼，「心」皆為這一「意」、「識」、「情」、「欲」所誘。如此，至善之「性」便不能得到顯發，儒家德性修養便無從談起。由此而觀，黃道周在一定程度上繼承了陽明良知之學，注重在道德實踐過程中的「本心」自覺，只有在這一基礎上，心誠意正，才不為外物所誘。因此，他認為，論格致原頭是「性地靈光」，而不是誘人的「物上精魄」。「性地靈光」即為自覺之本心，亦為至善之「性體」。在某種意義上，它既是道德實踐之動力源點，又是儒家道德理想之最高境界。

在黃道周的工夫論系統中，「致知」的意思是什麼呢？崇禎七年（1634）五月十六日，黃道周在福建漳州榕壇講學時，曾就「格物致知」之說，闡發「致知」之「知」，即為「止於至善」，亦即為本體之「性」之義。他說：

> 千古聖賢學問，只是致知。此「知」字只是「知止」。試問「止」字的是何物？象山諸家說向空去，從不聞空中有個止宿；考亭諸家說逐物去，從不見即事即物，止宿得來。此「止」字，只是「至善」。「至善」說不得物，畢竟在人身中。繼天成性，包裹天下，共明共新，不說物不得。……世人只於此處不明，看得吾身內外有幾種事物，著有著無，愈去愈遠。聖人看得世上只是一物，極明極親，無

〔註90〕黃道周：《榕壇問業》卷十二。

一毫障礙。……學問到此處，天地皇王，都於此處受名受象，不消走作，亦更無復走作那移去處，故謂之「止」。自宇宙內外，有形有聲，至聲臭斷處，都是此物貫徹，……繼之成之，誠之明之，擇之執之，都是此物指明出來，則直曰：「性」。……從未有此物不明，可經理世界，可通透照耀。〔註91〕

黃道周這段話，分別從三個方面探討了「格物致知」之「致知」的含義：

第一、他認為，「千古聖賢學問，只是『致知』」。然而，這一「知」即非自然界物理意義上的知識，亦非經驗層面上的道德倫理之知善知惡之「知」，而是指「知止」，即一種本體意義上的「止於至善」之境；

第二、他批評了宋儒朱熹與陸九淵等關於「格物致知」的陳說。他認為，朱氏之「逐物」與陸氏之「向空」，皆不能把捉「知止」之義。黃道周尤其反對朱熹僅僅以「即物窮理」來詮釋「格物致知」的做法。因為「『至善』說不得物，畢竟在人身中」。如果「看得吾身內外有幾種事物，著有著無」的話，便只會導致「愈去愈遠」；

第三、他提出了「致知」之「知」是指聖賢修身達致「止於至善」的理想狀態，而這種「止於至善」的理想狀態，「繼天成性，包裹天下」，名之曰「性」。誠之誠此，明之明此。「自宇宙內外，有形有聲，至聲臭斷處，都是此物貫徹」。換言之，這一處於本體地位的至善之「性」可以含納與統攝朱、陸二氏所謂「格物致知」的全部內容。由此可見，黃道周試圖通過對「格物致知」的重新詮釋，將宋儒以降的傳統意義上「道問學」與「尊德性」兩相分立的學術傾向融為一體。如果在「格物致知」中，對於這種具有本體意味的「至善之性」有所領悟，便「學問到此處，天地皇王，都於此處受名受象，不消走作，亦更無復走作那移去處」。他認為，學問之最高境界在於使人知返「至善」之本心。這是修身與經世致用的根本所在，「從未有此物不明，可經理世界，可通透照耀」。

誠然，「格物致知」的終極鵠的無疑是如《大學》所言在於「明明德於天下」，實現社會道德教化，重建人類社會的安定秩序。但是，黃道周有一點必須作出回答的是，怎樣兼容兩者？誠如張學智所說，「在程朱看來，道德修養所需要的天理和格物格得的物理在根本上是同一的，『才明彼，即曉此。』但由物理變為『天理』，還須有一個識度。這種識度並不是天然具有的，它需要

〔註91〕黃道周：《榕壇問業》卷一。

培養。在獲得這種識度之前，物理與天理是分而為二的。」〔註92〕針對這一問題，黃道周在與弟子的講學過程中曾經作過闡論，試看如下對話：

> 魏秉德云：「聖人學問只是致知。致知前頭又要格物。如看萬物果是萬物，此與未曾格物，有何分別？如看萬物不殊一物，此知豈復萬物所量？」某云：「從來論說，唯有此徹。聖人一貫，只是養得靈湛，看得無限名象，從此歸休，首尾中間，同是此路。」……「是吾道中人，只要知至。知至者，物不役心。」〔註93〕

其實，張學智所謂「識度」的問題，也就是如何處理「多」與「一」的關係的問題。自宋儒張載、程頤以降，「理一分殊」的思維成為詮釋《大學》中的「格物致知」工夫論的重要思想資源。而黃道周亦極力借鑒張載這一思想，來解決「物」與「知」如何統一的問題。在他看來，止於至善的「知」是「性」，是「一」，而自然物理與日用倫理，則屬於「多」。黃道周說：「只要知至，知至者，物不役心。」這句話的意思是，只要達到致知之「知」，達致「至善」之境，亦即是「知止」的地步，這一透顯本體之「心」便可往來於萬事萬物之中而不受其拘役，能夠以「一」馭「多」，亦正如其所云，「聖人一貫，只是養得靈湛，看得無限名象」。

除此之外，黃道周提出「良知亦由致知而來」之說來對治晚明學界重「本體」而輕「工夫」的弊端。他說：

> ……如良知不絲致知，此「良」究竟何至？「良」有三訓：良，言善也；言常也；言小頃也。言善者，從繼善來，所稱柔順、利貞者是；言「常」者，猶稱良常，所謂厥有恆性者是；言「小頃」者，猶稱良久良已，所謂乍見夜氣者是；其言「自然」者，不過，不學不慮一段而已。亦是不學不慮而良，不是不學不慮才訓作「良」也。〔註94〕

黃道周明確主張，「良知」的呈現須從「好學」、「致知」中來。「如良知不絲致知，此良究竟何至？」他認為，「良知」之「良」，可訓作三義：「善」、「常」、「小頃」，而反對以「自然」來詮釋「良知」，因為這一觀點認為不學不慮才被當作「良」。而「良」應該是指不學不慮而良之「良」。前者對「良知」

〔註92〕張學智：《明代哲學史》，北京大學出版社，2000年版，第81頁。
〔註93〕黃道周：《榕壇問業》卷四。
〔註94〕黃道周：《榕壇問業》卷五。

概念的界定，明顯地否定了「工夫」在「良知本體」呈現過程中的作用。黃道周對於陽明心學中，所謂不學不慮而良的「良知本體」說並無惡感，因為它是直承孟子的「不學而能者，其良能也；不慮而知者，其良知也」的說法。

不過，其關鍵問題在於這種良知本體的呈露是自由發顯，還是由學而致呢？黃道周無疑是主張後者，下面是他與弟子唐偉倫的一段對話：

> 偉倫云：「如今日說『知』三者，則知修身，告往知來，知性知天，此種種知，果繇學問，果不繇學問？」某云：「如不繇學問，又說他怎麼？程伯子云：『涵養須用敬；進學則在致知』。致知只是學耳。」……「此學豈有須臾可斷？造次顛沛正是學問大關。只此『知』字，不是識想所造耳。……我輩不實實用工，豈知好學、力行、知恥此六個字於吾身上一毫胡塗不去？」〔註95〕

在這裡，黃道周將「知修身」、「告往知來」與「知性知天」之「知」字均等同於「致知」，並且，他認為這些都是「道問學」之事。因此，萬般「致知」，皆由學問而來，「只此『知』字，不是識想所造」。另外，對於弟子提到「學」無需貫徹於「告往知來」與「知性知天」之始終的問題，黃道周亦強調云：「學豈有須臾可斷？」他認為，在通向「本體」的求證之路上，儒者必須時刻在工夫上用力，否則，「豈知『好學』、『力行』、『知恥』此六個字於吾身上一毫胡塗不去？」由此，我們可以從黃道周這一帶有濃鬱的「道問學」意味的思想中窺見，晚明學界所出現的對於陽明後學中頗近禪悅的學術風潮的一種反動。

如前所述，「格物致知」只是聖賢教人之法的基點。然而，「物格知至」之後，將達到一個什麼樣的層次與境界呢？黃道周認為，「物格知至」便是「盡性」，便是「誠」與「知天」。他說：

> 不格物不致知，如何說是能盡其性？盡性亦止是誠。誠便物格，物格便知至。致知格物是明誠之義，物格知至是誠明之旨。……即物窮理，亦只是無妄上真積加功。〔註96〕

誠者，天道也；誠之者，人道也。「格物致知」即是「明誠」的意思。只有「物格知至」之後，才能「盡性」，進而達到「誠明」的地步。此外，黃道周強調「即物窮理，亦只是無妄上真積加功」。這裡主要彰顯了道德修養的工夫之於「盡性」、「誠明」以及「知命」、「知天」的重要性。

〔註95〕黃道周：《榕壇問業》卷七。
〔註96〕黃道周：《榕壇問業》卷十。

　　總之，黃道周對於「格物」的詮釋能夠融合程朱、陸王諸家格致理路。就格致之義的詮釋來說，宋儒以降，其識見有類於黃道周的，約略有二人。他們分別是南宋呂祖謙與明代羅欽順。羅欽順曾品評呂祖謙的格致之說：「呂東萊釋『天壽平格』，又以為『通徹三極而無間』。愚按：『通徹無間』亦至字之義，然比之至字，其意味猶為明白而深長。試以訓『格於上下』曰通徹上下無間」，其孰曰不然？格物之格，正是『通徹無間』之意。蓋工夫至到，則通徹無間，物即我，我即物，渾然一致，雖合字亦不必用矣。」〔註97〕通過羅欽順的解析，我們可以清晰地看到呂祖謙在「天地萬物一體」的思維下，對「格物」涵義的界定。他將「天」、「地」、「人」三極均作為「格物」的對象。

　　羅欽順無疑也是受到呂祖謙的影響，他說：「夫理之在天下，由一以至萬，初匪安排之力；會萬而歸一，豈容牽合之私？是故察之於身，宜莫先於性情；即有見焉，推之於物而不通，非至理也。察之於物，固無分於鳥獸草木；即有見焉，反之於心而不合，非至理也。必灼熱有見乎一致之妙，了無彼此之殊，而其分之殊者自森然其不可亂，斯為格致之極功。然非真積力久，何以及此？」〔註98〕誠如張學智所說，「羅欽順接過呂祖謙的命題所進行的這一番界說，表明了他貫通《大學》與《中庸》，修正理學紛紛之說，返回儒家合天地人為一、合心與理為一的本來面目的意圖。」〔註99〕在某種程度上，羅欽順的格致之說，可視為明代較早的對於程朱、陸王之說的修正與綜合。無獨有偶，時過百餘年後，黃道周再次以相似的詮釋提出「格物致知」之說。但並沒有證據表明，黃道周的「格致」之說僅僅是受到呂祖謙、羅欽順等人的影響。是時勢使然，抑或個人的「性之所近」呢？不過，他的「格致」之說，雖有對治時弊之用意，但卻仍然是一種儒家道德理想主義的言說。

二、未發已發與慎獨

　　《中庸》曰：「喜怒哀樂之未發，謂之中；發而皆中節，謂之和。中也者，天下之大本也；和也者，天下之達道也。致中和，天地位焉，萬物育焉。」韓愈的弟子李翱較早重視《中庸》文本中的思想資源，尤其是「未發」與「已發」的思想，並由此提出「復性」說。此後，「未發」、「已發」之說，以頗為重要

〔註97〕羅欽順：《困知記》，中華書局，1990年版，第4頁。
〔註98〕羅欽順：《困知記》，第3頁。
〔註99〕張學智：《明代哲學史》，北京大學出版社，2000年版，第338頁。

的地位被宋儒加以闡發。

程頤在談及「未發」、「已發」時說：「聖人之學，以中為大本。雖堯舜相授以天下，亦云『允執其中。』中者，無過不及之謂也，何所準則而知過不及乎？求之此心而已。此心之動，出入無時，何從而守之乎？求之喜怒哀樂未發之際而已。」〔註100〕對於聖學旨趣——「中」的狀態抑或境界的追求，導致儒者在工夫論上關注「未發」、「已發」的概念。而這一學術旨趣成為了程門學者頗為關注的對象。

朱熹主張「未發」為性，「已發」為情；並以心理狀態的不同階段為「未發」、「已發」的根據。「思慮未萌，事物未至之時，為喜怒哀樂之未發，當此之時，即是心體流行，寂然不動之處，而天命之性體段具焉。以其無過不及，不偏不倚，謂之中，然已是就心體流行處見。」〔註101〕他對於喜、怒、哀、樂的「未發」狀態頗為重視。正如陳來所說，「朱熹這種關於未發、已發的觀點，是為了給靜中涵養工夫一個地位。」〔註102〕由此，朱熹所謂「涵養須用敬，進學在致知。」就是「未發」、「已發」模式下的工夫論。這種理學思維在程朱理學成為官方意識形態以後，逐漸佔據主流。

黃道周亦頗為重視與關切「未發」概念。崇禎甲戌（1636）六月二日，他在榕壇講學時說：

> 先輩只教人看未發前氣象，和自庸得，不消看了。且如喜怒哀
> 樂是庸常有的，直做到天地位、萬物育，亦是尋常事業，無甚光怪。
> 只是未發前，看得不同耳。〔註103〕

對於「未發」狀態的把握，成為宋代以降大多儒者道德修養的入手處。其實，晚明以降，儒者們在王學左派的學術衝擊下，更為重視工夫修養論，而對於體證「未發」的興趣，又成為其題中應有之義。故此，王塘南說：「先生（陽明）沒後，學者大率以情識為良知，是以見諸行事，殊不得力。羅念庵乃舉未發以究其弊。」〔註104〕顧憲成曾說：「語本體，只是性善二字；語工夫，只是

〔註100〕　（宋）程頤：《與呂大臨論中書》，《河南程氏文集》卷九，《二程集》，中華書局，1981年版，第608頁。

〔註101〕（宋）朱熹：《已發未發說》，《朱文公文集》卷六十七。

〔註102〕陳來：《宋明理學》，華東師範大學出版社，1991年版，第172頁。

〔註103〕黃道周：《榕壇問業》卷二。

〔註104〕（明）王塘南：《三益軒會語》，《明儒學案》卷二十《江右王門學案五》，中華書局，1985年版，第482頁。

小心二字。」〔註105〕此「小心」二字，亦即意味著保持「戒慎恐懼」的心理
狀態。黃道周對於「未發」的工夫，亦有相似的認知。試看他與友人的一段關
於「未發」與「中」問題的對話：

> 曹公云：「未發前畢竟如何？」某曰：「只是戒慎恐懼，且是君
> 子、小人在中庸中，了無分別，只有戒懼與無忌憚，便天淵之別了。」
> 曹公云：「如時時守中，與時措之宜，此是一，是二？」某云：「聖
> 門吃緊入手處，只在慎獨。自不睹聞以至睹聞，自未發以至已發，
> 隱微顯見，何時離得『中』字？何時分破得『中』字？」〔註106〕

上述對話主要包括二層意思：其一、黃道周認為，在「未發」之際的工夫
應該是「戒慎恐懼」。「君子」與「小人」的分別就在於前者有戒懼的工夫，而
後者因否棄工夫而導致肆無忌憚。故此，他又說，「聖門吃緊入手處，只在『慎
獨』」；其二、對於是否應時時守「中」的問題，黃道周認為，「自不睹聞以至
睹聞，自未發以至已發，隱微顯見，何時離得『中』字？」按照《中庸》文本
的意思，「未發」的喜、怒、哀、樂才是「中」，體會「未發」氣象的目的就在
於求得這一「未發」之「中」的狀態。它就是具有「至善」意義的「心體」、
「性體」，亦即是陽明心學意義中的「良知」。而這一「性」之本體，並不是處
於「未發」狀態即能求得的。它只有加上「慎獨」工夫，才能達到「中」的狀
態，從而進入到一種聖域境界。黃道周說：

> 古人說此「中」字，只就無過、不及上看分化原頭，少不得一
> 番鍛煉。吾人學問、思辨工夫，正於此處措手。……凡人錯處都在
> 極微、極渺，正視不到處。如在昭昭路上，不是無忌憚的，豈有差
> 池？……此中工夫，切勿疑誤。〔註107〕

在這裡，黃道周頗為明顯地強調在「未發」上做工夫的重要性，因為「凡
人錯處都在極微、極渺，正視不到處」。其所做工夫的宗旨，即在於發見這一
未發之「中」。就這一點而言，黃道周與其他理學家似乎並無二致。然而，對
於本體至善之「性」在「未發」、「已發」二個階段中的狀態，黃道周有著自己
獨特的見解。

〔註105〕（明）顧憲成：《小心齋箚記》，《明儒學案》卷五十八《東林學案一》，第1391
　　　　頁。
〔註106〕黃道周：《榕壇問業》卷二。
〔註107〕黃道周：《榕壇問業》卷二。

　　如前所述，黃道周極力反對「氣質之性」之說。他認為，「性自是性，氣質自是氣質，氣質何關性上事？」這一觀點亦反映在他對「未發」、「已發」問題的論述中。試看如下對話材料：

　　　王豐功云：「未發以前，性在天地之心；已發以後，性在萬物身上。自家胸中，有何生成安頓天地萬物去處？」某云：「未發前，性亦不落天地；已發後，性亦不落萬物。只是自家看得天地缺陷，萬物顛踣，便惕然，如墜性傷生一樣，此是我自家繼成本色。」豐功云：「如此則是心也，云何是性？」某云：「若無心，如何認得性出？」豐功云：「性得天地之始，不假思慮，才會中和。如心動便著物，便費操存，猶之分畫，便有陰陽，如何更以太極陶鑄萬象？」某云：「意自分陰陽，心自包涵太極，性是爻象全圖，從心起手，從意分義耳。」〔註108〕

　　這段對話較為清晰地凸顯了黃道周關於心性論中的重要思想。其中包括二層意思：其一、他認為，「性」在「未發」、「已發」的兩種狀態下，皆不能與後天之氣質混為一談。所以，他主張「未發前，性亦不落天地；已發後，性亦不落萬物」。這是由於人的「繼善成性」的本色使然。它在一定程度上反駁了宋儒將「性」析分為「義理之性」與「氣質之性」的思想；其二、雖然，黃道周將「性」作為終極本體來看，但是，又非陷於懸空之論。他在這裡繼承了朱熹的「心統性情」的思想，主張「性」不能脫離「心」去加以體認，「若無心，如何認得性出？」因此，他以「太極」、「陰陽」之喻，來闡發「性」與「心」、「意」之間的關係。「意自分陰陽，心自包涵太極，性是爻象全圖，從心起手，從意分義。」「性」如「太極」，為「心」所包涵與呈現；「意」如後天之陰、陽二氣。道德主體欲達致「繼善成性」的境界，就得從「意」上下一番工夫，亦即為「誠其意」的意思。

　　值得注意的是，黃道周是在「未發」狀態上做「戒懼」的工夫，這種工夫曰「慎獨」。他說：

　　　邵堯夫云：「思慮未起，鬼神莫知，不由乎我，更由乎誰？」此正是「慎獨」要語。如審『理欲』之初分，便搬泥過水也。然如「獨」中，「幾微」萌動，正要審察。周濂溪所謂幾分善惡者也。些子不善，亦玷著善體，只為審察不精，使獨知錯過。嘗云：「慎者，聖賢所以

────────────────

〔註108〕黃道周：《榕壇問業》卷十。

致精；獨者，聖賢所以致一。」語雖分拆，意實完成。」〔註109〕

關於這段話，可以從三個方面來理解：

第一、在黃道周看來，「思慮未起，鬼神莫知」的未發心理狀態，正是「慎獨」的入手處。如果不在這一「未發」狀態下審察工夫，那麼就會導致「些子不善，亦玷著（性的）善體。」這充分反映了黃道周對於是時士人因不重工夫，直憑胸臆、以情識為良知而導致道德頹敗的可能性的警覺；

第二、黃道周以「精一危微」之「精」與「一」來解釋「慎」與「獨」。「慎者，聖賢所以致精」，強調的是儒者需要從「未發」處做「慎」的工夫，「精」乃是一種「工夫」的表徵，屬於「用」的範疇；而「獨者，聖賢所以致一」中之「獨」與「一」相對應，則指涉一種本體境界，屬於「體」的範疇。黃道周認為，它們「語雖分拆，意實完成」。也就是說，上述兩句話較為完整地表述了一種「即用見體」抑或「由工夫以顯本體」的道德實踐路向。

第三、他認為，「慎獨」的目的就是要達到一種「誠」的境界，「誠者，天道也」。換言之，做「慎獨」的工夫，就是在遵循「人道」，以通「天道」。「誠意只是慎獨。慎獨者，自一物看到百千萬物，現來承受，只如好色惡臭，感目觸鼻，自然曉會，不假推求。所謂知至，知至便是明誠，明誠便與天地合德，日月合明，神合其吉凶。」〔註110〕而欲「慎獨」者，須誠意，工夫所到，則「自一物看到百千萬物」，「自然曉會，不假推求」。這即是「物格」之意，物格便知至。黃道周曾界定「格物致知」中的「知」為「知止」、「至善」。在這裡，「知至便是明誠」，「明誠」與「止於至善」有著相同的意思。因此，通過「慎獨」，才能獲致「心性」與「天命」一體，「天道」、「人道」一貫，最終可以達到「與天地合德」的「萬物一體」之至善本體境界。總之，黃道周所謂「慎獨」工夫，可被看作為「格物」的主要對象，亦即是「格心」、「格意」。

雖然，黃道周與劉宗周並為晚明兩位學術大儒，代表了不同方向的性一元論，但是，在注重「慎獨」工夫方面，他們的觀點卻頗為一致。劉宗周亦主張云：「聖學之要，只在慎獨。獨者，靜之神，動之機也。動而無妄曰靜，慎之至也，是謂主靜立極。」〔註111〕其實，這種以慎獨工夫為儒學宗傳要旨的思維在晚明儒者中也不在少數。揆諸是時學術思想史，這一思想旨趣的產生，也

〔註109〕 黃道周：《榕壇問業》卷十三。
〔註110〕 黃道周：《榕壇問業》卷十五。
〔註111〕 （明）劉宗周：《劉子全書》卷十《學言上》，臺灣華文書局，1968 年影印本。

是與陽明良知之學本身內在的張力所引致的學術流弊頗為相關。誠如劉宗周所言：「今天下爭言良知矣，及其弊也，猖狂者參之以情識，而一是皆良；超潔者蕩之以玄虛，而夷良於賊，亦用知者之過也。夫陽明之良知，專以救晚近之支離，故借《大學》以明之，未必盡《大學》之旨也。而後人專以言《大學》，使《大學》之旨晦；又藉以通佛氏之玄覺，使陽明之旨復晦。皆坐不誠之病，而求於意根者，疏也。」〔註112〕

黃、劉二人關於「慎獨」工夫的見解較為一致的原因，就在於他們均遭遇同樣的學術境況，以致於各自的問題意識，也有著某種程度上的趨同。但是，黃道周與劉宗周對於誠意之「意」的理解是不同的。劉宗周認為，「意也者，至善歸宿之地，其為物不二，故曰獨。」〔註113〕他將「意」標舉到了一個頗高的地位。誠如張學智所說，劉宗周所謂「意是心中本有的支配後天念慮的最初意向，是心之主宰，是未發之中。」〔註114〕「意」在這裡獲得一種本體的意義；而黃道周認為，心中之「意」可善可惡。譬如，其弟子明遠問：「若此者，都是意，意生想，想生妄，如何得到至誠所在？」黃道周答：「如此才要誠，誠意只是慎獨。」〔註115〕在黃道周這裡，「意」亦包含有後天不善之「意」的意思。所以需做「慎獨」工夫來保任良善之「意」，是為「誠意」之旨。

三、博與約

一般認為，晚明時期，陽明後學中的王學左派主張良知本體自然流行，導致士人束書不觀，學術空疏。譬如，顧炎武在《答友人論學書》中，譏詆是時士人的學風：「今之君子，聚賓客門人數十百人，與之言性言心，捨多學而識，以求一貫之方，置四海困窮不言，而講危微精一，吾弗能知也。」〔註116〕全祖望也談到明代中葉以降學風的頹唐。他說：「自明中葉以後，講學之風，已為極敝，高談性命，束書不觀，其稍平者則為學究，皆無根之徒耳。」〔註117〕

〔註112〕 （清）黃宗羲：《明儒學案》，第1572頁。

〔註113〕 （明）劉宗周：《劉子全書》卷二十五《雜著》，《讀〈大學〉》，臺灣華文書局，1968年影印本。

〔註114〕 張學智：《明代哲學史》，北京大學出版社，2000年版，第442～445頁。

〔註115〕 黃道周：《榕壇問業》卷十五。

〔註116〕 （清）顧炎武：《顧亭林詩文集》卷三《與友人論學書》，中華書局，1983年版，第40頁。

〔註117〕 （清）全祖望：《鮚埼亭集外編》卷十六《甬上證人書院記》，《全祖望集匯校集注》，上海古籍出版社，2000年版，第1059頁。

在晚明日益嚴重的社會危機下，這種空談性命的講學之風便不可避免地遭到沉痛反省與強烈批評。

伴隨著復古主義思潮的再次崛興，晚明士人掀起了一股回歸儒家經典的學術運動。正如嵇文甫先生所說，「晚明是一個心宗盛行的時代，無論是王學或禪學，都是直指本心，以不讀書著名。然而實際上不是那樣簡單。……在不讀書的環境中，也潛藏著讀書的種子，在師心蔑古的空氣中，卻透露出古學復興的曙光。世人但知清代古學昌明是明儒空腹高心的反動，而不知晚明學者已經為清儒做了些準備工作，而向新時代逐步推移了。」〔註118〕而黃道周憑籍在晚明學術社會中的巨大影響力，通過講學等途徑，宣揚「博學為文」來求證周孔之道。這就涉及「博」與「約」的問題。其實，如日本學者島田虔次所說的，「『博』和『約』即是自《論語》以來的這樣一對範疇，中國思想史、學術史，特別是宋代以後，甚至可以說就是『博』與『約』的論爭史。譬如，宋明理學強調『約』的第一性，而清朝考證學認為，其實，空虛的觀念論是違背儒學本質的東西，反之主張『博』。」〔註119〕對於「博」與「約」的分歧，映現了儒者們在方法論或工夫論上主張的差異。因此，「博」與「約」的關係，亦成為了黃道周「工夫論」思想中無法迴避的重要一脈。

崇禎甲戌（1634）八月朔二日，黃道周在漳州榕壇講學時，強調了「博學於文」的重要性。他說：

> 此道常有人尋求，無如今日親切。……真讀書人，目光常出紙背，往復循環，都有放光所在。若初入手，便求要約，如行道人，不睹宮牆，妄意室中，是亦穿窬之類也。……上高入天，下堅入石，透紙萬重，下釘八尺。〔註120〕

在這裡，我們可以大體領略他的「由博返約」的學術旨趣。晚明時期，主張「由博返約」的學術思路，雖並無甚新意，但在那種「束書不觀，直證心體」的時代流弊之下，卻又顯得那麼具有真知灼見，「此道常有人尋求，無如今日親切」。在黃道周看來，讀書人慾真正悟道，就必須「博學於文」。「真讀書人，目光常出紙背，往復循環，都有放光所在。」任何企圖頓悟性命天道的想法，都將是虛妄的，只有「上高入天，下堅入石，透紙萬重，下釘八尺」的學術工

〔註118〕嵇文甫：《晚明思想史論》，東方出版社，1996年版，第144頁。
〔註119〕（日）島田虔次：《中國思想史研究》，上海古籍出版社，2009年，第363頁。
〔註120〕黃道周：《榕壇問業》卷四。

夫，才是儒家的「博約」之旨所在。此外，黃道周談到「博」與「約」在探求周孔之道過程中的關係。他說：

> ……然此正是約處，約到不貳，約到不遷，便把一生博文工夫，納於無文上去。吾輩過失之多，只在浩博一路，收拾不下。如實見，不貳不遷，卓爾藏神立命，雖百國寶書，九千弦誦，何能涬人見聞？……從博反約，從轉得定。約定中間，又無站處，以此見得聖賢精神力量，終古無窮。」〔註121〕

在黃道周看來，儒家聖賢之學不外於「博之於文，約之於禮」。由「工夫」以證「本體」。這是儒者達致「與天地萬物為一體」的聖賢境界的路徑所在。因此，他主張「從博反約，從轉得定」。由博返約，聖賢之道才能得見。但是，「約、定中間，又無站處」。意思是說，道體廣大，周流六虛，生生不已，其體現在萬殊之物上。人類的認識是無止境的，必須如此循環往復，需要人們不斷去作「格物致知」的工夫。所以，正是在這一意義上，黃道周說「聖賢精神力量，終古無窮」。他常常勸誡弟子們：「善讀書人，縱是頑鈍，他亦要旁稽博覽，有此一途，才見工夫，為道教之本。」〔註122〕而這種強調通過「讀書」來求證「道體」所在的做法，也是屬於「由博返約」的思路。黃道周說：「不說言語文字，安得到無言語文字上去？……莫說『無妄』兩字，空空貫串，便與天命相通也。」〔註123〕這話顯然是主要針對晚明束書不觀、空談心性，直證良知本體的學風而發的。

黃道周在榕壇講學過程中，對陽明後學棄絕「博學於文」的工夫，以及佛老的空幻無學進行了激烈的批評。崇禎乙亥（1635）秋，他在榕壇答弟子柯魯生的「下學上達」之問時有一段對話：

> 魯生云：「晦翁開章訓學為覺，後覺之效先覺，可謂效時是學，覺時是達不？」某云：「如此只說得學達，說不得下學上達。」魯生云：「王龍溪謂口之可言，力之可致，心思之可及，雖至精微，皆下學事；口所不能言，力所不能致，心思所不能及，皆謂之上達。」某云：「『口可言，便有不可言處；力可致，便有不可致處；心思可及，便有不可及處。』其可處皆人，其不可處皆天也。如此只說得

〔註121〕黃道周：《榕壇問業》卷七。
〔註122〕黃道周：《榕壇問業》卷八。
〔註123〕黃道周：《榕壇問業》卷四。

上下，亦如何說得學達？如云口所可言，以達於不可言；力所可致，
以達於不可致；心思所可及，以達於不可及。如此則逾玄逾微了，
如何說真切學問？」〔註124〕

黃道周這段有關「下學上達」問題的答疑，實際上就是對於「博」、「約」
關係的一種概括。「學」與「覺」即是「學」、「達」，亦即是「博」與「約」。
黃道周認為，王龍溪所謂「口可言，便有不可言處；力可致，便有不可致處；
心思可及，便有不可及處。其可處皆人，其不可處皆天也」的論斷只能算是
「上」、「下」之分，並無「學」、「達」的內容。王龍溪的「下學上達」之言，
有悖於儒家「由博返約」的學術傳統。它否棄了「由工夫以證本體」的實踐路
徑，所以不是真切的學問。龍溪重「本體」而輕「工夫」的特點，正是黃道周
之所以詬病所在。黃道周認為，「上達」不是懸空之論，而必須要根基於平實
日用的「下學」工夫。他曾引李延平教導朱熹去致力於「下學」的話說：「朱
元晦初見李延平，陳說道理，動輒造微。延平云：『公懸空理會，俱得種種道
理，而眼面前事卻不理會，何也？此道初無繆巧，但就日用平實細心便見。』
元晦於是一意於下學。今看夫子，言終食，言造次顛沛，富貴貧賤，是何等平
實？何等綿細？更要想他前頭，便是懸空理會也。」〔註125〕黃道周的用意在
於強調，不由日用平實之「下學」所致之「上達」，便是「懸空理會」。而這些
無疑亦是針對王龍溪等因否棄朱子之學意義上的工夫，而宣揚「現成良知」說
的批評。

除此之外，黃道周對於佛老的批評，亦是落於工夫層面上。他說：

經世、治心都是要細，明體、致用都是要實，豈有兩種道理？……
凡學問都是自家心細，如粗大便自虛張，不老不實，且勿問他本體
虛無上事也。如論本體，天下歸仁，豈有兩樣心性在？」〔註126〕

在這裡，黃道周認為，經世治心，明體致用都是要細、要實。而這種「細」
與「實」皆就工夫層面而言的。如果沒有這些實在的工夫作為學問的前提，儒
家所謂「仁」之本體就不能得到呈現。這明顯屬於由「博」返「約」的思路。
由於儒家的根本旨趣與釋、老不同，所以，在黃道周看來，「釋、老只是不學，
無尊道工夫，便使後來譸張為幻。」〔註127〕他將佛、老之學都看作是無工夫

〔註124〕黃道周：《榕壇問業》卷十三。
〔註125〕黃道周：《榕壇問業》卷七。
〔註126〕黃道周：《榕壇問業》卷十四。
〔註127〕黃道周：《榕壇問業》卷十四。

的學問，認為它們與「明體致用」的儒家宗旨是相悖的。總之，諸上論證落實到黃道周的一句話：「『道』字且不須譚，只要好學，學好力久，此理自見。」〔註128〕在這一點上，他無疑是頗切近於朱熹的。

四、克己復禮

「克己復禮」成為儒家通往「仁」的境界的必由之路。「克己」為儒家內在工夫，「復禮」則成為儒家外在事功目標。孔子正處於禮崩樂壞的時代。面對周禮的衰微，他主張應該將人們對於禮儀的刻意追求，轉向對於「禮」的內在精神的真誠信仰。由此，在他的學術思想體系中，出現了由「禮」向「仁」的轉變。正如顏世安先生所說，「孔子由此提出仁為禮儀之本，要求從禮的規範儀文中尋求精神實質。」〔註129〕自孟子而後，儒家開闢了一條追求內在心性修養之路。而「克己復禮」的命題，在宋儒，尤其是程、朱一系中，成為他們思想建構的重要範式。在某種意義上，理學中的」天理」與「人慾」之辨的建構資源主要來自於對「克己復禮」的詮釋。而詮釋方向的歧異在一定程度上映現了宋明理學內部發展進路的不同。

朱熹對「克己復禮」之「己」與「為仁由己」之「己」的解釋是不同的。在他看來，前者為「身之私欲」，後者則為道德意識與行為的主體。〔註130〕而陽明後學鄒守益基於對朱熹的批評，把「克己」解釋為「修身」，強調「己」是指道德主體，與「為仁由己」之「己」的意思一致。〔註131〕至於二者所作

〔註128〕黃道周：《榕壇問業》卷九。

〔註129〕顏世安：《外部規範與內心自覺之間——析《論語》中禮與仁的關係》，《江蘇社會科學》，2007 年第 1 期。

〔註130〕朱熹對「克己復禮」的解釋如下：「仁者，本心之全德。克，勝也。己，謂身之私欲也。復，反也。禮者，天理之節文也。為仁者，所以全其心之德也。蓋心之全德，莫非天理，而亦不能不壞於人慾。故為仁者，必有以勝私欲而復於禮，則事皆天理，而本心之德復全於我矣。歸，猶與也。又言一日克己復禮，則天下之人皆與其仁，極言其傚之甚速而至大也。又言為仁由己，而非他人所能預，又見其機之在我而無難也。日日克之，不以為難，則私欲淨盡，天理流行，而仁不可勝用矣。」（宋）朱熹：《四書章句集注》，中華書局，1983 年版，第 131～132 頁。

〔註131〕鄒守益說：「克己復禮，即修己以敬；禮者，天然自有之中也。……視聽言動，己之目也；非禮勿視聽言動，修己之目也。除卻視聽言動，更無己矣。禮也者，己之所本有也。故曰復；非禮者，己之所本無也，故曰勿。今以非禮為己私則可，以己為私欲則不可。……先師之言曰：心之本體原只是天理，……身外無道，己外無禮。……未有以己為私欲者。……曰為仁由己，正指己為

解釋不同之原因，誠如溝口雄三的分析：「對朱子來說也是這樣，氣質的萬殊，由於自體是萬殊，所以是私，因而應克己的氣質之己是私。這個己，不是對人或物而言，是對公而言，……陽明的心即理，是使理扎根於心的自立並個別多樣的現在上。在這一點上，朱子和陽明是對立的，結果鄒守益的這個批判也是對朱子的定理的批判。」〔註132〕由此可見，上述詮釋亦昭示了程朱理學與陽明心學之間的實質分野。

在對朱、王二學進行全面反思與批判的晚明時代，黃道周又是如何詮釋「克己復禮」的呢？崇禎壬申（1632），黃道周於第二次京官罷歸之後，在講學活動中投入了大量的時間與精力。其間，他對於儒家「克己復禮」之旨的闡發頗為詳盡。黃道周針對「克己復禮」之「己」與「為仁由己」之「己」的解釋，有如下一段對話：〔註133〕

> 林與公云：「夫子教他下手，亦在視聽言動上，何嘗直破心乎？」
> 某云：「正在此處，備見天性。凡人下手，要有得手用力，要有得力處。」與公云：「如在『己』上下手，豈終身是個『己』在？」某云：「此不同，試把手掌當日照過，何者是汝骨月？去了非禮，便是禮了。己克禮復，如何猶說『己』在？」與公云：「如此繇己之『己』，與克己之『己』，是一，是二？」某云：「汝兩手擦面，誰是汝手，誰是汝面？汝自家梳洗，整頓衣冠，雖有別人，亦是汝的。」〔註134〕

這則材料主要包含二層意思：第一、黃道周主張，欲「復禮」須「克己」，「復禮」的下手處，就是對於作為實施視、聽、言、動的主體——「己」進行修養，非禮勿視、聽、言、動。因此，他說：「正在此處（視、聽、言、動之處），備見天性。」「克己」亦即是「修身」的意思，將實施「視聽言動」主體身上的「非禮」部分克將去。由此，「去了非禮，便是禮了」。就這一點來說，黃道周與鄒守益的見解一致。他亦不認同朱熹將「克己」之「己」直接解為「身之私欲」的做法。第二、他認為，「己」與「禮」畢竟是一對相互對立的

用力處，……修身之是克己，自是明證。」（〔明〕鄒守益：《鄒守益集》卷一五《論克己復禮章》，鳳凰出版社，2007年版，第739～740頁。）

〔註132〕（日）溝口雄三：《中國前近代思想的演變》，中華書局，1997年版，第281～282頁。

〔註133〕這則材料錄自黃道周的重要講學文本《榕壇問業》。崇禎甲戌（1634年）六月二日，黃道周與弟子們在漳州榕壇討論過「克己復禮」的問題。

〔註134〕黃道周：《榕壇問業》卷二。

概念，「己克禮復」中之「己」是己身之「非禮」成分。就這一意義而言，「己克禮復，如何猶說『己』在」。在一定程度上，黃道周的這一點解釋似乎接近朱熹之說，但卻又有所不同，因為「非禮」部分之「己」畢竟是附著在道德主體之身上的。故此，他以「兩手擦面」為比喻，來說明「由己」之「己」與「克己」之「己」具有相同的意義指向。總之，在黃道周看來，「己」字含有二義：一是指能夠視、聽、言、動的道德主體「氣質之身」；二、是指在現實經驗層面上，有違天理人性的「惡」的可能性部分。這兩部分是不能加以割裂的，因為「汝自家梳洗，整頓衣冠，雖有別人，亦是汝的。」

如前所述，朱熹主張克去私欲，以合符於外在的天理規範，進而實現「復禮」的目的。而陽明心學主張修養身心，復歸「良知本體」，這種本體的外在化、現象化即為「禮」。而黃道周的「克己復禮」之解，在某種程度上具有綜合朱、王的傾向。他大體主張「克己復禮」之「己」與「為仁由己」之「己」是一致的，均具「修身」之意。但是，他為了防止晚明士人「任情為率性」的流弊，在朱熹的基礎上，加大了「己」與「禮」的對立感。不可否認，這凸顯了黃道周的一種「道德嚴格主義」的意向。正如他說：

> ……見人有「己」便不仁，有「己」便傲，傲便無「禮」，無禮便與天下間隔；無「己」便細，細便盡「禮」，盡「禮」便與天下通。……克己者，只把己聰明才智一一竭盡，精神力量一一抖擻，要到極細、極微所在，雖外間非「禮」，不能染著。猶須如蕩滌邪穢一樣用工，所以洗心退藏，不墮沉潛、高明之弊。……不曾施藥，自己康強，克得一身，日行千里，如何說是傚驗？同時，聽者猶覺愕然，如未曾聞。〔註135〕

黃道周將「己」與「禮」加以對立，認為「有『己』便傲，傲便無『禮』，無『禮』便與天下間隔」。再者，「無復非禮，便是禮。」「己」在這裡是被置於非「禮」的層面之上的。由於宋明儒者擁有強烈的「萬物一體」的觀念，特別關注「禮的內在化」。因此，做「克己」的工夫就是理所當然的了。「己」不克，則「禮」不復。「禮」不復，則無法達到與「萬物一體」的聖域境界。「克己者，只把己聰明才智一一竭盡，精神力量一一抖擻，要到極細、極微所在，雖外間非『禮』，不能染著。」這句話就是強調做「克己」的工夫。只有做到心體澄然寂靜的地步，本來之「己」才不會被外來的非「禮」的意念與

〔註135〕黃道周：《榕壇問業》卷八。

行為所污染。黃道周的這種解釋方式，與陽明心學的「致良知」說頗為切近。但是，他又與陽明後學鄙夷工夫，直證心體流行的做法不同。他說：「猶須如蕩滌邪穢一樣用工，所以洗心退藏，不墮沉潛、高明之弊。」否則，「不曾施藥，自己康強，克得一身，日行千里，如何說是傚驗？」總之，只有致力於「克己」工夫，才能達致「復禮歸仁」的聖人境界，且不墮沉潛，抑或高明的朱、陸之弊。

宋明儒者對於「克己復禮」的詮釋，大多採取理學模式，主要側重對「克己」問題的強調。由此，導致「禮」的進一步內在化、形上化。而隨著這種對於「復禮歸仁」詮釋的單向度發展，在儒家道德教化的實踐過程中，極易使得「禮」的理論支撐，拐向一種虛空渺幻的境地。譬如，在黃道周看來，王龍溪等人也熱衷於講闡「克己復禮」的意義，然而，他們對「克復」的詮解，在某種意義上將儒學引向了佛禪之路。同時，也引致了以「東林學派」為代表的眾多儒者的猛烈批評與嚴厲剖擊。而黃道周對於「克己復禮」的詮釋在一定程度上，迴避了陷入此種理論的困境，以致於使得他的學術思想變得更具包容性與解釋力。

崇禎十五年（壬午，1642）四月下旬，黃道周在大滌書院談到如何看待「克己」與「博文」的問題。他說：

> ……此是克己處入手，於形色看到天性上，是直捷路頭；……學者格物，止看《易》、《詩》、《書》、《春秋》，此是從博文處入手，於理義看到性命上，是漸次路頭。古今學者，止是此兩路。……學者須兼此兩路工夫，莫作南頓、北漸，誤墮禪門也。……論學問則學問同歸，論工夫則漸、頓殊候。形色之與天性，文章之與性道，總是一物，但下手駐足確有兩候。」〔註136〕

在這裡，首先，黃道周仿照禪宗的「南頓北漸」之說，將儒家「克己復禮」之「克己」看做為達致「復禮」的，屬於「尊德性」的「頓悟」之法，「於形色看到天性上，是直捷路頭」。與之相對的是，「博文」則屬於「道問學」的漸悟之法，「從博文處入手，於理義看到性命上，是漸次路頭」；其次，他認為，「博文」就是「止看《易》、《詩》、《書》、《春秋》」。「克己」與「博文」，就儒家學問宗旨來看，無疑屬於「同歸」；就工夫而論，則有「漸、頓殊候」，確乎殊途。因此，兩者「總是一物，但下手駐足確有兩候」。總之，黃道周主張，

〔註136〕黃道周：《格物證》，《黃漳浦集》卷三十《雜著》。

「古今學者，止是此兩路」，且須兼此兩路工夫，不能有所偏廢，否則，將「誤墮禪門」。由此而觀，黃道周對於「克己」與「博文」之解，亦是與他「由博返約」的為學思路相一致的。

此外，黃道周亦談到了「克己」與「復禮」二者孰為先後的問題，試看如下對話：

> 晉水云：「夏時四件似是復禮，放遠兩件似是克己，孰先孰後，如何下手？」某云：「一齊下手。」晉水云：「如何得一齊下手？」某云：「布和率天，軌物率地，服采率人。三才之原，何者不正？既然三正，便絕萬邪。既無一邪，自然眾正。」晉水云：「此不籠統些。」某云：「敬天、敬地，敬人、敬身，周公所仰施四事，仲尼所兼用二柄。」〔註137〕

儒家本身由於重「德」的文化品性，主張由內聖而外王。身心的內在修為，總是居於優先位置。然而，當侯晉水問到「克己、復禮，孰先孰後？」時，黃道周回答云：「一齊下手。」值得注意的是，在黃道周這裡，「克己復禮」之「禮」不僅是具有「整體」、「抽象」意義上的儒家理想道德與政治社會秩序，而且，更為強調的是，外在的、日常經驗層面上的，甚至是從儒家經典文本中所獲致的貫通「天命」、「天道」的知識結構。在這一意義上，「克己復禮」何以可能？他提出的行動方案是：「布和率天，軌物率地，服采率人」。「天」、「地」、「人」三才均被納入他的知識體系中。換言之，他一方面注重對外在客觀的「天地之道」的探究；另一方面亦關切人的內在德性修為，主張三者齊頭並進，「既然三正，便絕萬邪，既無一邪，自然眾正」。

在黃道周看來，對於「克己復禮」的詮釋應該是內外兼顧，周孔之學只是敬「天」、「地」、「人」、「身」。其實，通過道周所謂「周公仰施四事，仲尼兼用二柄」之語，我們不難斷定：在他那裡，「己」與「禮」二者均獲得同等的重視。在理學範型天下的宋明時代，內在心性問題被過度關注，而對於外在規範的「禮」的闡釋，卻處於相形見絀的地步。在這裡，黃道周恰恰通過對「克己復禮」的詮釋，將他對於「外在之禮」的關注凸顯得異常明晰。

五、朱陸異同

朱、陸異同之辨是宋代學術思想史上的一大公案。其核心問題就在於「道

〔註137〕黃道周：《榕壇問業》卷十。

問學」與「尊德性」之間的論爭。實際上，兩者都是屬於儒學視域中「工夫論」層面的問題。「格物致知」論、「博約」論與「克己復禮」論等理學工夫論題，在某種意義上都是在討論「道問學」與「尊德性」的問題。按照學界一般看法，程朱重「道問學」，在「理一分殊」的理論框架下，尋著「即物窮理」的路子去叩問天理，進而去控扼人之私欲的泛濫，最終實現君、官、民一體的社會道德教化的目標，完成儒學存在的使命；而陸王則熱衷「尊德性」。它在同樣肯認天理的合理性的同時，「先立乎大者」，認為本心呈現之時，天理即昭昭然，私欲便會無所逃遁地被控扼了，無須假借外在支離的「即物窮理」的程朱路數。由此可見，兩者對於儒學的終極目標的認知是一致的，所不同的是達致這一目標的實踐路徑。

崇禎十五年（壬午，1642）四月，黃道周對弟子談到了「朱、陸異同」的問題。他說：

> ……伊兩家辯論，不自鵝湖始，卻是子美開端，明刺濂溪不是。晦翁尊崇濂溪，見子美詆濂溪無極太極為老氏之學，遂生異同。其後……爭源分流，學者從之，遂分徑路。……子靜識見太朗，氣岸未融，每於廣坐中說晦翁，又是一意見，又是一議論，又是一定本。晦翁亦消受不過，所以，前面與子美爭論無極。止說各尊所聞，各行所知，足矣！……而晦翁詆之為禪，子靜之不服也。〔註138〕

黃道周認為，朱、陸論辨源起於鵝湖之會之前，陸九韶批評周濂溪的無極太極之學為老子道家學問，而一向尊崇濂溪的朱熹則反向辯駁之。由此，「爭源分流，學者從之，遂分徑路」。「道問學」與「尊德性」成為宋明理學內部派分的依據。在黃道周看來，朱熹與陸氏兄弟之學各有淵源、各有所長，他們之間的學術辯論大多流於意氣之爭。譬如，黃道周說陸象山「識見太朗，氣岸未融」，「每於廣坐中說晦翁，又是一意見，又是一議論，又是一定本」，批評朱熹之學「支離」。然而，朱熹亦不示弱，直指陸氏之學皆為「禪學」，對此，黃道周所持的理性態度就是「各尊所聞，各行所知」。

基於上述對朱熹與陸氏兄弟互相論辯情況的分析，黃道周勸誡弟子云：

> ……讀書止宜涵泳，如大海分丘，何所不有？興雲致雨，吐納萬流，豈必與眾峰百源，角其深秀哉？……凡讀書看古人爭難處，止是借來發端，開吾竅寐，不得隨它訶牆罵壁。如晦翁之格致，子

〔註138〕黃道周：《朱陸刊疑》，《黃漳浦集》卷三十《雜著》。

静之良知，皆有瑕釁，亦皆不遠於聖門之學。……天下事，惟邪、
正兩家，調停不得。即是一家，何必苦自同、異？〔註139〕

　　黃道周主張，學者應該具有「吐納萬流」的開闊心胸，涵納不同的學術面
相，因為聖學深廣，「如大海分丘，何所不有？」故此，黃道周又云：「豈必與
眾峰百源，角其深秀哉？」在他看來，朱、陸二氏於此論辯，實無「一決高下」
之必要。兩者均有「瑕釁」，但「亦皆不遠於聖門之學」。因此，他一再提醒弟
子，「看古人爭難處，止是借來發端，開吾竅寐，不得隨它訶牆罵壁」。誠如唐
君毅所說，「朱子所暢發之即物窮理之致知之義，更為其學之特徵。此與象山
之言心即理，而教人自覺其理之顯於其心之發用中者，求有以自信之教，正相
對應，而亦實各有千秋。」〔註140〕朱、陸之異主要在於工夫論上，而兩者學
術的終極旨趣，其實並無多大的差異。「朱子與象山之工夫論雖不同，其立義
正有其互相對應之處；總結而說，咸有兩端，為『主敬以存養此心之虛靈明
覺』，與『即物窮理以致知』之兩端。……以動而未嘗不靜，故朱子於動靜，
必分而後合，一動一靜之間，若有先後。而象山則恒直下合動靜說，動靜可無
先後。此中之毫釐之差，如放大而說，亦可有天淵之別。若不重此毫釐之差，
則其皆意在貫通動靜，亦無不同也。」〔註141〕黃道周正是在洞悉上述朱、陸
二氏各自意旨的基礎上說：「即是一家，何必苦自同、異？」

　　另外，值得注意的是，黃道周對陸氏之學的禮學資源作了頗有見地的提
示。他說：

……子靜說聖賢淵源，止在「愛、敬」二字，體貼分明，用之
不盡。知之為致知，格之為格物，此處豈有病痛？……陸家淵源，
家庭之中，有禮有法，施於州郡，築險賑饑，隨方立濟，極不是禪
家作用。〔註142〕

　　由此可見，黃道周頗為認同陸九淵所說的「聖賢淵源，止在『愛』、『敬』
二字。」「愛」、「敬」二字是《孝經》中最具內核性的概念。在黃道周看來，
陸氏對於它們的重視與關注，在一定程度上凸顯了其學並不是醉於精微形上
層面的心性之學，而是切於人倫日用的禮學。其實，對於陸氏這一學術面相的

〔註139〕黃道周：《朱陸刊疑》，《黃漳浦集》卷三十《雜著》。
〔註140〕唐君毅：《中國哲學原論·原教》，中國社會科學出版社，2006 年版，第 184
　　　　頁。
〔註141〕唐君毅：《中國哲學原論·原教》，第 185～186 頁。
〔註142〕黃道周：《朱陸刊疑》，《黃漳浦集》卷三十《雜著》。

肯定，與黃道周本人將「愛」「敬」二字作為重建儒家禮秩世界的主要路徑的觀點是分不開的。〔註143〕故此，黃道周對於一味批評陸氏心學的觀點是很不以為然的，認為其「體貼分明，用之不盡。知之為致知，格之為格物，此處豈有病痛？」除此之外，黃道周還為其辯護云：「陸家淵源，家庭之中，有禮有法，隨方立濟，極不是禪家作用。」在他看來，陸氏之學是為經世實學，而以「禪之空疏」來加以駁難，顯然是無所憑據的。

　　總之，黃道周認為，儘管朱、陸之學有所差異，但二者皆不失為「聖門之學」。所以，他為後學所開的藥方如下：「高明柔克，沉潛剛克，兩克之功，隨人變化，子靜以救晦翁，用晦翁以劑子靜，使子靜不失於高明，晦翁不滯於沉潛。」〔註144〕平心而論，黃道周對待朱、陸之學的異同問題，無疑是趨於冷靜與合理的，同時，亦顯示了其學術思想的包容性。最後，黃道周頗有所指地說，「非如今人，一向走空，遂落西竺雲霧。」〔註145〕他這一批判劍鋒所指向的是，陽明後學中王龍溪等人「近乎佛禪」的學術面相，且認為它給晚明儒學帶來了巨大的實踐困境。

　　明亡之後，朱陸異同之辨仍在繼續，比之晚明，有過之而無不及。士人對待這一問題的態度，也顯得更為激越。譬如，一貫強調「習行」的顏李學派將朱、陸之學通加批駁。顏習齋曾經在寫給孫奇逢的書信中說：「論今天下，朱陸兩派，互相爭辯，先生高見，平和勸解之不暇，豈可又增一爭端也？但某殊切杞人憂天，以為雖使朱學勝陸而獨行於天下，或陸學勝朱而獨行於天下，或和解成功，朱陸合一同行於天下，則終此乾坤，亦只為當日兩宋之世。終此儒運，亦只如說話著書之道學而已！〔註146〕由此可見，習齋試圖超越朱陸之辨的命題而為儒學另闢新徑，但無論如何也難以迴避對該命題立場的闡釋。從而在某種意義上，這一命題成為了明清思想史上頗為重要的學術異動風向標。

小結：黃道周心性之學建構的邏輯路向

　　宋明時代，理學成為主潮。在個體的內在心性上，追尋「天命」與「天理」，

〔註143〕「愛」、「敬」二字是黃道周取自《孝經》的重要禮學概念。他將之作為儒家禮制世界重建的最為重要的實踐路徑。詳細論述可參見第六章「黃道周禮學思想」。

〔註144〕黃道周：《朱陸刊疑》，《黃漳浦集》卷三十《雜著》。

〔註145〕黃道周：《朱陸刊疑》，《黃漳浦集》卷三十《雜著》。

〔註146〕（清）顏習齋：《存學篇》卷一。

成為宋明理學，尤其是陸王心學的重要學術理路。在某種意義上，這是宋明儒學主流的內在建構形式。

儒學的內在心性建構發展到晚明時期，已臻極盛之境。尤其是陽明心學發展到龍溪、泰州學派之時，流弊亦隨之凸顯。它在凸顯儒學創新活力的同時，又不可避免地帶來了諸多理論的實踐困境。於是乎晚明社會道德與政治倫理的危機的產生，致使人們將批判的矛頭紛紛指向了陽明後學中的「無善無惡」派，指斥其為近乎佛禪的空幻玄蕩之學，已非儒家之正途。然而，儒學中的心性之維是直承孔孟而來的，因此，對於程朱理學、陸王心學的修正，仍是時大多儒者的學風所趨。黃道周的心性之學的建構就是在這一學術思想背景下展開的。

首先，黃道周將批判的鋒芒指向宋明以降的幾百年道統觀念，大大擴充了儒學譜系的內容；其次，他在一定程度上吸納了王陽明的「良知本體」說，批評朱熹的性二元論，進而強調了「由工夫以見本體」的重要性。因之，「格物致知」與「由博返約」等傳統命題成為了黃道周貫徹上述論旨的最為重要的闡釋向度。

總之，在黃道周的整個學術思想中，對於心性之學的闡釋，雖不是其惟一的關切所在，但卻成為激發黃道周建構儒學思想的問題意識的邏輯起點。他將在個體的內在心性中呈現「良知」、「天理」還原到外在的客觀規範中去。由此可見，它在黃道周儒學重建的構架中亦佔據了一個頗為重要的位置。他仍然關注並回應了是時理學存在的價值問題。因此，在上述意義上，將其視為晚明理學家亦無不實之處。

第五章 「彌綸天地，統括天人」——
黃道周易學與陰陽五行思想

　　《易》由於本身所具有的極富於形上思辨的意蘊，成為後世用來建構儒學理論最為重要的思想資源之一。「《易》之為道，無所不在，雖一技一解，亦無不可見《易》也。」〔註1〕而《洪範》被黃道周視為與《易》相為表裏的經典文本。因之，他力圖將二者作為晚明「天道」重構的理論基底。黃道周認為，《易》中之象數維度與《洪範》中的陰陽五行說具有「彌綸天地」之特性，為探究「天道」提供了可能。他大力彰揚漢代象數易學的價值，以及在去「神魅讖緯」化的基礎上，重新剔抉漢代天人感應的「陰陽五行」說，構建具有「自然主義」意味的外在客觀之「天道」，然後「統括天人」，推「天道」以明「人事」，進而為晚明儒家倫理道德與政治理想秩序的重建提供一套方案。

第一節　易學源流與黃道周的問題意識

一、易學源流之考鏡

　　《四庫全書總目》對於自先秦而後的易學發展源流，曾作過簡練概括：「《易》之為書，推天道以明人事者也。《左傳》所記諸占，蓋猶太卜之遺法。漢儒言象數，去古未遠也，一變而為京、焦，入於禨祥；再變而為陳、邵，務窮造化，《易》遂不切民用。王弼盡黜象數，說以老莊，一變而胡瑗、程子，始闡明

〔註1〕（清）徐秉義：《田間易學序》，《田間易學》（吳懷祺校點），黃山書社，1998年版。

儒理；再變而李光、楊萬里，又參證史事，《易》遂日啟其論端。此兩派六宗，已互相攻駁。又《易》道廣大，無所不包，旁及天文、地理、樂律、兵法、韻學、算術，以逮方外之爐火，皆可援《易》以為說，而好異者又援以入《易》，故《易》說愈繁。」〔註2〕在清代學者看來，《易》學史上的學術流轉，亦「不過漢學、宋學兩家，互為勝負。」〔註3〕三百年前，學者所歸納的易學詮釋中「兩派六宗「說，是人們對於易學發展歷程的基本認知，頗有提綱挈領之效。

在某種意義上，儒家思想的旨趣在於對天人關係的闡釋。天、地、人三才之道，成為學者們孜孜不斷探索的主要對象。當然，其同時也暗含著一種入世精神，亦即是「推天道以明人事」。換言之，「推明天地之道」的終極學術指向，是為了建構人類社會的理想秩序。《易》原本為卜筮之用。它無疑表徵著上古先民的一種「直探天意，以測吉凶」的宗教情結。伏羲畫卦，文王、周公作卦爻辭，當屬這一階段。而將《易》進一步引至義理向度的學術探討，則屬於春秋戰國時期的《易傳》。〔註4〕它的出現代表了先秦易學發生了意義重大的轉向。這一時期，易學已然從占筮之用向較有理論化、系統化的哲理知識過渡。而孔子則是這一學術路向的典型代表。他的易學思想主要體現在易學史上第一座具有里程碑式的著作——《易傳》之中。這是黃道周將孔子易學將為三《易》之一的重要原因。正如廖名春先生所說，「先秦春秋時期的義理易說，經歷了疑占說，引證說和以德代占說三個階段，對占筮的懷疑是義理易說誕生的萌芽，引《周易》論證人事開創了義理派的用易之風，以德代占則屬於義理易說的理論歸納，是義理派易學理論形成和成熟的標誌。到戰國，諸子們既普遍接受了義理派易學的觀點，又對義理易學進行了發展。」〔註5〕雖然先秦易學在發展過程中，出現了義理易學派與占筮易學，呈二水分流之勢，但是以占筮解《易》無疑還是當時主流的學術路向。

兩漢時期，獨尊儒術，經學興起、讖緯神學泛濫，以及天文曆法知識的發

〔註2〕 （清）紀昀：《欽定四庫全書總目·經部·易類小序》，中華書局，1997年整理本。

〔註3〕 （清）紀昀：《欽定四庫全書總目·經部總敘》。

〔註4〕 根據廖名春先生研究，今本《易傳》共七種十篇，它們主要包括《彖》上下、《象》上下、《文言》、《繫辭》上下、《說卦》、《序卦》、《雜卦》。《易緯·乾鑿度》將之稱為「十翼」。而這種對於《易傳》篇次的陳述，與司馬遷所謂的《易傳》並不完全等同。司馬遷僅指《彖》、《繫辭》、《象》、《說卦》、《文言》，並不包括《序卦》、《雜卦》在內。

〔註5〕 廖名春等：《周易研究史》，湖南出版社，1991年版，第23頁。

展，為象數易學在這一時期獨領風騷創造了條件。關於漢代易學發展的學派特點，朱伯崑先生曾作過如下分疏：「西漢學者解易，就其學風說，可以歸結為三種傾向：一是以孟喜、京房為代表的官方易學，此派易學，宋人稱之為象數之學。……二是以費直為代表的易學，此派易學不講卦氣和陰陽災變，而是以《易傳》文意解經，注重義理，多半是繼承漢初的易學傳統；三是以道家黃老之學解釋《周易》，或者說，將易學和黃老學說結合起來，講陰陽變易之學」〔註6〕由此可見，該時期象數解《易》的學風佔據主導地位。如孟喜易學主卦氣說，其「得易候陰陽災變書」，以陰陽二氣解說《周易》，用卦象詮解一年氣候變化（亦即是以《周易》六十四卦來配四時、十二月、二十四節氣、七十二候等）。並且，以此推斷人事之吉凶問題；京房（字君明）則在自創占算體例的基礎上，進一步發展了孟喜的卦氣說，提出了卦氣說、八宮卦說、五行說、陰陽二氣說、納甲說等。此派易學因被立為官學而據為易學主流。其實，以「自然主義」標宗的黃老道家學說解《易》，亦崇尚陰陽變易之說，與前者象數之學頗為貼近。而居於民間的費氏義理易學，始終被排斥於主流之外。從漢代易學的解《易》之風來看，其直接吸納了戰國時期蔚為大觀的、較為系統成熟的鄒衍學派陰陽五行思想。

魏晉、隋唐時期，出於對漢代象數之學的煩瑣學風的反思與檢討，人們將注意力漸漸集中到以道家老莊玄學解《易》的路子上來，進而開創了玄學義理易學派。如以王弼與韓康伯為代表。他們在經過與鄭玄等象數易學派的長期激烈論爭以後，正式奠定了魏晉時期的玄學義理易學基礎。唐代承繼上述玄學思路的孔穎達所撰的《周易正義》也代表了當時官方主流易學。除此之外，該時期還存在如下解《易》傾向：象數易學、佛學易學以及道教易學等。雖然，象數易學仍然具有一定影響，但是，相對漢代而言，卻是江河日下，所幸的是唐代李鼎祚的《周易集解》在一定程度上彙集與保留了之前歷代象數易學的學術成果。他說：「……唯王鄭相沿，頗行於代，鄭則多參天象，王乃全釋人事。且易之為道，豈偏滯於天人者哉？致使後學之徒，紛然淆亂，各修局見，莫辨源流。……歷觀炎漢，迄今巨唐。採群賢之遺言，議三聖之幽賾，集虞翻、荀爽三十餘家，刊輔嗣之野文，補康成之逸象。」〔註7〕該書成為唐代兼顧象數

〔註6〕 朱伯崑：《易學哲學史》（第一卷），華夏出版社，1995年版，第114～115頁。
〔註7〕 （唐）李鼎祚：《周易集解序》，《周易集解纂疏》，北京：中華書局，1994年版，第5～8頁。

與義理的重要易學典籍。

宋儒為了回應佛老思潮的強勁挑戰，重建儒學權威，繼承唐代韓愈等人遺志，開展了重構儒家道統的理學運動。具有高度思辨色彩的《易傳》成為他們紛紛借鏡的重要思想資源。在某種程度上，《易傳》本身的義理取向將這一時期的義理易學引向深入。但是，與魏晉、隋唐的義理易學又有不同的是，後者是以老莊玄學解易，而前者則對之持批判態度，並冀圖以一種「儒理」來建構易學體系。此一路向逐漸蔚成宋易的主流，直至宋明幾百年而不衰。其中，程頤的《伊川易傳》成為宋代以「理」解《易》的最具代表性著作。

其實，在宋代易學中，最先興起的是象數學派的圖書易學。經由陳摶、種放、穆修、李之才，再到周敦頤、邵雍等人。該易學派主要「有三個來源：一是周易的八卦；二是《尚書洪範》的九疇；三是《河圖》、《洛書》。八卦講的是陰陽變化，陰陽是象，九疇肇始於五行，五行是數；《河圖》、《洛書》則兼及陰陽二氣變化的法則與五行生成的法則。」〔註8〕然而，宋易中的圖書之學並不是陡然產生的，亦可追溯其源流。正如徐芹庭先生所說：「自宋始有陳、邵圖書之學，以窮造化之奧秘。此學創自往古，而至宋代，始著於世，河圖、洛書之說，在漢儒鄭康成、虞仲翔、許叔重之著作，已見端倪。特由陳摶再詳之以說卦，益之以先後天八卦與六十四卦方圓圖耳。陳氏傳之種放、放傳穆修、修傳李之才，之才傳邵康節，由是而大顯於天下後世，成圖書之專學，有益於後儒之思考者至多。」〔註9〕由此可見，宋易之中亦有漢易的諸多因子在。而李覯、歐陽修等人因反對象數易學，提倡經世致用之學，而成為宋易義理學派的先驅人物。張載、程頤等繼承前人，分別發展氣學派易學與理學派易學。

朱熹雖主要繼承程頤衣缽，但亦頗為兼收並蓄。其易學集義理與象數兩派之大成，撰成《易學本義》與《易學啟蒙》。他說：「《易》之為書，卦爻、象象之義備，而天地萬物之情見。聖人之憂天下來世，其至矣。先天下而開其物，後天下而成其務，是故極其數以定天下之象，著其象以定天下之吉凶。六十四卦三百八十四爻，皆所以順性命之理，盡變化之道也。散之在理，則有萬殊；統之在道，則無二致。」〔註10〕朱熹在義理易學佔據主導地位之時，追本溯

〔註8〕 廖名春：《周易研究史》，長沙：湖南出版社，1991年版，第201頁。
〔註9〕 徐芹庭：《易經源流——中國易經學史》，中國書店，2008年版，第547頁。
〔註10〕 （宋）朱熹：《周易本義序》，文淵閣四庫全書本。

源，不廢象數之學。此外，宋代也出現了以陸九淵等為代表的心學派易學。

　　元明時期，尤其是明代，無論是義理易學，還是象數易學，都是承襲於宋易而來。在程朱理學被定為官方意識形態之後，是時社會思想領域大多被打上了濃鬱的理學色彩。程朱易學也就成為其時易學之主流。明代人對於理學思維的熱衷，導致其無法迴避對解《易》取向的影響。理學成為了明代許多士人詮釋《易》學的主導思想。明中葉以後，程朱義理解《易》之學「不免固陋」，心學易學乘勢而起。「心學成為同程朱理學相抗衡的主要勢力。並且取代了理學的權威地位，在社會上起了廣泛的影響。明代心學吸取了理學本體論思維，但以心為最高範疇，完成了心學的形上體系。這一體系的確立，同時是通過對易學中諸範疇的解釋而實現的。」〔註11〕而晚明時期，陽明後學中援禪解《易》又不免陷於「放軼」。如焦竑《易詮》，倡導儒、佛合一論。此外，也有禪宗易學的出現。如真可大師的《解易》與智旭禪師的《周易禪解》。它們均以禪宗心學立場來解釋《周易》義理。智旭說：「易理之鋪天匝地，不問精粗，不分貴賤，無論有情無情。禪門所謂：『青青翠竹，總是真如，鬱鬱黃花，無非般若。』正此謂也。」〔註12〕這表明了其主張易、佛不二的學術立場。以上都可歸納為義理易學。

　　晚明時期，義理易學的主流地位也逐漸遭受挑戰。象數易學，尤其是易「象」之學再次獲致被重視的機遇。譬如，黃道周的《易象正》、來知德的《周易集注》等對於易「象」均有深邃、精微的闡論。他們的象數易學研究可以代表晚明象數易學的最高水平。在某種程度上，這一學術趨向表徵了晚明時期宋易漸為漢易所取代之勢。同時，也預示著漢學復興勢不可免。因此，漢學復興思潮在晚明就已見端倪了，不待至清代中葉而顯。

　　在中國思想文化的建構進程中，人們往往習慣於通過時間性的反向回溯來探求經世致用的妙手靈光。因此，復古主義思潮發展至晚明，以不可阻遏之勢匯成一股滔滔巨流，表達了人們對於宋儒之學的反動。眾所周知，經學時代始於西漢，「去古未遠」。因此，漢易受到復古主義者的尊崇也就成為晚明易學發展的必然趨勢。正如唐君毅先生所說，「在漢代之《易》學中，其所重者，則皆在《易》之象數。此說當為漢易之正宗。然漢易之後，更有魏晉之易，如王弼、韓康伯之易，皆反漢易。宋人言《易》，又別有先天圖之傳，而兼不同

〔註11〕 朱伯崑：《易學哲學史》，華夏出版社，1995年版，第195頁。
〔註12〕 （明）智旭：《周易禪解・說卦傳》，九州出版社，2004年版，第301頁。

於漢魏之易。明末清初之人，又反宋易。」〔註13〕基於此，以象數為主流的漢易在晚明時代騰躍而起。

二、黃道周易學建構中的問題意識

徐芹庭綜括明代易學流變特徵云：「明代之易學沿襲宋元之易學而發展，以理學講《易》，仍為明代易學之主流，理學中尤以程子、朱子之易學為時所宗。以當時科舉所重故也。發揮周子、邵子之學者乃大有人在，而王陽明以良知良能之心學，直接孟子、陸象山之學，弘揚於明代之中葉以後。……至於理學解《易》之反響，則象數之學起而相抗，明代象數之易，一如宋元，將邵子之圖像參入漢儒象數之中，二者合流，用以解《易》、注《易》者有之。」〔註14〕徐氏之論大體包括如下三層意思：一、明代易學主流是以程、朱為宗的理學《易》，但是，周、邵之《易》作為易學之旁流而存在；二、明代中葉以後，陽明直承孟子、陸象山，創致良知之學，並以心學解《易》，是為心學《易》；三、出於對理學《易》、心學《易》的反動，「將邵子之圖像參入漢儒象數之中，二者合流」的象數易學得以產生。而黃道周則是這一象數易學最為重要的代表人物。

就學術成就而言，黃道周對易學確乎有著深邃造詣。《明史·黃道周列傳》云：「道周……精天文、曆數、皇極諸書，所著《易象正》、《三易洞璣》及《太函經》，學者窮年不能通其說，而道周用以推言治亂。」李光地曾說：「敝鄉有一秀才，于石齋先生《三易洞璣》極意殫精，必求其解，遂至失心。」〔註15〕由此可見，黃道周象數易學異常深奧，能解者甚少。不過，有一點可以確定的是，其易學思想中的問題意識即在力圖救正晚明「空幻玄蕩」的學術弊竇的願景中產生的。換而言之，黃道周獨特的易學建構，除了受閩南地域文化和青少年時期問學的興趣與經歷影響之外，與其對晚明理學式微與衰敗的深層反思有著極大的關聯。

晚明社會衰變與秩序紊亂，標誌著儒學道德教化功能的失墜。在黃道周看來，其根源於學風之不正。譬如，王畿等左派王學成為晚明許多儒者士大夫所屬責的對象。程朱理學中具有實體意義的「天理」，在陽明後學中成為了人

〔註13〕唐君毅：《中國哲學原論·原道篇》，中國社會科學出版社，2006 年版，第 504 頁。

〔註14〕徐芹庭：《易經源流——中國易經學史》，中國書店，2008 年版，第 725 頁。

〔註15〕（清）李光地：《榕村語錄》卷二十四《學二》，清光緒傅氏藏園刻本。

的「良知本體」，而這一「良知本體」是不需要「即物窮理」工夫，就可以被自然呈現的。其實，對於一直強調「內在超越性」的儒家來說，仍然需要一個像上帝一樣外在的規制力量，而這種力量在很大程度上已為陽明後學所消解。這時，儒者們所體驗到的不是自由活潑潑的，靈光閃閃的良知天理的呈現，而是一種「道德虛無感」的凸現所帶來的現實焦慮。尤其是在社會危機重重的晚明，陽明後學「無善無惡」論，以及「直證良知本體」的學說為晚明儒者們所感知的這種「道德虛無感」背上了學術的罪責。因此，高攀龍曾大聲呼籲：「人心放他自由不得。」〔註16〕這種道德焦慮成為了晚明學術社會中一個較為普遍的現象。

如果說儒家文化崇尚的是一種「內在超越性」，那麼其終極合法性仍然是來自於具有「外在超越性」的「天命」或「天理」。宋學對於外在規制的「天命」，在一定程度上是不詳論的，儘管朱熹主張「即物窮理」的工夫論，有著所謂現代科學精神的因素，但是，其義理的旨趣仍然落實在道德倫理層面上，不是去真正探求外在「天命」、「天理」為何物，而是較為注重對「天命」、「天理」內在化的一種神秘主義體驗。這種情形發展到後來的陽明心學尤為如此。相比之下，漢儒之學的興趣，更多的是關注外在化的「天命」結構。然後，以「天人合一」、「天人相應」的思維，將「天命」結構貫徹到人世間秩序建構之中。「天命」、「天理」亦即是「天道」。子貢曾說：「夫子之文章，可得而聞也，夫子之言性與天道，不可得而聞也。」〔註17〕然而，自張載、朱熹以降的宋明儒者大多認為，孔子是講「性」與「天道」的。在這一點上，黃道周並無例外。一次，黃道周的弟子朱士美問：「聖人不言性與天道，罕言命與仁，何也？」道周回答云：「是皆言之而不可以言傳，言者不聞，聞者不言，故罕言曰：『不可得而聞』，則猶之不言也。是言之不可盡聞，聞之不可盡見者也。」〔註18〕其意思是說，聖人仍然是講「天道」、「天命」的，只是「言之不可盡聞，聞之不可盡見」罷了。

在黃道周看來，晚明士人對於「性」與「天道」的探究，在很大程度上已為佛禪之道的大肆侵染所虛置了。由此，晚明儒學的根基亦已顯露出枯萎的徵兆。重建「天道」的實體規則，就成為了黃道周所致力解決的核心問題。他

〔註16〕（明）高攀龍：《語》，《明儒學案》卷五十八，中華書局，1985年版，第1404頁。

〔註17〕《論語·公冶長》。

〔註18〕黃道周：《三易發明》，《黃漳浦集》卷二十九《雜著》。

說：「為君子者，為政非難，問學而知『道』之難，知『道』則無所得失，無所得失，故端志於民社，以召美去惡。」〔註19〕他認為，探求「天理」、「天道」等本體論問題是很難的，但卻又是一切學問的根本。因為「知『道』則無所得失」，而無所得失，就能夠達致「端志於民社，以召美去惡」的儒家經世之目的。而對於這一本體之「道」的探求須借助於《易》。

在黃道周看來，《易》不僅是群經之首，同時更是儒學思想的「武庫」，須切實承擔起探索「天道」的重任。他認為，儒者對於「天命」、「天理」，抑或「天道」的實質性追問，應落實於對天地、日月運行律則的掌握。他說：

> 道業之端在天地，先聖人不知天地，則終無所為道。……極出有高下，而日行有南北。行舒者以為仁；行疾者以為義。日行有南北，而月生有盈虛。生盈以為聖，生虛以為智。月生有盈虛，而氣交有分至。交分者以為和；交至者以為中。此九者，道業之所由生也。〔註20〕

「朝聞道，夕死可矣」表徵了儒者執著於對「道」的追問。黃道周認為，對於「道業」的追求歸根結底在於探明「天地」，因為「先聖人不知天地，則終無所為道」。而「日月」又為「天地」之表徵。日行舒疾，月有盈虛，以及氣交有分至，分別關涉「仁義」、「聖智」以及「中和」等具有天人同構性質的表徵本體的「道」的境界。由此可見，黃道周所探究的「天道」，主要是訴諸於外在客觀世界的。其所謂「道業」不是在於「心體自證」，而是在於對天地、日月運行法則的探究，因為周孔之學在於效法天地。並且，這在黃道周看來，對「天地之道」的追問，又是易學研究之重心所在。

正如陸世儀所明確談到的《易》與「天道」之關係。他說：「五經中，他經皆言人事，惟《易》獨言天道。人慾知天道，非研窮乎《易》不可。……今之學者若天資高妙，便要說頂上話頭，下截工夫便不肯做，……知天命必要本《易》與《太極》、《通書》。《易》與《太極》、《通書》必要本程朱。今人亦講天命，亦本《太極》、《通書》，然只是打合二氏，走入哇爪國裏去。」〔註21〕陸氏認為，欲明「天道」、「天命」，非研《易》不可。但是，晚明許多讀書人雖亦講「天命」，但卻「下截工夫便不肯做」，只在參悟佛、老二氏之學，如

〔註19〕黃道周：《解伊人奏績序》，《黃石齋先生文集》卷八。
〔註20〕黃道周：《式士策凡五章·道業第五》，《黃漳浦集》卷十《策》。
〔註21〕（清）陸世儀：《天道類》，《思辨錄》卷二十三，清文淵閣四庫全書本。

此，必然會導致「走入哇爪國」了。而這與儒家探究「天道」、「天命」之學的宗旨恰恰背離，漸行漸遠了。正是出於對這一現象的批評，黃道周頗為重視象數易、天文曆法易的作用。

康熙年間，黃道周的福建同鄉鄭開極為他的《易象正》作序時稱，黃道周為憂患於當世而作該書。鄭氏云：「聖人作《易》之憂患，遠在百世，先生著《易》之憂患，近在當時。故寧為成仁、蹈義，不欲為樂行憂違。寧為滅頂之凶，不欲為遁世之哲。卓立洪流、持忠人地，其所以報國恩，而酬學術者，期無愧於聖賢而已。」〔註22〕鄭開極於此點出黃道周象數易學實為晚明憂患而作的意旨，而這一意旨亦正是其易學建構中的問題意識所在。

第二節 「準於天地，本於日月」——黃道周的易學思想

黃道周的易學研究歷程，縱貫其一生。其易學著述有《易本象》、《疇象》、《太咸經》、《三易洞璣》與《易象正》等。〔註23〕其中，頗具代表性的著作有二：《三易洞璣》與《易象正》。它們分別代表了黃道周的青年、晚年時期的研究水平。就黃道周整個學術思想體系而言，易學研究乃為重中之重，實不為過。《四庫全書總目》云：「大抵道周於諸經，其用力最深者莫如《易》學。觀其與及門朱朝瑛、何瑞圖、劉履丁輩往復商榷，至再至三，所謂一生精力，盡在此書者也。」〔註24〕可見黃道周在易學方面用力之勤。易學成為他重建晚明儒學最為重要的學術資源。

一、黃道周的易學宗旨與特質

在黃道周看來，《易》學宗旨在於探究天地運行之道，亦即是「天道」，「明天道後，以人事推之」，〔註25〕進而效法「天道」來建構人類日常生活世界的秩序。然而，單談「天地」，便流於抽象，故求之於「日月」，因為「天地懸象，莫大於日月」。而「日月」又是「水火」、「山澤」、「風雷」等自然現象產生的

〔註22〕 （清）鄭開極：《易象正序》，《石齋先生經傳九種》，清康熙三十二年，浙江晉安鄭開極刻本。

〔註23〕 關於黃道周的易著及版本的詳細情況，可參看侯真平《黃道周紀年著述書畫考》一書，而本文側重於其易學文本思想的闡釋。

〔註24〕 （清）紀昀：《欽定四庫全書總目》卷二十一，禮類三《儒行集傳》，第270頁。

〔註25〕 黃道周：《榕壇問業》卷十三。

源泉。〔註26〕因此，黃道周對於《易》的定義，不在於對「變易」、「不易」與「簡易」等內涵的辨析，而是將之與天文曆法知識聯繫起來。他在《易象正》中開宗明義地說：

> 凡《易》本於日月，與天地相似，其有不准於天地，本於日月者，非《易》也。〔註27〕

不可否認，黃道周所提出的這套易學範型是建基於對理學易、心學易的批評之上的。他說：

> 世之談《易》者，……乃專談理義，以為性命。今以曆、律為端，日、月為本，六十四為體，七十二為用，天道為經，人事為緯，義理性命以為要歸。其自孔門而下，諸儒所談，一概置之不複道也。其大要以推明天地，本於自然。〔註28〕

「專談理義，以為性命」的研《易》方法，亦即是義理易學的通則，是宋儒以降易學的主流範型。黃道周卻一反宋儒主流的故習，主張易學研究要從象數出發，以「天道」、「人事」為經緯，最後，達到通徹儒家「義理性命」的目的。另外，值得注意的是，他「推明天地，本於自然」的思想，在一定程度上越出了原始儒家的思維範域，凸顯了道家「自然主義」的意趣。

對於探問帶有宇宙論色彩的「天道」何以可能的追求，確乎是道家思維的重要表徵。正如陳鼓應先生所說：「至少從周初開始，中國思想中就存在著兩大傳統：即自然主義的傳統和德治主義的傳統。這兩種系統在春秋末期，分別被老子和孔子系統化，從而開創了後來在中國思想史上產生過重大影響的儒家和道家。儒家將關注的重點放到了倫理、政治問題上，因而，對自然天道方面的問題，不甚感興趣，而道家則大談太一、有無之論，從而在中國歷史上第一個建立了系統的宇宙論學說。以後中國思想史的宇宙論傳統無一不從道家那裡汲取了大量養料。〔註29〕

黃道周這一傾向於道家學說的易學詮釋，在一定程度上受到其所在的地域文化的影響。有學者分析過福建地域文化背景對黃道周象數之學的影響：「歷代有伏羲結繩記事分陰陽，形成先天卦之說，即以乾坤定位為中，水火既濟為用，山澤通氣和雷風相薄為配，被東山島文士一直視為正統。現在祠、廟

〔註26〕黃道周：《大象十二圖序》，《黃石齋先生文集》卷七《序》。
〔註27〕黃道周：《易象正目次》，《易象正》，清文淵閣四庫全書本。
〔註28〕黃道周：《易象正目次》，《易象正》，清文淵閣四庫全書本。
〔註29〕陳鼓應：《易傳與道家思想》，北京三聯書店，1996年版，第7頁。

大梁上的八卦圖依然如故,有入門先見乾之說。因東山島毗鄰廣東,廣東潮汕地區較盛行洛書河圖之說,使用後天卦即方位卦較普遍,……黃道周精於探索,為了把兩種卦式有機地結合起來,14 歲往廣東羅浮二山求解,三年後,寫成《疇象》。由於後天卦廣泛應用,今銅陵民居門聯用「洛書」、「河圖」屢見不鮮。黃道周精研《易》學的突出成就主要是表現在以先天卦為基礎,以後天卦為演繹方式的應用研究。」〔註30〕

　　如前所述,黃道周的易學宗旨在於探究「天道」以推明「人事」,而其最終是要達到「救時」的目的。黃道周說:

> 《晉》、《明夷》在於南,則《暌》、《家人》在於北。……上世之聖人雍容以治禮樂,下世之聖人毗勉以治過應。表短而景長,魄聖而晷中,則聖知衰矣。……故《易》有十一教者,《蒙》、《小畜》、《蠱》、《臨》、《觀》、《大畜》、《坎》、《損》、《益》、《漸》、《兌》是皆明王所救天地、日月之具也。故《易》者,為救天地而作也。救天地,則必明於天地之道。明天地之道,則必清日月之路。〔註31〕

　　這段話主要表明,黃道周用卦名以配方位,在時空懸象、日月運轉過程中,推定人事的盛衰成敗,從而凸顯了聖人作《易》緣於強烈的憂患意識的特點,「故《易》者,為救天地而作也」。在黃道周看來,《蒙》、《小畜》、《蠱》、《臨》、《觀》、《大畜》、《坎》、《損》、《益》、《漸》、《兌》等卦象皆是聖人「救天地、日月之具」。此中所謂「天地」,實際上是指稱天地之間的人類秩序。因為這是「天」、「地」、「人」三合一的思維模式的重要體現。「救天地,則必明於天地之道。明天地之道,則必清日月之路。」這一「清日月之路」的表述則彰顯了黃道周易學的主要特點。黃道周說:「易準於天地,本於日月」,「天地為體,日月為用」。由此可見,對關於日月、星辰等天體運行的天文曆法知識進行探討是其易學的必然路向。所以,在某種意義上,黃道周強調《易》、曆與律三者合一的思想,皆導源於其對於《易》學思維本身的定位。

　　這一易學思維的主要表現方式即為象數之學。黃道周試圖通過這種易學範型來救正晚明時期學界汲汲於理義性命的空疏闡論之風。他主張由「象數」而明「義理」、悟「性命」。就這一易學特點而言,清代學者李道平有著清晰的

〔註30〕黃雲生:《初探天方盤》,引自孫英龍主編:《黃道周研究文集》,福建教育出版社,1997 年版,第 212 頁。

〔註31〕黃道周:《大象十二圖序》,《黃石齋先生文集》卷七《序》。

總結：「古人之說《易》也言象數而義理在其中，後人之說《易》也言義理而象數因之以隱。……故作《易》者，不能離象數以設爻彖。說《易》者，即不能外象數，而空談乎性命矣。」〔註32〕李氏此論雖非就黃道周易學思想而發，但不可否認的是，「義理由象數出」的相同思路，使得前後二者之間共契於心、遙相呼應。

二、「《易》之有《詩》、《春秋》，猶天地之有日月」——三《易》與黃道周易學詮釋學

孔子而後，對於易學詮釋的路數主要有二種：象數派與義理派。而在整個易學史上，易學的詮釋體系亦主要有二種說法：一是《連山》、《歸藏》與《周易》；二是《伏羲易》、《文王易》與《孔子易》。近代經學家皮錫瑞對於三《易》的學術研究史作了如下論析：

> 《周禮·太卜》三易云：「一曰：《連山》；二曰：《歸藏》；三曰：《周易》」。杜子春云：「連山伏羲，歸藏黃帝。」鄭玄《易贊》及《易論》云：「夏曰：《連山》；殷曰：《歸藏》；周曰：《周易》」。鄭玄又釋云：「《連山》者，象山之出雲，連連不絕；《歸藏》者，萬物莫不歸藏於其中；《周易》者，言易道周普，無所不備。」鄭玄雖有此釋，更無所據之文，先儒因此遂為文質之義，皆煩而無用，今所不取。案世譜等群書，神農一曰：『連山氏』，亦曰：『列山氏』，黃帝一曰：『歸藏氏』，既連山、歸藏並是代號，則《周易》稱周，取岐陽地名。《毛詩》云：周原膴膴是也。又文王作《易》之時，正在羑里，周德未興，猶是殷世也，故題繫別於殷，以此文王所演，故謂之《周易》。《周禮·太卜疏》，趙商問：今當從此說，以不敢問，杜子春何由知之？答云：「此數者，非無明文，改之無據，故著子春說而已，近師皆以為夏、殷、周，」鄭既為此說，故《易贊》云：「夏曰連山，殷曰歸藏，」又注《禮運》云：「其書存者有《歸藏》，如是玉兆為夏，瓦兆為殷可知，是皆從近師之說也。……名曰連山，似山內出氣也者，此《連山易》，其卦以純艮為首，艮為山，山上山下是名連山，雲氣出內於山，故名《易》為連山；歸藏者，萬物莫不歸而藏於其中者，此《歸藏易》以純坤為首，坤為地，故萬物莫不歸而藏於中，

〔註32〕　（清）李道平：《周易集解纂疏自序》，《周易集解纂疏》，中華書局，1994 年版。

故名為《歸藏》也。鄭雖不解《周易》，若名《周易》者，連山、歸藏皆不言地號，以義名易，則周非地號，以《周易》、以純乾、坤為首。乾為天，天能周幣於四時，故名《易》為周也。

《桓譚新論》曰：「《連山》八萬言，《歸藏》四千三百言，不應夏《易》，數倍於殷，疑皆出於依託，《連山》劉炫偽作，北史明言之。《歸藏》雖出隋、唐以前，亦非可信為古書。刪定六經，始於孔子。孔子以前，《周易》與《連山》、《歸藏》並稱，猶魯之《春秋》，與晉之《乘》，楚之《檮杌》並稱也。《周易》得孔子贊之，而傳為經，《連山》、《歸藏》不得孔子贊之而遂亡。猶魯之《春秋》，得孔子修之，而傳為經，晉《乘》、楚《檮杌》，不得孔子修之，而遂亡也。」〔註33〕

由此看來，《周禮·太卜》將《連山》、《歸藏》與《周易》統稱為三《易》。另外，《周禮·春官·宗伯·筮人》亦記載：「筮人掌三《易》，以辨九筮之名，一曰《連山》；二曰《歸藏》；三曰《周易》。」其中，對於有文獻可考的《周易》，歷來並無多少異議。唯獨對於《連山》、《歸藏》論說紛紜。譬如，東漢杜子春認為，《連山易》為伏羲所作，《歸藏易》為黃帝所作。然而，《世譜》等群書則認為，神農稱為連山氏，又名為列山氏，遂作《連山易》，黃帝稱為歸藏氏，遂作《歸藏易》，《周易》之稱則取之於岐陽的地名。這兩者相同之處在於皆認為《歸藏易》為黃帝所制，而不同在於對《連山易》制作者的認知，或神農，或伏羲。《連山》、《歸藏》與《周易》同時也被視為分屬於夏、商、周三代的易學著作。

另外，皮錫瑞認為，鄭玄皆以「義」來解釋《連山》、《歸藏》與《周易》三易之名的由來。譬如，「《連山易》，其卦以純艮為首，艮為山，山上、山下是名連山，雲氣出內於山，故名《易》為《連山》。」「《歸藏易》以純坤為首，坤為地，故萬物莫不歸而藏於中，故名為《歸藏》。」「以《周易》、以純乾、坤為首。乾為天，天能周幣於四時，故名《易》為周。」不可否認，鄭玄這一易說，已帶有明顯的象數之學的意味。至孔子刪定六經時，《周易》因孔子而得以傳續下來，《連山》、《歸藏》已無文獻可徵，亡佚了。宋代學者朱元升撰《三易備遺》，原本河圖、洛書，提出《連山》屬於先天易，《歸藏》屬於中天易，《周易》屬於後天易之說。他說：「《連山》作於伏羲，用於夏，《歸藏》作

於黃帝，用於商，《周易》作於文王，用於周。一代之興，必有一代之易。根極理要，鋪陳軌範，掎揭淪墜，顯幽眇尚，擬補皇王之絕學，於千百世之上，存皇王之良法，於千百世之下，輒不自揆，本諸河圖、洛書，述《三易備遺》，因世次而冠以先天、中天、後天之名，庶幾《連山》、《歸藏》得與《周易》並顯於世。後之人或因此知邵子之心，則知孔子、周公之心，與文王、黃帝、伏羲之心，知孔子、周公與文王、黃帝、伏羲之心，則知天之心。」〔註34〕

除此之外，還有干寶在《周禮注》中提出的三《易》，是指《伏羲易》、《神農易》與《黃帝易》，以配易學中的「先天」、「中天」與「後天」之說。但在易學史上，這一說法影響不大。然而，自《漢書‧藝文志》而後，最為流行的三《易》說，是指《伏羲易》、《文王易》與《孔子易》。《漢書‧藝文志》說：「易道深矣，人更三聖，世歷三古。」其中，「三聖」即為「伏羲」、「文王」與「孔子」。黃道周《三易洞璣》即採納漢代的三《易》說，即為《伏羲易》、《文王易》與《孔子易》。《四庫全書總目》對黃道周《三易洞璣》的宗旨概括云：

> 是編蓋約天文、曆數歸之於《易》。其曰三《易》者，謂伏羲之《易》，文王之《易》，孔子之《易》也。曰《洞璣》者，璣衡古人測天之器，謂以《易》測天，毫忽不爽也。……蓋天、地、人之象數，皆具於物。……去其圖著，別其虛實，以為《春秋》、《詩》。……故是書之作，意欲網羅古今，囊括三才，盡入其中。……然易道廣大，不泥於數，而亦不離於數，……縱橫推之，各有其理。〔註35〕

《四庫全書總目》認為，黃道周的易學思想主要立足於《伏羲易》、《文王易》與《孔子易》的基礎上，以象數為易學研究的主要方式，「約天文、曆數歸之於《易》」。這一易學路數主要體現在《三易洞璣》當中。它「不泥於數，而亦不離於數」，並用實測方法，將「天」、「地」、「人」三才之道貫通為一。黃道周「去其圖著，別其虛實」，構建了《易》與《詩》、《春秋》三經合一的易學詮釋學，從而達致「囊括三才，盡入其中」的目的。這一易學理路在他看來，是「以《易》測天，毫忽不爽」的。他說：

> 三《易》之道，本於天地，淡以人事，有《易》、有《詩》、有《春秋》。《春秋》紀日，《詩》以紀月。日紀以軌，月紀以蔀。……

〔註34〕（宋）朱元升：《三易備遺》原序，文淵閣四庫全書本。
〔註35〕（清）紀昀：《欽定四庫全書總目》卷一百零八，《三易洞璣十六卷》，第1427頁。

故《詩》、《易》、《春秋》，同次天地，以治兩緯。〔註36〕

在他的象數易學中，三《易》包納了「天」、「地」、「人」三才之道，而這為推「天道」以明「人事」提供了可能。《詩》、《春秋》的實質意旨，亦不過是日月運行律則的紀錄。在時空交織的維度中，《易》、《詩》、《春秋》展示了巨大的詮釋力。當然，最為根本性的理論依據仍然是《易》。換言之，它確乎具有本體的價值與意義。黃道周說：

《詩》本於《易》之用卦，六千一百三十二，以半約之，為三百一十一。《春秋》本於《易》之兼體，四千八百四十四，以半約之，為二百四十二。是皆明著《易》解，其不立為圖限，何也？曰：「是不過就用卦、兼乘中，以十約之，則義類無間耳。〔註37〕

他用包納萬有的抽象數理，將《易》、《詩》與《春秋》轉化為可具比較的數字模式來闡發三者之間的體用一貫關係。又如：

君子以九德治其身，以六十四事治天下，為《春秋》以本禮，為《詩》以本樂。《易》者，禮樂之精神，《詩》、《春秋》之魂靈也。……故《易》之有《詩》、《春秋》，猶天地之有日月也。〔註38〕

黃道周主張君子修德治天下，須通曉《易》、《詩》與《春秋》。《春秋》以闡禮，《詩》以治樂，而禮樂的整體精神齊備於《易》。因此，在這一意義上講，《易》道無疑成為了《詩》與《春秋》二經所宣示的主旨魂靈。在他看來，前、後二者並不是孤立的儒學經典文本，而是猶如天地與日月般有著至為密切的體用關係。總之，黃道周以三《易》為論說載體，通過象數的表達形式，建構他的易學詮釋學。

黃道周這一易學詮釋學在明末清初，甚至整個易學史上都是較為罕見的。明末清初學者孫奇逢曾記述了時人對黃道周這一易學特點的態度：

予往在滏水張湛虛司馬，每語次輒及石齋。蓋湛虛之尊信石齋，於其一言一行，一字一句不敢忽也。獨於其《易象正》，《易》與《詩》、《春秋》三經合一，奇其說而疑其未必確也。予時未見其書，未敢輕置一語。後數年，喬遷集奇其人，因託訪得其書，與老於讀《易》者共觀之，意亦不能無疑也。予曰：「泥其跡，則無人不

〔註36〕黃道周：《雜圖序下》，《黃石齋先生文集》卷七《序》。
〔註37〕黃道周：《易象正》卷終下，清文淵閣四庫全書本。
〔註38〕黃道周：《春秋元命圖》，《易象正》卷終下，清文淵閣四庫全書本。

疑，會其神，則無復可疑矣。」《易》之為道也，遠取諸物，近取諸身。盈天地間，無一事，非物也。無一時，非《易》也，無一人非《易》也。聖人全體是《易》，故伏羲觸之而畫卦；文王觸之而繫象；周公觸之而繫爻；孔子觸之而繫象，後之讀《易》者，因羲文、周孔之卦象、爻象，會而通之，神而明之，各從自己之心，以探大《易》之蘊。如周子之《太極圖》，則《易》之統體在圖矣。張子之《西銘》則《易》之統體在銘矣。石齋讀《春秋》，《易》之統體在《春秋》。讀《詩》，《易》之統體在《詩》。謂《易》與《詩》、《春秋》合，失《易》之旨，並失石齋之旨矣。〔註39〕

從這則材料可知，黃道周的學術思想在晚明清初就頗得盛名，以致於士人張湛虛言必稱石齋，且「於其一言一行，一字一句不敢忽也」。但是，其對於「《易》與《詩》、《春秋》三經合一」之說卻持有疑慮，不敢確信。又如，士人喬遙集託人訪得該書，並與精研於《易》者反覆切磋，仍不能釋其疑。不過，孫氏在研究《易象正》之後，卻漸漸認同了黃道周這一易學詮釋學。正如他所說，「泥其跡，則無人不疑，會其神，則無復可疑矣」。易道廣大，無所不包，重在「會其神」，而非「泥其跡」。此論可謂深得道周易學要諦。

三、「凡《易》之必有圖像、數度，猶人身之必有腑臟、肢體」 ——黃道周與晚明象數、圖書之學

黃道周的易學思想充溢著濃鬱的復古主義意緒。當義理易學發展到晚明時期，可謂盛極而衰。象數易學的復歸，成為了晚明易學思潮中頗為醒目的學術異動。但是，在黃道周的易學思想中，並不僅僅表現為復漢易之古，而是兼綜宋易。圖書之學主要自北宋陳摶、邵雍而來，由此，象數、圖書之學亦成為了黃道周易學建構最為重要的思想資源。正如他在《易象正》中對「歷年十二圖」作用的敘述：「歷年十二圖，何謂也？言夫大象之歷年者也。……故百年之歷，可以觀智，千年之歷，可以觀聖也。」〔註40〕

（一）以「象數」為主，兼綜「義理」的易學進路

與黃道周同時代稍前的易學家來知德，談到晚明易象數之學復興的原因

〔註39〕（清）孫奇逢：《夏峰先生集》卷九《跋黃石齋易象正》，中華書局，2004 年版，第 329 頁。

〔註40〕黃道周：《歷年十二圖序》，《黃石齋先生文集》卷七《序》。

時說：「自王弼掃象以後，注《易》諸儒，皆以象失其傳。不言其象，止言其理。本朝纂修《易經性理大全》，雖會諸儒眾注成書。然不過以理言之而已，均不知其象，不知文王《序卦》，不知孔子《雜卦》，不知後儒卦變之非。於此四者既不知，則《易》不得其門而入。不得其門而入，則其注疏之所言者，乃門外之粗淺，非門內之奧妙。是自孔子沒而《易》亡，已至今日矣。……不知其象，《易》不注可也。」〔註41〕來氏以復周孔易學自命，他認為易象數是義理建構的來源，自王弼掃象以降，專注於義理的闡發，而易象之學則漸為隱匿。尤其是明代的義理易學發展至「棄象數而言義理」的地步，其導致了「自孔子沒而《易》亡」。在他看來，解決這一易學難題，探問易經「門內奧妙」的關鍵在於對易象的重視，「不知其象，《易》不注可也」。

其實，來氏上述論說在一定程度上可以代表晚明易象學家的一般看法。黃道周撰《易象正》，亦是結合易象來作精深的義理疏解。黃道周說：

> 凡《易》之必有圖像、數度，猶人身之必有腑臟、肢體。因形測脈，因脈測理，……恐占卜、推步流為讖緯，無復入聖之方。然自《洪範》而後，有《詩》、《春秋》，精理奧義與《易》同體，……學者尚辭，流於淺易，占者尚象，墜於旁溪，必舉四尚，以歸一誠，並舉三經，以綜十翼。〔註42〕

《易象正》為黃道周的晚年定論之作。他對於向來為人所斥為《易》經之別傳的圖像、數度之學予以了極高的評價。他認為，圖像、數度之於《易》的意義，就像是人的腑臟、肢體在整個身軀中的重要性。要探問《易》的深邃意旨，不是通過闡幽弄玄的空談，而是「因形測脈，因脈測理」。換言之，就是要由易象數而進入義理之境。「凡易生於象，象生而有數，象數滅則理義性命，不可得而見也。天地日月、星漢山河、人物之數，皆繫於象。」〔註43〕由此可見，黃道周對《易傳》以降，專闡義理，而「恐占卜、推步流為讖緯，無復入聖之方」的觀點是不予認同的。在他看來，《洪範》中有著精微的象數之學，而《詩》、《春秋》卻涵納深邃的義理論證，這二者皆在《易》中得以展現。所以，世儒往往容易偏執於一端：「學者尚辭，流於淺易，占者尚象，墜於旁溪。」而黃道周的易學意趣在於「舉四尚，以歸一誠，並舉三經，以綜

〔註41〕（明）來知德：《周易集注》，九州出版社，2004年版，第9～10頁。
〔註42〕黃道周：《易象正目次》，《易象正》，清文淵閣四庫全書本。
〔註43〕黃道周：《六十四體卦初終定序圖第一》，《易象正》卷初上，清文淵閣四庫全書本。

十翼。」〔註44〕在他的易學思想體系中，象數與義理兩派達到高度的融貫。試看他與弟子林非著論數、理並重的一段對話：

> 林非著問：「先儒之學，有理有數，以理附數，遂謂數學之精；以數翼理，遂謂理學之祕。論天地奇耦，則理立而數分，論聖賢疇象，則數成而理著。然如文、箕之蒙難，孔、顏之阨窮，此皆理不勝數，不知兩者孰為有權，抑豈並行，不得軒輊歟？」
>
> 某云：「吉凶生大業，陰陽奇耦，窮達壽夭，總是德業必經之路，如使聖賢都要富貴，都要壽考，則爻象無陰，蓍筴無奇也，夷、齊、顏、冉、龍、比、由、賜八人生死，天下窮奇。然無八人，盜跖、彭鏗比屋而是也，吾門以數明理，以理明數，除卻理、數，性地自明，不幹管、郭之事。」〔註45〕

由此可見，黃道周主張數、理並重。實際上，黃道周這一兼綜漢、宋易學的主張，主要源於對明代易學不重象數的學術現象的批評。他說：

> 世儒讀書，至修詞而極。賢者躬行，至立誠而極，驟與之談，研幾探跡，扞格不通，則粗莽搪塞，以為象數之學不足留心。又談古今成敗，帝王盛衰，則謂是讖緯之說，王者所禁，由是，依違四尚之中，高者，得其玩占；卑者，習其文辭；賢者因其位序，收其譽功，亦若是而已矣。夫子曰：道之不行也。〔註46〕

黃道周認為，是時儒者讀書在「修詞」與「立誠」上用功極勤，而對於「研幾探跡」之事，則「扞格不通」。而這主要在於他們沒有真正認識到象數之學的巨大價值，「以為象數之學不足留心。」並且，將之視為「讖緯之說」，「王者所禁」，從而得不到官方學術的承認。於是，易象數之學便隱匿而不彰了。在黃道周看來，這些都是「道之不行於世」的表現。故此，黃道周認為易學經典的詮釋實不盡於義理的言說：

> 凡此道彌綸，本於天地，神明所治，不關言說，單持則意義不

〔註44〕易傳《繫辭》云：「君子居則觀其象，而玩其辭；動則觀其變，而玩其占。」宋代主易象數之學的丁易東曾說：「《易》有聖人之道，四焉。象、辭、變、占而已矣。」這裡的「聖人之道，四焉」即是黃道周所謂的「四尚」，它即是指「象」、「辭」、「變」、「占」；（宋）丁易東：《周易象義》自序，文淵閣四庫全書本。）黃道周所謂「三經」即為《易》、《詩》與《春秋》。

〔註45〕黃道周：《榕壇問業》卷七。

〔註46〕黃道周：《三易發明》，《黃漳浦集》卷二十九《雜著》。

宣。……夫子有言：「書不盡言，言不盡意，則《易》之蘊，不可得
而見矣。」凡《易》之有言語、文字，供文人之誦習，貞士之模索
者，此修辭、尚玩之一端，非《易》也。……捨此二條、四尚之源，
已消其半，不知夫子所為。三極互立，窮變極跡，範圍曲成，與天
地相似者，果為何物？〔註47〕

在這裡，黃道周認為，易道彌綸天地，不是經典文本的言說所能窮盡的。
否則，「單持則意義不宣」。孔子所謂「書不盡言，言不盡意」，正是後人體悟
《易》蘊所必須清楚的。他這一易說，無疑是針對明代純義理易學的駁正。所
以，他認為，「凡《易》之有言語文字，供文人之誦習，貞士之模索者，此修
辭、尚玩之一端，非《易》也」。但同時，黃道周對於僅僅喜好像數占筮，不
著意於微言大義的闡發的易學路數，也是持批評態度的：「占筮雜家，幽發微
中，取驗不過一時，扶摸不過數策。」「捨此二條，四尚之源」都是不曉孔子
易教的表現。

黃道周在具體談到「象」、「辭」、「理」、「道」之間的關係時說：「象不明
則廢道，辭不明則廢象，辭存乎通，象存乎變，道存乎用，用以變，變以通，
通而後天下之理得矣。……君子以象觀辭，以辭觀道，象求於變，辭求於通，
道求於《易》。」〔註48〕這段話的大意是，「象」是《易》道詮釋的根本，而「辭」
是著「象」明「道」的通途。「道」則是需要在「象」變中探問，而又須通過
「辭」來把捉「象」變意義之所在。因此，他認為，「君子以象觀辭，以辭觀
道」，「象」與「辭」對於易道、抑或天地、日月運行之道的探究，無疑是不可
或缺的。

（二）對於圖書之學的運用

黃道周對於河圖、洛書之學有著自成體系的論說。當代著名易學家唐明邦
先生將有關河圖、洛書的研究成果，歸納為如下三種情況：一、把《河圖》作
為八卦之源，《洛書》作為《洪範》之源，西漢劉歆、孔安國即持這一觀點；
二、河圖、洛書俱為《易》之源，《禮緯·含文嘉》云：「伏犧德合上下，天應
以鳥數文章，地應以河圖、洛書，乃則以作《易》。」三、宋人則提出河圖、
洛書的具體表現形式。如，以一至十數，排成「以一六居下，二七居上，三八
居左，四九居右，五十居中，」（此即五行數的方位）的形式，稱為《河圖》；

〔註47〕黃道周：《三易發明》，《黃漳浦集》卷二十九《雜著》。
〔註48〕黃道周：《易本象序例》，《黃漳浦集》卷二十九《雜著》。

又以一至九數，排成「戴九履一，左三右七，二四為肩，六八為足，五居中央，」（此即九宮數方法）的形式，稱為《洛書》。〔註49〕那麼，黃道周對於河圖、洛書之學的論說，屬於上述哪種情況呢？

宋代以降的圖書之學，亦即是對漢代易象數之學的繼承與發展。換言之，圖書之學也就是易象數學。而「河圖、洛書代表天地自然之《易》，這是象數的本原，作《易》的根據，稱之為畫前之《易》。」〔註50〕黃道周注重易象數之學，自然關注河圖、洛書對於易學研究的價值與意義。正如朱熹所云：「自伏羲以上，皆無文字，只有圖書，最宜深玩，可見作《易》本原精微之意。」〔註51〕以《易象正》為例。《四庫全書總目》認為，黃道周在該書中，「以《河圖》、《洛書》之數，自相乘除，為三十五圖，其《詩鬥差圖》、《詩鬥差退限圖》、《詩元命圖》、《春秋元命圖》，則本漢人緯書四始五際之說而別衍之，以為推測之術，與所著《三易洞璣》相為表裏。」〔註52〕在上述易著中，充分展示了他對於河圖、洛書的理解與運用。

黃道周說：「諸圖之義，自洙泗以還，世所未探，大要本於河圖，裁以洛書，……漢、宋以來圖像漸多，大要以先天圖為極。」〔註53〕他以河圖、洛書為建構易先天之學的根本理據。又如，他說：「雖以辰御月，以日御歲，有極於數千年之遠者，而魚龍涵負，帝王升降，一本自然。」〔註54〕這一先天之學在很大程度上表徵出了自然主義的意向。而宋代陳摶以降的河圖洛書之學無疑又當屬於道家易的範疇。在這一意義上，黃道周易學思想的面向毋寧是以道家的學術話語詮釋儒家的義理指歸。誠如其弟子朱朝瑛所云，「《易象正》，道周之自為易也，孔子之所不盡言，言之不盡意者也，」〔註55〕黃道周之於易圖書之學確乎具有其獨特的理解。試看他在福建漳州榕壇與弟子縱論圖書之學的一段對話：

趙與蓮云：「圖書之出，明是天地大文章，不容終秘，何妨闡

〔註49〕唐明邦主編：《周易評注》，中華書局，2004年版，第288～289頁。

〔註50〕劉大鈞等著：《象數精解》，四川出版集團巴蜀書社，2004年版，第170頁。

〔註51〕（宋）朱熹：《周易本義》，廖名春點校，中華書局，2009年版，第28頁。

〔註52〕（清）紀昀：《欽定四庫全書總目》卷五，《易象正十六卷》，中華書局，1997年版，第50頁。

〔註53〕黃道周：《易象正》卷初上，清文淵閣四庫全書本。

〔註54〕黃道周：《易象正》卷初上，清文淵閣四庫全書本。

〔註55〕（清）紀昀：《欽定四庫全書總目》卷五，《易象正十六卷》，中華書局，1997年版，第50頁。

微？」〔註56〕某云：「如不容秘者，前輩闡微，不為不極。……自然
是此五十有五，生成得來，若無此物，五行萬象，如何變化？」與
蓮云：「洛書四十有五，卻除了十，如何亦相得有合，變化而行？」
某云：「圖之與書，猶夫之與婦，損益十五，只成一百，若無兩家，
萬象不立。……河圖既為傳寶，則《易繫》五十有五之贊，不足復
疑。箕子明說，汩其五行，則洛書合有五行生成之說。」與公又云：
「李之才、邵子，及劉牧、程大昌諸人，並以九為圖，十為書，晦
翁改定十圖而九書，此又何據？」某云：「論《易繫》，則有天一、
地二之文；論《箕疇》，則有五行至極之數，晦翁據此，分圖、分書。
然圖、書之出，非在一代，箕、禹以前，羲、軒而降，變化九、十，
義類相推，自非聖人難詳其說耳。」〔註57〕

　　在上述材料中，黃道周與弟子討論了河圖、洛書之間及其與天地之數的關
係。宋明以降，圖書之學盛行，「圖書之出，明是天地大文章」。譬如，朱熹所
撰作的《周易本義》對於後世的影響甚巨。他在該書中，將河圖、洛書以由
黑、白點組成的方圓圖表現出來。他依據《易繫辭》曰：「河出圖，洛出書，
聖人則之。」「天一地二，天三地四，天五地六，天七地八，天九地十。天數
五，地數五，五位相得而各有合。天數二十有五，地數三十，凡天地之數五十
有五，此所以成變化而行鬼神也。」判定河圖之數為五十五；而「洛書蓋取龜
象，故其數戴九履一，左三右七，二四為肩，六八為足。」由此可推，洛書之
數則為四十五。〔註58〕

　　其實，朱熹對河圖、洛書的勘定並非自創，而是承襲了前人的研究成果。
正如蔡元定所云：「圖書之象，自漢孔安國、劉歆，魏關朗子明，有宋康節先
生邵雍堯夫，皆謂如此，至劉牧始兩易其名，而諸家因之。」〔註59〕黃道周在
這一點上，無疑是認同宋儒的。他認為河圖之數五十五，也是「成變化，行鬼
神」的天地之數，五行萬象皆由此演變而來。在某種意義上，黃道周將「河圖」
作了一種宇宙本體論式的詮釋。當弟子趙與蓮質問洛書之數四十五，與河圖之
數有「十」數之差，如何「相得有合，變化而行」時，黃道周則以「夫婦」、

〔註56〕這裡的「何妨闡微」之「微」字，在清文淵閣四庫全書本中，又作「揚」字，
　　　　特此注明，以下皆同。
〔註57〕黃道周：《榕壇問業》卷七。
〔註58〕（宋）朱熹：《周易本義》，廖名春點校，中華書局，2009年版，第13頁。
〔註59〕（宋）朱熹：《周易本義》，第13頁。

「陰陽」二義來解釋河圖與洛書之間的關係：「圖之與書，猶夫之與婦，損益十五，只成一百，若無兩家，萬象不立。」由此可見，黃道周主張，河圖之數五十五為易道之大本大源，而洛書則揭示了《洪範》中的五行生成之說。另外，長期以來，學者對於圖九書十抑或圖十書九的爭論喋喋不休，前者如李之才、邵雍，及劉牧、程大昌諸人；而後者則有朱熹等人。黃道周對於「圖書九十」的爭論，則採取一種歷史主義的態度。他認為「九、十成文，自是天地所立，推演次序，自是歷代不同。」所以，「圖、書之出，非在一代，箕、禹以前，羲軒而降，變化九、十，義類相推，」並無固定之規。

黃道周的上述易學見解集中體現在《三易洞璣》與《易象正》之中。它們充分凸顯了道周純熟運用圖書之學闡發易道、天道的深厚學力。正如當代易學家郭彧先生所說：「黃道周以其豐富的天文曆法知識合六十四卦作圖，又將春秋以來歷代興衰標注於『歷年圖』中。其推閏朔交食之期以當時天文曆法知識為準，的確要高出前人一籌。其歷史年表起於春秋有紀之年，亦較邵雍起堯時為可靠。然而，是書之大用卻在於推步，其意在以此書之術而經世致用。……書中所作大量易圖，皆多為「先天」與「後天」圖之衍圖，其中之《天方圖》則是結合當時由西方傳入之數學知識所出之圖，並自謂與『河圖』、『洛書』有關。」〔註60〕郭氏此言大體不差，但是，黃道周的《天方圖》是否真的引用了西方傳教士的數學知識呢？遺憾的是，至今沒有直接文獻可徵。且筆者認為，黃道周嚴格的華夷之辨觀念在很大程度上阻礙了他接受西方傳教士的知識，反而更大的可能是，他用《易》所發掘的天文、星象信息去與西方天文曆法與數學知識相抗禮。

揆諸元明以降的易學史，將象數、圖書之學引入易學研究的學術路徑，亦遭到時人持續不斷的質疑與否定，尤以清初學者為甚。晚明學界探問儒學原旨的經學訴求猶如滾燙的熱浪般湧起。清初，伴隨著這股學術風潮的經典考辨之學成為顯學。而易圖像之學亦不可避免地遭到了是時考據學的質疑與訊問。譬如，黃宗羲作《易學象數論》的目的即在於：「《易》廣大無所不備，自九流百家，借之以行其說，而《易》之本意反晦。世儒過視象數，以為絕學，故為所欺。今一一疏通之，知其於《易》本了無干涉，而後反求程傳，亦廓清之一端，又稱王輔嗣注，簡當而無浮義，而病朱子添入康節先天之學，為添一障。蓋《易》至京房、焦延壽而流為方術，至宋陳摶而岐入道家，學者失其初旨。」

〔註60〕郭彧：《易圖講座》，華夏出版社，2007 年版，第 191 頁。

因此，他說，「病其末派之支離，先糾其本原之依託」。〔註61〕而糾這一本原之依託，亦即是對宋儒以降的圖像之學的批評。〔註62〕

由此，黃道周的易圖書之說亦不免於清代學者的批評。他青年時期所作的《三易洞璣》便被後人視為術數之書。譬如，《四庫全書總目》云：該書「旁見側出，究自為一家之學。以為經之正義則不可，退而列諸術數，從其類也。」〔註63〕李恕谷亦云：「聖教罕言性天，乾坤四德，必歸人事以下，屯建侯，蒙初筮，每卦亦皆以人事立言，陳摶龍圖，劉牧鉤隱，以及探無極，推先天者，皆使易道入於無用。《參同契》、《三易洞璣》諸書皆異端方技之傳，其說適足以亂《易》，即五行勝負，分卦值日，一世、二世、三世、四世諸說，亦皆於三聖所言之外，再出枝節。」〔註64〕正是這一學術遭際，致使黃道周易學思想對於後世的影響不大。因此，筆者認為，黃道周易學思想在清初以降遭受「式微」的命運，主要不是因為其本身的艱深澀奧，沒有傑出的學術傳人，而確乎是清代學術時勢使然。

四、「《易》有剛柔、雜居之文，而卦無不動玩占之理」——黃道周變卦解《易》與歷史推步之法

《易‧繫辭》云：「聖人設卦觀象，繫辭焉而明吉凶，剛柔相推而生變化。變化者，進退之象也。剛柔者，晝夜之象也。六爻之動，三極之道也。……所樂而玩者，爻之辭也。是故，君子居則觀其象，而玩其辭，動則觀其變，而玩其占。」黃道周認為「辭」、「象」、「變」、「占」為《易》學的「四尚之源」。而尤為關鍵的是，「道有變動，故曰『爻』。」〔註65〕易道以「變」為用，欲洞悉天道、人事的進退之象，必須先明瞭「爻變」在易學中的意義。這就涉及到了易學中變卦之法的問題。

易學中所謂「變卦」，就是指在某一卦（稱為本卦）的六爻當中，通過爻象的陰、陽互變，而獲得另一卦象（亦稱之為「之卦」）的推演方法。如「復」

〔註61〕（清）黃宗羲：《易學象數論》自序，《四庫提要》，清文淵閣四庫全書本。

〔註62〕本文結語部分談到黃宗羲曾向黃道周學習了《三易洞璣》，並向弟子許三禮等人傳授的情形。然而，這裡卻又對易圖像之學提出批評。看似矛盾之處，實際上，隱藏著黃宗羲對於黃道周易學思想批判地繼承的特點。

〔註63〕（清）紀昀：《欽定四庫全書總目》卷一百零八，《三易洞璣十六卷》，第1428頁。

〔註64〕（清）紀昀：《欽定四庫全書總目》卷六，《周易傳注七卷》，第61頁。

〔註65〕《周易‧繫辭》。

卦中的初九，陽變陰，得坤卦，該卦即為「變」卦。〔註66〕而這一變卦之法也成為黃道周易學中的重要推演方法。他認為，「凡《易》自《春秋》左氏，暨兩漢名儒，皆就動爻以論之卦。虞、王而下，始就本卦正應，以觀攻取，止論陰陽、剛柔，不分七、八、九、六。雖《易》有剛柔、雜居之文，而卦無不動玩占之理。《象正》專就動爻，以明之卦六爻，雜、動皆可錯綜，今舉《春秋》玩占之事十八條，皆論之卦，以存舊志。」〔註67〕寫在《易象正凡例》中的這段話，表明了黃道周以先秦、兩漢易學「以動爻論變卦」的詮釋方法為其易學方法論，而反對虞翻、王弼以後「就本卦正應，以觀攻取」的研究路徑。其實，這種注重卦象中「動爻」的思想強調的是，對於「爻變」現象的關切。如它對「七、八、九、六」的關注，實質在於重視「少陽」、「少陰」、「老陽」、「老陰」的爻與爻之間細微的推衍差異，而這種差異即體現在「之卦」或「變卦」當中。黃道周在《春秋說象凡例》中說：

> 皆舉之卦，或玩其辭或占其象，或因其數，雖未明兩象合圖，以釋本爻之說，而皆未嘗徑遺之卦，單證六爻也。世儒但見《繫辭》不言之卦，直舉象義，遂以為聖人不談變象，但即辭明意而已。不知聖人擬議變化，存乎德行，修辭立誠，歸於易簡，《繫辭》皆說之卦，而不著之卦之跡，理、象渾涵，非儒者所窺。〔註68〕

黃道周認為，通過「之卦」來把握「辭」、「象」、「數」的推衍情況，雖然在《繫辭》中，或未明言，但這並不表示聖人不談「變象」，僅僅在於「即辭明意」。譬如，其以春秋史事來證會「之卦」的卦對為：「觀之否」、「屯之比」、「大有之乾」等等。在黃道周看來，「《繫辭》皆說之卦，而不著之卦之跡。」這正是世儒所未了悟的《繫辭》背後的隱微之處。正是在這一意義上，黃道周批評秦漢以下的易學研究：「世儒但見聖人言意真質，不滯所之，遂迸棄典要，以左氏為穿鑿，不知聖人觀象立辭，因動觀象，不動則象無可占，不占則辭無繇立。」〔註69〕他認為，對於「之卦」的不重視，與以左氏占筮體例為穿鑿附

〔註66〕除了變卦之外，還有漢代以降，較為常見的、觀察卦爻象的「卦變」法。「卦變說沿於荀爽的乾坤升降說，一卦的某一陰、陽爻發生升降變化，則整個卦象發生變化，使此卦變為彼卦，是謂『卦變』。虞翻認為文王繫辭，孔子作傳，無一語不以卦爻象作依據，故後人慾瞭解經傳之底蘊，必求之卦爻象。」（唐明邦、汪學群：《易學與長江文化》，湖北教育出版社，2004年版，第52頁。）

〔註67〕黃道周：《易象正序例》，《黃漳浦集》卷二十九《雜著》。

〔註68〕黃道周：《春秋說象凡例》，《易象正》。

〔註69〕黃道周：《繫辭說象凡例》，《易象正》。

會之法，都是不懂聖人作《易》意旨的表現。其實，聖人在「觀象立辭」的過程中，最為重要的是「因動觀象」。「動」即為「爻動」之「動」，而這個「動」則落實在「之卦」上。

觀卦以探吉凶。然而，在由「本卦」到「之卦」的衍變中，兩卦的卦辭與爻辭所預示的吉凶問題並非總是一致，時常有背反的現象。對此，黃道周作了如下解釋：

> 合象皆吉，而爻象反凶，以是推之，繇正而變。……合象有凶，而爻象反吉，以是推之，繇變而正，其辭義差殊者，亦可以理解也。……故象者，無辭之言，辭者，有意之象也。學者不解爻辭，但取兩象合觀，則辭意千出，有非言語文字之所能盡者，如其精蘊，則在乎度數，存乎德行。雖懸象靜觀，別其功凶，詳其咎譽，終日省中，未足以周天地之變，陰陽之序也。〔註70〕

其中，他將「變卦」的卦辭與爻辭的吉凶問題分為兩種：一是「合象皆吉，而爻象反凶，以是推之，繇正而變。」本、變二卦的卦辭都為吉利，而變卦中的爻辭，卻呈現「凶吝」之象，亦稱為「正變象」。他在《易象正凡例》中列舉了「屯之益」、「師之升」、「比之觀」等二十四條以釋其義；一是「合象有凶，而爻象反吉，以是推之，繇變而正」，本、變兩卦的卦辭有凶吝之象，而後者爻辭卻又有吉利之徵象，亦稱為「變正像」。他亦在《凡例》中略舉十二條，以證其說。以上兩者，由於本文體例、篇幅有限，茲不贅述。另外，黃道周認為，這一卦象與爻象之間的「差殊」，正好體現了「象為無辭之言」。易變之旨，皆存乎「象」。而「變卦」中的「爻辭」、「爻象」，尤為值得重視，因為「學者不解爻辭，但取兩象合觀，則辭意千出，有非言語文字之所能盡者」。否則，「懸象靜觀」，不察爻變之旨，便「未足以周天地之變，陰陽之序也」。總之，黃道周注重以結合「本卦」與「之卦」的卦辭，來詮釋「爻辭」的衍變與意義所在。

其實，自宋以降，亦有許多學者傾向於運用變卦解《易》。〔註71〕譬如，

〔註70〕黃道周：《本卦說象疑義凡例》，《易象正》。

〔註71〕據有的學者統計，自宋至清代，主張以變卦解易的學者有：南宋：沈該《易小傳》、都絜《易變體義》、趙以夫《易通》；元代：吳澄《易纂言》、丁易東《易象義》、龍仁夫《周易集傳》、陳應潤《周易爻變易蘊》、胡震《周易衍義》；明代：黃道周《易象正》、何楷《古周易訂詁》、方孔炤《周易時論合編》；清代：包儀《易原就正》、魏荔彤《大易通解》、王又樸《易翼述信》、趙繼序《周易

沈該就有注重「爻變」的論說。他認為，「吉凶、悔吝，生乎動者也。惟動則有占，不動則無兆，故聖人作《易》筮者，亦必以爻變定吉凶。所謂動則觀其變，以玩其占也。……爻也者，言乎其變也，此之謂也。是故爻辭之所命，雖不離乎大常，而變卦之微寓焉。自王輔嗣而下，皆未嘗以變卦釋爻辭，道其大常也。」〔註72〕沈氏是易學史上較早用變卦解易的重要代表，這段引言明顯地突出了「變卦」爻辭在其易學思想中的地位。

又，南宋都絜亦主爻辭解變卦。時人為其《易體變義》作序云：「以《春秋左氏傳》考之，當時援引爻辭，與夫推測卦變者，皆不言六位，……然爻辭之合於變體者，先儒署焉。聖與始演為一書，凡三百八十有四義，古人之底蘊，盡取而發明之。」〔註73〕難怪乎《四庫全書總目》云：「宋儒沈該之《易傳》，都絜之《易變體義》，皆發明之卦，與是書（按：指黃道周的《易象正》）體例相似。」〔註74〕由此可見，黃道周的易學方法在直承先秦、兩漢易學主流的同時，也注意吸納宋儒易學之支流以為其思想資源，從而凸顯了他易學思想中的綜匯漢、宋的鮮明特點。

在黃道周易學思想中，除了以變卦解《易》外，還頗為引人注目的是，對歷史推步方法的運用。按照《古代漢語詞典》的解釋，「推步」一詞指的是，「一、推算日月星辰的運行；二、推算天文曆法之學。」〔註75〕上述意含亦是黃道周易學中「推步」概念的題中應有之義。因為其對於「易」的解釋，即為「易者，日月之謂也。」〔註76〕對於日月星辰的運行律則的探究，以及由此而形成的天文曆法思想，成為黃道周易學中頗富於特色的一脈。他主張《易》、曆、律的合一，三者皆是對於「天道」在知識論意義上的闡釋。除此而外，黃道周在易學研究中真正貫徹「天人合一」的思維，主張天道、人事相為表裏，推「天道」以明「人事」。正如陳來所說：「在易學上他主張易以推步，以象數為理勢，推測人事治亂，承繼的是邵雍派的象數宇宙學和象數歷史

圖書質疑》。他們解易的具體路徑雖然不一，但是對於變卦在解易中的重要性卻有著十分明顯的認同。（崔奎鳳：《以易測天——黃道周易學思想研究》，北京大學博士研究生學位論文，2009 年 5 月，第 138 頁。）

〔註72〕（宋）沈該：《易小傳》自序，清文淵閣四庫全書本。

〔註73〕（宋）都絜：《易體變義》原序，清文淵閣四庫全書本。

〔註74〕（清）紀昀：《欽定四庫全書總目》卷五，《易象正十六卷》，中華書局，1997 年版，第 50 頁。

〔註75〕陳復華主編：《古代漢語詞典》，商務印書館，2003 年版，第 1578 頁。

〔註76〕黃道周：《大象十二圖序》，《黃石齋先生文集》卷七《序》。

學。」〔註77〕檢討道周的易學源流，不得不溯及北宋邵雍。如，邵氏代表作《皇極經世》「試圖以其象數學的體系來概括宇宙間的一切，並預測未來的事變。」〔註78〕其所發明的先天之易「直指宇宙自然變化，以數發日月星辰、寒暑畫夜、動植飛走、石土火水等天地之道之理，合歷史人事，聖賢事業於一體，成就一個波瀾壯闊的大思想體系。」〔註79〕黃道周的歷史推步思想在很大程度上是受到邵雍先天易學的影響的。清代學者鄭開極對黃道周易學研究方法作了如下描敘：「據要會以觀方物，則六合猶戶庭也。推筮策以窮往古，則萬年猶旦暮也。」〔註80〕黃道周通過卦象、數理與歷史的相互結合，能夠較為準確地解釋幾千年歷史的運行軌跡，抑或發展趨勢。這一「歷史推步」的思維在其易學著作中頗為普遍。而在其《歷年十二圖序》中，有著較為集中的展現。黃道周說：

> 天道積於上，人事漸於下，眾積而神，漸久而天，故百年之歷，可以觀智；千年之歷，可以觀聖也。《乾》、《坤》一歷，百三十五年，中於天地，以為主柄，《屯》、《蒙》而下，兩濟而上，二千一百二十五年左右，南北相間起也。夫以二千一百二十五年之事，足其文獻，研其文象，天地之教戒，鬼神之情狀，可謂備矣。平、桓之間，經綸始興，文素之業，代為明王，周襄而後，齊、晉乃霸。……故曆之與《易》，以四相起，夏冬之義，於是而至矣。〔註81〕

黃道周將《乾》、《坤》、《屯》、《蒙》以至兩濟的六十四卦，各各分屬於春秋到宋、元時期的二千一百二十五年時間。據此，有研究者將其整理如下：「《屯》、《蒙》、《需》、《訟》、《師》、《比》、《小畜》、《履》大致為春秋時期；《泰》、《否》、《同人》、《大有》、《謙》、《豫》、《隨》、《蠱》大致為戰國秦時期；《臨》、《觀》、《噬嗑》、《賁》、《剝》、《復》大致為西漢時期；《无妄》、《大畜》、《頤》、《大過》、《坎》、《離》大致為東漢時期；《咸》、《恒》、《遯》、《大壯》、《晉》、《明夷》大致為三國兩晉時期；《家人》、《睽》、《蹇》、《解》、《損》、《益》大致為南北朝時期；《夬》、《姤》、《萃》、《升》、《困》、《井》、《革》、《鼎》、《震》、

〔註77〕陳來：《黃道周的生平和思想》，《中國近世思想史研究》，商務印書館，2003年版，第544頁。

〔註78〕廖名春等：《周易研究史》，湖南出版社，1991年版，第228頁。

〔註79〕高懷民：《宋元明易學史》，廣西師範大學出版社，2007年版，第49頁。

〔註80〕（清）鄭開極：《三易洞璣》原序，《石齋先生經傳九種》。

〔註81〕黃道周：《歷年十二圖》，《黃石齋先生文集》卷七。

《艮》大致為唐與五代十國時期；《漸》、《歸妹》、《奉》、《旅》、《巽》、《兌》、《渙節》、《中孚》、《小過》、《既濟》、《未濟》大致為宋元時期。」〔註82〕在黃道周看來，易卦體證「天道」，而「天道」、「人事」互為表裏，「天道積於上，人事漸於下，眾積而神，漸久而天」。由此，他認為，「百年之歷，可以觀智；千年之歷，可以觀聖也」，歷史發展軌跡與卦辭爻象之間的相互推演的義理律則是非常契合的。這也透露其《易》、歷之間可互為一致、融會貫通的思想。不可否認，他這一易學旨趣有著異常明顯的經世致用的學術面向。他曾以歷史推步之法來諷諫崇禎帝，指示晚明政局的弊端，以及朝代興替的趨勢。譬如，崇禎五年（1632），黃道周因救錢龍錫而獲罪，被降三級調用。在離京前夕，他向崇禎帝上《放門陳事疏》。該疏云：

> 臣自少學《易》，以天道為準，以《詩》、《春秋》推其運候，上下載籍二千四百年，考其治亂，百不失一。臣所學本於周、孔，無一毫穿鑿。其法以《春秋》元年己未為始，加五十有五，得周幽王甲子，其明年，十月辛卯朔，日食，以是上下中分二千一百六十年，內損十四，得洪武元年戊申，為大明資始。戊申距今二百六十四年，……是陛下御極之元年，正當《師》上六。其辭曰：「大君有命，開國承家，小人勿用。」自有《易》辭告誡人事，未有深切明著若此者也。……
>
> 而士庶離心，寇攘四起，天下騷然，不復樂生。雖深識遠慮之士，豈虞變動至此乎？臣觀陛下開承，應大君之實，而小人柄用，懷幹命之心。〔註83〕

黃道周將《易》、《詩》與《春秋》皆糅合在他的象數易學之中，「天道」、「人事」一以貫之。他認為，這正是周孔之學的精妙之處，絕非穿鑿附會之言可比。他以春秋元年即隱公元年（公元前 722 年）為起始點，加五十五，得周幽王甲子即公元前 777 年，並以公元前 776 年十月辛卯朔日食為天象標識，以昭人事之憂患。「以是上下中分二千一百六十年，內損十四，得洪武元年。戊申為大明資始，戊申距今二百六十四年。」按照他的數理演算，崇禎帝登基之年，正應《師》卦中的上六：「以《乾》、《屯》、《需》、《師》別之，三卦五爻，

〔註82〕 翟奎鳳：《以《易》測天——黃道周易學思想研究》，北京大學博士學位論文，2009 年，第 160～162 頁。

〔註83〕 黃道周：《放門陳事疏》，《黃石齋先生文集》卷一《疏》。

丁卯大雪，入《師》之上六。」其爻辭為：「大君有命，開國承家，小人勿用。」該爻《象辭》云：「『大君有命』，以正功也，『小人勿用』，必亂邦也。」因此，黃道周激越於「士庶離心，寇攘四起，天下騷然」的時局，而展開了對黨禍權奸的猛烈抨擊：「小人柄用，懷幹命之心。」並將這一扭轉時局頹勢的重任，寄希望於崇禎帝的睿智聖明。

但是，他這一諷諫無疑沒有起到預期的效果。其中緣由大體有如下幾點：一、是時閹黨主力雖已窮滅，但是黨爭之激烈情勢並未減弱。對此，崇禎帝仍保持著十分的警惕，心裏一直處於戒備狀態；二、黃道周慣於用象數易學推演政治時勢，這在時人看來，皆非易家之正傳，難免落入「術數」之譏，自然說服力有限。但這並不妨礙黃道周本人對於這一「歷史推步」之學的真誠信仰：大到朝代、政局的興替，小到個體命運的起落，無不運之於掌。同時，這也充分展示了黃道周學術思想中至為明顯的經世致用品格，即便是幽渺精微的象數之學，亦不例外。

五、「布而為曆，冘而為律，統而為《易》」——黃道周與晚明天文曆法

（一）晚明天主教的西來及中國士大夫的應對〔註84〕

晚明社會危機迭現，而思想文化卻日益多元，已非程朱理學所能限囿。是時儒學思想內部充斥著前所未有的巨大張力。思想界的沉沉暮景使得諸多士人急切致力於尋求延續思想活力的良方。譬如，「天」是人類確立宗教信仰與探索未知領域的重要關懷對象，往往成為人們頭腦中問題意識泛起的起始點。清人許之漸點出了晚明思想界與之相關的動向。他說：「自天地之心見，而後君師之道興。帝王之所以為治，聖賢之所以為學，未有不本乎天者也。黃、軒迄今，世無異治。而教統一裂，人自為學，家自為師，若水火之不相謀。要無不尊天以立說者，一彼一此之間，往往陽擯其名而陰竊其實，雖道家之幽渺，釋子之虛寂，窮其所託，與吾儒之盡性至命不有殊途而同歸者乎？惟是斁倫毀紀，捨君臣父子之大，而耽夫幽渺虛寂，以別求其所謂天，此二氏

〔註84〕 說明：本小節以稍長篇幅來論述晚明天主傳教士與中國士大夫的思想交流與衝突，其用意主要在於重構來自異域的天文曆法知識觀念對是時中國上層社會產生的衝擊，甚至一度衍為思想主流的歷史情境。由此可更為清晰發現：黃道周基於易學傳統的天文曆法思想，雖有深見，但卻在是時中西文化的互動過程中淪為邊緣逞臆之說的落寞情形。

之教吾儒所以辭而闢之也。彼行之不著，習俟不察，終其身於君臣父子而莫識其所為天，即儒者或不能無弊。如欲循其弊以為救，仍莫若尊天以立說。」〔註85〕「天」在很大程度上被佛老之學內置虛化了，導致是時道德虛無主義的出現。這一現象成為了晚明儒者們心中的隱憂。因此，通過具有外在超越性的宗教信仰，抑或自然主義的客觀規範來追問「天」的實在意義，成為了他們共同的學術訴向。這一點無疑是西方天主教能夠傳播與擴散於晚明中國的一大思想背景與動因。

在晚明儒、釋、道三教合流之外，另有一異軍的突入，那就是西方天主教思想。晚明時期，傳教士的到來給是時士大夫以極大的震撼。無論是認同還是反對，都無法迴避它所存在的影響力。眾所周知，晚明時勢使得經世致用的呼聲變得異常的熱切。任何與之有關的學術思想，都將得到士人們的矚目與期盼。而夾雜著自然科學技術的西方天主教思想恰逢其時。正如許之漸所云：「其教（指天主教）自漢唐流傳中土，明萬曆辛巳，耶穌會士西泰利子航海九萬里而來，建堂於宣武門內，一時名公卿多樂與之遊 」〔註86〕值得注意的是，西方傳教士為了使中國人接受天主教義，而採取了與中國主流思想——儒學相兼容的學術策略，以天補儒。崇禎朝閣臣蔣德璟說：「向與西士遊，第知其曆法，與天地球、日圭、星圭諸器以為工，不知其有天主之教也。比讀其書，第知其竊吾儒事天之旨，以為「天主」，即吾中國所奉『上帝』。」〔註87〕傳教士以較為精準的天文曆法知識為其傳教的先導，並贏得了晚明朝廷中諸多士大夫的尊崇，「一時名公卿多樂與之遊」。清代學者記錄了晚明清初中國起用西方曆法的過程：

> 古者治曆明時，至鉅典也。明用郭守敬曆法，多推算不合。至崇禎二年五月初一日己酉，據推日食三分二十四秒。時閣臣徐光啟，精於西洋曆法，預推日食，北京見二分有奇，各省遠近不同，分數亦異。進呈日食圖像，密合不爽，而守敬之法，仍又不合，乃請準依西法修改。崇禎四年辛未，欽耶西儒湯若望進京，及龍華民、鄧

〔註85〕（清）許之漸：《天學傳概》序，《明末清初耶穌會思想文獻彙編》第四卷，北京大學宗教研究所鄭安德編輯，2003 年，第 28 頁。

〔註86〕（清）許之漸：《天學傳概》序，《明末清初耶穌會思想文獻彙編》第四卷，北京大學宗教研究所鄭安德編輯，2003 年，第 28 頁。

〔註87〕（明）蔣德璟：《破邪集序》，《聖朝破邪集》卷二，《明末清初耶穌會思想文獻彙編》第五卷，北京大學宗教研究所鄭安德編輯，2003 年，第 84 頁。

玉函，共譯曆說、曆表，成書七卷。洪惟我世祖章皇帝，鼎新一統。
時甲申八月日食，乙酉正月日食，西儒進呈圖像，與天行密合，纖
毫不忒。〔註88〕

中國古代治曆歷史雖則悠久，然後，在實測精準度上卻不如西方曆法。故
此，晚明士人多傾心於向西方傳教士學習天文曆法知識。「崇禎己巳，庭議修
曆。徐文定公素折節西賢，為性命交。」〔註89〕當然，西方傳教士們與這些晚
明士大夫情趣相投，除了其擁有豐富的天文曆法知識等實用學問外，還在於天
主教義中具有足以與佛教相為抗衡的思想資源。譬如，有著晚明「天主教三大
柱石」之稱的徐光啟曾談到他習天主教以抗佛老的意圖：

臣嘗論古來帝王之賞罰，聖賢之是非，皆範人於善，禁人於惡，
至詳極備。然賞罰是非，能及人之外行，不能及人之中情。又如司
馬遷所云：「顏回之夭」、「盜跖之壽」，使人疑於善惡之無報，是以
防範愈嚴，欺詐愈甚，一法立，百弊生。空有願治之心，恨無必治
之術。於是假釋氏是說以輔之，其言善惡之報，在於身後，則外行
中情，顏回、盜跖，似乎皆得其報。謂宜使人為善去惡，不旋踵矣。
奈何佛教東來千八百年，而世道人心，未能改易，則其言似是而非
也。說禪宗者，衍老莊之旨，幽邈而無當；行瑜伽者，雜符籙之法，
乖謬而無理。且欲抗佛而加於上主之上，則既與古帝王聖賢之旨悖
矣。使人何所適從，何所依據乎？必欲使人盡為善，則諸陪臣所傳
事天之學，真可以補益王化，左右儒術，救正佛法也者。〔註90〕

徐光啟改習天主教義的真實意圖在於，為落實「範人於善，禁人於惡」的
聖賢道德教化尋找良方。晚明佛教瀕臨衰微，儒學中的佛禪運動亦遭受大肆批
判。其空疏玄蕩的學風成為是時大多學人討伐的主要對象。而根源在於它不
能擔負宣化道德的重任。所以，徐光啟認為，「佛教東來千八百年，而世道人
心，未能改易，則其言似是而非也。」帶有濃厚的中國本土意味的學說──禪
宗也是「衍老莊之旨，幽邈而無當」。諸如此等，令徐氏大為失望而最終轉向

〔註88〕 （明）何世貞等：《崇正必辯》，《明末清初耶穌會思想文獻彙編》第四卷，北
京大學宗教研究所鄭安德編輯，2003 年，第 132 頁。
〔註89〕 （清）李祖白：《天學傳概》，《明末清初耶穌會思想文獻彙編》第四卷，北京
大學宗教研究所鄭安德編輯，2003 年，第 33 頁。
〔註90〕 （明）徐光啟：《辨學章疏》，《明末天主教三柱石文箋注》，香港道風書社，
2007 年版，第 64 頁。

並求援於西方天主教傳教士。在他看來，「欲使人盡為善，則諸陪臣所傳事天之學，真可以補益王化，左右儒術，救正佛法」。徐氏這一論說，應該是具有一定代表性的。因為僅僅是西方天文曆法知識的實用性，並不足以引起他們對西方傳教士「折節向學」的狂熱。其實，更為重要的是，儒者身上所具有的「憂道」意識使得他們不得不思索與吸納天主教義，以彌補儒學之缺失，並排擊陽明後學中「空疏玄妙」的幽靈對於是時人們道德堤岸的侵襲。

誠然，晚明西方天主教的再次登陸，在中國的思想、政治、社會等層面，引起了一陣軒然大波。認同者有之，否定、排擠者亦不在少數。據福建地區有關史料記載，從政府到普通老百姓，總不乏對天主教士及其所宣揚的教義加以敵視的案例。譬如，崇禎十年（1637年），欽差巡視海道、兼福建布政使施邦曜曾張貼告民眾書，以抵制天主教的傳播：

> 該本道查是呂宋夷利瑪竇一派，專講天主者。看得華夷界限，從古甚嚴，左道惑人，法律最重，故以夷亂華，以邪亂正，實深人心世道之憂。粵稽古聖人治世，教人惟有人倫，自堯舜以來未之有改，何忽有所謂天主教者，自利瑪竇一人航海而來，闡揚其說，中國之人轉相慕傚，莫覺其非。本道細閱其書，大概以遵從天主為見道，以天堂地獄為指歸，人世皆其唾棄，獨有天主為至尊。親死不事哭泣之哀，親葬不修追遠之節，此正孟子所謂無父無君人道而禽獸者也。其為邪說惑人，明白易見。然其巧詞深辯，足新好異之聽聞；細小伎能，又足動小民之嗜好。於是窮鄉僻壤，建祠設館；青矜儒士，投誠禮拜，堅信其是而不可移易。……凡有天主教夷人在於地方倡教煽惑者，即速舉首驅逐出境，不許潛留。〔註91〕

這一告示，應該說代表了晚明福建地方當局對於天主教的態度。它認為，對於儒家道德倫理來說，西方天主教的傳入，無疑具有不可言辨的挑戰性。「親死不事哭泣之哀，親葬不修追遠之節，此正孟子所謂無父無君人道而禽獸者也。」而這種漠視儒家人倫的「異端學說」，在是時福建卻有著蓬勃的發展勢頭，「中國之人轉相慕傚，莫覺其非」。這正是其時儒者士大夫頭腦中所固有的「華夷之辨」意識下的憂慮所在。因此，施邦曜等人才會憑籍手中強大的政治

〔註91〕 （明）施邦曜：《福建巡海道告示》，《聖朝破邪集》卷二，《明末清初耶穌會思想文獻彙編》第五卷，北京大學宗教研究所鄭安德編輯，2003年，第78～80頁。

資源，動員民眾一起向西方傳教士宣戰。

徐光啟等人試圖借鏡西方天主教教義來善化晚明中國的社會道德。但是，亦有人針對這一點提出了反對意見。如明末儒者李王庭云：「說者謂，其與佛老為難也。有功於吾儒。殊不知三教並行。鼎峙兩間，原不甚左。獨此輩今日詭事天、知天之解而入者，將來並莫為而為者。以天為主，究且何有於儒哉？」〔註92〕李氏對於天主教的傳入有益於儒學的觀點表現出了明顯的警惕與焦慮。

即使是傳教士所擁有的較為精準的天文曆法知識，在當時也並未贏得所有人的認同與尊敬。譬如，晚明福建士人謝宮花曾作《曆法論——闢西人棄閏邪說》云：

> 今西夷所以聳動中國、驕語公鄉者，惟是曆法。然中國之曆法，自有一定之論，不待西夷言之也。……我朝大統曆法，莫不參證斟酌無移，再考授時，測定閏應，頒大統曆行於天下，萬事尊法。復徵回回曆官鄭阿里等十一人，至京議曆，給廩有差，後因夷言天文，皆宗耶律，荒唐悠謬。洪武三十一年夏四月，罷回回欽天監，削夷官之號。……中國之曆法，自太初以至授時，莫不遵古置閏。如西夷之邪說謂閏可棄，是唐之欽天，《易》之繫辭，中國千古之帝王卿相，神聖賢哲，大識大見，皆在醜類下也，是耶，非耶？夫我明大統曆兼參諸曆之長，行之萬世無弊。我太祖立欽天監內臺，分科各習一藝，專精象占，無得差移，至今而日推算有失，不能如劉國師之準，則當治欽天監內臺縻祿之罪也。〔註93〕

謝氏在一種濃鬱的嚴辨華夷的意識中，判定西方曆法不可遵循，謂之「荒唐悠謬」，原因在於它拋開中國自古以降所遵行的「置閏之法」。並且，他認為，明代大統曆法是「行之萬世無弊」的。在實際勘測過程中的，對天象無法精準定位的原因在于欽天監個體的失職，而與中國曆法本身無涉。尤為值得注意的是，他認為，《易·繫辭》中所含結的天文曆法思想水平決不在西方之下。換言之，就是重視易學對於中國天文曆法知識的貢獻。這些易學特

〔註92〕 （明）李王庭：《誅邪顯據錄》，《聖朝破邪集》卷六，《明末清初耶穌會思想文獻彙編》第五卷，北京大學宗教研究所鄭安德編輯，2003年，第207頁。

〔註93〕 （明）謝宮花：《曆法論——闢西曆棄閏邪說》，《聖朝破邪集》卷六，《明末清初耶穌會思想文獻彙編》第五卷，北京大學宗教研究所鄭安德編輯，2003年，第208～210頁。

質主要體現在象數易學之中。這一點可以解釋晚明象數易學家大多熱衷對自然科學技術的探索的現象。而本文所研究的黃道周，便是這一晚明易學意向的典型代表。

（二）黃道周易學視域中的天文曆法

如前所述，黃道周將「易」理解為「日月之謂《易》」。在他看來，易學主要是探尋「天道」，窮究日月、星辰等天體運行律則，進而推「天道」以明「人事」的學問。就此而言，他的易學定然帶有濃厚的天文曆法色彩。而這在他的《三易洞璣》中表現得尤為突出。如《四庫全書總目》云：「是編蓋約天文、曆數歸之於《易》。……布而為曆，次而為律，統而為《易》。」〔註94〕天文曆法知識成為黃道周易學的主要理論架構之一。宋代丁易東認為，「《易》之為書，由漢以來，解者甚眾。……大抵其義例十有二：一曰：以理論《易》；二曰：以象論《易》；三曰：以變論《易》；四曰：以占論《易》；五曰：以數論《易》；六曰：以律論《易》；七曰：以曆論《易》……。」〔註95〕黃道周無疑屬於以曆論《易》者。南京大學盧央教授曾描述天文曆法與易學的關聯時說：「曆法則更是由一系列大小不同的時間週期所組成，而曆法週期正是天象運行的各種空間周流的時間描述。而任何事物的變化都是在曆法所說的一系列時間週期內顯現的。所以，曆法是天、地、人三界的一個接合部。而《易經》卦爻系統被認為是更本質的宇宙萬有的一種符號表示，用《易經》系統來描述或融合曆法是很自然的。」〔註96〕黃道周對於天文曆法的興趣導源於其青年時期訪學於鄭懷魁的經歷。鄭觀察的天文學問難成為他潛心於天文實測知識的開始。他將對於日月、星辰等天文現象的探究，與叩問「天道」的易學結合起來。這為黃道周對晚明學界中反智識主義的天道心學化現象的反動提供一種知識資源。換言之，他的解《易》思路與以心、老、釋解《易》大相異趣，不再執著於空幻幽眇的理學《易》，而將易學建基於外在客觀的天文曆法知識之上。

黃道周主張《易》與律、曆之間互為發明。在《榕壇問業》中，有如下對話：

〔註94〕（清）紀昀：《欽定四庫全書總目》卷一百零八，《三易洞璣十六卷》，中華書局，1997年版，第1427頁。

〔註95〕（宋）丁易東：《易統論上》，《易象義》，清文淵閣四庫全書本。

〔註96〕盧央：《易學與天文學》，中國書店，2003年版，第172頁。

某云：「可惜今人無有明《易》者，即使京房、焦贛而在，吾能
使淳風、王樸不敢復譚耳。」而德云：「曆中最難明者，有氣差、斗
差、星差，如此三差，皆《易》所無，如何明《易》便能了得曆事？」
某云：「凡曆有平行，有積差，有定準。平行以立氣朔之中，積差以
正交食之始，定準以通爻象之終，參之為律，兩之為象，大參大兩，
皆復為曆。」〔註97〕

　　由此我們可以看出，黃道周關於易與曆、律之間互釋的易學思路是承繼
漢儒，而又與漢儒有所區別。正如其弟子而德所問：「曆」中最費思量的「氣
差」、「斗差」與」星差」均非《易》所有，如何以《易》來詮釋曆法？黃道周
通過立法中的「平行」、「積差」與「定準」說，來溝通其與《易》的關聯：「平
行以立氣朔之中，積差以正交食之始，定準以通爻象之終，參之為律，兩之為
象，大參大兩，皆復為曆。」黃道周多有以易象之學詮解天文曆法的例子。他
說：「《易》之《晉卦》，坤下離上，以證日出於地；《明夷》之卦，離下坤上，
以證日入於地；《需卦》坤下坎上，此亦天入水中之象也。」〔註98〕他以《易》
卦來論天地運轉的現象。正是由於他這一以《易》解曆的思路，導致後來他與
徐光啟展開了一場關於曆法的論辯。

　　黃道周在福建榕壇講學時，不時提起他在京師（北京）與徐光啟的曆法之
爭。他說：「某在京師，嘗對徐玄扈宗伯，闡明易、曆、律之義，他開口便道：
『《易》自是《易》，律自是律，與曆何干，而能證發？』某自此不復譚道。……
可惜今人無有明《易》者。」〔註99〕徐光啟十分傾慕西方曆法的精良，認為它
遠勝中國傳統曆法，而黃道周則主張以《易》解曆，認為曆、律與《易》是統
一的。此外，對於崇禎年間廷議改曆，採取西曆之法，黃道周亦表示過異議。
他說：「今人做曆，不曉得天一、地二，天三、地四，茫茫在歲差上下零分多
寡，比擬將來，寬數十年，又是一番謬誤。且如日之於天，猶心之於人，取道
不齊，暑影自別，今勸他星臺先明二至日影，以定月交淺深，無一人肯者，又
要近捨守敬，遠祖沖之，如何得有端竟出來？」〔註100〕黃道周以象數之《易》
解曆法運行的思路來說明曆法中歲差的存在緣由。他認為，日月運行的時空偏
差就像複雜的人心，「取道不齊，暑影自別」。他對於時人使用西曆，而拋棄郭

〔註97〕黃道周：《榕壇問業》卷十。
〔註98〕黃道周：《博物典匯》卷一《天文·渾天》，明崇禎刻本。
〔註99〕黃道周：《榕壇問業》卷十。
〔註100〕黃道周：《榕壇問業》卷一。

守敬、祖冲之的曆法傳統的做法頗不以為然。然而，這一主張在西方曆法知識頗為盛行的晚明社會，並不占主流。故而，黃道周感慨云：「可惜今人無有明《易》者。」他曾在給弟子陳獻可的書信中透露：「僕為此書（指《三易洞璣》）尚十五卷，談治亂之候，帝王之紀，依本圖像，然論之招尤，正不如《學》、《庸》、《語》、《孟》可以釋於玄薰，偕於大道也。」〔註 101〕由此可見，黃道周這一易說在當時頗不為世人所認同。不過，清代學者蔣湘南對之卻深表讚歎。他說：「惟明代……黃忠端之《易象正》，……合《易》、曆為一，然後知推步之學，非通儒不能為也。」〔註 102〕

第三節 「天人感召，陰騭相協」——黃道周與陰陽五行說

一、陰陽五行說之源流

　　陰陽五行說是始盛行於中國先秦時期的本土思想系統。此前，陰陽與五行各分其說，且帶有濃鬱的經驗世界的色彩。〔註 103〕按《辭海》的解釋：「陰陽，最初指日光的向背，向日為陽，背日為陰。後來引申為氣候的寒暖。中國古代思想家看到一切現象都有正反兩方面，就用陰陽這個概念來解釋自然界兩者對立和相互消長的氣或物質勢力。如西周末年伯陽父認為『陽伏而不能出，陰迫而不能蒸，於是有地震。』（《國語‧周語上》）《易傳》作者進一步提出『一陰一陽之謂道』的學說，把陰陽交替看做宇宙的根本規律，並用陰陽比附社會

〔註 101〕黃道周：《答陳獻可書》，《黃石齋先生文集》卷五。
〔註 102〕（清）蔣湘南：《七經樓文鈔》卷四《推步總論》，《回族文獻叢刊》（八），上海古籍出版社，2008 年版，第 3267 頁。
〔註 103〕根據徐復觀先生的研究，以陰陽為宇宙間兩種相反而復相成的基本元素或動力，因而以此來說明宇宙間各種現象循環變化的法則或根源的，是經過相當時期的發展演變而來。如《詩經》上所有的「陰陽」字，都沒有後來作形成萬物原素的陰陽二氣的意義；春秋時代陰陽觀念最大之發展，乃在以陰陽為天所生的六氣（陰、陽、風、雨、晦、明）中之二氣。西周末年，已開始把陰陽看作是天地之氣，而且突出於其他四氣之上；而春秋時代的所謂五行皆指生活中不可缺少的五種實用資材而言，決無後來所說的五行的意義。一般認為，五行的說法來自於《洪範》，但是《洪範》之五行與鄒衍的五行說又有本質的不同。把《洪範》的五行與鄒衍的五行相附會，並非始於鄒衍自己，而是西漢儒者所完成的，後世對《洪範》的解釋，蓋無不受此影響。可參看徐復觀：《陰陽五行及其有關文獻的研究》一文，該文載於李維武編：《中國人性論史‧先秦篇》，《徐復觀文集》第三卷。

現象，引申為上下、君民、君臣、夫妻等關係。戰國末期，以鄒衍為代表的
『陰陽家』乃『深觀陰陽消息，而作怪迂之變。』(《史記・孟子荀卿列傳》)
則把『陰陽』變成了和『天人感應』說結合的神秘概念。」〔註104〕至於「五
行」之說，誠如彭華所言：「其出現的時間有早晚先後之別。約略而言，『五
行』最初是表『地』之五種物質，後來才藉以表『天』之五大行星（五星初名
辰星、熒惑、歲星、太白、填星，而不是水星、火星、木星、金星、土星）；
再後來，又以『人』之『五常』附會『天』、『地』之『五行』；又後來，五行
圖式泛濫成災，舉凡宇宙萬物皆可囊括其中。」〔註105〕「五行」概念經過西
周與春秋戰國時期的發展，逐漸抽象為可以囊括萬有的一組概念，而後再與陰
陽觀念相結合。

　　戰國時期為陰陽五行說邁入成熟的分水嶺。其代表性人物當屬鄒衍。因為
「鄒衍是公認的先秦陰陽數度之學的集大成的總結者，是把此前並行發展著
的陰陽說與五行說首次結合起來並加以創造性發揮的思想家。」〔註106〕至
此，陰陽五行說逐漸脫離純粹經驗層面的描述，並成為詮釋宇宙萬物的演變
律則的學術系統。時至漢代，陰陽五行思想則進一步成為了人們的主流信仰，
「兩漢時期，陰陽五行思想像酵母一樣擴散到各個思想領域，不論自然科學如
醫學、天文學，或哲學思想如道家、儒家等都深受陰陽五行的影響。」〔註107〕
如董仲舒等人將陰陽五行說加以糅合，提出「天人感應」的思想。這一天人學
說，正如美國學者史華慈所云：「在自然界五行的循環以及四季的循環中，我
們發現了處於演奏狀態中的和諧的主題旋律。然而在人事界，人類卻有能力彈
奏分立的刺耳的音符，在整個和諧體系中製造不協調的共鳴。事實上，之所以
會產生不協調的共鳴，乃起因於出現了某種特殊的因果關係——這就是統治
者，以及更一般地說是人類具有的違反秩序的行動。因而，對董仲舒來說，在
人事界發生的事件，會在宇宙有機體的整體和諧中造成錯亂；對於鄒衍來說，
也同樣如此。」〔註108〕

〔註104〕夏徵農主編：《辭海》，上海辭書出版社，2002年版，第4376頁。
〔註105〕彭華：《陰陽五行研究》(先秦篇)，華東師範大學，2004年度博士學位論文，
　　　　第61頁。
〔註106〕蕭萐父：《周易與早期陰陽家言》，《吹沙集》，成都：巴蜀書社，1991年版，
　　　　第180頁。
〔註107〕金春峰：《漢代思想史》，中國社會科學出版社，1997年版，第146頁。
〔註108〕（美）史華慈：《古代中國的思想世界》，江蘇人民出版社，2004年版，第377
　　　　頁。

同時，亦如徐復觀所云：「鄒衍終始五德之說，乃是在政治中原始天命的觀念垮掉以後，重新提出的一種新說，以重建政治上的天人關係，因而即以代替古代天命之說。此說較古代天命的觀念，更為具體，更為易於把握，其所以能掀動一時者在此。」〔註109〕由此可見，先秦與漢代的陰陽五行說帶有明顯的政治功能。然而，這一思潮的泛起，也與漢代天文曆法知識為其理論系統的建構提供了堅實的學術基礎有關，而不是空穴來風的漫天臆斷。韓國學者金晟煥認為，周秦以至漢代的陰陽五行思潮崛起，雖則是因為天命觀轉換的時代需要，但也不可否認的是，當時已經具備了支撐這一思潮的知識條件。他說：「至戰國中葉，以儒家天論為代表的周代的天命觀已經落後，不適合時代需要，於是再出現從自然的普遍秩序與規律來說明天命的轉移的新的理論，乃因當時中國人對天文、曆法知識的成熟。」〔註110〕因此，在這一意義上講，漢代陰陽五行說的盛行，並不可以簡單地被視為愚昧落後的迷信，反而彰顯了這一時期中國傳統智識主義思潮的高漲。

至於其對於後世的影響，誠如英國學者李約瑟所說，「到了司馬遷時代，自然主義學派作為一個有組織的團體已經消失了，它所有的實用學術已經傳給道家，而它的五行學說則成為公共的財富，為儒家和所有的人同樣地享有。」〔註111〕在漢代，這種結合德性天命觀的自然主義的學術，雖然逐漸為道家所吸納，但是陰陽五行說思想卻成為了其時各家各派的普遍知識信仰。

漢代以後，陰陽五行說卻沈寂下來成為一種相對邊緣化的、未受學界主流尊崇的知識形態。其實，中國古代自然科學的成果，在很大程度上是建基於陰陽五行思想之上的。正如李約瑟所分析的：「一、儒家有兩種根本自相矛盾的傾向，一方面它助長了科學的萌芽，一方面又使之受到損害。因為就前一方面來說，儒家思想基本上是重理性的，反對任何迷信以至超自然形式的宗教。就後一方面來說，儒家思想把注意力傾注於人類社會生活，而無視非人類的現象，只研究『事』（affairs），而不研究『物』（things）。因此，對於科學的發展

〔註109〕 李維武編：《中國人性論史・先秦篇》，《徐復觀文集》第三卷，武漢：湖北人民出版社，2009年版，第290頁。

〔註110〕 （韓）金晟煥：《陰陽五行說與中國古代天命觀的演變——兼論陰陽五行說對易學發展的影響》，《周易研究》，1999年第3期。

〔註111〕 李約瑟：《中國科學技術史》第二卷《科學思想史》，科學出版社，1990年版，第258頁。

來說，唯理主義反而不如神秘主義更為有利。」〔註112〕帶有神秘主義色彩的陰陽五行說，一直未得到應有的重視，尤其是宋明儒者。他們極為重視內在道德的能量對於經世致用的價值與意義。因此，在他們看來，漢代這一注重外在客觀規範的陰陽五行說的學術價值無疑是趕不上極盡精微的內聖之學。於是乎「宋人包括朱元晦在內，都跳不出自己時代乃至個人的圈子，把不合脾胃的東西，化為真偽的問題。」〔註113〕但是，這一邊緣學問似乎成為了中國本土思想的基本色調，無法徹底拋棄。誠如史華慈所說：「自從宋代初年的儒家復興以後就主宰了中國知識界的新儒家思想發現，從總體上講，它使得相關性宇宙論大大「邊緣化」了。然而無論如何，與相關性宇宙論有關聯的關鍵範疇——陰陽概念、五行範疇及其他範疇——仍然是人們普遍接受的、用於談論自然以及人類生活的各個具體方面的語言。它們深深滲入到民間文化之中，並且主宰了醫學、堪輿學和其他為人們所接受的「科學」所使用的語言，而沒有遇到很大的挑戰。」〔註114〕不過，時至晚明，宋學中的內核部分——心性之學已是走到山窮水盡的地步。因應時會，漢學得以復興，其中包括具有不同於宋學的、強調外在規制力量的陰陽五行說再次浮出水面。晚明科學思潮的出現，與民間蘊含科學實證意味的陰陽五行思想的勃興有著某種程度的關聯，而這一學術背景，在客觀上促進了是時西方傳教士帶來的科技知識在中國的傳播。

二、「觀其生勝配合，以知陰騭相協之意」——黃道周陰陽五行說

如前所述，黃道周的易學宗旨在於「推天道以明人事」。與其緊密相連的是他的陰陽五行思想，二者是互為表裏的關係。而在眾多古典思想文本中，《尚書》中的《洪範》篇集中體現了這一陰陽五行思想。黃道周云：「《易》之為道，與《範》表裏。……今觀二書，互為體用，《易》言其體，《範》言其用。」〔註115〕《洪範》主陰陽五行說，較之於易學，僅有體用之分。呂思勉先生曾指出《洪範》與《易》的相溝通之處：《洪範》篇「乃我國最古之宗教

〔註112〕 （英）李約瑟：《中國科學技術史》（第二卷）《科學思想史》，科學出版社，1990 年版，第 12 頁。

〔註113〕 李維武編：《兩漢思想史》，《徐復觀文集》第五卷，武漢：湖北人民出版社，2009 年版，第 290 頁。

〔註114〕 （美）本傑明‧史華茲：《古代中國的思想世界》，南京：江蘇人民出版社，2004 年版，第 391 頁。

〔註115〕 黃道周：《八政章第五》，《洪範明義》卷上，明崇禎刻本。

哲學書也。講古代之哲學宗教者，不能離術數。古代之術數，實以此篇為統匯。此篇所陳之數，與《易》數亦相通。故宋後《易》學之講《圖書》者，又有『演範』一派。」〔註116〕

黃道周云：「洪，大；範，法也。言天地之大道，百世所取法也。是篇統括天人，綱紀萬象，信易學之閫奧，聖道之要領也。後世聖人，有志於堯舜之道，傳神禹之學者，必在是篇焉。」〔註117〕《洪範》被視為闡釋「天地之大道」的聖典。他認為，上古三代之治的政治理想，集中在《洪範》一書。該書「統括天人，綱紀萬象」，與《易》具有同等的重要性，皆為天人之學，對於晚明天人秩序的重建來說，有著十分豐富的思想資源。因此，黃道周在進呈《洪範明義》於朝廷時說：「臣觀五帝三皇之道，備在《易象》，自《易象》而外，惟有《洪範》一書，為堯舜所授於禹、湯，周公所得於箕子者。」〔註118〕總之，《洪範》一書在他的天學建構中起著頗為重要的作用。因之，黃道周通過勘定《洪範》經典文本的無可挑戰的學術地位來闡論陰陽五行思想在天人秩序建構過程中的恰當性。具體而言，黃道周的陰陽五行說主要體現在如下三方面：

（一）「天人相應」思維中的陰陽五行說

「天人相應」是中國傳統學術中的重要思維模式。而這一思維模式的產生則源於傳統人文價值的合法性來自於「天」的觀念。對「天」的表述有「神靈之天」、「道德之天」與「自然之天」的區分。而後兩者則是陰陽五行說所要闡述的主要對象。「陰陽五行」的概念原本是人們在日常生活世界裏所歸納、抽象出來的感性客體。所以，在黃道周看來，它成為了「天人相應（感應）」何以可能的中介物質。而體悟天人感應之道是儒家聖人之學的首要之事。他認為，「陰靜騭定也，相助協和也，彝倫常理也。言上天靜默，品騭下民，作君作師，以相助和協，其天下必有常理，敘布其間，循之者治，紊之者亂，是以天人感應，百世不爽，是聖學之首務也。」〔註119〕而要實踐聖學這一首務，則在於對陰陽五行說的參透。他說：「蓋天以二氣五行，化生萬物，形質不齊，因其生剋，以為倫敘，而人所受於天者，曰命、曰性。性命之原本於太極，至

〔註116〕呂思勉：《經子解題》，上海文藝出版社，1999年版，第29頁。
〔註117〕黃道周：《洪範明義》卷首，清文淵閣四庫全書本。
〔註118〕黃道周：《洪範明義》原序，清文淵閣四庫全書本。
〔註119〕黃道周：《訪箕子章第一》，《洪範明義》卷上，明崇禎刻本。

善不離，至一不二，陰陽五行以是分化，……聖人之於天道，猶日用之於飲食也。」〔註120〕黃道周認為，研究陰陽五行分化之理，是致力於探尋天道的聖人之學的主要路徑。關於以天人相應為領悟性命之學，以及建構儒家道德倫理基石的論說，黃道周有著如下的闡述：

> 君子不默通天道，則無以助民，而合其居。……其實陰騭相協，皆本於天。……自三代而下，皆以五常為性，本人而得其體，故有仁、義、禮、智、信之名；三代而上，皆以五常為命，本天而得其用，故有雨、暘、燠、寒、風之實，稽其淵源，皆根本太極，分布二五，命之曰性，率之曰道，修之曰教，歸於至善好德而已。故《洪範》一書，言天人感應，一以好德為主。〔註121〕

黃道周認為，《洪範》一書旨在研究天人感召、陰騭相協之道。天人相應、相通是達致陰騭相協何以可能的學理依據。也就是說天道、人道的一致性，預示了天人相應的存在。在這段話中，黃道周著重強調天人合一、天人感應的存在，就是為了論證探究天道的價值意義在於闡論人道的合理性狀態，「陰騭相協，皆本於天」。否則，「君子不默通天道，則無以助民，而合其居」。這是典型的「以天道推明人事」的思路。更為值得一提的是，黃道周極力使得天道外在客觀實體化。他並不是乞靈於神道上帝的「神格之天」，而是致力於以陰陽五行、氣化生萬物的「自然之天」來建構天人秩序。譬如，就人而言，黃道周以五常（亦即是金、木、水、火、土五行）為性，其表現在人身上則為「仁」、「義」、「禮」、「智」、「信」；而以五常為命，其表現在天、地、自然，則有「雨」、「暘」、「燠」、「寒」、「風」之分。溯其根源，二者皆本於「太極」，其是通過陰、陽二氣，與「金」、「木」、「水」、「火」、「土」等五行加以相互轉化、向外擴布的。如前文所言，陰陽五行的相剋相勝乃為天道之用，其本體的意義在於表徵天命之流行，所以「根本太極，分布二五，命之曰性，率之曰道，修之曰教，歸於至善好德而已」。黃道周將這種學術論證最後歸結為「至善好德」的儒家德性修養對於士人君子的不可或缺性。

實際上，黃道周這種泛道德主義的意緒與同時代其他儒者並無二致，所不同的是，他將闡論儒家道德理想主義秩序的基石建立在自然主義的「外在客觀性」上，而不是寄希望於內在心性與良知自覺意義上開悟「與天地萬物為一體」

〔註120〕黃道周：《訪箕子章第一》，《洪範明義》卷上，明崇禎刻本。
〔註121〕黃道周：《訪箕子章第一》，《洪範明義》卷上，明崇禎刻本。

的神秘主義體驗。不可否認的是，黃道周在天人相應與陰陽五行等方面確乎承繼了董仲舒等漢代大儒的思想，但是與之又有很大的差異，那就是在黃道周儒學思想中，已是祛漢代的神靈讖緯之魅了。有學者認為，「在董仲舒體系中，一般地說，道德之天遠沒有擺脫神靈之天的束縛，要完全擺脫這種束縛，實現由神靈的天到道德義理之天的完全轉變，歷史表明，需要經歷一個漫長的過程。這個過程在我國是到兩宋時才完成的。」〔註122〕此論確然，黃道周所謂的「天」即為自然之「天」與道德義理之「天」的統一。他所說的「天人感應」不是神靈意志之感應，而是因應陰陽五行化生萬物之道來達致客觀上天人之間互為感應的效果。

另外，值得注意的是，黃道周陰陽五行說的宗旨在於經世致用。說得更為明白點就是，在「天人相應」的理論基礎上，提出「君道準於天道」的主張。他拋棄帶有內在主觀色彩的、抽象的「天理」，取而代之於外在客觀的自然主義的「天道」，並繼續探索「格君行道」的傳統政治模式如何可能的問題。黃道周說：

> 皇即天也，……因舉五行、五事、八政、五紀，次第言之，而天人之道，已略可見。至於稱建用者，必有一物，確在二氣五行之上，以為二五樞要，元運綱紀。……二氣五行，無此北極，不能自立，人君雖尊，猶如帝星，繞極而動，當思皇天所建之極，以為極主。……天之所建即君之所樹，人君捨天所建，必無復有以自樹者，故敬。……而人君又為辰極之本，所以立性造命，錫福於天下，當涵養德性，又加以學問，取法北極，無一亳搖惑偏倚之私，久而造於至精、至微、至純、至一之域，故謂之至善。善即德也，德即福也，天建有此至善，以發皇其用。……人君法之，以建極於心。」〔註123〕

在這段材料中，黃道周指出，《洪範》所言的「五行」、「五事」、「八政」、「五紀」，意在指陳天人之道。他認為，雖然「陰」、「陽」二氣，以及「五行」之間相互循環轉化、周流不已，但卻有一種東西居於中心樞要位置，那就是天文學上的「北極」，亦即是「皇極」、「天極」。它的重要性在於：「二氣五行，無此北極，不能自立」。在黃道周看來，「人道」法「天道」，「皇極」為「天道」

〔註122〕金春峰：《漢代思想史》，中國社會科學出版社，1997年版，第152頁。
〔註123〕黃道周：《皇極章第七》，《洪範明義》，明崇禎刻本。

之樞要，自然是人君所效法的對象。故此，「人君雖尊，猶如帝星，繞極而動」。以「皇極」為中心的天地秩序是人世間政治社會秩序的範導，以及合法性來源，「天之所建即君之所樹，人君捨天所建，必無復有以自樹者」。因此，在某種程度上，黃道周將皇帝無可挑戰的權威降低了，從而為其後「格君行道」的實踐提供了一種理論上的可能性。黃道周認為，人君「立性造命，錫福天下」當在「涵養德性」，臻於至善之境，這是學問的根本，也是與「天道」之「皇極」相應的人的性命本源：「天建有此至善，以發皇其用」。所以，「人君法之，以建極於心」。換言之，人世間的君主、帝王修養「至善」之德就是要效法「天道」，在心中建立廣大、高明的「皇極」。由此，才能「無一毫搖惑偏倚之私，久而造於至精至微、至純至一」的至善之域。

平心而論，黃道周撰寫《洪範明義》一書的現實目的，就是為了諷諫晚明崇禎帝要修養「德性」。相對而言，明代士氣萎靡，君臣關係緊張，尤其是崇禎時代，大臣動輒招尤。面對晚明這一上層政治的情形，黃道周認為，君之於臣少「敬」，則臣之於君少「忠」。要解決這一問題，需要君主在「敬」字上下工夫。而敬畏何來？其來自於「皇極」之威。因此，黃道周的陰陽五行說在很大程度上著力於這一學術理路的論證。

（二）陰陽五行說與性命之學的交相為用

晚明時期，理學雖至衰微之境，但它仍然不失為是時學界的一種基本學術語境，許多新思想在理學視域中得以表述。正如余英時先生對晚明清初思想史的看法：「宋明理學的傳統在清代仍有其生命，至少晚明諸遺老，還是蕩漾在理學的餘波之中。」〔註124〕黃道周的陰陽五行說，大多在理學的話語中得到一種新的理解，從而表徵了漢、宋之學在晚明的交織融會。宋學易流於空言義理，黃道周則以陰陽五行說將之實學化。他說：「蓋五行生人，水為之始，水既亂行，則土不稼穡，火不炎上，金木因之，不遂其性，蓋天地之有五行，猶人之有五質，五質循敘，而後性命之理可求也。」〔註125〕探求性命之理，須先明瞭五行相生相剋之道。換言之，欲求「人道」，須先推明「天道」。

首先，黃道周在體用範疇中論證天人之道。以「陰陽五行」為體，以「人心」為用。他說：

〔註124〕余英時：《中國思想傳統的現代詮釋》，南京：江蘇人民出版社，2003 年版，第 134 頁。
〔註125〕黃道周：《訪箕子章第一》，《洪範明義》卷上，明崇禎刻本。

《洪範》以天道治天下，俯而垂象，……以人道南面，仰而則之，……聖人本天以為體，本心以為用。建於不動，以為眾動之樞。易有太極，是生兩儀，蓋此謂也。天體中分一百八十三度，北極出地三十六度，則南極入地亦三十六度，人不見南極，而見北極，皇皇在上，至精至微，至中至一，凡萬物之所謂命、謂性、謂心，皆出於此也。〔註126〕

黃道周認為，就天人關係而言，「聖人本天以為體，本心以為用」。「陰陽五行」萬化流行，即表徵了「天」的存在。由此可推，天人之道在於以「陰陽五行」為體，以「人心」為用。當然，「陰陽五行」又是本於「建於不動」的「北極」。其與「易有太極，是生二儀」的意思相同。在這裡，黃道周將宋儒周敦頤等人的「太極」之說與天文曆法知識體系中的「北極」，亦即是「皇極」，加以等同，並認為這是一種處於本體地位的「至精至一、至中至一」之物。這一本體並不是人所臆想出來的，而是有所證實的：「天體中分一百八十三度，北極出地三十六度，則南極入地亦三十六度，人不見南極，而見北極，皇皇在上。」而一切「心性」、「天命」的根本皆繫於此，故「以人道南面，仰而則之」。黃道周這一詮說顯然與其他好講宇宙本體的宋明儒者差異甚大。他是晚明時代以「天道」發皇「人道」，將「天地萬物為一體」說落實於外在客觀的自然之天的儒者。

此外，黃道周對於「精一危微」之說亦有所論述。該說法原出於《尚書‧大禹謨》。其曰：「人心惟危，道心為微，惟精惟一，允執厥中。」〔註127〕這是宋儒以降建構儒家道統的虞廷十六字心傳，被認為是古代聖王舜授之於禹的心法要訣。這一儒學方法要求人們在思想世界中，嚴辨「道心」與「人心」的細微分際。然而，如何發現「道心」？黃道周認為，「精一危微之旨，本於辰極，即所謂以敬作所者也。」〔註128〕所謂「辰極」就是指「北斗」、「皇極」。它在天文學上處於日月、星辰的中軸樞要位置，亦即是「道心精一」的象徵。他強調，人們應該在「敬」字的基礎上，取法「天道」，將儒家道統心傳之法客觀化，以示「天人合一」之道。因此，他曾豪言宣稱：「大約漢唐而下，此義久湮，求其精要，莫明於《大學》，莫備於《中庸》，《大學》之始篇

〔註126〕黃道周：《敘疇章第二》，《洪範明義》卷上，明崇禎刻本。
〔註127〕《尚書‧大禹謨》。
〔註128〕黃道周：《敘疇章第二》，《洪範明義》卷上，明崇禎刻本。

言明新，歸於止至善，《中庸》言明誠，歸於無聲無臭至矣。至者，極也，維皇所建，不假慶威，不煩賞怒，為性命之淵源，中和之根柢，自洙泗外，無得而聞焉。」〔註129〕在黃道周看來，這一將宋儒精研的性命之學與漢儒的陰陽五行說所建構的天道結合起來的路徑，是久已失傳的孔子之學。而且，它具有對治晚明學術流弊的顯著功效。他說：「今既原本天地，取表日月，以至善為建極之準，以慎獨為建極之要，則紛紜之論，庶有折衷，邪說詖行可以不作。」〔註130〕在某種意義上，這是黃道周對於是時士人任憑良知本體自然流行之說的批評與救正。

最後，值得注意的是，黃道周對於宋儒的「太極」與「陰陽五行說」，作了一定程度上的批評。他說：

> 周敦頤作《太極圖》言曰：「無極而太極，……太極本無極也，五行之生，……五性感動，而善惡分，萬事出矣。聖人定之以中正仁義，而主靜立人極焉。」朱子深信其書，以為出於《洪範》。然《洪範》所稱皇極，確有建用之文，濂溪所稱無極已墜玄虛之藏。五性感動，已淆氣質之間，主靜立人，亦乖敬一之旨也。古人觀象至精，不以一為太極，而以一為五行，不以五為五福，而以五為皇極，明以一皆當五，五即為一，……此極既建，則萬象環生。先儒曰：皇極不言數，不可以數明也。〔註131〕

黃道周對於周敦頤的「無極而太極」說提出批評，認為其「已墜玄虛之藏」。他還認為，濂溪「五性感動，主靜立人」的觀點，有違於儒家主「敬」之旨。因此，黃道周對於朱熹關於周濂溪的思想來自於《洪範》的觀點是持否定態度的。黃道周認為，「一」為五行，而不是指太極；而「五」即為「皇極」，此「五」自然不是數字之「五」，而是指具有宇宙本體意義的「五」。故此，「皇極」不以「數」論。就「數」而言，「以一皆當五，五即為一」。另外，在黃道周的學術視域中，「皇極」、「太極」是為最高義理範疇，凡涉「無極」之說，則入於老莊之談。其實，黃道周批評宋儒的「無極而太極」說，旨在反對宋明儒者在闢佛老，而又浸淫於佛老的弔詭心態。在他看來，晚明儒學發展到空幻玄蕩的地步，宋儒是要負一定程度的責任的。

〔註129〕黃道周：《敘疇章第二》，《洪範明義》卷上，明崇禎刻本。
〔註130〕黃道周：《敘疇章第二》，《洪範明義》卷上，明崇禎刻本。
〔註131〕黃道周：《敘疇章第二》，《洪範明義》卷上，明崇禎刻本。

（三）陰陽五行說與道德和政治秩序的指向

黃道周的陰陽五行說雖重在闡明天道，但其宗旨卻是指向人事的。而在儒者眼中，「人事」無非是指稱儒家的道德倫理與政治秩序。黃道周認為：「五行分化，序其生者，所謂初也。陰陽之精，見於水火，剛柔之義，著於金木，土載其下，以通地天，有是五者，以別男女，以正性命。陰陽相交，剛柔相推，變化錯綜，或當或爽，而治亂出焉。」〔註132〕「水」、「火」、「木」、「金」、「土」五行自身有著「陰陽」、「剛柔」的特性，富於變化，「以通地天」。其反映到「人事」上，就是「別男女，正性命」。由此而觀，黃道周的陰陽五行之說，實在是一門經世致用的學問。他說：

> 以數而言，則一六、二七、三八、四九、五十為主成之次；以象而言，則一北、二南、三左、四右、五中為分布之等，故人生而有體魄，氣候榮衛經絡，推於四海日月，出入無不同者，干支所配，日用所資，皆是物也。聖人觀形以知理，觀性以知命，觀其生勝配合，以知陰騭相協之意。故生者以協父子，勝者以協君臣，並者以協兄弟。因君臣以協夫婦，因兄弟以協朋友，智由此出，禮由此作，仁由此奮，義由此制，信由此立。腑臟官骸由此以理，道化政刑由此以設，……修道明教，納民於至善之域，則非聖人不足以語此也。〔註133〕

黃道周以象數易學的推演模式，配合五行相生、相勝之理，來論證陰騭相協，天人相互感應的學術圖景。而「觀形以知理，觀性以知命」是黃道周天人之學的重要思路。他透過陰陽五行之說，在很大程度上將晚明日益空疏虛玄的「天理」、「性命」落實到人們的日常生活世界之中。其中，最為明顯的是，他用五行相生相勝之理，來推闡「夫婦」、「父子」、「君臣」、「兄弟」、「朋友」等儒家五倫關係。譬如，以「生」、「勝」、「並」來定五種倫理中的先後、主次關係，而「仁」、「義」、「禮」、「智」、「信」等儒家「五常」思想亦源自於五行化生說的啟發，「腑臟官骸由此以理，道化政刑由此以設」。小至人體內臟的變化，大到社會政治制度的運行，都可以在五行說中得到合理解釋。總之，在黃道周看來，陰陽五行說與象數理路的結合是儒家聖人「修道明教，納民於至善之域」的經世之學。

〔註132〕黃道周：《五行章第三》，《洪範明義》卷上，明崇禎刻本。
〔註133〕黃道周：《五行章第三》，《洪範明義》卷上，明崇禎刻本。

黃道周將陰陽五行之說加以發揮，重新煥發了其在晚明社會的巨大學術生命力，大大擴充了它對於天人世界的解釋力。「天以二氣運育萬物，五行受令，無一不然。」〔註134〕當然，黃道周「格君行道，導善於民」的學術旨趣亦是異常明顯的。正如其所云：「人君能體天心，牧天民，以五行為法，聽政施令，皆上合天意，下合民心，是即所以福乎民也。」〔註135〕黃道周撰述《洪範明義》的用意即在於「格君」。在明代歷史上，要求君主發掘內心的道德覺悟的做法，無法消弭皇權政治所帶來的專制威力。士大夫政治文化生態日漸惡劣，「格君行道」流於空談。「格心之業既落空談」，〔註136〕這是黃道周常常慨歎之事。然而，正是因為晚明時代的這種政治情形，促使黃道周致力於尋求解救政治困局的良方。在他看來，繼承漢代天人感應思維模式下的陰陽五行說，能夠較好地化解這一政治倫理上的危機。使得肆意擴張的皇權得到一種外在的、客觀的權力監控。最終，在儒家理想的政治秩序中，建構一種合理的君臣倫理。如果說鄒衍「終始五德說」的提出，是在原始天命觀念崩解之後，試圖重建政治上的天人關係的話，那麼黃道周致力於陰陽五行說則是重建晚明在君臣倫理異化之後的天人秩序的努力。史華慈將陰陽五行說看成是相關性宇宙論。他說：「處於相關性宇宙論基礎地位的基本預設，大致是在人類現象與自然現象的類同關係之中，通過使其向著自然界的循環、韻律及格式『看齊』，以發現控制人類文明以及人類個體生命的手段。」〔註137〕史氏此論大體指出了中國傳統的陰陽五行思想的根本旨趣在於對人世間的政治社會秩序與文明的重構。而黃道周的陰陽五行思想亦可作如是觀。總之，在某種意義上，黃道周的陰陽五行思想是針對晚明政治倫理的核心——君臣倫理的實際境況所作的一種學術批判與理論建構。

小結：黃道周經學建構的外在客觀性指向

黃道周思想世界中一個最為核心的命題，即是進行晚明經學重建，其主要歸趣在於重建儒家天人秩序。這是黃道周對治晚明政治倫理與社會道德危

〔註134〕黃道周：《五行章第三》，《洪範明義》卷上，明崇禎刻本。
〔註135〕黃道周：《五行章第三》，《洪範明義》卷上，明崇禎刻本。
〔註136〕黃道周：《與張湛虛書》，《黃石齋先生文集》卷四《書》。
〔註137〕（美）本傑明·史華慈：《古代中國的思想世界》，江蘇人民出版社，2004年版，第367～368頁。

機的學術實踐。黃道周將對「天命」、「天道（理）」等神秘幽眇的理學體驗，轉化為對外在客觀之「天道」的探尋。他對於「天命」、「天道（理）」的探問，不再求之於靜坐澄心的內在神秘體驗，而是轉向外在客觀的「自然之天」。因為一味挖掘內在心性資源的理學，發展到陽明後學中的王龍溪抑或泰州學派時，他們「時時不滿其師說，益啟瞿曇之秘而歸之師，蓋躋陽明而為禪。」〔註138〕這一「率性所行，純任自然」的學術理路在很大程度上消解了宋明理學的傳統工夫。

黃道周借助易學與陰陽五行說的經學思想資源，將「天道」、「天命」的體證落實於外在客觀的「自然之天」上，從而達到「道德之天」與「自然之天」的合一。由此而觀，他在一定程度上逆轉了陽明後學中完全訴諸於內在心性與良知自覺的邏輯路向。總之，易學與陰陽五行說成為黃道周建構其思想世界最為重要的經學支撐。

〔註138〕（清）黃宗羲：《明儒學案》，中華書局，1985 年版，第 703 頁。

第六章 「欲達天道，順人情，則捨孝何以乎」——黃道周禮學思想

　　儒家最為重要的內核性思想就是「仁」與「禮」。如果說「仁」是表征人的內在心理狀態與道德境界，屬於抽象形上層面的話，那麼「禮」則指謂人類社會共同體的外在行為規範與秩序，屬於經驗世界層面。孔子針對春秋時期「周禮」的衰敗，拈出一個「仁」字加以救正，以圖光復「周禮」。孔子而後，儒家思想沿著「內在」與「外在」兩個路向展開。孟子提倡「性善」，發展了「內在心性」一路。荀子主張「性惡」，致力於外在規範的「禮」的建構。秦漢而後，多循荀子「宗經重禮」的思路；中唐以降，儒家為了回應佛老的挑戰，才將重心轉入「內在心性」的深層建構。〔註1〕因此，儒家思想總是由外向內，或由內向外地循著這兩條路線相互交替，抑或互為交織地展開。

　　晚明儒者對於禮學的關注確乎顯得不同尋常。正如張壽安教授所說，「17世紀以降，中國社會思想呈現兩股強大走勢：一是情慾覺醒；一是禮學復興。這兩股看似背馳卻又同時存在，看似互斥又不斷對話的文化力量，是觀察中國前近代思想轉變的有力視點。」〔註2〕首先，「情慾覺醒」在今人看來雖頗具

〔註1〕 在整個儒學思想發展史上，儒學性格經過由外至內，如孔子通過對「仁」的思想的發掘，逐漸將具有外在規範的「周禮」引向內在心性，經曾子、子思以及孟子，內在心性儒學雛形已成，此一路向，自秦漢以至隋唐時，作為一種儒學潛流存在；而致力於外在規範之「禮」的建構的荀子一路，得以大倡；至宋明時期，在某種程度上被中斷的內在心性儒學，經過幾百年以後，得以燦然大備。從這個角度看，二千餘年來，儒學經過一條由外而內，再到外，繼而又回歸於內的運行軌跡。

〔註2〕 張壽安：《十八世紀禮學考證的思想活力——禮教論爭與禮秩重省》，《自序》，北京大學出版社，2005 年版。

積極意義，但是在晚明時期更多的是因被視為儒家道德教化的衰頹象徵而成為士大夫的詬病對象。其次，晚明儒者試圖通過回歸儒家禮學經典，尋找契合周孔之學原旨的思想資源。而黃道周則以「孝」作為禮學思想的核心內容，並從宇宙本體論的角度論證「禮」存在的合法性；以「愛」與「敬」作為重建儒家禮秩世界的主要實踐路徑。

第一節　晚明禮學崛興以及黃道周的問題意識

晚明禮學研究熱潮的出現主要有兩大原因：首先，晚明時期，深重的社會危機嚴重拷問儒學的經世致用功能。由此，引發了一連串的反思：宋儒以降的經典詮釋是否歪曲了孔孟的意旨？原始儒家的真義是什麼？這些發問又進一步帶來了是時學界回歸原典的經學運動。

在這一經典回歸運動中，學者頗為重視對於「禮」的探討。曹元弼在論述「禮」與「六經」的關係時說：「六經同歸，其指在禮。《易》之象，《書》之政，皆禮也；《詩》之美辭，《春秋》之褒貶，於禮得失之跡也；《周官》，禮之綱領；而《禮記》，則其義疏也；《孝經》，禮之始，而《論語》，其微言大義也。」〔註3〕此一論說將「六經」與「禮」的關聯，揭示得異常清晰。在這一意義上講，晚明儒學經典回歸運動的興起，實際上亦意味著「禮學」逐漸引起了是時士人的更大興趣與關切。

其次，晚明「內在心性」之學的發展路向的危機引致了士人學術關切的重點逐漸發生轉向：由內而外，由虛而實，從空談玄悟到博覽群經。清代學者認為，「嘉、隆之間，心學盛而經學衰。」〔註4〕心學發展到晚明時期，流弊滋生，經學衰頹自不待言，孔孟原旨亦失之於晦暗。譬如，高攀龍說：「六經皆聖人傳心，明經乃所以明心，……明心不明經者異端也。」〔註5〕錢謙益亦說：「誠欲正人心，必自反經始；誠欲反經，必自正經始。」〔註6〕針對失落孔孟儒學原旨的晚明空疏學風，黃道周更為明確地宣稱：「吾將救之以六經。」〔註7〕

〔註3〕　曹元弼：《禮經學》卷四《會通》，續修四庫全書本第94冊，上海古籍出版社，2002年版，第713頁。
〔註4〕　（清）紀昀：《欽定四庫全書總目》卷三十三，《經典稽疑二卷》，第432頁。
〔註5〕　（清）朱彝尊：《經義考》（第八冊）卷二百九十七《通說三》，（臺灣）中央研究院中國文史研究所籌備處，1997年版，第856頁。
〔註6〕　（清）朱彝尊：《經義考》（第八冊）卷二百九十七《通說三》，第858頁。
〔註7〕　黃道周：《冰天小草自序》，《黃石齋先生文集》卷八。

他們主張，對於儒家思想詮釋的依據，必須返諸六經上來。因此，在某種意義上講，晚明士人之所以秉持上述主張，是因為他們意識到：任憑良知本體自然流行的頓悟之法，將可能與儒學原旨漸行漸遠。

臺灣學者王汎森對這一學術發展趨勢曾作過如下分析：「在討論這一新思想動向時，我們同時注意到，為了盡可能將現實社會的變化吸納到人性論中，並對舊有的範疇進行調整，則超越的與世俗的兩個層面變得疆界難明。因為疆界難明，所以心中必須要有很強的主宰來從事道德判斷。但一般人內心道德的光照並不是永遠那樣強，所以形成兩種現象：第一是對外在客觀可據的準則的要求日高，禮學研究的興起是其中一種現象；第二是心性之學的結束。」〔註8〕晚明許多儒者認為，過度信任內在心性的自覺力量，極易墮入否棄儒家工夫的佛禪境地，不能切實擔當儒家經世致用的重任，必須向外找尋確保儒家道德理想得以落實的思想資源。因此，他們的學術興趣逐漸從一味強調「內在心性修養」中轉拓出來，回歸於注重外在規範之「禮」。總之，在某種意義上，晚明禮學運動亦是在救正「心性之學」的流弊過程中崛興的，是對王學末流的一種反動。

黃道周在修正宋儒以降的性命之學的同時，將以往儒者致力於內在心性層面的修煉興趣，漸漸引向於儒家倫常日用的經驗層面──禮學。通觀黃道周現存的著述文本，他的禮學研究成果主要體現在以下二方面〔註9〕：一是《孝經集傳》；一是《禮記》經解五篇，亦即是《表記集傳》、《坊記集傳》、《緇衣集傳》、《儒行集傳》、《月令明義》等。

《孝經》在漢代以降頗受尊崇，其地位幾乎與六經等同。班固云：「《孝經》者，孔子為曾子陳孝道也。」〔註10〕鄭玄云：「夫孝者，蓋三才之經緯，五行

〔註8〕 王汎森：《明末清初的一種道德嚴格主義》，《晚明清初思想十論》，北京大學出版社，2004 年版，第 105 頁。

〔註9〕 按照洪思《黃子年譜》記載：「（崇禎）八年乙亥（1635），黃子五十有一歲。夏五月，復會於榕壇。子位講席，有期之喪，腰絰不除。張勛之瑞鍾請曰：『聞晦翁欲集《三禮大成》，有所不及；吳幼青論次稍定，又多所遺。吾漳素遵《家禮》，然期功之喪亦鮮有持者。不知孔門諸雜記平居皆可詳說否？』子曰：『平居且勿暇論，然《三禮》詮次極是學問中要緊，久已分類引申，但日用疏淡，未能繕寫耳。』即以《三禮定本》付勛之。然尚未及刊布也。」該書雖久佚，不傳於世，但也非子虛烏有之事，定有所據。筆者引用這則材料，證明黃道周對於禮學研究的重視。

〔註10〕 （東漢）班固：《〈漢書藝文志〉孝經類小序》，《孝經譯注》，上海古籍出版社，1998 年版，第 106 頁。

之綱紀。若無孝，則三才不成，五行僭序。」〔註11〕由此可見，漢代「孝治」思想彌漫一時，影響巨大。然而，宋儒以降，疑經風潮蔚起，王安石將《孝經》置於科舉取士標準之外，朱熹著《孝經刊誤》，質疑該經非孔氏經典。由此，《孝經》地位漸漸滑落，淪為經典的邊緣之作。尤其是「嘉隆以來，學者大率宗姚江之教，以不學不慮為宗，至心齋、近溪蓋主直指人心，見性即道之說，海內靡然從風……即《孝經》一書，舉其大綱者，皆可廢而不讀也。」〔註12〕晚明時期，理學倍受攻伐，漢儒之學在復古主義思潮的激蕩之下，漸為崛興。「孝治」思想亦乘勢而起，成為是時士人救正時代衰弊之風，以達致「移風易俗」的重要學術資源。一向為宋明儒者所鄙薄的《孝經》適逢其時地扮演了一個試圖扭轉頹唐世風的重要角色。

晚明士大夫對《孝經》大義的失墜深表憂慮，愈發研習《孝經》，並紛紛上疏進呈《孝經》經解著作。崇禎二年（1629），汪旭奇向皇帝進呈《孝經疏義》；崇禎七年（1634），瞿罕進呈《孝經貫注》二十卷；崇禎十三年（1640），呂維祺進呈《孝經大全》。據《千頃堂書目》：明代萬曆以後，致力於《孝經》研究的學者有 26 人，相關著述共 39 部。佔據整個明代《孝經》研究之大半。〔註13〕其中，不斷有人向朝廷進呈《孝經》研究的著述，以企圖引起是時政治高層的重視，進而提升《孝經》在儒家經典中的地位。呂維祺曾於崇禎十三年（1640）向朝廷進《孝經表》云：

> ……惟《孝經》乃統聖真，會五經四書之指歸。……教必本所由生。百行殊名，惟孝實居其首。……期五百年王者興起，當弘孝治之風，肆我明興丰崇經學洪……幸聖政方崇教化，上天之微意，若留千載之盛事。〔註14〕

是時學者們隨著儒學經典回歸運動的展開，紛紛將目光投注於《孝經》之上，期盼「孝治天下」的儒學盛世的來臨。一種時代的使命感從他們身上噴湧而出。

黃道周《孝經集傳》的產生，無疑也是這一晚明社會背景的產物。他對

〔註11〕（東漢）鄭玄：《敦煌本孝經序》，《孝經譯注》，第 106 頁。

〔註12〕（清）計東：《孝經大全序》，《孝經大全》，續修四庫全書經部‧孝經類，上海古籍出版社，第 343～344 頁。

〔註13〕筆者並不就此認為晚明時期的《孝經》研究的作品僅僅如上所列，而由此所反映的是時學術風向與趨勢，大體上是不錯的。

〔註14〕（明）呂維祺：《進孝經表》，《孝經大全》，《續修四庫全書‧孝經類》，上海古籍出版社，2002 年版，第 347～348 頁。

於《孝經》的道德教化功能，同樣有著頗高的期許。晚明《孝經》研究的特點主要有二：一是從政教功能的角度論述《孝經》的重要性；二是，將「孝」提升到宇宙論層面來立論。〔註15〕而黃道周論「孝」理路則與上述兩個特點若合符契。

崇禎十一年（1638），黃道周在刑部獄中，開始撰寫《孝經集傳》，並於十六年（1643）放歸家鄉漳浦之後完成，歷時六年。他在獄中，受盡肉體折磨。自洪武以來，歷朝歷代，大臣受廷杖的程度，都無過於黃道周。他此次入獄主要原因是彈劾不服父喪，奪情居官的楊嗣昌等人。洪思說：「子為經筵講官，請《易》、《詩》、《書》、《禮》二十篇為太子講讀，未及《孝經》。已念是經為六經之本，今此經不講，遂使人心至此。楊嗣昌、陳新甲皆爭奪情而起。無父無君之言滿天下，大可憂，乃退述是經，以補講筵之闕。」〔註16〕或許正是黃道周自身這一獨特的政治遭際，加之上文所述的晚明《孝經》學思潮的勃興，致使他加入到對《孝經》進行重新闡釋的隊伍中來。

《四庫全書提要》點評《孝經集傳》云：「是書作於廷杖下獄之時，其作書之旨見於門人所筆記者。曰：『《孝經》自不毀傷其身，以不毀傷天下，不惡慢一人，以至享祀上帝，真覺良知良能，塞天塞地。』又曰：『《孝經》有五大義：本性立教，因心為治，令人知非孝無教，非性無道，為聖賢學問根本，一也；約教於禮，約禮於敬，敬以致中，孝以導和，為帝王致治淵源，二也；則天因地，常以地道自處，履順行讓，使天下銷其戾心，覺五刑五兵無得力處，為古今治亂淵源，三也；反文尚質以夏商之道救周，四也；闢楊誅墨，使佛老之道不得亂常，五也；以是五者，別其章分，然後以《禮記》諸篇條貫麗之。』今自序中所謂五微義、十二著義者不出於此，實一書之綱宗也。」〔註17〕其對黃道周《孝經集傳》論旨的概括，可謂深得要領。基於此，本文認為，黃道周論「孝」主要有如下四點意旨：

第一，黃道周的經世指向十分明確：「本性立教，因心為治，令人知非孝無教，非性無道，為聖賢學問根本」。在黃道周看來，晚明王學左派的「無善無惡」論與「現成良知」的論說，隱藏著一種對於儒家道德理想極具摧毀性的力量。因此，他認為，應該本「至善之性」以立教的原則，從現實經驗層面的

〔註15〕呂妙芬：《晚明士人論〈孝經〉與政治教化》，《臺大文史哲學報》六十一期，2004 年 12 月版。

〔註16〕黃道周：《孝經大傳序》，《黃石齋先生文集》卷七。

〔註17〕（清）紀昀：《四庫全書提要·〈孝經集傳〉》，清文淵閣四庫全書本。

「孝道」培養入手來重鑄儒禮之大坊，維護政治社會秩序的正常運行，這是有志於儒家聖賢事業的根本性學問。這亦是他注重《孝經》的現實政治教化功能的表現。黃道周曾在與友人鄭三俊的書信中談到：「今天子、庶人一切以仁義、堯舜為邪說，則人心敗壞，何所底止」。〔註18〕在某種意義上，《孝經集傳》是黃道周針對晚明儒家道德教化力的衰弱情狀所開出的一劑藥方。

第二，《孝經》自宋代而後，理學主導天下時，才淪為邊緣。黃道周以「中」、「和」等理學話語對《孝經》進行詮釋，從而使得它具有濃厚的理學色彩。在某種程度上，他將平實、淺顯的《孝經》思想哲理化了。在理學氣圍極為濃鬱的宋明時代，他對於《孝經》的這種詮釋思路，無疑為是時士人重新認知並接受這一儒家經典的價值提供了一種可能性。

第三，《孝經集傳》充分凸顯了黃道周學術思想的重要特色：在「天人合一」、「萬物一體」的思維模式下，用「人法地」、「地法天」的道家宇宙論，探求天、地、人三才之道，以及為人世治亂緣由尋找宇宙本體論的根據。這在某種程度上，繼承了漢儒鄭玄的觀點。鄭玄說：「《孝經》者，三才之經緯，五行之綱紀。」〔註19〕它對提升《孝經》的地位，起到了至關重要的作用。由此可見，清代蔣子瀟所謂「論古今學術有五大儒，而以漳浦黃石齋先生繼康成鄭氏之後」〔註20〕的評斷，亦是有所的據的。

第四，「闢楊誅墨，使佛老之道不得亂常。」這是黃道周對抵近佛禪之學的王學左派的回應。黃道周曾在給好友曾叔祁的書信中，坦露自己幾十年來的學術心路：「周之少，也溺於騷雅，比其稍長，濫於老釋，既四十餘，乃知文藻之墜華，與二氏之落籜，一意反於六經。」〔註21〕他以追憶的方式來闡述返諸六經的必要性。

黃道周的禮學研究，大體是在晚年時期。「五禮之歸於一孝。」〔註22〕他以回歸《孝經》論旨為手段來重建周孔之學，煥發儒學的新生命。《孝經》成為他致力於禮學建構的最為重要的學術資源。正如他對於《孝經》的讚歎：「六經之本皆出《孝經》。而《小戴》四十九篇，《大戴》三十六篇，《儀禮》十七篇，皆為《孝經》疏義。蓋當時師偃、商參之徒，習觀夫子之行事，誦其遺言、

〔註18〕黃道周：《答鄭玄岳書》，《黃石齋先生文集》卷四《書》。

〔註19〕（漢）鄭玄：《孝經‧鄭氏序》。

〔註20〕黃道周：《黃石齋書牘》，上海廣智書局（1908年）光緒三十四年版，第1頁。

〔註21〕黃道周：《答曾叔祁書》，《黃石齋先生文集》卷四《書》。

〔註22〕黃道周：《聖世頌〈孝經〉頌》，《黃漳浦集》卷二十八。

尊聞行知，萃為禮論，而其至要所在，備於《孝經》。」〔註23〕黃道周的這段
話隱含著如下信息：要救正晚明學風，強化儒家道德教化功能，就必須返諸六
經，闡發先聖先賢的儒學精蘊，而六經之本又出於《孝經》，《禮記》諸篇也不
過是《孝經》的義疏傳注。換言之，黃道周認為，禮學的精髓即在於《孝經》。
因此，崇禎十六年（1643）二月二十四日，他在《書〈孝經別本〉後》一文中
云：「仲尼作用，全在《孝經》，故曰：『行在《孝經》也』。」〔註24〕由此可見，
《孝經集傳》在黃道周禮學著述中，處於最為重要的位置。

　　對於黃道周的禮學研究來說，除了《孝經集傳》外，較為重要的就是《禮
記》經解五篇。〔註25〕其中，崇禎十一年（1638），黃道周被貶為江西布政司
都事。他在離開京師之前，進呈了《儒行集傳》、《緇衣集傳》與《月令明義》；
而《坊記集傳》、《表記集傳》則於崇禎十二年（1639）春開始編撰，並於十六
年（1643）秋，殺青付梓。《四庫全書總目》對黃道周這些禮學著述的價值有
著頗中肯綮的評斷：「其《孝經集傳》，亦歷六年而成，故推衍亦為深至。若《禮
記》五篇，則藉以納諫，意原不主於解《經》，且一年之中，輯書五種，亦成
之太速，故考證或不免有疏。……苟其切於實用，則亦不失聖人垂教之心。」
〔註26〕該書認為，黃道周的《禮記》經解五篇與《孝經集傳》均有益於世教，
但是，就對於「禮」義把握的純熟度而言，不得不讓於《孝經集傳》。亦如清
代學者周中孚所云：「石齋以六經之本皆出《孝經》，而《儀禮》、《二戴記》皆
為《孝經》義疏，他若游、夏諸儒及子思、孟子所傳，亦備採之，謂之《大傳》，
經傳各條之下，日以窮理所得，暢厥發明，謂之《小傳》。……所以揭道德之
根柢，溯經曲之大原，正天心而立民命，舉括諸此矣。石齋解經諸書，當以是
書為最。」〔註27〕

　　總之，無論是對「孝道」的闡發，還是對《春秋》義例的抽繹，〔註28〕黃

〔註23〕黃道周：《孝經集傳》原序，清文淵閣四庫全書本。
〔註24〕黃道周：《書〈孝經〉別本後》，《黃石齋先生文集》卷十二。
〔註25〕據侯真平考證，黃道周的《三禮定本》版本主要有兩種：一是張勵之的稿本；
　　　　一是洪思編的《石齋十二書》中的《收文序》記載收有《三禮定本》十三卷，
　　　　但是皆久佚，不傳於後世。
〔註26〕（清）紀昀：《欽定四庫全書總目》經部二十一，《儒行集傳二卷》，中華書局，
　　　　1997年版，第270頁。
〔註27〕（清）周中孚：《鄭堂讀書記》，商務印書館，1959年版，第11頁。
〔註28〕黃道周以《春秋》解《表記》、《坊記》。他強調，禮學為「春秋義例之所從出」。
　　　　（黃道周：《坊記集傳序》，《黃石齋先生文集》卷七）。

道周皆在於論證「復禮」如何可能。而這種可能性的表達，正是他試圖救正晚明社會弊病的一種學術實踐。而這一學術實踐恰好凸顯了處於「天崩地解」前夜的黃道周的問題意識所在，及其謀求經世致用之學的努力。

第二節 「禮必本於太一，分而為天地」——黃道周 對「禮」之宇宙本體論闡釋

「禮」主要包括「禮意」和「禮儀」。朱熹說：「凡禮有本、有文。自其施於家者言之，則名分之守，愛敬之實，其本也；冠婚喪祭，儀章度數者，其文也。」〔註29〕「禮意」亦即其所謂「禮本」；「禮儀」則為「禮文」。兩者主要體現在《周禮》、《儀禮》與《禮記》等三禮文本之中。對於這三者的研究，即為禮學主要關切之所在。總體而言，禮學主要是研究典章制度、儀式及其義理的學問。黃道周對於「禮」的論證，不落於名物訓詁的字義考證之上，多為義理的闡釋。因此，本文主要從所謂禮「本」的層面去論述黃道周的禮學思想。

司馬遷曾談「禮」之三本云：「天地者，生之本也；先祖者，類之本也；君師者，治之本也。無天地惡生？無先祖惡出？無君師惡治？三者偏亡，則無安人。故禮，上事天，下事地，尊先祖而隆君師，是禮之三本也。」〔註30〕這是漢儒對於「禮」之本源的認知。黃道周的禮學思想在一定程度上承繼該說，但又有所區別。他對於「禮」的闡釋，兼具先驗與經驗兩大層面，既有內在心性的依據，又有對人類社會共同體成員之間「親親」、「尊尊」的秩序的考量。而且，更為值得注意的是，他述及了「禮」之所以存在的宇宙本體論的根源。他用頗富於宇宙本體論色彩的話語，借助「陰陽五行」、「天人相應」等概念來建構一種新型禮學。

首先，黃道周談及「禮」的合法性來源問題：

> 禮者，天之教也；刑者，天之制也；命者，天之令也。王者本天，百姓本王，聖人因天與王以立其坊。損益百世，以為《春秋》。……皆以明禮糾刑，申天之令也。命始於元年，行於春，中於

〔註29〕（宋）朱熹：《家禮序》，《欽定四庫全書》經部四《家禮》，清文淵閣四庫全書本。

〔註30〕（漢）司馬遷：《禮書第一》，《史記》卷二十三，中華書局，1959 年版，第 1167 頁。

　　王，發於正月，著於位。……聖人……以命坊性，察其原始，而救
　　其末流。〔註31〕

　　這段文字出於黃道周始撰於崇禎十二年（1639），原本計劃進呈給崇禎太子的《坊記集傳》。〔註32〕它簡要地表達了黃道周的「禮本於天，施於人」的理念。他認為，「禮者，天之教也；刑者，天之制也；命者，天之令也。」「禮」、「刑」與「命」均是來自於「天」的教化與制令。因此，道周認為，「王者本天，百姓本王，聖人因天與王以立其坊」。由此可見，他較多地涉及了王道政治秩序的問題，強調「君王」、「聖人」與「百姓」的等級與功能之分皆本源於「天」。這種「天」即指謂「道德之天」，同時更是指向「自然之天」。在黃道周學術思想中的「天」，並沒有明顯表現出「人格神」的意向。它是傾向於道家所謂「人文自然主義」的一種表述。〔註33〕此外，黃道周認為，《春秋》大旨在於「明禮」、「申天」。「命始於元年，行於春，中於王，發於正月，著於位」。在他看來，《春秋》具有異常明顯的向上追溯發生學意義的源頭——「天」的意向。這種思路所達致的目的在於「以性坊情，以命坊性，察其原

〔註31〕黃道周：《大坊章第一》，《坊記集傳》卷一，清文淵閣四庫全書本。

〔註32〕據侯真平先生考證，「該書起草於崇禎十二年（1639 年）春。去年八月因論楊嗣昌、陳新甲，被貶江西市政司都事，臨行進呈《洪範明義》、《月令明義》、《緇衣集傳》、《儒行集傳》，年底返抵漳浦。大約該書也是前年起計劃為太子編撰的諸書之一，可能因為慨歎於崇禎朝之政治，所以開始編撰該書以及《表記集傳》。但是，次年五月因江西巡撫解學龍舉薦，被崇禎皇帝疑為結黨，逮入詔獄，因此中輟。十四年底出獄赴戍，十五年十月免戍復職，年底返抵漳浦，該書編撰工作才得以繼續進行，十六年（1643 年）秋竣工付梓，未及進覽而明朝滅亡。」（侯真平：《黃道周紀年著述書畫考》，第 518～519 頁）。

〔註33〕本文運用「人文自然主義」這一概念，受香港中文大學劉笑敢先生提出的「人文自然」的啟發。劉先生認為，「人文自然的最高層次出於對人生、社會、人類、自然、宇宙的終極關切，是對天地萬物之總根源和總根據的內容的探求和描述，是老子所提出的對世界萬物存在狀態的描述（即自然而然的，而非創造的、非設計與操控的），同時也是對人類生存狀態、人類與宇宙萬物的關係的狀態的期待（自然的和諧、自然的秩序）。其最高目標是人類整體狀態的自然和諧，是人類與宇宙的總體關係的和諧。人文自然作為終極關切是人類整體向上提升的最高目標，也是個人靈魂向上昇華的動力和方向。這種終極關切會對生存個體提供道德上的制約和價值上的引導，為法律的制定、競爭的方式、管理的策略、人生的追求提供根本性的指導。」（劉笑敢：《人文自然的現代意義》）其實，這種「人文自然主義」的思維是儒家與道家學說互為結合之後的顯著表徵。這一思想旨趣在黃道周的學術思想中，表現得十分明顯。在某種意義上，他習慣以道家的思維來實踐儒家建構人類理想的政治與社會秩序的經世宗旨。

始，而救其末流」，進而修整晚明紊亂而衰敗的道德與政治社會秩序。

其次，黃道周常以「天道」來闡釋「人道」的應然狀態。他力圖為儒家禮秩重建尋找一種宇宙本體論上的學理依據。譬如，他在談到《表記集傳》的學術宗旨時說：

> 臣觀古者窺測天地、日月，皆先立表以別陰陽，觀其晷景長短，……天地日月，吐其光景，以顯道相。示贏絀一寸，則差數千里，故表之為政，猶君之有身，天之有極。君子以仁立表，以義制之。……其大指以天地、日月，辨君臣之位式，尊親之序，持之以敬，量之以恕，……禮樂文質皆備於是，……其立仁制義，體敬量恕，……以受顯示於日月、天地，則其意一也。〔註34〕

在這裡，黃道周認為，聖人窺測天地、日月運行的規律時，必須先立其表，以別陰陽，觀其晷影之長短。而致力於對這些天象體察的目的，就在於窺探天地之道：「天地日月，吐其光景，以顯道相」。又因「天人相應」，「示贏絀一寸，則差數千里，故表之為政，猶君之有身，天之有極」。「天、人之道」皆為一貫，由「天道」以觀「人道」、「政道」。儒家道德實踐應是仿傚「天道」，先立「仁」表，以「義」制之。因此，「其立仁制義，體敬量恕，……以受顯示於日月、天地，則其意，一也。」在黃道周看來，儒家「立仁制義」之禮制，皆取法於「天地」、「日月」。總之，他對於「禮」的闡釋，無不帶有明顯的宇宙本體論色彩。

再次，黃道周以天地運行的節律來論證儒家禮樂在於致「中和」的恰當性。他說：

> 天地之性，致中以為寒暑，致和以為風雨。風雨出於山川，寒暑本於日月，寒暑不中，風雨不和，則日月山川，亦無致孝於天地也。……故中和致，則愛敬生，……而後禮樂可作也。禮樂者，聖人所率鬼神而事天地也。春夏秋冬，天地之氣也。氣有過勝，氣有不及，聖人為中和以柔之，……人資於天，大德而小刑，是故人主近天之所近，遠天之所遠，大天之所大，小天之所小，是故天數……務德而不務刑，……為政而任刑，謂之逆天，非天道也。〔註35〕

黃道周對於禮樂問題的論述，雖然基於理學的「中和」概念，但是，又自

〔註34〕黃道周：《表記集傳序》，《黃石齋先生文集》卷七。
〔註35〕黃道周：《三才章第七》，《孝經集傳》卷二，清文淵閣四庫全書本。

覺地將之上升到天地自然運行的高度，尋求儒家禮樂之所以致「中和」的宇宙本體論根源。具體而言，主要包括以下四點：

第一、「樂者，天地之和也；禮者，天地之序也。明於天地，然後能興禮樂也。」〔註36〕由此可見，天地運行之道與禮樂之本質具有一致性，因此，欲興儒家禮樂，須先明天地之道；

第二、黃道周認為，天地之性是以「中和」為本的，「致中以為寒暑，致和以為風雨」。「風雨出於山川，寒暑本於日月」，二者如不「中和」，則「日月山川，亦無致孝於天地」。由於「天人同構」，人世間的秩序亦是「中和致，則愛敬生」，「而後禮樂可作」；

第三、人須法天地之道，由天道以推人道。「春夏秋冬，天地之氣也，氣有過勝，氣有不及，聖人為中和以柔之」。在黃道周看來，這是聖人取法「天地」的表現。由此，「人資於天」，做天地之「孝子」；

第四、基於上述論證，黃道周提出了「引君法天」的主張。他認為，「人主近天之所近，遠天之所遠，大天之所大，小天之所小，是故天數……務德而不務刑」。又云，「為政而任刑，謂之逆天，非天道也」。其實，黃道周撰寫《孝經集傳》的一個很重要的意圖就是勸誡皇帝：只有實施禮樂仁政，才能達到大治。晚明理學對於儒家禮樂詮釋的生命力，已是乏善可陳。突破理學的陳套，成為黃道周禮學思想中一個頗為引人注目的面向。而這一面向就是尋求禮學重建的外在宇宙本體論資源。

「禮，禁亂之所由生」，〔註37〕其為聖人惡亂之所制。晚明社會道德秩序的日漸崩解，導致了是時學者更多地關注於禮學的研究。於是乎他們在對於「禮」的詮釋上，突破原先的理學視域，尋求一種宇宙本體論上的解釋。譬如，焦竑亦有一段對於「禮」的涵義的詮釋：「禮也者，體也，天則也。是禮也，能視聽、能言動、能孝悌、能賢賢，能事君，能交友、可以為堯舜，可以通天地，可以育萬物，人人具足，人人渾成，所謂與天地萬物為一體者，乃其體自如是，非強與之一也。蓋孔顏之學只是禮之為體認得精，認得既精，則真禮在我，一有非禮之禮自無所容留參雜其間。」〔註38〕焦氏對於「禮」的解釋亦具有明顯的宇宙本體論色彩。將天、地、萬物及人都涵括進去了。這在一定

〔註36〕黃道周：《三才章第七》，《孝經集傳》卷二。
〔註37〕黃道周：《表記集傳序》，《黃石齋先生文集》卷七。
〔註38〕（明）焦竑：《答友人問》，《澹園集》卷十二，中華書局，1999年版，第88頁。

程度上，超越了泛道德倫理主義的心學思維。他將「禮」的特性理解為「所謂與天地萬物為一體者，乃其體自如是，非強與之一也」。其亦頗為明顯地強調了「禮」的宇宙本體論的合法性來源。由此可見，他與黃道周對於「禮」的詮釋有著很大程度上的相似。這也反映了晚明學者致力於從外在的、宇宙本體論上尋求詮釋「禮」的思想資源的趨向。

如果說宋明理學中的「天理」說是一種建構儒學體系、強化道德教化的先驗假設的話，那麼，黃道周的「禮」學則是一種不落於空疏的實體驗證。這種實證的學術特點來源於他對於天文、曆法與陰陽五行說的掌握。張學智曾說：「心學的結果之一就是使程朱學說中所具有的實證科學因素返回倫理的框架中，清除其中的實證成分，從向外格物窮理轉至向內明心見性。」〔註39〕然而，黃道周雖然部分地吸納了心學的成份，但是，在上述實證意義上，無疑又是對於陽明心學的反動，以及對於朱學的回歸。另外，在這一點上，黃道周亦與明代中葉的王廷相頗為相似。「王廷相則懲心學之空疏，力圖恢復真正的廣義的哲學，從陽明學的較狹窄但卻代表中國哲學泛倫理傾向的思想風氣中返回來，他的學說受天文學影響很大。……他的科學主義因素，實證思維傾向（儘管是微弱的）是對當時理學潮流的一種反叛。這種反叛預示著實學思潮的興起與壯大。」〔註40〕而禮學本身就是一種實學。誠如近代經學家皮錫瑞所說，「三《禮》本是實學，非可空言，」〔註41〕因之，黃道周的禮學思想，無疑可被視為晚明經世實學思潮的一個重要支脈。

第三節 「孝為教本，禮所由生」──黃道周對《孝經》的闡釋

在某種意義上，「禮」本所蘊含的主要內容，就是中國傳統宗法倫理秩序。這種倫理秩序的核心思想表現在「親親」、「尊尊」之上。而儒家「親親」、「尊尊」禮秩的設計理念，很大程度上能夠在「孝」的概念中得以彰顯。這也是黃道周重拾漢儒重「孝」的思想資源來詮釋儒家禮學，以導民化俗之目的所在。正如唐君毅所說，「此孝之被定為一天之經、地之義、民之行，而有一天地或宇宙的意義，及為人之一切德行與文教政治之本，則蓋始於《孝經》。此

〔註39〕張學智：《明代哲學史》，北京大學出版社，2000 年版，第 347 頁。
〔註40〕張學智：《明代哲學史》，第 348 頁。
〔註41〕（清）皮錫瑞：《經學歷史》，中華書局，2004 年版，第 184 頁。

書自漢而後,漸漸被尊崇,影響及於漢人之倡孝悌力田之政,後漸定為十三經之一,而後世中國人之一切德行,莫不以孝為本。其對中國社會文化政治之影響,至深且巨,而不可不一論也。」〔註42〕

據侯真平考證,黃道周有關《孝經》的著述至少有七種。〔註43〕黃道周對於自己所作《孝經》研究,期許甚高。他在《書聖世頒〈孝經〉頌後》一文中說:「今身為累臣,已同胥靡,而謬舉鴻筆,輟之則有無益之嫌;成之又有則諸之歎,聊當雅舂擇米之役,非敢媲爍於球圖,窺光於皇序,知我罪我,俱在斯文。」〔註44〕由此可見,黃道周頗有孔子作《春秋》的慨歎,亦映像出他所闡發的《孝經》微言大義在其整個學術思想體系中的重要地位。他對於《孝經》的闡釋主要體現在《孝經集傳》文本中。清代學者對於該書評價頗高。清初朱彝尊的《經義考》中就記載了眾多相關評騭之語。譬如,陳有度說:「先生嘗言聖賢學問,只是一部《孝經》,今觀《集傳》以一部《禮記》為《孝經》義疏,以《孟子》七篇為《孝經》導引,其他六籍皆肇是書,蓋鄭、孔所未發也」;陳允元亦云:「夫子以《孝經》綱領六經,而其文簡質,不若他經之崇閎,自劉、鄭以下,數百家所紬繹章句耳。子輿不作,誰明其原?今讀集,昭昭乎,日月江河也。」〔註45〕以上諸論無不大力表彰黃道周在晚明《孝經》研究中的學術貢獻。

一、「道德之淵源,治化之綱領」——對「孝本」思想之執持

在「返諸六經,以尋孔孟真義」的晚明時代,曾經被漢儒所尊崇的《孝經》,再次為是時眾多學者所珍視,被當作總會六經的首要經典。對《孝經》有著精深研究的呂維祺認為,《孝經》能夠「參兩儀,長四德,冠五倫,綱維百行,總會六經。」〔註46〕黃道周在《孝經集傳》的序言中更為明確主張云:「臣觀《孝經》者,道德之淵源,治化之綱領也。……蓋孝為教本,禮所由

〔註42〕 唐君毅:《中國哲學原論·原道篇》(上冊),中國社會科學出版社,2006年版,第396～397頁。

〔註43〕 它們分別是《孝經定本》(別稱《孝經別本》)、《孝經本贊》(別稱《孝經贊》、《孝經贊義》)、《孝經辨義》、《孝經頌》、《聖世頒〈孝經〉頌》、《孝經集傳》、《孝經外傳》等。除《孝經外傳》亡佚外,其餘諸本皆流傳於後世。

〔註44〕 黃道周:《書聖世頒〈孝經〉頌後》,《黃漳浦集》卷二十三《啟、書後、跋》。

〔註45〕 (清)朱彝尊:《經義考》(第七冊)卷二百三十《孝經九》,(臺灣)中央研究院中國文史研究所籌備處,1997年版,第95頁。

〔註46〕 (明)呂維祺:《孝經本義》,《古今圖書集成》第59冊《理學彙編經籍典》第三百二卷《孝經部》,中華書局,1934年影印本,第70793頁。

生。」〔註47〕在他看來，《孝經》對於儒家道德教化實踐有著正本清源的作用。故此，他說：「蓋孝為教本，禮所由生」，孝是儒家道德教化的根本所在，亦是禮學重建的基點與生命線。

黃道周從宇宙本體論角度去論證「人之為孝」的必要性。他說：

> 人之生本於月。月，母也；日，父也。月有盈虧，而日無盈闕。五行三會以歸於月，月虛而日滿，日立於不竭，以待月之竭。故日嚴而月順也。……天者，君也；日者，父也。月遲成蔀，以迎天日。……故月者，天下之至孝也，天下之至讓也，天下之至敬也，天下之至順也。四者至德，而孝子皆行之，何也？人，月之所生也。……孝子而不法月，則無所法之。〔註48〕

黃道周以天地、日月運行的自然規律來論證「人之為孝」的恰當性。如「人之生本於月」，而「月」者，具有「至孝」、「至讓」、「至敬」、「至順」的品性，故「孝子而不法月，則無所法之」。他引入比理學的「天理」概念，更具外在客觀性的「天道」，參與儒家「孝道」思想的重建。

黃道周對於《孝經》中所載「夫孝，德之本也，教之所由生也」一句的解釋如下：

> 本者，性也；教者，道也。本立則道生，道生則教立，先王以孝治天下，本諸身而征諸民，禮樂教化於是出焉。周禮至德，以為道本。敏德，以為行本。孝德，以知逆惡，雖有三德，其本一也。〔註49〕

人性論直接關乎儒家各派立教的具體路向。黃道周以「性善」論思想對「孝」進行了解釋。他認為，關於「性」的問題是儒家道德之根本，「本者，性也」。而「本立則道生，道生則教立」。意思是說，儒家之道德建基於至善之「性」上，此一「道德」即立，亦意味著「道生教出」，「孝，教也」，〔註50〕「道」與「教」的核心內容即為「孝」。在儒家禮樂體系中，「道德」、「孝德」與「敏德」，「雖有三德，其本一也」，皆本於至善之「性」。由此而推，黃道周主張「孝」在儒家思想中的地位之重要僅次於本體意義之「性」的。〔註51〕

〔註47〕黃道周：《孝經集傳》原序。
〔註48〕黃道周：《聖德章第九》，《孝經集傳》卷二，清文淵閣四庫全書本。
〔註49〕黃道周：《開宗明義章第一》，《孝經集傳》卷一。
〔註50〕黃道周：《三才章第七》，《孝經集傳》卷二。
〔註51〕「性」與「孝」的概念，亦分別屬於黃道周「心性之學」與「禮學」兩個部類的學術概念。

故此，黃道周將《孝經》中的「夫孝，德之本也」一句解釋為：「孝」是儒家道德教化之根本，禮樂教化之所從出。由此可見，黃道周是在道德實踐領域中確立其「孝本」思想地位的。其禮學思想的基點，即在於對「孝本」思想的肯認。

崇禎九年（1636）冬，黃道周第二次起復原官（右中允、翰林院編修），回到北京。是年秋，身兼兵部侍郎兼右僉都御史，總督宣大、山西軍務的楊嗣昌雖連丁父母憂，但因兵部尚書張鳳翼卒，而奪情代之。崇禎十年（1637）三月，他到兵部尚書任，進「四正六隅」策，舉用熊文燦，支持方一藻與清人議和。因此，黃道周於該年閏四月，撰《擬論楊嗣昌不居兩喪疏》。他說：

> 今樞臣新居兩喪，不在疆場，偃然自擬於楊、張之間。天下即無才，何遂唐突至此乎？陛下以至德化人，……奈何使戀戀負棘者，坐弄鐵磨勵天下耶？……誠以提醒人心，扶植名教，亦是詞林職業。〔註52〕

在黃道周看來，楊嗣昌的奪情之舉，顯然有違「孝道」。「孝」的問題關乎儒家綱常名教的根本事業。不「孝」則無「禮」；無「禮」則無以「經理天下事」。正如唐君毅所說：「禮之行為……表現於外，非直接成就一外在事功，而卻為此事功之行之所本。」〔註53〕因此，黃道周反對楊嗣昌出任兵部尚書。次年（1638年）五月，崇禎皇帝因欲超拔楊嗣昌而命會推閣員。是時，黃道周也被列入會推名單，但是，至六月二十四日，他已不在該名單之列，而楊嗣昌卻成功入閣。幾乎於此同時，楊嗣昌又舉薦了在籍守制的陳新甲出任宣大總督。於是，黃道周連草《論楊嗣昌疏》、《論陳新甲疏》等文，並於七月三日同時呈上。直至七月五日，發生了黃道周與崇禎帝、楊嗣昌等激烈辯論的平臺召對一事。在該論辯中，直接涉及政治衝突與孝道倫理問題。明代孫承澤的《山書》就這一召對場景，有著詳細的記述。茲錄相關部分如下：

> 帝曰：「凡聖賢千言萬語，不過天理、人慾兩端而已。無所為而為之，謂之天理；有所為而為之，謂之人慾。多一分人慾，便損一分天理，天理、人慾不容兩立。你三疏不先不後，卻在不點用之時，可謂無所為乎？」道周奏曰：「臣三疏，皆是為天下、國家、綱常名

〔註52〕黃道周：《擬論楊嗣昌不居兩喪疏》，《黃石齋先生文集》卷一《疏》。

〔註53〕唐君毅：《中國哲學原論‧原道篇》，中國社會科學出版社，2006年版，第388頁。

教，不曾為一己之功名爵祿，所以臣自信其初無所為。」……道周
曰：「有子說：『孝悌也者，其為仁之本』。有孝悌之才，才能經理天
下，發生萬理。如不孝不弟之人，無有根本，如何生得枝葉？」又
奏云：「譬如綱常名教，禮義廉恥，皆是根本上事。若無此根本，豈
做得事業也？」……嗣昌奏：「人言禽獸知母而不知父。今鄭鄤杖
母，禽獸不如。道周又不如彼，還講什麼綱常？……」〔註54〕

　　這是黃道周與崇禎帝、楊嗣昌等人最為激烈的政治交鋒。在某種程度上，
他是以犧牲政治生命的代價，去維護孝道倫理在現實政治中的可能性。從文本
上看，楊嗣昌不居父母之喪，奪情任職，有違人子之孝。而中國傳統宗法倫理
社會中的「孝」與「忠」原本是一體兩面。「孝」之不存，「忠」將焉附？正如
黃道周所說，「孝悌也者，其為仁之本，有孝悌之才，才能經理天下，發生萬
理。」「孝悌」作為根本性的人倫品質如果不具備，遑論「經理天下之事」？
黃道周這一論說思路，體現了中國傳統士大夫的一種修齊治平的思維。當有
人將宋衰亡的原因歸之於宋代周、程、張、朱等儒者時，黃道周是頗不以為然
的。譬如，崇禎甲戌（1634），黃道周在榕壇講學時，弟子發問：「宋儒講論於
斯道，極為有功，然如當日經濟，視漢唐如何？議論成功，互然兩轍，毋亦德
行、文章，經濟，判然兩物，並成兩事歟？」黃道周回答：

　　　　宋家天下，自燕山來，半是敵國。賴得元祐諸賢，清明潔治，
末後衰頹，不比五代，自是氣運使然。向無諸賢，不知幾多豪傑臣
遼、臣夏？何況金、元且如狄武襄、岳武穆諸賢經許多危疑，從容
問道，豈是河朔節度皮毛所及？……千萬勿說，德行、文章不成政
事。〔註55〕

　　黃道周雖然對宋儒的諸多觀點提出過批評，但是，對於他們做修身養性
的工夫，由內聖而求外王的思路，及其對於宋代政治實踐的貢獻，無疑是肯定
的。「向無諸賢，不知幾多豪傑臣遼、臣夏」。他將宋代衰頹的原因歸之於「氣
雲使然」，並告誡弟子「千萬勿說，德行、文章不成政事」。「體用一源」的理
念是儒者在內聖、外王之間尋找最佳接合點的思維模式。因之，在黃道周看
來，「內在德性修養」是通往「外王」的必由之路。「格透心性，克己復禮」是
儒者達致經世致用目的之必要手段。我們明晰黃道周這一思路之後，對於他

〔註54〕（明）孫承澤輯，《山書》卷十一，浙江古籍出版社，1989年版，第280頁。
〔註55〕黃道周：《榕壇問業》卷一。

「一往孤忠，敢與天子爭勝」之舉就不難理解了。

然而，由於黃道周本人也是崇禎十一年會推內閣成員的候選人，在平臺召對過程中，崇禎帝質問道周以「奪情違孝」的理由來彈劾楊嗣昌、陳新甲等人的用心：「你三疏不先不後，卻在不點用之時，可謂無所為乎？」它成為崇禎帝向黃道周發難的理由。其實，黃道周早在崇禎九年，奉詔進京途中，通過邸報獲悉楊嗣昌奪情之事時，便不以為然。他曾在寫給好友魏中嚴的書信中說：「楊文弱倘奪情，天下豈有人理？」〔註56〕在某種程度上說，黃道周這一情緒的產生，為兩年之後上疏彈劾楊嗣昌埋下了伏筆。因此，崇禎帝指責黃道周的參劾行為是由於他未能入閣所致，顯得過於主觀了。此外，楊嗣昌還以黃道周解救因杖母而下獄的鄭鄤之事為由，來反攻他的彈劾行為。

有學者曾對黃道周彈劾楊嗣昌的事件作過詳細的分析。他認為，「至少在黃道周看來，楊嗣昌與閹黨餘孽之間，肯定存在某種交結。這應當就是黃道周不顧一切，竭力阻遏楊嗣昌入閣的本質原因。黃道周彈劾楊嗣昌，確實是有深刻的黨爭背景。……不管是抨擊楊嗣昌，還是解救鄭鄤，黃道周一直是從政治品質來看待區分其優劣高下，他並不是那種脫離現實政治立場而苛求個人生活道德完美的人。用黃道周自己的話來說，就是要『爭於其大，不爭於其細。』……黃道周彈劾楊嗣昌，絕不可能僅僅是出自空洞的『綱常名教』觀念。如果一定要說是綱常，那就只能是黃道周所說的『天下綱常』，這就是不能讓小人得勢，執掌權柄，危害社會。」〔註57〕此論從晚明政治史的角度分析黃道周的彈劾行為，雖具有一定的識見。但是，仍不脫晚明政治史研究中，把東林黨與閹黨之間的政治較量，簡單化約為君子與小人之爭的傳統觀點的窠臼，從而弱化黃道周的「孝本」思想對於其政治行動的巨大影響。他在《孝經辨義》中說：「自天子至於庶人，孝無終始，而患不及者未之有也。如《大學》說物有本末，修身為本。其本亂而末治者，否矣。」〔註58〕如此執著的學術信念，致使他走上與崇禎帝抗辯之路。由此可見，將黃道周阻止楊嗣昌入閣的根本原因歸結為黨爭背景，似乎有些武斷。而且，從黃道周仕途經歷來看，他平日也是極為小心謹慎，不會輕易去涉足「黨爭」之事。因此，「天下失德，救

〔註56〕黃道周：《與魏中嚴書》，《黃石齋先生文集》卷四《書》。
〔註57〕辛德勇：《記南明刻本〈西曹秋思〉——並發黃道周彈劾楊嗣昌事件之覆》，《燕京學報》新十八期，2005年5月。
〔註58〕黃道周：《孝經辨義》，《黃漳浦集》卷三十《雜著》。

以孝」。〔註59〕確實關乎綱常名教與社會道德人心的危機意識與焦慮感，才是黃道周作出上述政治行為的一個較為合理的動因。

二、「本性則教行，非孝無教」──「性」、「孝」與「教」之關聯

黃道周對於《孝經集傳》的撰述，確乎急切於經世致用之目的。據《黃子年譜》崇禎十六年（1643）載：「秋八月朔，《孝經集傳》成，子同諸門人就北山草堂具章服，北面望闕，五拜三稽首，又向青原公墓前四拜再稽首，乃於堂中置書案上，諸門人各受業焉。子曰：『《孝經》之書，戊寅起草，未經進呈，乃於九江綜其遺緒，以示同人。』」〔註60〕由此可見，黃道周這一學術實踐的經世指向是異常明晰的。

崇禎九年（1636），儒者們尊崇《孝經》學術價值的行為，亦得到了崇禎帝的積極回應。為此，黃道周揮毫寫下《聖世頌〈孝經〉頌》一文：

> 天下非難治也，教則治，不教則亂。晚世，非難教也。本性則教行，不本性則教不行。……其不可變者，親親、長長、老老、幼幼之民，秉世用之則為經，上著之則為令，亦未有如今天子之選道考德，得其至要也。方崇禎之九載，……乃命天下共表《孝經》。〔註61〕

「率性之謂道，修道之謂教。」黃道周主張，欲治理天下，轉變晚明社會之頹風，須重儒家禮樂之教化；欲重教化，須本「性」以立教。而這一「性」即是涵括「親親」、「長長」、「老老」、「幼幼」的「孝」之中的至善之性。因此，人之為「孝」具有本體意義之「性」的依憑。崇禎九年，推重《孝經》的思想得到了皇帝的首肯，「乃命天下共表《孝經》」。此舉在很大程度上對晚明《孝經》學思潮起到了推波助瀾的作用，亦給予道周日後系統闡發《孝經》以極大動力。

黃道周在《孝經集傳》中，亦論證過「性」、「孝」與「教」三者的關係。他說：

> 教作孝，孝而可以化民，則嚴肅之治，何所用乎？孝，教也。教以因道，道以因性，行其至順，而先王無事焉。博愛者，孝之施也；德義者，孝之制也。敬讓者，孝之致也；禮樂者，孝之文也；好

〔註59〕黃道周：《盧母節孝序》，《黃石齋先生文集》卷七。
〔註60〕（明）洪思：《黃子年譜》，《黃道周年譜》，第22～23頁。
〔註61〕黃道周：《聖世頌〈孝經〉頌》，《黃漳浦集》卷二十八。

惡者，孝之情也。五者，先王之所以教也。〔註62〕

黃道周將「博愛」、「德義」、「敬讓」、「禮樂」、「好惡」，均歸之為「孝」的實踐品性，並認為，儒家道德教化的基礎，抑或全部內容，毋寧在於對「孝」的貫徹。「教以因道，道以因性」。此「道」即為「孝」。由此可推，「教」、「孝」、「性」三者的關係為：教→孝→性。如前所述，「孝」的理論根據在於人人所具有的至善之「性」。教之以「孝」，亦即是本「性」而教。如此，便可「行其至順」，從而可以重建「無為而治」的理想政治秩序。

在黃道周看來，就《大學》、《中庸》文本所具有的形上語境而言，具有本體意義的至善之「性」是儒家道德理想之基石；若落實於經驗世界層面，重建日常生活世界秩序則必須以「孝」為儒家禮樂教化之基礎。正如他所說，「讀《孝經》後，真覺良知、良能塞天、塞地。於言滿天下，無口過；行滿天下，無怨惡處。千倍工夫，鍛鑄難成，即如身體髮膚受之父母處，端本正原，一部《孟子》俱從此出。……非孝無教，……為聖賢學問根本。」〔註63〕黃道周以頗為肯定的語氣作出「孝為教之本」的論斷，「孝」亦是「禮」的核心內容與實踐基礎，復「孝」即為「復禮」的下手處。

總之，黃道周將「性」與「孝」作為儒家道德實踐的理據抑或基礎，且認為兩者是二而一，一而二的關係。他重拾《孝經》遺意，用一個極容易為人們所理解與把握的平實概念──「孝」字來詮釋《大學》與《中庸》所標舉的「性命之學」。

三、「以孝作忠，其忠不窮」──對晚明宗法政治倫理之反思

黃道周在政治倫理問題上，主張「孝」、「忠」合一。「因嚴教敬」，〔註64〕嚴父子之倫，即明君臣之義。以「孝」作「忠」，由「孝」顯「忠」。他認為，「孝之與忠，一也。……此治以王者也。」〔註65〕他在《孝經集傳‧事君章》中，詳細闡述了「以孝作忠」的思路：

　　士君子既以忠、順白著，則亦怐怐粥粥，使上下稱恭謹足矣。

　　而又曰：盡忠補過，將順匡救，何也？曰：惡夫愛其君之不若愛其父，敬其君之不若敬其父者也。……其父有過而猶且諫之，諫之不

〔註62〕黃道周：《三才章第七》，《孝經集傳》卷二。
〔註63〕黃道周：《孝經辨義》，《黃漳浦集》卷三十。
〔註64〕黃道周：《書古文孝經後》，《黃漳浦集》卷二十二。
〔註65〕黃道周：《微諫章第十六》，《坊記集傳》卷二，清文淵閣四庫全書本。

聽而號泣以隨之。至於君，則曰：非獨吾君也，是愛敬其君，不若
其父之至也。……至於君而獨不然者，寧使君取咎於天下萬世，不
欲當吾身失其祿位，則是以身之祿位重於君之社稷也。……以盡忠
匡救而謂之不忠，則君臣上下亦泮乎。……忠、孝之義並與，曰：何
為其然也？忠者，孝之推也。……孝者，天地之經義也……以孝事君
則忠，……故忠者，孝中之務也。以孝作忠，其忠不窮。〔註66〕

黃道周頗為注重對政治倫理的反思，以「孝道」來陳說君臣倫理的應然狀
態。其中包括三層意思：

其一、黃道周認為，士君子之「孝」不僅表現為「恂恂粥粥」、「上下稱恭
謹」的「忠」與「順」，而且，應當突出「盡忠補過，將順匡救」的品性。

其二、黃道周認為，「盡忠補過，將順匡救」對於事「父」來說易於做到，
如「其父有過而猶且諫之，諫之不聽而號泣以隨之」，但是，以之事君則不
然，原因在於「非獨吾君，愛敬其君，不若其父之至」，故此，寧可使君主
取咎於天下萬世，也不願冒失去祿位的風險。更有甚者，反而「以盡忠匡救
而謂之不忠」。在他看來，這是導致君臣上下離心離德，國家社稷分崩離析
的肇因。

其三、基於上述認知，黃道周強調「孝」、「忠」合一的重要性，「忠者，
孝之推也」。如前所述，「孝」是儒家禮樂教化的根本，其因至善本體之「性」
而成，由此可推，「孝」獲得一種與至善之「性」相為表裏的基礎性地位。因
此，在經驗世界層面上，「忠」原本於「孝」。對於君臣政治倫理來講，「忠
者，孝中之務」。「孝」在其中仍是至為有效的思想資源。總之，「以孝作忠，
其忠不窮」。

黃道周認為，在君臣倫理中，臣之「忠孝」的真義在於「匡救補過」。
西漢儒者尤好運用陰陽五行說，對「孝」加以理論推演。而黃道周不但吸納
了該說，而且，以日月運行等天文曆法理論來進一步闡釋與豐富「孝」的合
理性維度，並賦予其新的解釋。試看他摘引董仲舒解釋「孝」的含義的一段
材料：

天有五行：木、火、土、金、水也。水為冬，金為秋，土為季
夏，火為夏，木為春。春主生，夏主長，季夏主養，秋主收，冬主
藏，藏冬之所成也。是故父之所生，其子長之，父之所長，其子養

<hr>

〔註66〕黃道周：《事君章第十七》，《孝經集傳》卷四。

之。父之所養，其子成之。諸父所為，其子皆奉承而續行之，不敢
不致如父之意，盡為子之道也。故曰：「夫孝者，天之經也」。……
地出雲為雨，起氣為風，風雨者，地之為也。地不敢有其功名，而
上歸之天命。若從天氣者，故曰天風、天雨也。莫曰地風、地雨也。
勤勞在地，一歸於天，非有至義，孰能行此，故下事上，如地事
天……此謂孝者，地之義也。」〔註67〕

　　在這裡，董仲舒分別就「天」、「地」而言「孝」：第一、他認為，天有「木」、
「火」、「土」、「金」、「水」五行，配於「春」、「夏」、「季夏」、「秋」、「冬」五
時，而五時又有「生」、「長」、「收」、「養」、「藏」的特性，其與相配的五行之
間的相生相勝正好吻合，此為天之常經。而「諸父所為，其子皆奉承而續行
之」的人倫關係亦與之有相類似的律則。故此，董氏在「天人相應」的思維模
式中，將「孝」理解為「天之經」；第二，他認為，「地」之出「雲」、起「氣」，
而為之「風」、「雨」。但是，「地」卻將此一功勞歸於「天」之所命，曰「天風」、
「天雨」。由此可見，地「非有至義，孰能行此？」人世間的上、下等級「如
地事天」，亦可謂之「孝」。總之，董仲舒在將「孝」解釋為「天經地義」的過
程中，突出「孝」即是「順」，「順」即是「忠」的意思。

　　針對董仲舒上述關於「孝」的學術定位，黃道周有著如下頗為值得注意的
論說：

夫董君之論，則猶有未盡也。則天之明，明莫大於日月，……
日者，父也、君也。月近於日三分距二，其行必疾；月遠於日三分
距二，其行必遲。……臣子所將迎於君父也，日行有常，溫燠不為
之加遲，風雨不為之加疾。月星之行，風雨涼燠，必變色而先告者。
臣子之教諫於君父也，是天之經也。……以義為利，利莫大於就下，
江河所在，百川趨之，雖遠必赴，雖險不懼，……則天之明，因地
之利，以順天下，……天下之至順也。〔註68〕

　　黃道周認為，董仲舒對於「孝」的解釋仍不夠全面，「董君之論，則猶有
未盡」。然後，他以「日月運行」來比對「臣子」與「君父」之間的互動關
係。「月近於日三分距二，其行必疾；月遠於日三分距二，其行必遲」。此為
「順」的一面，猶如「臣子所將迎於君父」；若果日行無常，則「月星之行，

〔註67〕黃道周：《三才章第七》，《孝經集傳》卷二。
〔註68〕黃道周：《三才章第七》，《孝經集傳》卷二。

風雨涼燠必變色而先告」，亦猶如「臣子之教諫於君父」，此乃是「天」之常經。在黃道周看來，臣諫於君父，雖有忤逆其意的可能，但卻合符「以義為利」之「義」。因之，士人為了國家、民族之大義則可以猶如「江河所在，百川趨之，雖遠必赴，雖險不懼」地進諫於君主之前。如此，雖「逆」而猶「孝」。在這裡，黃道周深化了董仲舒解「孝」為「順」的含義。他以「天下之大義」為「則天之明，因地之利」，為「天下之至順」，天下之至「孝」，天下之大「忠」。總之，以上是黃道周對董仲舒的「孝」道思想的繼承與超越。其實，黃道周這一論議是有所指向的。他認為，臣諫於君，正是天經地義之「孝」的表現。它在一定意義上，是對於崇禎帝呵斥其為「一生學問，只成佞耳」的指責的回擊。

　　黃道周認為，天子之「孝」亦是君臣倫理重建過程中頗為重要的一環。它為「君以民為本」的思想提供理論依據。他說：

> 天子者，立天之心。……以天視親，以天下視身，則惡慢之端，無由而至也。故愛敬者，禮樂之本，……天子以孝事天，天以福報天子，兆民百姓皆其髮膚，又何不利之有？……篤仁而好學，多聞而道慎，天子疑則問，應而不窮者，謂之道。道者，道天子以道者也。常立於前，是周公也，……常立於左，是太公也。……常立於右，是召公也，……常立於後，是史佚也。……事殷周之所以長久者，以其輔翼天子，有此具也。……豈胡亥之性惡哉？其所習道之者，非其理故也。存亡之變，治亂之機，其要盡在是矣。〔註69〕

　　首先，黃道周認為，在中國傳統政治倫理秩序中，「孝」對於處於九五之尊的君主具有更為深刻的意義。對於貴為「立天之心」的君王來講，「天」與「天下百姓」皆應被視為「親」與「身」。「天子不敢毀傷天下人之身」〔註70〕。其原因在於，「愛」與「敬」致使「惡」「慢」無法產生，這是天子實施禮樂教化之根本，亦即為天子之「孝」。如此，「天子以孝事天，天以福報天子，兆民百姓皆其髮膚，又何不利之有？」這句話的意思是，天子示以「孝」，則必得天之福報，而應在於「民」。換言之，如果君主遵循「孝」道的話，那麼自然會獲致「以民為本」的政治基礎。這是他對《孝經》義理的發揮與衍伸。

　　其次，在黃道周看來，胡亥亡國的原因不在於其性之惡，而在於其未能很

〔註69〕黃道周：《天子章第二》，《孝經集傳》卷一。
〔註70〕黃道周：《書古文孝經後》，《黃漳浦集》卷二十二。

好地接受「為君之道」的教育。譬如，周公、太公、召公及史佚等均為歷史上輔佐天子的聖人，其教化之道皆在於一個「孝」字。「存亡之變，治亂之機，其要盡在是。」作為儲君的太子的教育尤為重要，其中，「孝道」觀念又在教化過程中，佔據關鍵的地位。在黃道周看來，「孝」猶如至善之「性」與良知本體，是人人所具有的天賦。但是，必須在日常生活的經驗世界中去踐履這一「孝道」。而這一孝道的實踐，是需要「由博返約」，挺立「學」的工夫的。因此，他說：「蓋言學也，孝不待學，而非學則無以孝，無以孝，無以教也。……君子如欲化民成俗，其必由學乎。夙興夜寐，蓋言學也。」〔註71〕

對於晚明政治倫理的反思是道周禮學思想中至為重要的部分，凸顯了其學術思想頗具經世致用的面向。譬如，較之宋代，明代士大夫的政治文化生態是十分惡劣的，君臣關係緊張，衝突不斷，「廷杖大臣」的事，時有發生。而黃道周就是晚明時代這一扭曲的君臣倫理的一個典型受害者。如崇禎十四年（1641），他在寫給崇禎帝的奏疏中說：「臣獨以踽踽涼涼，攖此奇禍，計我朝廷杖二百餘臣，或謫或逐，未有訊鞠之苦，株連之多如臣者。」〔註72〕正是由於曾經身處這一高層政治漩渦的境遇，使得其在很大程度上將闡釋《孝經》的重點放在對政治倫理的反思與批判之上。

總之，在黃道周看來，「孝」是道德教化之本源，聖人取法天地之表徵。正如其所言：「聖人有所受於天地，……以滌蕩逆惡，而反本於德行。故聖人者，天地之孝子，修其道業，以達天地之志事也。」〔註73〕周、孔之學的要義皆在於「蕩滌逆惡」，「返本德行」。而這些踐履儒家道德理想的用力之處，不外於做天地之「孝」子。這無疑是人類道德倫理之「孝」義的一種泛化表達。此外，黃道周還認為，「《孝經》之意在於反質，反質追本，不忘其初。《春秋》之嚴，《孝經》之質，皆遡朔於天地，明本於父母，所以致其素樸，交於神明之道也。」〔註74〕他對於《孝經》的闡釋，實際上是對儒家理想的道德與政治秩序進行一個追本溯源式的學術搜討。他通過既在經驗世界秩序上論孝之「明本於父母」，又在宇宙本體層面上論孝之「遡朔於天地」，來表徵了「致其素樸，交於神明之道」的獨特論孝理路。

〔註71〕黃道周：《士章第五》，《孝經集傳》卷一。
〔註72〕黃道周：《感恩疏》，《黃石齋先生文集》卷二。
〔註73〕黃道周：《式士策凡五章‧道業第五》，《黃漳浦集》卷十《策》。
〔註74〕黃道周：《感應章第十六》，《孝經集傳》卷四。

第四節 「愛、敬者，禮樂之本，中和之所由立」──黃道周重建儒家禮秩世界的實踐路徑

如前所述，黃道周的禮學思想主要表現在對於「孝本」思想的開掘。而對「孝本」思想的進一步闡發，則落實在「愛」、「敬」二字上。在他看來，「愛」、「敬」既是「孝本」思想的核心內容，處於儒家道德教化之本源地位，又是重建「親親」、「尊尊」二系並重的禮秩世界的實踐路徑。

一、「以愛、敬為道德之原」──「愛」、「敬」為儒教之本源

黃道周說：

> 凡《孝經》之義，……以愛、敬為道德之原，……雖曾子《論孝》十章，未有能闡其意者。……曲臺諸儒，兼採質文，以收道德之委，至其精義，備在《孝經》。……朱子誤以聖人之訓，自分經傳，必拘五孝，以發五詩，則厥失維均，去古愈遠矣。〔註75〕

黃道周認為，《孝經》的關鍵意旨在於闡明「愛」、「敬」是儒家道德教化的本源。同時，這亦是曾子所未能加以闡釋之所在。另外，他對於朱熹《孝經刊誤》一書，頗不以為然。他認為，朱熹「自分經傳，拘五孝，以發五詩」的做法是有違聖人之意的。這在一定程度上反映了黃道周對於宋儒質疑該經的不滿。宋儒以降的這股學術風潮表徵了《孝經》經典地位在宋明時代的刊落。而在黃道周看來，致使《孝經》刊落的主要原因在於後世儒者對於「愛」、「敬」之旨的闡發不明。

黃道周云：「聖賢淵源，止在『愛』、『敬』二字，體貼分明，用之不盡。」〔註76〕他認為，聖人之學的本源皆在於「愛」、「敬」二字上。因此，黃道周禮學思想，在很大程度上是建立在對「愛」、「敬」二義的分疏與論證上。他說：

> 《商書》曰：「立愛惟親，立敬惟長，始於家邦，終於四海」。
> 此愛、敬之始教也。……聖人而以性教天下，則捨愛、敬何以矣？
> 愛、敬者，禮樂之所從出也。以禮樂導民，民有不知其源，以愛敬

〔註75〕黃道周：《開宗明義章第一》，《孝經集傳》卷一。
　　　附注：所謂「五孝」是指古代五種等級的人所行的孝道。譬如，南朝梁武帝《孝思賦》：「治本歸於三大，生民窮於五孝。」唐玄宗《孝經序》：「雖五孝之用則別，而百行之源不殊。」邢昺疏：「五孝者，天子、諸侯、卿大夫、士、庶人，五等所行之孝也。」

〔註76〕黃道周：《朱陸刊疑》，《黃漳浦集》卷三十《雜著》。

導民，民乃不沿其流，故愛、敬者，德教之本也。捨愛、敬而談德
教，是霸主之術，非明王之務也。〔註77〕

對於中國傳統宗法禮秩來說，其理論基石無過於「親親」、「尊尊」二個
概念。正如張壽安所說，「『親親』、『尊尊』作為儒家禮秩的兩大基石，從思想
上言，儒家的規範理論與社會穩定都得恃此二脈在運作時取得平衡，才能成
立。……一部禮學思想史，包括經典詮釋、歷代律令、禮制改革，在相當程
度上，可以化約為親親尊尊的論辯史。」〔註78〕黃道周引《商書》云：「立
愛惟親，立敬惟長」。在他看來，「愛」、「敬」即為建構合理的「親親」、「尊
尊」宗法禮秩的入手處——「親愛」、「尊敬」。而且，「愛」、「敬」之教「始於
家邦，終於四海」。在他看來，「家」、「國」、「天下」具有同構性，莫不以貫徹
「愛」、「敬」之旨，為儒家道德教化的邏輯起點。聖人雖以至善之性來為天下
立教。但是，如果不從極具日常生活經驗意味的「愛」、「敬」二字著手，難免
落入虛懸不實之境，「以禮樂導民，民有不知其源；以愛敬導民，民乃不沿其
流」。因此，在這個意義上講，「愛」、「敬」是儒家禮樂教化得以實現的方便法
門。否則，只能是「霸主之術」，而非務王道之事。黃道周又云：

禮樂者，愛敬之極也。愛以導和，敬以導順，內和外順，故博
愛、德義、敬讓，禮樂因之而生。故捨愛敬，先王無以為教也。非
無以為教，亦無以為身，非無以為身，亦無以為心。〔註79〕

黃道周認為，「愛」、「敬」是構建儒家禮樂世界的實踐始點。因為「愛以
導和，敬以導順。」「和」、「順」則是通往「博愛」、「德義」、與「敬讓」之門。
而此三者，即為儒家禮樂理想境界的主要特徵。故此，「捨愛敬」，不但「先王
無以為教」，而且士君子亦無以修養身心之方。因此，道周主張，無論是儒家
社會道德教化，還是個體修身養性，皆應以「愛」、「敬」為工夫始基。

黃道周為了論證「愛」「敬」為德教之本，還進一步訴諸宇宙本體論的論
證。他說：

德教者，敬愛之目也。語其目，則有仁義、禮智、慈惠、忠信、
恭儉；語其本，則曰「愛」、「敬」而已。天有五行，著於星辰，而日
月為之本。日是生敬，月是生愛。敬愛者，天地所為日月也。治天

〔註77〕黃道周：《天子章第二》，《孝經集傳》卷二。
〔註78〕張壽安：《十八世紀考學考證的思想活力——禮教論爭與禮秩重省》，北京大
學出版社，2005年版，第86頁。
〔註79〕黃道周：《三才章第七》，《孝經集傳》卷二。

下而不以愛敬，猶捨日月，而行於晝夜也。〔註80〕

在黃道周看來，德教之目有「仁義」、「禮智」、「慈惠」、「忠信」、「恭儉」等，而其根本則在「愛」、「敬」二字上。其猶如「日月」為「天」之本，「日是生敬，月是生愛」，「愛」、「敬」乃為天道之所寓。由「天道」以推「人道」。治理天下者必須先培養「愛」、「敬」之心。否則，「猶捨日月，而行於晝夜」。他將「愛」、「敬」在禮學思想中的合法性，配於天地、日月之運行，表徵了宇宙秩序與人類道德秩序的同一性。

然而，在日常道德實踐層面上，「愛」與「敬」並不總是被體現出來。這種理論的困境該如何解釋？黃道周認為，「孩提之童，有稍長而不知愛敬者」，原因在於「其習也，非性也」。〔註81〕正如前文所述，他將人們日常生活中所呈現出來的「惡」歸結為後天之「習」的侵染所致。而且，他認為，恰恰是「其所養之者，非道」，〔註82〕導致了人命之於天的「愛」、「敬」之性得不到顯發。

二、「愛、敬不出於家而行著於天下」──「親親」「尊尊」二系並重的禮秩重建

「愛」、「敬」是如何使得「親親」、「尊尊」二系並重的儒家宗法倫理與禮秩得以實現的呢？對此，黃道周作了如下解釋：

> 父則天也，母則地也，君則日也。受氣於天，受形於地，取精於日，此三者，人之所由生也。地亦受氣於天，日亦取精於天，此二者，人之所原始反本也。故事君、事母，皆資於父。履地就日，皆資於天。二資者，學問所由始也。……母親而不尊，君尊而不親。以父教愛，而親母之愛及於天下，以父教敬，而尊君之敬及於天下。故父者，人之師也。教愛、教敬、教忠、教順，皆於父焉取之，……愛、敬、忠、順不出於家而行著於天下。〔註83〕

在這裡，黃道周認為，貫徹「愛、敬」，傚仿天地日運行的律則來合理安排人類社會中「父」、「母」、「君」、「師」等隸屬「親親」、「尊尊」的宗法倫理結構與秩序的問題。「父」、「母」分別以「天」、「地」為定位極則。「君」又以

〔註80〕黃道周：《天子章第二》，《孝經集傳》卷一。
〔註81〕黃道周：《天子章第二》，《孝經集傳》卷一。
〔註82〕黃道周：《天子章第二》，《孝經集傳》卷一。
〔註83〕黃道周：《士章第五》，《孝經集傳》卷一。

「日」為效法對象。作為受「精」、「氣」、「形」於「天」、「地」、「日」的人類成員之間的互動規則理應契合於「天」、「地」、「日」的運行。「事君」、「事母」之道，皆從「事父」之中得到借鏡。「事君」即有「尊尊」的意思，「事母」即為「親親」的基礎，而「事父」則將「親親」、「尊尊」融貫為一體。在某種意義上，它是中國傳統宗法倫理的極則。而這種倫理結構形式皆同構於「天」、「地」、「日」，「履地就日，皆資於天」。在黃道周看來，這便是儒家學問的始基所在。

不過，最值得注意的是，黃道周突出強調了「父」倫是「愛」、「敬」二義的合法性來源。「母親而不尊，君尊而不親」，而「父」則親、尊並重。愛則親，敬則尊，故此，他主張「以父教愛，而親母之愛及於天下；以父教敬，而尊君之敬及於天下。」由此而觀，黃道周的論旨主要有二端：其一、「親親」即為「尊尊」之基。非血緣的政治關係乃為血緣關係的邏輯延伸，這是中國傳統政治之通則，無需贅言。但是，尊而不親，則易於觸動儒家整個道德之基底，亦即是所謂「綱常名教」事業；其二、主張「親親」、「尊尊」二系並重的倫理結構。親而不尊，亦不能治國平天下，難免「不忠不孝」之譏。其實，黃道周力圖通過闡發「愛」「敬」之旨來重建「親親」、「尊尊」二系結構並重的學術行為，並非無的放矢之舉。揆諸晚明政治史，士風萎靡不振，君權異常張揚。「三綱五常」思想的異化已然嚴重地使得儒者理想中的君臣倫理被扭曲了。原本「親親」、「尊尊」二系並列的禮秩結構遭到實然性的破壞。「尊而不親」成為是時社會倫理異化的重要表徵。黃道周對於楊嗣昌奪情任職的批評，正是在這種情形下展開的。因此，他借疏解《孝經》之機，重新詮釋禮學的主要命題——「親親」、「尊尊」的宗法倫理結構。〔註84〕由此可見，黃道周這一學術面向在一定程度上反映了晚明時期君臣倫理的異化情狀已經侵蝕了儒家禮法結構的基礎，從而導致了一系列社會道德倫理危機的迸發。

職是之故，黃道周特別突出地高舉「父」之一端。「故父者，人之師也。教愛、教敬、教忠、教順，皆於父焉取之」。而父是集「愛」、「敬」於一身的。因之「愛敬、忠順不出於家而行著於天下」。在他看來，「父」之一倫的理論地位的提升，能夠較好地在「親親」、「尊尊」的傳統宗法倫理結構之中，矯正君

〔註84〕前文已述，黃道周的禮學思想的核心內容在於「孝」，而孝的核心內容即為「愛」與「敬」，「親親」、「尊尊」之禮秩結構則建基於「愛」與「敬」之上。

臣倫理的異化現象，進而維繫晚明整個政治社會系統的正常運行。

除此之外，黃道周的另一深意在於強調「以父則天」的思路。黃道周結合自身屢次遭貶的坎坷經歷，感歎「格君行道」之難。王陽明在「格君行道」遭到挫敗後，致力於「覺民行道」的理論建構。而黃道周在遭受「格君行道」受挫後，試圖借鑒漢儒的天人之學，重建「格君之道」的路徑。這一思維路向就是將「引君法天」的理念，引入到「格君心之非」的傳統政治模式之中。基於這一學術考量，黃道周才單拈出「父」之一維。引「父」法「天」，亦即為引「君」法「天」的另一種表達。此一「天」兼綜「道德之天」與「自然之天」，從而使得儒學政治倫理的建構變得有所據。總之，黃道周試圖為其所重建的理想的日常生活世界秩序尋找一種可資憑籍的合法性資源。

就儒者個體而言，怎樣在日常生活中，以「愛」、「敬」之心來「成己」、「成物」，最終達致「復禮歸仁」的境界呢？對此，黃道周引證孟子的話說：

> 君子以仁存心，以禮存心。仁者愛人，有禮者敬人，愛人者人恒愛之，敬人者人恒敬之。有人於此，其待我以橫逆，君子必自反也。……夫舜非敬愛其親，不惡慢天下，而能使天下愛敬之如此乎。〔註85〕

黃道周認為，「愛」、「敬」與「仁」、「禮」相為表裏。欲「復禮歸仁」須先顯發本有之「愛」、「敬」之心。「愛人者人恒愛之，敬人者人恒敬之。」他主張，在這種人際之間的「愛」、「敬」互動中，成就一種合符儒家「仁」與「禮」的理想世界。「夫舜非敬愛其親，不惡慢天下，而能使天下愛敬之如此乎。」黃道周借鏡舜的事例，來引證「愛」、「敬」二字在君臣倫理秩序中的雙向性。如「君」待「臣」以敬，則「臣」侍「君」以忠。在某種意義上，黃道周上述觀點可視為對「三綱五常」理念下的晚明君臣倫理異化的挑戰。

至於「愛」、「敬」二者在禮學實踐過程中，誰居主導作用的問題。黃道周認為，「愛者，敬之情也，敬者，愛之志也。非志無情，非敬無愛，故以一敬而教忠、教順、教仁、教讓，是文王之學之所從出也。」〔註86〕在他看來，在「愛」、「敬」之間，「敬」更具有根本性的意義。儒禮中的「敬」是「忠」、「順」、「仁」、「讓」之所從出。

此外，更為值得一提的是，黃道周肯認「敬」在溝通「天道」與「人道」

〔註85〕黃道周：《天子章第二》，《孝經集傳》卷一。
〔註86〕黃道周：《天子章第二》，《孝經集傳》卷一。

的作用。譬如，他在詮釋《尚書》要典《洪範》時，以象數、陰陽五行思想來闡明如下宗旨：欲達致「天人中和」之旨，其關鍵在於一「敬」字。他說：

> 疇範之原，負於神物。性命既治，象數乃出。二五衍化，中和
> 所敷。生剋比倫，乃與天俱。禍福將興，兆於四體。山川雲漢，蓋
> 亦猶是。事則有徵，政則有稽，以紀紀德，何福不齊？乃悟人、天
> 實萃一「敬」。〔註87〕

其實，在宋明理學昌盛時代，「敬」為程朱學派的修養工夫，「涵養須用敬，進學在致知」。這裡的「敬」更多的是指一種心理狀態，也就是理學家們所常說的「戒慎恐懼」。正如李光地通俗易懂的解釋：「『敬』字從『理』上發出，心和氣平，就是俗語一個『怕』字。」〔註88〕這一因「畏天命」的心理而致使人們去「默養察識，體認喜怒哀樂之未發之『中』的個體道德修養方法，與黃道周所指的「愛敬」之「敬」頗為異趣。前者僅具有形上思辨的理學性格；而後者則除了具有一種理學的考量外，還兼具日常生活世界中形下經驗層面的性格。黃道周說：「知愛、知敬，能孝、能弟，降於天之謂命，授於人之謂性，何以為性？性，知敬者也。敬深而入畏，敬性之人，視民如賓，使臣如客。」〔註89〕他更多的是，在人際互動中來界定「敬」的涵義。他曾就「敬」之於「修己安人」的作用問題，做了如下闡發：

> ……「人主著『敬』，『敬』則心體明清，與天同道，敬庶民與
> 敬士大夫，敬天地、祖宗與敬身，豈有分別？人主一息不敬，便有
> 侮慢自賢，反道敗德的事。……平章百姓，敦敘九族，此是『敬』
> 上安民之要領也。……領得『敬』字，自然到此，不領得『敬』字，
> 雖知人、安民，亦無一處著落。……自然是修己、安百姓難，所以
> 須『敬』。如不為天下百姓，要比己何用？」〔註90〕

在這裡，黃道周談「敬」的作用，明顯表現出了與以往理學家不同的興趣指向。他所要表達的是，「敬」字對於儒者在實現內聖外王理想時的價值與意義，並強調它在修、齊、治、平各個階段作用的一貫性。黃道周指出，「『敬』則心體明清，與天同道，敬庶民與敬士大夫，敬天地、祖宗與敬身，豈有分

〔註87〕黃道周：《明義下卷序》，《黃石齋先生文集》卷七。
〔註88〕（清）李光地：《榕村語錄》卷二十三，清文淵閣四庫全書本。
〔註89〕黃道周：《紀孝行章第十》，《孝經集傳》卷三。
〔註90〕黃道周：《榕壇問業》卷十五。

別？」當然，他所強調的重點在於外王事功方面。他說：「領得『敬』字，自然到此；不領得『敬』字，雖知人、安民，亦無一處著落。」這也從一個側面凸顯了晚明高揚經世致用價值的時代精神。正是因為如此，黃道周與朱熹等人對於「敬」的詮釋，表徵出了不同的面向。

按照陳來先生的說法，朱熹主「敬」的含義主要有如下幾方面：一、收斂；二謹畏；三、惺惺，使人內心處於一種警覺狀態；四、主一，即為專一、純一的意思；五、整齊嚴肅之意。〔註91〕由此可見，朱熹所謂的「敬」字偏重於「內在心性」的方面，多指謂體悟未發之「中」時的心理狀態；而黃道周所謂「敬」的含義，則發生了由內在心性向外在經驗層面的轉變。誠然，黃道周對於這一「敬」字的強調，在某種程度上是對於朱子學的繼承與吸納。朱熹弟子曾概括朱熹的主「敬」說：「其為學也，窮理以致其知，反躬以踐其實，居敬者，所以成始成終也。調致知不以敬，則昏惑紛擾，無以察義理之歸；躬行不以敬，則怠情放肆，無以致義理之實。」〔註92〕黃道周主「敬」之意旨，亦包蘊此義。但是，黃、朱二人主「敬」的側重點則有所差異。如前所述，黃道周所謂「敬」字的外王事功指向較朱熹更為顯明。其立「敬」之說的鋒芒指向宗法倫理秩序的最高層級——皇帝的個人道德修養及其處理君臣關係的方法。黃道周的重「敬」之說，預示著他在「親親」、「尊尊」的宗法倫理秩序結構中，側重於對君臣倫理的重建。他將晚明社會中「尊而不親」的倫理格局，轉向「親親」、「尊尊」二系並重。總之，黃道周孜孜致力於在「愛」、「敬」理念的推擴之下，重建「孝忠合一、親尊一體」的理想政治社會秩序。

正如黃道周在《孝經集傳》的序言中所說，「蓋孝為教本，禮所由生，語孝必本敬，本敬則禮從此起。」〔註93〕在他看來，欲挽救晚明社會之狂瀾於不倒，就必須重建中國傳統宗法倫理中核心內容——「親親」、「尊尊」二系並重的禮秩，要從契合人倫日用意義的「孝道」做起。然而，欲遵循「孝道」，又須在一個具有根本性意義的「敬」字處下手。這也在一定程度上彰顯了晚明士人面對宋代以降的傳統理學思維日益走向枯竭之際，重新提出以「禮學」來救正「理學」流弊的強烈學術訴求。

〔註91〕陳來：《宋明理學》，遼寧教育出版社，1991年版，第178～179頁。
〔註92〕（清）王懋竑：《朱子年譜》卷四，商務印書館叢書集成初編本，第231頁。
〔註93〕黃道周：《孝經大傳序》，《黃石齋先生文集》卷七。

第五節 「君臣之倫通於絕域，朋友之道喻於極貫」
——黃道周論「朋友」一倫之於君臣倫理的意義

儒家「五倫」，亦即是「君臣」、「父子」、「夫婦」、「兄弟」、「朋友」。在某種意義上，它們所要解決的主要問題就是如何和諧地處理上述五種社會角色之間的互動關係。〔註94〕儒家對於這一問題的關切濫觴於孔子，明確於孟子。孟子云：「父子有親，君臣有義，夫婦有別，長幼有序，朋友有信。」〔註95〕到了漢代，董仲舒進一步發揮孔孟之說，正式把「仁」、「義」、「禮」、「智」、「信」作為儒家五倫的行為規範，並按照「貴陽而賤陰」的理論，提出了「三綱」、「五常」的概念。〔註96〕這兩個概念到了宋代以後，時常聯用。「三綱五常」思想在程朱理學的薰炙下，上升到了「天理」的層面，從而獲得了「天不變，道亦不變」的永恆性。其中，值得注意的是，「五倫」中「君臣」、「父子」屬於縱向倫理，而「夫婦」、「兄弟」、「朋友」屬於橫向倫理；另一方面，「父子」、「夫婦」、「兄弟」又屬於家族倫理，而「君臣」、「朋友」則屬於社會倫理。在儒家思想中，家國同構的特點決定社會倫理的家族倫理化。而本文著重論述的是，橫向倫理——「朋友」一倫之於縱向倫理——「君臣倫理」的建構的價值意義。

政治倫理的核心則表現在君臣倫理之上。宋代以降，君臣縱向倫理的絕對化傾向在程朱理學的意識形態浸染下表現得異常明顯。它在很大程度上扼制了原始儒學中君臣倫理的良性互動的政治文化理想。自宋而明，尤其是明代，士大夫在這種日漸異化的政治倫理中掙扎生存，「道」已然淪為「勢」之「婢女」。此一政治倫理的異化現象無疑表徵著明代君主專制政治的加強。

明代中葉以後，商品經濟雖然得到高度發展，但是社會風俗卻日益頹唐，不能因應形勢而有所更革的皇權專制政治更是倍受挑戰。君臣這一縱向倫理的絕對化傾向也遭到許多儒者的反思。晚明時期，「五倫」之中的「朋友」一倫被他們拿來大加闡發。由此，這一橫向倫理的地位在很大程度上得到彰揚。

〔註94〕本章第三、四節談到，中國傳統宗法倫理是在「親親」、「尊尊」的二元架構中確立的。其中所涉及到的是，儒家基礎性倫理中的「父」、「母」與「君」之間的秩序安排問題。本節所談的「儒家五倫」應該被視為前者的理論衍伸。
〔註95〕《孟子》卷五《滕文公上》。
〔註96〕「三綱五常」中之「三綱」即是：「君為臣綱」、「父為子綱」、「夫為妻綱」；「五常」即為：「仁」、「義」、「禮」、「智」、「信」。

陳繼儒云：「君臣、父子、夫婦、兄弟者，莊事者也。人之精神，屈於君臣、父子、夫婦、兄弟，而伸於朋友，如春行花內，風雷行元氣內，四倫非朋友不能彌縫。」〔註97〕他認為，「朋友」一倫，是調節「君臣」、「父子」、「夫婦」、「兄弟」等縱向倫理抑或家族倫理的潤滑劑。人的精神個性只有在「朋友」倫理之中才能得到釋放，「如春行花內，風雷行元氣內」。該說可視為對晚明君臣倫理異化的救正。呂坤亦云：「友道極有關係，故與君父並列而為五。人生德業成就少朋友不得。……惟夫朋友者，朝夕相與，既不若師之進見有時，情理無嫌，又不若父子、兄弟之言語有忌。一德虧，則友責之；一業廢，則友責之。美則相與獎勸，非則相與匡救。日更月變，互感交摩，駸駸然不覺其勞且難，而人於君子之域矣。是朋友者，四倫之所賴也。」〔註98〕呂氏則強調，「朋友」一倫對於個人成為聖賢君子的道德修養的重要性是其他四倫所不能給予的。而道德理想主義又是儒家所抱持的不二信念。因此，呂坤認為，「朋友」一倫理應成為其他四倫的理論基石。

黃道周更為明確地將「朋友」一倫視為其他四倫的基礎性倫理。他說：「言立人者承天則，夫婦、兄弟、朋友之倫，未均廢也。《詩》首夫婦，《春秋》首兄弟，《書》首君臣，其意亦自朋友取也。」〔註99〕黃道周將《詩》、《書》與《春秋》等經典與五倫之「夫婦」、「兄弟」與「君臣」加以對應。《詩》的主旨在於「一言以蔽之，思無邪，」以防男女之淫，故對應於「夫婦」一倫；《尚書》則是範導政治倫理與典章制度之書，故與「君臣」相應；《春秋》乃言春秋列國之事，突出一個「義」字，故以「兄弟」相比。他認為，這三部經典所倡導的基礎性倫理皆在於「朋友之道」。

如果說上述陳、呂二人僅通過與其他四倫在社會功能上的比較，突出「朋友」在五倫中的地位的話，那麼黃道周還將橫向倫理放置於縱向倫理之中，評估「朋友」一倫在建構政治倫理的價值意義。換言之，他頗為注重君臣倫理的橫向互動建構。

首先，黃道周認為，君臣倫理抑或政治倫理得以諧和存在的基礎在於朋友倫理的滲入。他說：

〔註97〕（明）陳繼儒：《友論小敘》，《利瑪竇中文著譯集》，復旦大學出版社，2007 年版，第 119 頁。

〔註98〕（明）呂坤：《呻吟語》卷一《倫理》，《呂坤全集》，中華書局，2008 年版，第 632 頁。

〔註99〕黃道周：《本治論》，《黃石齋先生文集》卷六《論》。

　　　任舉之事，人主之所惡也。然不任舉，則人臣無以事其君。通
　　者相讓，任者相助，有善相引，有過相規，名位相讓，功過共事，
　　久而不渝，遠而不疑，故朋友之誼正，而後君臣之道備。使為人臣
　　者，自私其身，聞見違人，利祿與己，得則據之，不任一人，不舉
　　一事，上諛其君，下悅妻子，此則傭隸之所治也。儒者以善公之人，
　　以賢分之友，以爵祿公之天下，人君以是取臣，則朋黨之疑消，彙
　　徵之途闢也。〔註100〕

　　黃道周從任舉賢良之士來治理天下、國家的角度，強調「友道」對於政治
倫理的運作的價值意義。他認為，「任舉」是君主引以為煩心，但卻又異常重
要的事情。因為沒有賢能之人來充實官僚隊伍，君主便不能很好地治理國家天
下。只有在選拔、任用，以及朝臣共事的過程中，無論上下等級，高低貴賤，
皆以「友道」相待，「通者相讓，任者相助，有善相引，有過相規，名位相讓，
功過共事」，君臣之道才能完備，君臣倫理才會達致一種諧和之境。〔註101〕否
則，「自私其身，聞見違人，利祿與己」就容易落於「傭隸之治」。黃道周還認
為，儒者就應該具有這種「以善公之人，以賢分之友，以爵祿公之天下」的友
道精神。如果皇帝能夠以此來衡量、任用臣下，那麼朋黨之疑自然就會消失，
選任天下賢能之才的途徑就會大大開闢了。

　　實際上，黃道周在《儒行集傳》中所論述的內容顯然是有所針對的。是時
政治紊亂，門戶分立，黨爭激烈，崇禎帝猜忌臣下之心愈重，晚明政治文化生
態異常險惡。基於此，黃道周冀圖倡導「友道」，挺立「朋友」一倫來改善晚
明政治文化生態，重建良性互動的政治倫理抑或君臣倫理。

　　其次，明天啟初年，黃道周在《本治論》一文中，明確談到天子為治之方
在於懂得「朋友」一倫之於君臣倫理的價值意義。他說：「唐、虞之稱其臣，
曰鄰、曰股肱；殷、周之稱其臣，曰友邦。」〔註102〕在唐虞三代時期，臣下
被視為君主的「鄰居」、「股肱」，商、周二代亦視臣為「友邦」。黃道周認為，
上古時期的君臣倫理是在一個比較平等、和諧的狀態下建構的。這一理想政治
模式與行為狀態成為黃道周反思與批評晚明政治倫理的重要思想資源。黃道

〔註100〕黃道周：《任舉章十三》，《儒行集傳》卷下。
〔註101〕筆者認為，這裡所指的「君臣之道」，不僅僅指涉皇帝與大臣們之間的政治與
　　　　道德行為規範，而且，應該是泛指皇權官僚社會中所有上、下級之間的倫理
　　　　準則。
〔註102〕黃道周：《本治論》，《黃石齋先生文集》卷六《論》。

周進一步分析了「友道」貫徹於君臣倫理之中的必要性。他說：「以為天子者，尊不絕上，貴不絕下，尊絕上則奸桀生心，貴絕下則忠讜不效。」〔註103〕他認為，作為君主應該「尊不絕上，貴不絕下」。意思是說，君主能夠清醒地認識到，有比其更為尊崇的對象存在，他就會保持一種謙卑的心態；「貴」也不止於君主一人，臣下亦與之同「貴」，由此，君主才會以「友道」與臣僚們和諧共治天下。如果天子摒棄「友道」而不顧，獨自稱孤道寡，就會導致「尊絕上則奸桀生心，貴絕下則忠讜不效」。

此外，黃道周還明確指出天子有三朋，亦即是「一德之朋」、「壽人之朋」與「燕及之朋」。他說：

> 為天子者，有一德之朋，有壽人之朋，有燕及之朋。……天子有此三朋者，而後見人所祇受於天，有其等級，有其德慧，有長不敢傲，才不敢肆，而後知人所立體於山川，耀精於水火。……旌賢黜奸，章內別外，……而後農守其畔，士安其業，內外邪偽，上皆知之。故夫婦、兄弟、朋友，此三者之倫，自天子博，不自天子薄也。天子之動必敬天，敬天而後敬人，敬人而後可阜萬民而致百神，故言朋友之倫於天子而絕者，猶挈瓢之民，傲帝以為無涉者也。君臣之倫通於絕域，朋友之道喻於極貫，故友者佑也，畜者孝也。〔註104〕

黃道周認為，面對品行高潔者、年壽已高者，以及安於政事的諸臣們，天子都應敬之以禮，且以「友道」待之。天子表率如此，方能獲致「有其等級，有其德慧，長不敢傲，才不敢肆」的合符王道的禮樂世界。在他看來，上述君臣秩序是受命於天，循天道而為的，「立體於山川，耀精於水火」。在這種理想的君臣架構中，「內外邪偽，上皆知之」的賢明之君最終能夠營造一個「農守其畔，士安其業」的和諧政治環境。通過這一論述，黃道周提出天子除了重視「君臣」、「父子」等縱向倫理外，更應該關切「夫婦」、「兄弟」、「朋友」之倫，尤其是「朋友」倫理的建構。「率土之濱，莫非王臣。」他認為，「君臣之倫通於絕域」，君臣倫理是皇權官僚社會中，自天子以至庶民所無可迴避的政治倫理，因之，「朋友之道喻於極貫」，具有橫向倫理特徵的友道精神亦應該是一以貫之，相與始終的。「友者佑也，畜者孝也。」黃道周認為，五倫中的「友道」乃是建構良性政治文化生態的有效途徑。天子應該率先養蓄，並倡導這種「友

〔註103〕黃道周：《本治論》，《黃石齋先生文集》卷六《論》。

〔註104〕黃道周：《本治論》，《黃石齋先生文集》卷六《論》。

道」精神，做天地之「孝子」。

晚明時期，許多士大夫確乎將關切的目光投射到「朋友」之倫上。他們企圖通過對「友道」的闡揚，來救正是時君臣倫理中「君為臣綱」的絕對化傾向所帶來的弊端。這種絕對化傾向在晚明時期表現得尤為突出，以至於在很大程度上扼制了君臣之間互動、互信的良性的運作活力。毫無疑問，這一政治倫理的異化現象直接導致了晚明朝廷處理內憂外患能力的大大削弱。由此，它自然地落入了晚明諸多學者的批判視野之中。這既是對於宋代以降日益嚴厲的傳統綱常觀念的挑戰與批判，又意味著晚明時期在一定程度上具有近代性的政治平等思想的揭出。

小結：黃道周禮學的經世實踐品性

在注重「內在心性」的理學成為宋明主流思想形態的情勢下，儒學被視為內在心性之學。而作為儒家學問的核心組成部分之「禮學」則為「理學」所掩蓋不彰。於是乎對於理學的重視與探討成為是時學者的興趣與關切所在。禮學似乎從一定程度上被逐出宋明儒者的學術視野之外。但是，正如余英時先生所說，「儒學不只是一種單純的哲學或宗教，而是一套全面安排人間秩序的思想系統，從一個人自生至死的整個歷程，到家、國、天下的構成，都在儒學的範圍之內。」「儒學基本上是要求實踐的，無法長期停留在思辨的層次，從個人的心性修養到制度化顯然都是歸宿到實踐。」〔註105〕儒學的實踐品性使得它不會僅僅滿足於思辨的興趣，仍然有著非常強烈的制度化訴求。

宋明以降，儒學心性思辨的光芒在一定程度上遮擋了其存在的終極價值與意義。它發展到晚明時期，衰弊顯現，陷入了實踐的困境之中。故而，對於禮學研究的呼喚，在晚明回歸儒家經典運動中顯得愈發強烈了。而是時這一儒學面向主要表現為：由內在心性的形上思辨逐漸轉向對社會政治世界秩序的重建。在筆者看來，這一儒學重建的行為可視為黃道周禮學思想之終極歸宿所在。

在黃道周的禮學建構中，他首先在宇宙本體論層面上闡釋了「禮」的合法性來源；其次，重點返回到人倫日用的經驗向度，著重強調了「孝本」思想，並進一步論述了以「孝」治身，以「孝」治家、國、天下何以可能的問題。而

〔註105〕余英時：《現代儒學的回顧與展望》，北京：三聯書店，2004 年版，第 54 頁。

「愛」、「敬」二字則是黃道周為其「孝本」思想實踐所提出的重要下手工夫；最後，尤為值得注意的是，他頗為重視「朋友」倫理對於理想政治倫理抑或君臣倫理建構的價值意義。

總之，在晚明經典回歸運動中，黃道周的禮學思想頗為引人注目。不過，他對於禮學研究的興趣與關切，並沒有像清代中葉的學者那樣，過於關注文字、章句訓詁等小學工夫，而是在一種「經世實用」思潮的催動下，致力於禮學經典的義理層面的闡釋。

第七章 「究天人之際，通古今之變」
——黃道周史學思想

　　晚明學界在一片譏詆王學末流「學無根柢」的空疏之風，以及崇尚經世救時之實學的訴求下，掀起了向儒學經典回歸的學術運動。與之同時，「欲載之於空言，不如見之於行事之深切著明」的史家意識，在晚明學者身上顯得尤為強烈。其史學亦表徵出了與前迥異的面相。他們明確主張，「經、史並重」，「亦經亦史」，「兩者相為表裏」，以及經世史學，並質疑是時「國史」的書寫，強調史學的真實客觀性等。這在一定程度上反映了晚明社會急劇變動下的一種史學新思潮的湧動。

　　對於「經史百家，無不隨問闡發」的黃道周來說，史學思想無疑是他儒學思想中重要的一環。在晚明史學思潮中，他的史學主張是什麼呢？又是如何回應時代需求的？筆者擬從如下三個方面加以闡述：一、「經、史並重，以史證經」的方法論；二、史學的價值論；三、史學的經世功能論。」。

第一節 「經以制心，史以制事」——「經史並重，以史證經」的方法論

　　明中葉以降，學者們大多認同「經、史並重，二者互為表裏」的觀點。如王陽明云：「以事言謂之史，以道言謂之經，事即道，道即事。《春秋》亦經，五經亦史。」[註1] 李贄云：「經、史一物也，史而不經，則為穢史矣，何以垂

〔註 1〕 （明）王陽明：《傳習錄》上，《王陽明全集》，上海古籍出版社，1992 年版，第 10 頁。

鑒戒乎？經而不史，則為說白話矣，何以彰事實乎？」〔註2〕

復社名士周鍾更為明確地主張：「經、史二學相為表裏，不讀六經，無以正是非之本，不讀二十一史，無以極是非之變，士方窮居閉戶，不能取歷代掌故家言，殫厥源流，詳其得失，及國有大事，廷立而議，何以引古論今，援往轍之顯鑒，定群言之混淆哉？」〔註3〕他認為，經、史之學，二者互為表裏，六經為含蘊歷史義理之本源，而二十一史則詳載歷史演遷之事蹟，只有兩者並重，才能「引古論今，援往轍之顯鑒，定群言之混淆」，達到經世致用的目的。對於儒家經典原旨的追索和史學經世的思想相與奧援，促成了晚明學術轉型時期主張「經、史並重」思潮的來臨。

黃道周頗為注重「六經」之學，前文已有論述。其對於史學亦相當重視。他雖然沒有明確表達「六經皆史」之類的論說，但是，在他的著述中，「亦經亦史，經、史並重」的思想卻是所在多有。黃道周說：

> 凡是大業載於經、史，不盡繇經、史。因心則經，因物則史；
>
> 經以制心，史以制事，以約御博。〔註4〕

黃道周認為，經、史文獻雖然不能窮盡儒家的「內聖外王」之道，但卻是儒者有志於聖賢之道的至為重要的下手處，「經以制心，史以制事」。讀書人要明瞭心性之學，須返諸儒家經典，而不是直憑一點靈明，任由良知自然呈現所能獲致。「因物則史」，如果要通曉開物成務，以應世用之學，則非讀史不可。另外，黃道周在這裡所表述的「經」、「史」對於儒者的價值意義，與其對「博」與「約」之間關係的論述是互為一致的。「約」是通經之要，「博」是覽史之事。由此可推，他所主張的「經」與「史」的關係，在某種意義上，等同於「約」與「博」之間的關係。由「史」返「經」，從「經」到「史」，亦即是在「博」、「約」之間形成一個循環互動的認知模式。

如果打破「經」、「史」之間的傳統分類，將「經」、「史」擺在同一平臺上看，「經」亦即是「史」，「史」亦即是「經」。「經」、「史」之間實際上就是「一體二面」的關係。正如清代學者鄭開極為黃道周《禮記》經解著述作

〔註2〕（明）李贄：《焚書》卷五，《經史相為表裏》，中華書局，1975年版，第214頁。

〔註3〕（明）周鍾：《史書序》，姚允明《史書》卷首，《四庫全書存目叢書》史部，史鈔類，第150冊，第7頁。

〔註4〕黃道周：《宓衍堂銘凡二章》，《黃石齋先生文集》卷十三《賦、頌、贊、箴、銘》。

序時所云：

> 「經」、「史」相為表裏，「經」以載道，「史」以載事也。然《春秋》記二百四十二年之行事，先王之典章法度，秩然而不可踰，「史」即「經」也；《書》以道政事；《詩》以道性情。或記之左史；或採之輶軒，皆得列於庠序，「經」亦「史」也。……若《表記》、《坊記》、《緇衣》、《儒行》諸篇，其亦史氏記言之義乎？蓋道在於事，聖人以是非予奪，立天下之坊；道在於言，聖人以立身踐行，正天下之表。〔註5〕

鄭氏這一論議可謂深契黃道周思想之神脈。「《春秋》記二百四十二年之行事，先王之典章法度，秩然而不可踰。」在這一意義上，『史』亦即是『經』。黃道周不僅突出了《春秋》之褒貶大義，而且，運之於象數之學的「數理邏輯」，與《易》、《詩》諸經一道，用以詮釋天地、日月以及人事的運行律則。此之謂「經」以載道；《春秋》又是記載春秋列國之事的「史」，因此，黃道周遵循「為《春秋》以本禮」〔註6〕的邏輯思路，以春秋之史來解釋禮記中《坊記》、《表記》二篇。他認為，《春秋》這一史籍中充盈著儒家禮樂的精神。因之，「《春秋》之義不盡於《表記》，而《表記》之義盡於《春秋》。」〔註7〕由於「史」以載事，黃道周這一以《春秋》來詮釋《禮記》的經解著述，又是一種「以史證經」的路數。「蓋道在於事，聖人以是非予奪，立天下之坊。」「經」絕非所謂空言「道」或「義理」，其必定是通過「史」的敘述與義理的演繹相結合，然後彰顯「是非予奪，立天下之坊」的《春秋》之義。

《四庫全書總目》曾對黃道周的《坊記集傳》與《表記集傳》的著述特點作過如下歸納：

> 《坊記集傳》自序以為「聖人之坊亂，莫大於《春秋》」，故是書之體以《坊記》為經，而每章之下，皆臚舉《春秋》事蹟以證。〔註8〕

> 至《表記》篇則多言君子恭敬、仁義之德，而必以《春秋》證之。〔註9〕

《四庫全書總目》認為，黃道周這些「以史證經」、「經史交融」的禮學經

〔註5〕 （清）鄭開極：《石齋經傳九種》序，清康熙三十二年，浙江晉安鄭開極刻本。
〔註6〕 黃道周：《春秋元命圖》，《易象正》卷終下。
〔註7〕 黃道周：《表記集傳》原序，清文淵閣四庫全書本。
〔註8〕 （清）紀昀：《欽定四庫全書總目》卷二十一，《坊記集傳》，第269頁。
〔註9〕 （清）紀昀：《欽定四庫全書總目》卷二十一，《表記集傳》，第269頁。

解著述，亦「非漫無根據，盡出附會」。〔註10〕此二書的價值意義就在於：「其說《春秋》互證旁通，頗有發明，雖未必盡得經意，特以議論正大，因事納規，甚有關於世教。」〔註11〕換言之，黃道周對於禮學經典的詮釋不是空幻幽眇的玄解，而是「因事納規」，徵於史實的「互證旁通」之法。

　　黃道周主張「經史並重，以史證經」的思想還體現在他的易學研究當中。如前所述，他的易學思想中一個異常顯明的特點便是對歷史推步之法的運用。他用春秋以至宋、元時期兩千餘年的歷史，對應於《易》之六十四卦，以觀天道、人事之趨勢與走向。「足其文獻，研其爻象」，天地之道皆備於此。「故《春秋》者，天地之自修也；《詩》者，神之吟詠、歌嘯其事也。《詩》與《春秋》遞為爻象，以圖天地。」〔註12〕黃道周這種以《春秋》解《易》，以《詩》解《易》的方法，無疑亦屬於「以史證經」的路數。正如許蘇民先生所說，晚明清初的諸多學者思想中，有著濃厚的「以《易》為宗，以史為歸」的學術面向。〔註13〕在這一點上，黃道周思想確乎有類於此。

　　平心而論，黃道周上述「經、史並重，以史證經」的學術思想，雖有一定新意，但並非有意於貶低經學的地位，來抬高史學的價值。換言之，在黃道周思想中，「經」的地位並未受到根本性的挑戰。這從他主張「先經後史，先史後籍」〔註14〕的觀點中可窺個中端倪。另外，如前所述，黃道周用「以約御博」來表述經、史之間的關係，這表徵了一種帶有濃厚的「天不變，道亦不變」的普遍性倫理色彩的史學思想。

第二節　「據實直書」與「天人相與」——史學的價值論

　　「史之為務，申以勸誠，樹之風聲，其有賊臣逆子，淫君亂主，苟直書其事，不掩其瑕，則穢跡彰於一朝，惡名被於千載。」〔註15〕在中國傳統禮法社

〔註10〕（清）紀昀：《欽定四庫全書總目》卷二十一，《坊記集傳》，第 269 頁。

〔註11〕（清）紀昀：《欽定四庫全書》經部四，禮類三《表記集傳》提要，清文淵閣四庫全書本。

〔註12〕黃道周：《易象正》卷初下，清文淵閣四庫全書本。

〔註13〕可參見許蘇民：《顧炎武評傳》，南京大學出版社，2006 年版，第 177～195 頁。

〔註14〕黃道周：《榕壇問業》卷五。

〔註15〕（唐）劉知幾：《史通·直書》浦起龍《史通通釋》本，上海古籍出版社，1978 年版。

會裏，這一史學的道德審判作用是不容低估的。明代學者熱衷於修撰當代史，大多含攝批判現實，重建政治與社會道德秩序的冀圖。

王世貞曾批評明代官修史書《實錄》云：「國史之失職，未有甚於我朝者也。故事有不諱，始命內閣翰林出纂修實錄，六科取故奏，部院諮陳牘而已。其於左右史記言動闕如，是故無所考則不得書，國忸衮闕，則有所避而不敢書。而其甚者，當筆之士或有私好惡焉，則有所考無所避而不欲書，即書，故無當也。」〔註16〕引黃道周為「史學知己」〔註17〕的晚明史家張岱更為具體地指出：「宋景濂撰《洪武實錄》事皆改竄，罪在重修；姚廣孝著《永樂全書》語欲隱微，恨多曲筆。後焦芳以僉壬秉軸，丘濬以奸險操觚。正德編年，楊廷和以掩非飾過；明倫大典，張孚敬以矯枉持偏。後至黨附多人，以清流而共操月旦，因使力翻三案，以閹豎而自擅纂修。黑白既淆，虎觀、石渠尚難取信；玄黃方起，麟經夏五，不肯闕疑。」〔註18〕明代中葉以後，學者們對於這種「有所考無所避而不欲書」、「改竄」與「掩過飾非」等恣意歪曲事實的明代國史修撰者的做法，進行了大膽的揭露與批判。

雖然黃道周沒有針對明代國史修撰的現狀進行如上直白的批評，但是在他的許多著述文獻中仍可窺見其主張「據實直書」來矯正上述史學積弊的思想。黃道周在《緇衣集傳》中的《成信章》引證了一則史料，並予以評論云：

> 魏徵沒，上自謂失一鑒。有五世孫謩者，文宗拔為右拾遺，遷起居舍人，上常欲自閱《起居注》。謩不可，曰：「古置左、右史，善、惡兼書，陛下所為善，臣亟書，不一書脫；不善，又何敢不書？觀《記注》，臣不敢奉詔。上曰：「朕曩嘗觀之，庸何傷對？」曰：「此自曩時史官失職而然，若人主自觀史，則臣必有所諱，何以信後？」上曰：「善。」故人主之言行，不飾不誣，則史臣之責也。記注之臣，善飾其君，則天下之民，皆大其美而小其惡，民大其美而小其惡，則人主之好惡益亂而不可治矣。〔註19〕

上述引文的大意是，魏徵是唐初有名的諫臣，唐太宗亦能從諫如流。魏徵去世後，太宗「自謂失一鑒」。魏徵五世孫魏謩頗有史才，被文宗李昂提拔為

〔註16〕王世貞：《史乘考誤》卷一。

〔註17〕張岱云：「余好作史，則有黃石齋、李研齋為史學知己。」（張岱：《琅嬛文集·祭周戢伯文》）。

〔註18〕（明）張岱：《琅嬛文集》卷三《徵修明史檄》，嶽麓書社，1985年版。

〔註19〕黃道周：《成信章第二十二》，《緇衣集傳》卷四，清文淵閣四庫全書本。

右拾遺、起居舍人，擔任史官之職。李昂常欲翻閱《皇帝起居注》，史臣魏謩則堅決不同意。他說：「自古以來，史官對於君主的日常行為都是據實直書，善惡不隱的。如果允許君主自觀《記注》，史臣必然因有所隱諱而失職。」李昂聽罷，稱善是言。黃道周徵引這則歷史故事，表達了他對於國史的纂修必須「據實直書」的史學思想。他認為，史臣的職責就在於對「人主之言行，不飾不誣」。如果君主身邊的史臣一味「善飾其君」的話，那麼，其他臣民將會「大其美而小其惡」，進而導致君主因喪失外在道德規範的約束而「好惡益亂」。在黃道周看來，「據實直書」不僅具有一種史學方法論的意義，而且，其亦發揮敦促人們尤其是君主謹守道德規範的作用。

在皇權官僚專制社會中，君主的權力如何得到監督與限制，使之在儒家道德規範中運行，這是儒者們所必須面對與思考的。要達到這一目的，只有訴諸於「天命」。「皇天無親，惟德是輔。」〔註20〕砥礪德性成為君主保持政權合法性的下手之處。而由上古時代「接通天人」的巫史職業轉變而來的史官則扮演了呈現君主德性的重要角色。因此，古代史官在理論上掌握了大量的話語權力。正如有的學者所說，「春秋時史官的載錄最初是藏之宗廟，呈現給神靈的，這種呈現實際上意味著天命的裁決，這才使得史官和他的文獻有力量。」〔註21〕然而，在明代的實際政治權力運作中，史官職責的神聖性屢屢受到侵犯。明代《實錄》的改竄，國史的修撰失敗，大大侵蝕了史學的生命力。故此，明代中葉以後，此一情形頗為學者所詬病。李維楨說：「本朝無史，而遂以《實錄》為史，有識者病之，野史因是紛然錯出。〔註22〕晚明時期，學者私撰當代史的現象可謂紛然雜呈。其不得不說與明代國史的修撰不能「據實直書」的情狀有著某種程度的關聯。

除了對「據實直書」的史筆精神有所體認與繼承之外，黃道周認為，《春秋》最為重要的價值在於闡明「天人相與」之道。這可以從黃道周對王通《元經》的評騭中窺其大略。王通云：

> 《春秋》其以天道終乎，故止於獲麟；《元經》其以人事終乎，
> 故止於陳亡，於是乎天人備矣。……天人相與之際，甚可畏也，故

〔註20〕《尚書·蔡仲之命》。
〔註21〕過常寶：《「春秋筆法」與古代史官的話語權力》，《北京師範大學學報》（社會科學版），2003年第4期。
〔註22〕（明）李維楨：《大泌山房集》卷八《史料序》。

君子備之。〔註23〕

王氏認為，《春秋》由人道而及天道；而其《元經》則由天道而及人道，「天人相與」，乃是有德君子所敬畏的。同時，探究天人之道，亦是儒者使命所在。王通《元經》中對於天人之道的認知與闡揚，是黃道周極力推崇的主要原因所在。黃道周說：「河汾夫子當無王之時，有德無位，作為《元經》以紹絕統，始於金墉之年，卒於陳亡之歲。上稽天道，下應德符。循環中論，言簡而精，意博而達，仲尼而降，何可多匹乎？」〔註24〕其又云：「自《春秋》後，只有《元經》粗識大意，」〔註25〕由此可見，黃道周把王通視為仲尼而後之第一人。在這一點上，他認為，即使是影響極大的朱熹《通鑑綱目》，亦無法與王通《元經》相媲美。他說：

> ……然則《綱目》之治，下於《元經》與？曰：「《元經》有其時，《綱目》有其事，命時者與天，命事者與人，天者得其命，人者得其正，故《元經》者，《春秋》之愛子；《綱目》者，《春秋》之家孫。」〔註26〕

黃道周將《春秋》放在「天人相與」的視野中加以觀照。他認為，朱子《綱目》的價值在王通《元經》之下，其原因即在於「《元經》有其時，《綱目》有其事」。前者涵攝天道，而後者僅及人事。故此，《綱目》在境界上略遜《元經》一籌。但是，「天者得其命，人者得其正」。黃道周並不否認《綱目》本身的價值。他將《元經》比喻為「《春秋》之愛子」，《綱目》則為「《春秋》之家孫」。意思是說，二者雖然有上述之差殊，但在精神實質上，卻是一脈相承的。

第三節 「事必有因，機須待觸」——史學的經世功能論

唐代史學家劉知幾說：「史之為用，其利甚博，乃生人之急務，為國家之要道，有國有家者，其可缺之哉？」〔註27〕重視史學的資治功能，是中國源遠

〔註23〕（隋）王通：《中說》卷七《述史篇》。
〔註24〕黃道周：《榕壇問業》卷十二。
〔註25〕黃道周：《榕壇問業》卷一。
〔註26〕黃道周：《歸表章第一》，《表記集傳》卷一。
〔註27〕（唐）劉知幾：《史通》卷十一《史官建置》，《史通通釋》，上海古籍出版社，1978年版，第303～304頁。

流長的傳統學術觀念。每當政治、社會遭遇危機之時，史學必定成為人們參與經世救時的頗為重要的思想資源。晚明史學著作甚多，「野史」、「家史」與「國史」，三家競出，尤其是前兩者頗為繁盛。這一史學現象的萌生，除了國史之不昌的原因之外，在某種程度上，亦是出於其時士人熱切地致力於經世救時的需要。「社會危機加重的直接的後果是經世史學思潮的興起。」〔註28〕晚明時期，大多學者將政治、社會之頹唐歸結於學術風氣之敗壞。而學風之頹又歸咎於王學末流之「空疏」。在某種意義上，史學亦成為是時學者意欲返之於實的重要標向之一。正如有學者所說，晚明史學在經世實學思潮的湧動之下，亦發生了由「主於道」到「主於事」的轉變，表徵出了一種實學取向。〔註29〕

《四庫全書總目》云：「魯史所錄，具載一事之始末，聖人觀其始末，得其是非，而後能定以一字之褒貶，此作史之資考證也；丘明錄以為傳，後人觀其始末，得其是非，而後能知一字之所以褒貶，此讀史之資考證也。苟無事蹟，雖聖人不能作《春秋》，苟不知其事蹟，雖以聖人讀《春秋》，不知所以褒貶。」〔註30〕欲重建理想道德秩序，須定褒貶之義；欲定褒貶之義，須徵於史蹟，而非訴諸空言說教所能成之。在晚明時期的返實思潮下，經世史學應運而出。

「十年史官」的經歷，使得黃道周對於史學經世功能的體認至深。崇禎四年（1631），黃道周在《與親串書》中寫道：

> 吾以出山大義，不敢反顧，今坐漏舟，為之不可，言之無益。……
> 今日唯當精研古今興亡、盛衰變故之運，持以寧澹，發以真誠，雖
> 無旂常，自當日月。〔註31〕

在後金軍隊入侵進犯之時，黃道周雖有無法征戰疆場，以遂報國之志的遺憾，「為之不可，言之無益」，但他認為，退守史臣之職，撰修史書，以明「古今興亡、盛衰」之變，亦不失為一件頗有意義的事情。總之，以「持以寧澹，發以真誠」的心態來「精研古今興亡，盛衰變故之運」，敘寫歷史，在其時的黃道周看來，雖不得已，但卻亦是一樁經世事業。另外，崇禎七年（1634），黃道周居家講學之際，「談經之餘，屢勸弟子讀史，並撰漢以來36位賢士能臣

〔註28〕錢茂偉：《明代史學的歷程》，社會科學文獻出版社，2003年版，第212頁。
〔註29〕向燕南：《從「主於道」到「主於事」——晚明史學的實學取向及侷限》，《學術月刊》，2009年第3期。
〔註30〕（清）紀昀：《欽定四庫全書總目》卷四十五，《史部總敘》，第611頁。
〔註31〕黃道周：《與親串書》，《黃漳浦集》卷十九《書》。

評傳，匯成《懿畜》前後編，作為楷模及政治主張的寄託。」〔註32〕在《懿畜前編》中，他依次列傳於自漢至宋的諸葛亮、魏徵、韓琦、魏相、狄仁傑、富弼、王異、斐度、寇準、張良、謝安、李泌等十二人；而在《懿畜後編》中，楊士奇、李賢、彭時、商輅、王鏊、梁儲、解縉、薛瑄、岳正、王恕、馬文升、劉大夏、夏原吉、于謙、王守仁等二十餘位明代儒臣成為其關注的主要對象。由此而觀，黃道周傾心於政治事功的立場異常鮮明。該著帶有濃重的經世史學的色彩。同時，黃道周亦把史傳的書寫視為做學問的工夫，以及追慕聖賢的入手之處。他說：「天下長人神智者，惟有讀書。吃緊要法，只把前賢精義匯錄一番，常置目前，不出歲月，更有進處。」〔註33〕

　　黃道周的史學著述，除了《懿畜前後編》與參修的《神宗實錄》之外，還有《廣名將傳》、《烈皇召對記》、《興元紀略》、《三事紀略》、《潞王監國記》、《逃雨道人舟中記》等。《廣名將傳》即為黃道周於崇禎癸未（1643）那年，在福建漳浦老家輯評的史學著作。它是黃道周「在陳元素改編宋人張預所集《百將傳》的基礎上所作的增廣輯評本。」〔註34〕選錄了從呂尚、孫武、孫臏一直到岳飛、戚繼光等歷代名將一百七十餘人，述其生平事蹟，評其功過得失，並加韻文斷贊。該著堪稱為黃道周的經世史學之作。他在該書的序言中說：

　　　　《名將》一書，為武而設也。既為武設，則名將中之智勇所在，
　　　　與夫正之為正，奇之為奇，必明明點醒，細細拈出，使披閱者一覽
　　　　而知前人之用意，得藉以發後人之用意，方不愧著書之大義。倘纂
　　　　修無識，只輯繁文，反遺精要，縱三絕韋編，於武何益？當今重武，
　　　　英傑群興，莫不思登壇而麾日月，借箸而談風雲。雖曰妙用在於一
　　　　心，何至學古？然事必有因，機須待觸。若不窺前人已然之妙用，
　　　　何以發吾心將然之機宜，為師中之勝算？以此，知《名將》一書，
　　　　用武者不可朝夕離也。〔註35〕

　　《廣名將傳》一書作於處於內憂外患甚為劇烈的崇禎年間。它「為武而設」的經世之旨可謂躍然紙上：「若不窺前人已然之妙用，何以發吾心將然之機宜，為師中之勝算？」黃道周又云：「當今重武，英傑群興，莫不思登壇而麾日月，借箸而談風雲。」他就是在晚明這樣一種「尚武談兵」的社會風習之

〔註32〕侯真平：《黃道周紀年著述書畫考》，第155頁。
〔註33〕黃道周：《格言》，《黃漳浦集》卷三十《雜著》。
〔註34〕參見黃道周：《廣名將傳》之《出版說明》，書目文獻出版社，1986年版。
〔註35〕黃道周：《廣名將傳》原序，書目文獻出版社，1986年版，第1頁。

下，即使辭官居家之時，亦不忘著述兵史，以待來者。他日後募兵北伐清軍，以匡復明社的經世雄心，早已伏筆於此書之中。另外，值得注意的是，黃道周的「事必有因，機須待觸」一句，將史學的經世功能一語道破。

該書於後世影響甚大。清代道光二十七年（1847），清宗室、兩粵使者耆英主持刊行《新鐫〈廣名將傳〉》，並作序云：「篋中舊藏《廣名將傳》一書，相傳為黃石齋原本，備錄太公以降迄於前明俞大猷，凡歷代將帥著稱者一百七十餘人，戰功按籍可考。公餘披覽，輒增愾慕，閒與將佐面相指證，多所啟發。蓋是書序次簡明，本末賅貫，又經名流逐加評斷，昭若發蒙。」〔註36〕同治年間，丁日昌所輯成的《百將圖傳》亦受到《廣名將傳》的影響不少。民國年間，刁廣孚輯匯了黃道周在該著中一百七十餘個韻文斷贊，作為《武學叢鈔》之一種，等等。

「在通今學風與以史經世思潮的結合下，明當代就是一面鏡子，史家們將視線轉向本朝，不再僅僅從前代歷史中吸取教訓，而是要在本朝活生生的現實中去考查得失與興衰。」〔註37〕因此，相對而言，晚明學者更為熱衷於對當代政治史、社會史的關切與書寫。黃道周依據自己在朝的親身經歷，有意識地記錄了崇禎朝與南明弘光朝的許多歷史片斷。譬如，《烈皇召對記》是黃道周所作的史傳。它較為詳細地記載了崇禎十一年（1638）六月十八日，皇帝朱由檢在中極殿宣召群臣，以商救時之策的場景。在該召對中，黃道周強調救時之法在於「知人」，而且，他認為，「知人愛人，既不知人，如何愛得人？凡天以愛人為體，以知人為用，人主以愛人為體，宰相以知人為用。」〔註38〕在形勢危殆之時，黃道周這一看似「迂直」之論，實則包含了他對於崇禎帝對待臣下的苛刻、猜忌以及用人不當的尖銳批評，直指時政習弊。

另外，黃道周撰著的《興元紀略》亦載錄了南明弘光朝的政治局勢。他指出，崇禎朝廷敗亡之後，南明弘光諸臣，仍是「門戶交構之語，無日不在上左右，盈廷咆哮，亦共捨寇不談，日以復仇討逆，從事於東林三案之間。」黃道周冀圖撰著此一南明之史，以供後世殷鑒，「歲月居諸，天人交應，嗚呼，可鑒也夫！後世君子必有起而次第其說者。」〔註39〕不過，黃道周對於撰史的態

〔註36〕（清）耆英：《新鐫廣名將傳序》，《廣名將傳》，書目文獻出版社，1986年版，第1頁。

〔註37〕楊豔秋：《明代史學探研》，人民出版社，2005年版，第158頁。

〔註38〕黃道周：《烈皇召對記》，《黃石齋先生文集》卷九《記》。

〔註39〕黃道周：《興元紀略》，《黃漳浦集》卷三十二《雜著》。

度卻是十分謙遜與審慎的。正如他在該文結尾處云：「以僕所聞樵漁之言，實陋且疏，不足以稽也。」〔註40〕這在一定程度上反映了晚明野史、稗乘之盛、之雜。由於私人修史，取材不一，彼此之間，錯訛牴牾，亦是在所難免。但是，時人熱衷於撰修當代歷史，力圖「以史經世」的睿智思考，卻是光耀奪目於後世的。

小結：黃道周經史之學的實學旨趣

黃道周雖然沒有像王世貞、焦竑、張岱、談遷那樣致力於明史的系統修撰，〔註41〕但是對於「史」事背後義理的發掘卻頗為引人注目。

首先，他對於「史」的關切，在一定意義上是與對於經學義理的闡發放在同等重要的位置之上的。這一點與其主張「經史並重，以史證經」的史學方法論思想是一致的；

其次，黃道周對「史」的關注，除了繼承了傳統良史精神之外，更為重要的是，在一種徵之於實事而非玄妙空談的基礎上，將之用於詮釋儒家天人秩序。他主張「據實直書」與發掘《春秋》所蘊含的「天人相與」的價值，是與其這一思想旨趣相契合的。此外，經世功能論在黃道周的史學思想中亦顯得異常突出，深切呼應了晚明社會亟需經世實學的強烈訴求。

最後，頗值一提的是，黃道周對於歷代史論家亦有所臧否。而這種臧否背後無疑凸顯了他的上述史學旨趣。黃道周云：「古今論史之言幾數百家，其最著者柳子厚、呂東萊、蘇子瞻、胡明仲。子厚肆而曲；東萊腴而膚；子瞻疏而直；明仲詳而碎。」〔註42〕他認為，古往今來史論家雖有幾數百家之眾，但是，最為卓著者當屬柳宗元、呂祖謙、蘇軾與胡致堂等人，繼而他對以上人物的論史風格進行了如下品評：柳宗元論史獨到、放達而頗具文采；呂祖謙之論史則豐滿而切近現實，不作幽眇高深之論；蘇軾史評著述亦頗具有闊達而據筆直書的精神；胡安國之侄胡致堂論史則有詳實而近乎瑣細的特點。

在筆者看來，黃道周於古今數百史論家中，惟獨推崇如上四家，與其否棄空疏不實之學的意趣頗為相關。譬如，柳宗元主張「文以明道」，故道周推尊

〔註40〕 黃道周：《興元紀略》，《黃漳浦集》卷三十二《雜著》。
〔註41〕 譬如，王世貞撰《弇山堂別集》、焦竑撰《國朝獻徵錄》、張岱撰《石匱書》、談遷撰《國榷》等皆為修撰明史的頗具系統性的鴻篇巨製。
〔註42〕 黃道周：《紀南書史勺序》，《黃石齋先生文集》卷八。

之；而呂祖謙與朱熹為同一時代之人，呂氏頗為重視對於「史」的考究。他說：
「人之所遊觀其所見，我之所遊觀其所變，此可取以為看史之法。」〔註43〕又
云：「看史須看一半便掩卷，料其後成敗如何。」〔註44〕但是，朱熹卻批評呂
氏云：「史甚麼學，只是見得淺。」〔註45〕他將史學置於經學的婢女地位。在
這一點上，黃道周無疑頗為認同呂祖謙，因為他主張「經、史並重」，且切近
實用的平實學問；至於蘇軾，誠如有學者所云，他「敢於肯定漢唐間一些傑出
人物的行為，敢於探討一些具體措置、謀略的得失，而不以虛託於三代治世的
抽象道德標準來一概地否定之。」〔註46〕由此可見，其頗合道周所謂「疏而
直」之論，蘇氏論史旨趣確乎與道周相垺；而胡致堂「詳而碎」的史論風格更
是對治晚明談玄論禪的空幽學風之弊的重要思想資源。綜上所述，黃道周的論
史旨趣，無不在在表徵了其「徵之於實事」的學術傾向。

〔註43〕 （宋）呂喬年：《麗澤論說集錄》卷八《門人集錄史說》，清文淵閣四庫全書本。

〔註44〕 （宋）呂喬年：《麗澤論說集錄》卷十《門人所記雜說二》，清文淵閣四庫全書
本。

〔註45〕 （宋）黎靖德編：《朱子語類》卷一百二十二《呂伯恭》，中華書局，1986 年
版，第 2951 頁。

〔註46〕 王水照等：《蘇軾評傳》，南京大學出版社，2004 年版，第 264 頁。

第八章　結　語

　　本書行筆至此，雖然已進入結語部分，但是對於研究的主要對象黃道周儒學思想的闡論來說，似乎並未結束。黃道周的儒學思想深邃廣博，若果對之加以全面、系統地論述，實屬不易。因此，筆者試圖通過追溯晚明時代的社會背景與學術思潮的大勢來把捉黃道周學術思想中的基本問題意識。然後，以這一問題意識為軸線，將其思想的主要面相條分縷析地加以闡論。這一研究思路的優勢在於能夠提綱挈領地分析黃道周的整個儒學思想。然而，即便如此，在論述的具體內容上，亦可能失之於掛一漏萬。職是之故，筆者在此，並不僅僅是對於前文所論述的問題作一簡要總結，而且冀圖對於還未來得及加以申論的，但卻又屬於非常重要的一些思想史維度進行必要的推闡。

第一節　黃道周的批判意識與經世實用之學

　　晚明社會危機深重，黨爭劇烈，政局動盪，內憂外患迭現。正如黃道周對於是時朋黨之爭的描述：「然觀邇年以來，諸臣所目營心計，無一實為朝廷者。其用人行事，不過曰：『推求報復而已』」。〔註1〕晚明精英政治運作層面的紊亂，導致金字塔式的皇權官僚政治結構功能的嚴重失調。在以政治為第一要務的傳統中國社會，這是險象環生的徵兆，人心離散勢所必然。「今天下漸多事，人心漸散，彼此顧望，胥怨一方。」〔註2〕加之李自成、張獻忠等農民起義，與清軍大舉進犯。如上情形對於崇禎朝廷造成了極大的震動。一股股反明洪

〔註1〕黃道周：《放門回奏疏》，《黃石齋先生文集》卷一。
〔註2〕黃道周：《救錢龍錫疏》，《黃石齋先生文集》卷一。

流最終將崇禎政權加以顛覆。因此，它們引致了晚明清初士人對皇權專制政治的核心層面——君臣倫理的學術反思。這種反思到了顧、黃、王那裡，顯得尤為深刻。

在上述時代背景下，學術思潮亦顯得異常多元。程朱理學自明代中葉以降受到挑戰，自不待言。但值得注意的是，是時儒學內部本身所具有巨大的張力，使得社會道德教化功能日益削弱。這主要表現在是時王學末流越出儒家原始矩矱的近乎佛禪的學術主張上。其中，最為時人所謗議的是，「不假工夫，良知本體便可自由流行」的詮法。不可否認，這一股承繼陽明心學的學術思潮在晚明社會的影響非常之大。然而，這正是其時大多儒者引以為焦慮之所在。正如美國學者包筠雅所說，「東林思想家們害怕文人們一旦相信善惡可以由個人主觀解釋，並開始按照這一觀念行事，就會導致道德輿論作用的喪失，使政治一統瓦解。」〔註3〕包氏直白的話語道出了包括黃道周在內的士大夫們最為深切的憂慮。

晚明政治社會秩序紊亂不堪，或者說人事已亂，如之奈何？求之於「天」。在某種意義上，這是一種人世間的一切合法性皆源於「天」的「天人合一」、「天人相應」的思維模式。黃道周基於濃鬱的救世情懷致力於重建晚明理想政治社會秩序的學術實踐。其主要理路在於「推天道以明人事」。故此，筆者主要在天人秩序的視野下，首先從日常生活世界及其思想演進這一總體維度來梳理黃道周重建晚明儒學的心路歷程。然後，分別從「易學與陰陽五行思想」、「心性論思想」、「禮學思想」以及「史學思想」等方面深入黃道周的學術思想堂奧進行細微的學理闡釋。其中，「易學與陰陽五行思想」展示了他思想中的天學建構，亦即是探究何為「天道」的問題；「心性論思想」與「禮學思想」主要討論了其人學建構，亦即是何為「人道」的問題；「史學」則彰顯了其探究天人相與之道時，徵之於實事，而非墜落於空言的實學指向。在黃道周看來，「天人同構，同類相應」。由此，才有實現「推天道以明人事」之可能。總之，天人秩序是黃道周思想中頗具核心性的話語。

在上述儒學重建過程中，黃道周所展現的強烈批判意識令人印象深刻，譬如他對宋儒道統論與王學末流的批判。其前文已述，茲不贅言。此外，他的批判意識還呈現在晚明經學回歸運動中所出現的經典詮釋問題上。

〔註3〕（美）包筠雅：《功過格：明清社會的道德秩序》，浙江人民出版社，1998年版，第21頁。

　　晚明時代，「理學正統」的權威性遭受到明顯的削弱，學術思潮日漸多元。譬如，隨著「六經」回歸運動的興起，晚明士人對於《四書》的關注度漸呈下降趨勢，而對於《尚書》研究的興趣卻愈來愈濃，詮說紛紜。然而，這在黃道周看來，他們在很大程度上背離了儒學經典的原旨而入於異端之說。黃道周云：

> 書說之濫觴，未有如今日者。豈今日之文衰耶？蓋理極思變，耳目厭常，遂相與鉤深索異，欲求世之盼已，何異老婦強作嬌聲？鳴琴雜以鄭、衛，適足取厭而自詔耳。不知味以淡為佳，物以素為雅，日月以有恆為新，此天地之至文也。《四書》皆聖賢名理，咳唾珠璣，漢、宋以來，咀嚼不盡，何暇他求？是非不明，毀譽橫加，自欺欺人，以毒當世，遂使操觚之士，途眩多岐，莫知所適，此皆當坐文法之大辟。昭明分經，墮於阿鼻，夫佛異端也。分經非大罪也，釋教尚不容釋，況儒學經天，敢妄生支解，余不知所置罪矣。〔註4〕

　　黃道周認為，晚明的「書說」現象，是「理極思變」的結果，而對於儒家經典的「鉤深索異」的過度詮釋，則導致了「是非不明，毀譽橫加，自欺欺人，以毒當世，遂使操觚之士，途眩多岐，莫知所適」的後果。他還認為，這種學術現象的存在，在某種程度上具有顛覆儒學的正統地位的可能。亦誠如晚明學者卞洪勳所云：「今之治《書》者，率多承襲傅會，又或標奇逞臆，經學之厄甚矣」。〔註5〕又如《四庫全書總目》云：「《書》以道政事，儒者不能異說也」。〔註6〕因此，黃道周頗為感慨：「儒學經天，敢妄生支解，余不知所置罪矣」。平心而論，這一學術現象的出現是晚明「通經致用」的思潮湧動的表徵。是時學者雖主觀上試圖通過回歸經典研究，探求孔孟之學的真諦，以抗擊佛禪之學的空疏，但所料未及的是，在客觀上卻再次出現了言人人殊的局面。在黃道周看來，對於晚明儒家理想政治與社會秩序的重建來說，經典詮釋的紛亂與王學末流的巨響無疑是來自不同向度的嚴重挑戰。因此，他對肆意詮解經典聖意的學術現象的批評，幾乎與對王學末流的態度相同。

〔註4〕 黃道周：《書余氏書說後》，《黃石齋先生文集》卷十二《墓誌、哀詞、書後、題詞》。

〔註5〕 （明）卞洪勳：《書經原旨序》，見朱彝尊《經義考》（第三冊）卷九十一《書十二》，臺灣中央研究院中國文史研究所籌備處，1997 年版，第 519 頁。

〔註6〕 （清）紀昀等：《欽定四庫全書總目》卷十一《書類》，中華書局，1997 年版，第 138 頁。

此外，我們通過這則材料亦可以窺見，在晚明學風空疏與清代中葉考據學盛行之間存在一種中間環節。那就是晚明時期出現的對儒學經典的肆意詮釋現象。這種肆意詮釋經典的學術風氣也是激發後來考據學流行於學界的最為重要的原因之一。因為經典解釋的多歧而紛繁亦導致了學者探問孔孟儒學原旨訴求的增加，最後無所能決，只剩下考證、訓詁以明義理一途了。

除了將晚明社會危機的肇因歸之於學風空疏與異端之說外，黃道周對於明代「八股取士」的科舉制度給人才選拔帶來的負面影響亦進行了嚴厲的批判。他說：

> 今士燥發，摸孔孟衣冠，談笑無所不似，逮其離經為天子使，回視兩家如未通姓，即欲程以世務，不過取幾種要書，割截諷誦，大小數十條，稱通達人矣。天下事，獨領見奇，群習之何所不套以聖賢語，著令念誦白頭，尚如此，即復摻藪，舉孝悌力田，亦與門蔭納粟同科，安得一藝上周孔之路。然去今未幾年，求一人曉兵、農、算數，亦不可得」。〔註7〕

由此可見，晚明士風在科舉制度的侵染下變得躁動不安，他們眼中的孔孟之學僅僅是謀取利祿的工具，已非「周孔」之經世實學。通過此種制度選拔出來的官員與「門蔭納粟」者並無二致，最後導致了「求一人曉兵、農、算數，亦不可得」的局面。因此，欲培養應對政治社會危機的救時之才，亦不免淪為妄談了。上述言論是黃道周在主持浙江鄉試時所撰《浙試錄序》中的一段話，表達了他痛詆扼殺經世人才的明代科舉制度的心聲。由此而觀，黃道周致力於經世實用之學與他對於科舉造就「燥發」與「空談」士風的批判有著頗為密切的關聯。

晚明時期，經世實用之學顯得異乎尋常的熾熱。正如趙園先生所說，「緊迫而直接的『用』，推動了被認為『適用』的知識的傳播，以至當失卻了『救亡』這一目標之後，慣性仍足以使得對『功效』的主張較之此前此後都顯得不但必要而且正大。在明將亡、既亡的背景上，『有用』這以尺度，確也被一些士人格外強調了。」〔註8〕在很大程度上，這是其時社會危機使然。譬如，陳子龍編輯的《皇明經世文編》的問世，即反映了時人追求經世實用之學的價值

〔註7〕黃道周：《浙試錄序》，《黃石齋先生文集》卷八。
〔註8〕趙園：《制度・言論・心態——〈明清士大夫研究〉續編》，北京大學出版社，2006年版，第14～15頁。

取向。對於黃道周來說，此類著述亦為不少。譬如《博物典彙》與《群書典彙》二書，即主要涉及天文、禮制、王霸、建官、田制、鹽法漕運、兵制、九邊等方面知識。其凸顯了黃道周學術思想中頗為明顯的經世實用的特點。

第二節　黃道周的學術影響及其歷史地位

有明一代，講學之風自非前代所能比肩。正如黃宗羲所講，「有明事功文章，未必能越前代，至於講學，余妄謂過之。」〔註9〕此一情形，在明代中葉以後尤甚。陽明心學的崛興標誌著明代講學高峰的到來。明代學者查鐸〔註10〕說：「故學也者，所以存此幾希。學矣而有會也者，正求與朋友合併講明此幾希而求存之也。此會之不可以已也。」〔註11〕在他看來，講會是朋友之間切磋學問的最佳平臺。這也是明代講會之所以繁盛的十分重要的原因。同時，明代講會活動的普遍又為各種學術、學派的構建與形成奠定了堅實的基礎。

如前所述，黃道周一生精力盡於著述與講學之上。講學之於其學術影響的擴布大有裨益。「道周學派」的形成表徵了黃道周在晚明社會擁有較大的學術影響力，而這無疑得益於其與弟子講學活動的廣泛開展。

不過，黃道周意識到，舉辦講學、講會於聖學的發揚雖大有裨益，但是亦有激化黨爭之虞。他說：

> 士大夫在朝守官，不樂有講學之名業，以啟沃歸於細旃，敬樂歸於黌序。誠不必多一翻握笑，為達者所憂。〔註12〕

黃道周明確指出，對於士大夫來說，在朝之官，是不適合於講學的。因為「誠不必多一翻握笑，為達者所憂」。他雖然肯認講學本身的價值意義，但是也認識到在朋黨之爭甚為猖獗的晚明朝廷，講學無疑會導致門戶分立，為權勢者所忌恨，這對是時政治局勢的發展是非常有害的。對此，《明史》亦有所批評：「攀龍與顧憲成講學東林，以道學相切磋。類皆詆譏陽明，維護程朱，從遊日眾。憲成於神宗萬曆季年先歿，而攀龍卒以觸魏閹，得罪死。崇禎即

〔註 9〕　（清）黃宗羲：《明儒學案序》，《明儒學案》，中華書局，1985 年版，第 7 頁。
〔註10〕　查鐸（1516～1589），字子警，號毅齋，涇縣（今屬安徽）人，嘉靖四十四年（1565）進士，授德安推官。萬曆初任廣西副使，以疾告歸，在鄉修復水西書院，並講學於此。著有《闡道集》、《毅齋經說》以及《水西會語》等。
〔註11〕　（明）查鐸：《水西會條》，轉引自鄧洪波編著《中國書院學規》，湖南大學出版社，2000 年版，第 61 頁。
〔註12〕　黃道周：《書示同學二十一則》，《黃漳浦集》卷三十《雜著》。

位，誅忠賢而治其黨。東林復重於世，而清議愈熾。卒以此故，講學之流，流而至於門戶。」〔註13〕儒者講學過多牽涉於政治爭鬥，這是黃道周深以為憂的。故此，黃道周在京師做官時，異常謹慎，不肯參與其他東林學者組織的講學、講會活動，以免朋黨之譏。有一則材料，可證明黃道周對於舉辦講學活動的謹慎：

> （1635年）乙亥仲冬，劉贛穆兄弟卜築天治之巔，張晶之、楊元實同予至天治。贛美方以選貢至，未謁客，亦從山中游歸，已過初旬之期，乃以十六日集於榕壇。某以講論二年，大旨只為「明善致知」，聽聞已狎，聲實未綜，恐漸為朋從往來之累，或有誂聞動眾之嫌，斷以是日鎖結講事。〔註14〕

此時，黃道周尚在他的家鄉福建漳浦過著家居的鄉紳生活。崇禎朝廷的黨爭，已是千里之外的事情了。但是，他仍然保持謹慎的態度，「恐漸為朋從往來之累，或有誂聞動眾之嫌」。不過，他罷官回鄉以後，頗熱心於講學活動，卻是不爭的事實。為了講學論道之便，他曾與眾弟子建築書院多處。如杭州的大滌書院、漳浦的明誠書院、漳州的榕壇書院等。之所以如此，是因為他認識到講學亦能發揮「育德善俗」的功能：

> ……至於家居，有子弟闔族之責。欲整齊風軌，開益來人。即歲時類聚，敷颺舊學，以上暢皇仁，下匡流染，不得復以月旦為嫌。易《漸》之上九，羽可用為儀；《蠱》之上九曰：「高尚其事。」兩象皆居末爻，不當位。夫子皆繫之曰：「育德善俗。」可見育德非獨先甲之能善俗，非獨長民之任也。〔註15〕

在黃道周看來，家居講學主要是為了暢發孔孟儒學，起到移風易俗的作用，最終達致重建晚明儒家道德秩序的目的，而這並非僅僅是「長民之任」的在職官吏所能為的。因此，他在不得意於官場之後，便不遺餘力地將精力投入到籌建書院與講學活動中來。

黃道周講學活動頻繁，弟子眾多，學術影響亦非常之大，「其時及門者遍天下」，〔註16〕堪為一代儒學宗師。按照常理來說，他們已經具備了建構學派

〔註13〕（清）張廷玉：《明史》卷二百六十五《元璐傳》。
〔註14〕黃道周：《榕壇問業》卷十六。
〔註15〕黃道周：《書示同學二十一則》，《黃漳浦集》卷三十《雜著》。
〔註16〕（清）黃宗羲：《朱康流先生墓誌銘》，《黃梨洲文集》，中華書局，2009年版，第162頁。

的條件與實力了。但是，筆者對於「道周學派」概念的把捉與論述，總是傾向於謹慎的態度。直到筆者看到清代乾隆年間，李光地的孫子李清馥撰寫的《閩中理學淵源考》時，才肯定晚明清初時期確乎存在「道周學派」一說。它在一定程度上凸顯了是時士人對於黃道周的學術思想及其學派影響力的認同。這是筆者所見到的有確切的清代文本為依據的史料。該著就地緣關係，簡要介紹了「道周學派」中閩地成員的生平以及與黃道周之間的師承關係。他們分別是，張若化、張若仲、張士楷、蔡春溶、林邁佳、洪思、陳天定、涂仲吉、紀許國、王仍輅、張變、范方等。由此，堅定了筆者對「道周學派」進行探索的決心。然而，具體深究已非本書所能解決，只能以俟日後研究。

其實，除此之外，與黃道周有著十分明顯師承關係的，還有錢澄之、方以智、朱朝瑛、黃宗羲、陳盡謨、張履祥、董說等。不過，這種學術師承主要表現在易學研究上。在某種程度上，黃道周的易學思想在他們身上得以傳承。

首先，據《四庫全書簡明目錄提要》載，「澄之初問《易》於黃道周，故詳於數學，後乃兼求義理，參取王弼、孔穎達、程子、朱子之間。其謂先天河、洛皆因《易》而作圖，用錢義方說；謂圖中奇偶乃揲蓍之法，非畫卦之本，用陳應潤之說也。」〔註17〕錢澄之在晚明清初亦是一位頗享盛名的學者。他的易學承繼了黃道周易學思想中博大宏通的氣象。

其次，方以智雖生於易學世家，但亦與其父時常向黃道周問《易》。據《莊譜》崇禎十三年（1640年）載：「方開府與先生同在西庫，自言詮《易》三世，未畢此理。見先生所著（《易象正》），片字落紙，輒觀玩不已，曰：『吾雖不及次公，寧怖夕死，遽墜朝聞乎！』」〔註18〕此後，黃道周的易學思想在方氏父子的《周易時論合編》中多有繼承。如方孔炤說：「黃石齋曰：『學者動卑象數，故天道不著，……曆律象數，聖人所以剛柔損益之具也。』余同西庫而信之，歸學邵學，殫不及，以命子孫。」〔註19〕因此，方以智與黃道周有著明顯的師承關係。

再次，朱朝瑛亦深得道周易學之傳。誠如黃宗羲所云，黃道周的學術思想猶如武庫無所不備，而尤精於《易》、曆之學，從其學者眾多，「隨其質之所近，止啼落草，至於《易》、曆，諸子無復著坐之處，相與探天根月窟者，則康流

〔註17〕轉引自（明）錢澄之：《田間易學》，黃山書社，1998年版，第6頁。
〔註18〕（明）莊起儔：《漳浦黃先生年譜》，《黃道周年譜》，第72頁。
〔註19〕（明）方孔炤、方以智：《周易時論合編・圖像幾表》卷八《極數概》。

先生一人而已」。〔註20〕《四庫全書總目》亦云：「朝瑛有《讀易略記》……其學出自黃道周，頗不拘墟於俗見。」〔註21〕

復次，黃宗羲亦曾受學于石齋。有關黃道周與黃宗羲之間的學術師承關係，黃宗羲在給弟子許三禮〔註22〕撰寫墓誌銘時特為提出。他說：「余自丙辰至庚申五年，皆在海寧奉先生之教，而先生又從余受黃石齋先生《三易洞璣》及授時、西、回三曆，不可不為知己。」〔註23〕由此可見，黃道周易學思想在黃宗羲那裡亦得到一定程度的傳承。因此，全祖望所謂黃宗羲「軼出念臺之藩，而窺漳海之室」〔註24〕的說法是頗為有據的。而陳盡謨、張履祥、董說等人于石齋處亦各自有所授受，此不盡言。總之，上述學者為黃道周的學術思想的傳承與闡揚作出了重要貢獻。在某種意義上，將他們視為「道周學派」的成員，亦無不妥。

黃道周對於後世的學術影響是頗為巨大的。蔣湘南云：「其學足以開物成務，彰往察來，為國朝黃南雷、戴東原兩大派之所從出。」〔註25〕黃宗羲、戴震二人是清代學術思想史上頗為著名的學者、思想家。而蔣氏認為黃道周的「開物成務，彰往察來」的學問則是黃、戴兩大學派的淵源所在。基於此，他進一步明確黃道周的歷史地位：「論古今學術有五大儒，而以漳浦黃石齋先

〔註20〕（清）黃宗羲：《朱康流先生墓誌銘》，《黃梨洲文集》，中華書局，2009 年版，第 162 頁。

〔註21〕（清）紀昀：《欽定四庫全書總目》，中華書局，1997 年版，第 367 頁。

〔註22〕許三禮（1625～1691），字典三，號酉山，河南安陽人，順治年間進士，授浙江海寧知縣。許氏的學術傾向與黃道周頗為相似，皆注重於對外在的「天道」的探究，從而「推天道以明人事」。如許氏說：「試讀五經皆聖人之書，那一篇不自本源言起，孔曰知天，孟曰事天，邵曰謝天，趙曰告天，……三代而上，帝王皆從天道上研究出人事，三代而後，聖人又從人事內仰合乎天則。聖學絕，黃老興，黃之派，卑視天，尊自性；老之派，尊事天，略人事。儒者矯之辟之，單重人事，略言天，只以一理字視之，嗟嗟，唯聖希天，不事天，是聖學絕矣。今欲講明聖學，還從事天標為宗旨。」（許三禮：《天中許子政學合一集》，《四庫全書存目叢書》子部，臺灣莊嚴文化事業公司，1995 年版，第 527 頁。）由此可推，黃道周的學術思想在許三禮那裡亦得以傳承下來。而《三易洞璣》則成為了黃道周、黃宗羲與許三禮之間學術傳續的紐帶。

〔註23〕（清）黃宗羲：《兵部督捕右侍郎酉山許先生墓誌銘》，《黃梨洲文集》，第 245 頁。

〔註24〕（清）全祖望：《鮚埼亭集外編》卷四十四《答諸生問南雷學術帖子》，《全祖望集匯校集注》，上海古籍出版社，2000 年版，第 1695 頁。

〔註25〕（清）李岳瑞：《黃石齋書牘》序言，上海廣智書局光緒三十四年（1908）版，第 1 頁。

生，繼康成鄭氏之後。」〔註26〕誠然，蔣氏將黃道周列為繼鄭康成之後的中國
五位學術大儒之一，雖難免溢美之嫌，但亦絕不是對乾隆政治表彰的簡單附
合，而是基於對黃道周儒學思想貢獻的深刻體認，進而充分肯定其在中國學術
史上極為重要的地位。

梁任公曾云：「凡大思想家所留下話雖或在當時不發生效力，然而那話灌
輸到國民的『下意識』裏頭，碰著機緣便會復活，而且其力極猛。」〔註27〕此
機緣者，亦即時代思潮也。清代嘉、道以降，內憂外患日益顯現，經世致用思
潮逐漸勃興。蔣氏所作出的上述論評，在某種意義上與其時代思潮有著密切的
聯繫。而這一評騭亦凸顯了黃道周的經世實學思想在是時的極大影響力，「其
指陳深中時弊，足為萬世龜鑑」。〔註28〕該影響力直接或間接地促使了道光五
年黃道周從祀文廟得以獲准。

總之，「明季之運，政衰於上，士氣猶盛於下，故道未墜於地。一時魁儒
大抵博通古今，負經緯區宇之略，其身則風氣轉移之所繫也；其所著書則後來
取法之所資也。」〔註29〕黃道周及其學派無疑承載了這一歷史的重任。

〔註26〕 （清）李岳瑞：《黃石齋書牘》序言，第 1 頁。蔣湘南曾列出中國古今五位學
　　　　術大儒：鄭玄（康成）、黃道周（石齋）、黃宗羲（梨洲）、戴震（東原）與錢
　　　　大昕（竹汀），參見蔣氏《遊藝錄》卷二《大儒五人》，民國資益館鉛印本。
〔註27〕 梁啟超：《飲冰室專集之七十五》，《飲冰室合集》第 10 冊，中華書局，1989
　　　　年版，第二八頁。
〔註28〕 （清）陳壽祺編：《黃漳浦集》卷首，《道光五年二月十六日禮部謹奏為遵旨議
　　　　奏事》。
〔註29〕 （清）陸寶忠：《遺書序》，《陸桴亭先生遺書二十二種》，清光緒二十五年唐受
　　　　祺京師刊本。

主要參考文獻

一、黃道周著述類

1. 《博物典匯》，明崇禎十六年刻本。
2. 《表記集傳》二卷，清文淵閣四庫全書本。
3. 《坊記集傳》二卷，清文淵閣四庫全書本。
4. 《廣名將傳》，孟冰點校，北京：書目文獻出版社，1986 年版。
5. 《黃石齋書牘》，上海：廣智書局清光緒三十四年（1908）版。
6. 《黃漳浦集》，清道光十年（1830）福州陳壽祺刻本。
7. 《黃石齋未刻稿》，南京中央圖書館民國三十六年（1947）影印本。
8. 《黃石齋先生文集》，清康熙五十三年（1714）刻本。
9. 《群書典匯》十四卷，續修四庫全書本。
10. 《榕壇問業》十八卷，清乾隆十五年刻本。
11. 《儒行集傳》三卷，清文淵閣四庫全書本。
12. 《三易洞璣》十六卷，清文淵閣四庫全書本。
13. 《石齋先生經義四種》，清道光五年（1825）刻本。
14. 《石齋先生經傳九種》，清康熙三十二年（1693）浙江晉安鄭開極刻本。
15. 《孝經集傳》四卷，清文淵閣四庫全書本。
16. 《易象正》十六卷，清文淵閣四庫全書本。
17. 《月令明義》四卷，清文淵閣四庫全書本。
18. 《緇衣集傳》四卷，清文淵閣四庫全書本。

19.《易象正》，翟奎鳳整理，北京：中華書局，2011 年版。

20.《黃道周集》，翟奎鳳、鄭晨寅、蔡傑整理，北京：中華書局，2017 年版。

二、古籍文獻類

1. 蔡清：《蔡文莊公集》，清乾隆七年（1742）遜敏齋刻本。

2. 程顥、程頤：《二程集》，北京：中華書局，1981 年版。

3. 曹元弼：《禮經學》，續修四庫全書本，上海古籍出版社，2002 年版。

4. 陳湖逸史：《荊駝逸史》，宣統三年（1911）上海錦章圖書局石印本。

5. 陳汝箴：《光緒漳浦縣志》，民國二十五年（1936）朱熙鉛印影印本。

6. 陳夢雷：《古今圖書集成·理學彙編經籍典》，中華書局，1934 年影印本。

7. 陳子龍：《明經世文編》，上海：上海古籍出版社，1996 年版。

8. 丁易東：《周易象義》，清文淵閣四庫全書本。

9. 都絜：《易體變義》，清文淵閣四庫全書本。

10. 顧憲成：《小心齋箚記》，明萬曆三十六年（1608）蔡獻臣刻本。

11. 顧炎武：《日知錄》，清康熙三十四年（1695）刻本。

12. 顧炎武：《顧亭林詩文集》，北京：中華書局，1983 年版。

13. 黃宗羲：《易學象數論》，清文淵閣四庫全書本。

14. 黃宗羲：《明儒學案》，北京：中華書局，1985 年版。

15. 黃宗羲：《宋元學案》，北京：中華書局，1986 年版。

16. 黃宗羲：《黃梨洲文集》，北京：中華書局，2009 年版。

17. 黃宗炎：《圖學辨惑》，清文淵閣四庫全書本。

18. 韓愈：《韓昌黎文集校注》，上海：上海古籍出版社，1986 年版。

19. 賀長齡：《皇朝經世文編》，清道光七年（1827）刊行本。

20. 洪思等：《黃道周年譜》，侯真平，婁曾泉校點，福州：福建人民出版社，1999 年版。

21. 蔣湘南：《遊藝錄》，民國資益館鉛印本。

22. 蔣垣：《八閩理學源流》，武漢大學圖書館藏本。

23. 計六奇：《明季南略》，任道斌、魏得良校點，北京：中華書局，1984 年版。

24. 紀昀：《欽定四庫全書總目》，北京：中華書局，1997 年版。

25. 焦竑：《澹園集》，北京：中華書局，1999 年版。

26. 黎靖德：《朱子語類》，北京：中華書局，1985 年版。

27. 黎遂球：《蓮須閣集》，清康熙黎延祖刻本。

28. 李光地：《榕村語錄續集》，清光緒傅氏藏園刻本。

29. 李光地：《榕村語錄》，清文淵閣四庫全書本。

30. 李景銘：《閩中會館志》，民國三十一年（1942）鉛印本。

31. 李贄：《焚書》，北京：中華書局，1975 年版。

32. 李贄：《李贄文集》，北京：社會科學文獻出版社，2000 年版。

33. 李道平：《周易集解纂疏》，北京：中華書局，1994 年版。

34. 呂坤：《呂坤全集》，北京：中華書局，2008 年版。

35. 呂維祺：《孝經大全》，清康熙刻本。

36. 呂留良：《玄覽堂叢書》續集（鄭振鐸輯），國立中央圖書館，1947 年版。

37. 劉獻廷：《廣陽雜記》，北京：中華書局，1957 年版。

38. 劉宗周：《劉宗周全集》，吳光主編，杭州：浙江古籍出版社，2007 年版。

39. 來知德：《周易集注》，北京：九州島出版社，2004 年版。

40. 陸世儀：《思辨錄輯要》，清文淵閣四庫全書本。

41. 羅欽順：《困學記》，北京：中華書局，1990 年版。

42. 皮錫瑞：《經學通論》，北京：中華書局，1954 年版。

43. 皮錫瑞：《經學歷史》，北京：中華書局，2004 年版。

44. 錢澄之：《所知錄》，四庫禁燬叢刊本。

45. 錢澄之：《田間易學》，吳懷祺校點，合肥：黃山書社，1998 年版。

46. 丘濬：《大學衍義補》，清文淵閣四庫全書本。

47. 阮元：《揅經室》，四部叢刊本。

48. 司馬遷：《史記》，北京：中華書局，1959 年版。

49. 蘇洵：《嘉祐集》，四部備要集部本，北京：中華書局，1989 年版。

50. 蘇輿：《春秋繁露義證》，北京：中華書局，1992 年版。

51. 宋該：《易小傳》，清文淵閣四庫全書本。

52. 孫奇逢：《夏峰先生集》，北京：中華書局，2004 年版。

53. 孫承澤：《山書》，杭州：浙江古籍出版社，1989 年版。

54. 脫脫：《宋史》，北京：中華書局，1979 年版。

55. 譚嗣同：《譚嗣同全集》，北京：三聯書店，1954 年版。

56. 王懋竑：《朱子年譜》，北京：商務印書館叢書集成初編本。

57. 王先謙：《荀子集解》，北京：中華書局，1988 年版。

58. 王守仁：《王陽明全集》，上海：上海古籍出版社，2001 年版。

59. 王畿：《王畿集》，南京：鳳凰出版社，2007 年版。

60. 王夫之：《船山全書》，長沙：嶽麓書社，1996 年版。

61. 汪廷珍：《陸九淵集》，北京：中華書局，1980 年版。

62. 吳應箕：《東林本末》（外七種），北京：北京古籍出版社，2002 年版。

63. 徐霞客：《徐霞客遊記》，成都：成都出版社，1995 年版。

64. 袁宗道：《白書齋類集》，明刻本。

65. 楊時：《龜山先生全集》，明萬曆林熙春刻本。

66. 鄒守益：《鄒守益集》，南京：鳳凰出版社，2007 年版。

67. 朱熹：《家禮》，清文淵閣四庫全書本。

68. 朱熹：《周易啟蒙》，清文淵閣四庫全書本。

69. 朱熹：《朱文公文集》，上海：商務印書館，民國（1936 年）影印本。

70. 朱熹：《四書章句集注》，北京：中華書局，1983 年版。

71. 朱熹：《周易本義》，廖名春點校，北京：中華書局，2009 年版。

72. 朱震：《漢上易傳》，清文淵閣四庫全書本。

73. 朱元升：《三易備遺》，清文淵閣四庫全書本。

74. 朱鴻：《孝經總類》，續修四庫全書本。

75. 朱彝尊：《靜志居詩話》，清嘉慶扶荔山房刻本。

76. 朱彝尊：《經義考》，（臺灣）中央研究院中國文史研究所籌備處，1997 年版。

77. 朱彬：《禮記訓纂》，北京：中華書局，1996 年版。

78. 章履仁：《姓史人物考》，清乾隆二十年（1755）刻本。

79. 張夏：《洛閩源流錄》，清康熙二十一年（1682）黃昌衢彝敘堂刻本。

80. 張萱：《西園聞見錄》，民國十九年（1930）哈佛燕京學社刊印本。

81. 張廷玉：《明史》，北京：中華書局，1974 年版。

82. 張載：《張載集》，北京：中華書局，1978 年版。

83. 鄭方坤：《全閩詩話》，陳節、劉大治點校，福州：福建人民出版社，2006
年版。

84. 智旭：《周易禪解》，揚州：廣陵書社，2006 年版。

85. 周中孚：《鄭堂讀書記》，北京：商務印書館，1959 年版。

86. 周敦頤：《周敦頤集》，長沙：嶽麓書社，2002 年版。

87. 康熙《海澄縣志》，龍海縣地方志辦公室重印本。

88. 《漳浦縣志》（清康熙志・光緒再續志），福建省漳浦縣政協文史資料徵集

研究委員會編，2004 年版。

89.《清史資料》，中國社會科學院清史室編，中華書局，1985 年版。

三、論著類

1. 卞敏：《柳如是新傳》，杭州：浙江人民出版社，1997 年版。

2. 陳登原：《顏習齋哲學思想述》，上海：東方出版中心，1989 年版。

3. 陳寅恪：《柳如是別傳》，北京：三聯書店，2001 年版。

4. 陳來：《宋明理學》，瀋陽：遼寧教育出版社，1995 年版。

5. 陳來：《中國近世思想史研究》，北京：商務印書館，2003 年版。

6. 陳鼓應：《易傳與道家思想》，北京：三聯書店，1996 年版。

7. 東方朔：《劉蕺山哲學研究》，上海：上海人民出版社，1997 年版。

8. 馮天瑜：《明清文化史散論》，武漢：華中理工大學出版社，1998 年版。

9. 馮天瑜、何曉明、周積明：《中華文化史》，上海：上海人民出版社，2005 年版。

10. 馮友蘭：《中國哲學史》，上海：華東師範大學出版社，2000 年版。

11. 方祖猷：《王畿評傳》，南京：南京大學出版社，2001 年版。

12. 樊樹志：《晚明史》，上海：復旦大學出版社，2003 年版。

13. 范金民：《國計民生：明清社會經濟研究》，福州：福建人民出版社，2008 年版。

14. 郭紹虞：《中國文學批評史》，天津：百花文藝出版社，1999 年版。

15. 郭湛波：《近五十年中國思想史》，上海：上海古籍出版社，2005 年版。

16. 郭彧：《易圖講座》，北京：華夏出版社，2007 年版。

17. 高懷民：《先秦易學史》，桂林：廣西師範大學出版社，2007 年版。

18. 高懷民：《兩漢易學史》，桂林：廣西師範大學出版社，2007 年版。

19. 高懷民：《宋元明易學史》，桂林：廣西師範大學出版社，2007 年版。

20. 龔鵬程：《漢代思潮》，北京：商務印書館，2005 年版。

21. 龔鵬程：《晚明思潮》，北京：商務印書館，2005 年版。

22. 關長龍：《兩宋道學命運的歷史考察》，上海：學林出版社，2001 年版。

23. 葛兆光：《中國思想史》，上海：復旦大學出版社，2001 年版。

24. 何曉明：《返本與開新——近代中國文化保守主義新論》，北京：商務印書館，2006 年版。

25. 洪修平：《中國佛教與儒道思想》，北京：宗教文化出版社，2004 年版。

26. 侯外廬：《中國思想通史》，北京：人民出版社，1957 年版。

27. 侯外廬：《宋明理學史》，北京：人民出版社，1987 年版。

28. 翟奎鳳：《以易測天——黃道周易學思想研究》，北京：中國社會科學出版社，2012 版。

29. 楊肇中：《天人秩序視野下的晚明儒學重建——黃道周思想研究》，北京：中國社會科學出版社，2013 年版。

30. 陳良武：《黃道周學術思想與文學研究》，北京：人民出版社，2015 年版。

31. 許卉：《黃道周哲學思想研究》，北京：中國社會科學出版社，2016 年版。

32. 鄭晨寅：《黃道周與朱子學》，北京：中國社會科學出版社，2021 年版。

33. 侯真平：《黃道周紀年著述書畫考》，廈門：廈門大學出版社，1994 年版。

34. 梁啟超：《飲冰室合集》，北京：中華書局，1989 年版。

35. 梁啟超：《中國近三百年學術史》，天津：天津古籍出版社，2003 年版。

36. 勞思光：《新編中國哲學史》，桂林：廣西師範大學出版社，2005 年版。

37. 劉北成：《中國書法全集·黃道周卷》，北京：榮寶齋出版社，1994 年版。

38. 盧央：《易學與天文學》，北京：中國書店，2003 年版。

39. 嵇文甫：《晚明思想史論》，北京：東方出版社，1996 年版。

40. 金春峰：《漢代思想史》，北京：中國社會科學出版社，1997 年版。

41. 呂思勉：《經子解題》，上海：上海文藝出版社，1999 年。

42. 呂妙芬：《陽明學士人群體：歷史、思想與實踐》，北京：新星出版社，2006 年版。

43. 李澤厚：《新版中國古代思想史論》，天津：天津社會科學院出版社，2008 年版。

44. 李樹：《中國科舉史話》，濟南：齊魯書社，2004 年版。

45. 李維武：《徐復觀文集——中國人性論史·先秦篇》，武漢：湖北人民出版社，2009 年版。

46. 李維武：《徐復觀文集——兩漢思想史》（選錄），武漢：湖北人民出版社，2009 年版。

47. 廖名春：《周易研究史》，長沙：湖南出版社，1991 年版。

48. 林拓：《文化的地理過程分析：福建文化的地域性考察》，上海：上海書店出版社，2004 年版。

49. 劉大鈞：《象數精解》，成都：巴蜀書社，2004 年版。

50. 劉笑敢：《中國哲學與文化》第五輯，桂林：廣西師範大學出版社，2009年版。

51. 毛峰：《神秘主義詩學》，北京：三聯書店，1998年版。

52. 孟森：《明史講義》，北京：中華書局，2006年版。

53. 錢穆：《中國近三百年學術史》，北京：中華書局，1997年版。

54. 錢穆：《中國學術思想史論叢》（七），九州出版社，2011年版。

55. 丘為君：《戴震學的形成——知識論述在近代中國的誕生》，北京：新星出版社，2006年版。

56. 容肇祖：《明代思想史》，濟南：齊魯書社，1992年版。

57. 唐明邦主編：《周易評注》，北京：中華書局，2004年版。

58. 唐明邦、汪學群：《易學與長江文化》，武漢：湖北教育出版社，2004年版。

59. 唐君毅：《中國哲學原論》，北京：中國社會科學出版社，2006年版。

60. 王國維：《觀堂集林》，北京：中華書局，1959年版。

61. 王煜：《新儒家的演變——宋代以後儒學的純與雜》，香港：香港中文大學出版社，1990年版。

62. 王日根：《鄉土之鏈——明清會館與社會變遷》，天津：天津人民出版社，1996年版。

63. 王壽南：《中國歷代思想家》，臺灣：臺灣商務印書館，1999年版。

64. 王水照等：《蘇軾評傳》，南京大學出版社，2004年版。

65. 王汎森：《晚明清初思想十論》，上海：復旦大學出版社，2004年版。

66. 汪受寬：《孝經譯注》，上海：上海古籍出版社，1998年版。

67. 汪學群：《清初易學》，北京：商務印書館，2004年版。

68. 汪暉：《現代中國思想的興起》，北京：三聯書店，2004年版。

69. 吳前衡：《〈傳〉前易學》，武漢：湖北人民出版社，2008年版。

70. 吳震：《陽明後學研究》，上海人民出版社，2003年版。

71. 吳震：《泰州學派研究》，中國人民大學出版社，2009年版。

72. 謝國楨：《明清之際黨社運動考》，北京：中華書局，1982年版。

73. 熊十力：《讀經示要》，臺北：明文書局，1984年版。

74. 蕭萐父：《吹沙集》，成都：巴蜀書社，1991年版。

75. 蕭萐父、許蘇民：《明清啟蒙學術流變》，瀋陽：遼寧教育出版社，1995年版。

76. 許蘇民：《樸學與長江文化》，武漢：湖北教育出版社，2004 年版。

77. 許蘇民：《顧炎武評傳》，南京：南京大學出版社，2006 年版。

78. 許蘇民：《李贄評傳》，南京：南京大學出版社，2006 年版。

79. 徐克謙：《先秦儒學及其現代闡釋》，南京：南京師範大學出版社，1999 年版。

80. 徐芹庭：《易經源流——中國易經學史》，北京：中國書店，2008 年版。

81. 楊伯峻：《春秋左傳注》，北京：中華書局，1990 年版。

82. 楊豔秋：《明代史學探研》，北京：人民出版社，2005 年版。

83. 楊海英：《洪承疇與明清易代研究》，北京：商務印書館，2006 年版。

84. 葉英：《黃道周傳》，臺灣：大明印刷局，1959 年版。

85. 余英時：《中國思想傳統的現代詮釋》，南京：江蘇人民出版社，2003 年版。

86. 余英時：《朱熹的歷史世界——宋代士大夫政治文化的研究》，北京：三聯書店，2004 年版。

87. 余英時：《現代儒學的回顧與展望》，北京：三聯書店，2004 年版。

88. 余英時：《宋明理學與政治文化》，長春：吉林出版集團有限公司，2008 年版。

89. 詹亞園：《郁達夫詩詞箋注》，上海：上海古籍出版社，2006 年版。

90. 趙園：《制度·言論·心態——〈明清士大夫研究〉續編》，北京大學出版社，2006 年版。

91. 鄭安德：《明末清初耶穌會思想文獻彙編》第五卷，北京大學宗教研究所，2003 年版。

92. 鍾泰：《中國哲學史》，上海：商務印書館，1929 年版。

93. 朱伯崑：《易學哲學史》，北京：華夏出版社，1995 年版。

94. 朱維錚：《利瑪竇中文著譯集》，上海：復旦大學出版社，2007 年版。

95. 張學智：《明代哲學史》，北京：北京大學出版社，2000 年版。

96. 張顯清：《明代政治史》，桂林：廣西師範大學出版社，2003 年版。

97. 張岱年：《中國哲學大綱》，南京：江蘇教育出版社，2005 年版。

98. 張壽安：《十八世紀禮學考證的思想活力——禮教論爭與禮秩重省》，北京大學出版社，2005 年版。

99. 張君勱：《義理學十講綱要》，北京：中國人民大學出版社，2006 年版。

100. 張兵：《洪範詮釋研究》，濟南：齊魯書社，2007 年版。

101. 周桂鈿：《秦漢思想史》，石家莊：河北人民出版社，2000 年版。

102. 周積明：《文化視野下的〈四庫全書總目〉》，北京：中國青年出版社，2001年版。

103. 周群：《儒釋道與晚明文學思潮》，上海：上海書店出版社，2000 年版。

104. 左東嶺：《王學與中晚明士人心態》，北京：人民文學出版社，2000 年版。

105.（美）墨子刻：《擺脫困境——新儒學與中國政治文化的演進》，顏世安譯，南京：江蘇人民出版社，1996 年版。

106.（美）艾爾曼：《經學、政治和宗族——中華帝國晚期常州今文學派》，趙剛譯，南京：江蘇人民出版社，1998 年版。

107.（美）包筠雅：《功過格：明清社會的道德秩序》，杜正貞譯，浙江人民出版社，1998 年版。

108.（美）本傑明·史華茲：《古代中國的思想世界》，程剛譯，南京：江蘇人民出版社，2004 年版。

109.（美）成中英：《易學本體論》，北京：北京大學出版社，2006 年版。

110.（美）狄百瑞：《儒家的困境》，黃水嬰譯，北京：北京大學出版社，2009年版。

111.（日）溝口雄三：《中國的思想》，趙士林譯，北京：中國社會科學出版社，1995 年版。

112.（日）溝口雄三：《中國前近代思想的演變》，索介然譯，北京：中華書局，1997 年版。

113.（日）本田成之：《中國經學史》，上海：上海書店出版社，2001 年版。

114.（日）小野和子：《明季黨社考》，上海：上海古籍出版社，2006 年版。

115.（英）李約瑟：《中國科學技術史·科學思想史》，上海：上海古籍出版社，1990 年版。

116.（英）李約瑟：《中國古代科學》，上海：上海書店出版社，2001 年版。

117. 哈佛燕京學社主編：《儒家與自由主義》，北京：三聯書店，2001 年版。

118. 漳浦縣地方志編纂委員會編：《漳浦縣志》，北京：方志出版社，1998 年版。

四、論文類

1. 過常寶：《「春秋筆法」與古代史官的話語權力》，《北京師範大學學報》（社會科學版），2003 年第 4 期。

2. 何佳駿：《羅欽順與王門書信往來探析——以其中所涉格物致知思想為論述焦點》，臺灣《鵝湖》雜誌，2004 年第 8 期。

3. 金晟煥：《陰陽五行說與中國古代天命觀的演變——兼論陰陽五行說對易學發展的影響》，《周易研究》，1999 年第 3 期

4. 林耕年：《『氣論』在易學哲學史上的探究》，臺灣《鵝湖》雜誌，2004 年第 2 期。

5. 呂妙芬：《晚明士人論〈孝經〉與政治教化》，《臺大文史哲學報》六十一期，2004 年 12 月版。

6. 李宏圖：《語境‧概念‧修辭——昆廷‧斯金納與思想史研究》，《世界歷史》，2005 年第 4 期。

7. 李聖華：《重估明代學術價值，建構「明學」研究新體系》，《鄭州大學學報》（哲學社會科學版），2005 年第 9 期。

8. 李世愉：《科舉落第：一個被忽視的研究領域》，《探索與爭鳴》，2007 年第 3 期。

9. 彭國翔：《周海門學派歸屬辨》，《浙江社會科學》，2002 年第 4 期。

10. 彭華：《陰陽五行研究》（先秦篇），華東師範大學，2004 年博士論文。

11. 王世光：《程朱理學道統論的終結》，《天津社會科學》，2001 年第 2 期。

12. 吳根友：《近百年來「明清之際」學術、思想研究四種範式及未來展望》，《國際明清學術思想研討會暨紀念蕭萐父先生誕辰八十五週年會議資料》，武漢大學中國傳統文化研究中心、哲學院聯合主辦，2009 年 11 月。

13. 辛德勇：《記南明刻本〈西曹秋思〉——並發黃道周彈劾楊嗣昌事件之覆》，《燕京學報》新十八期，2005 年 5 月。

14. 向燕南：《從「主於道」到「主於事」：晚明史學的實學取向及侷限》，《學術月刊》，2009 年第 3 期。

15. 燕源：《〈黃道周紀年著述書畫考〉評介》，《中國史研究動態》，1997 年第 9 期。

16. 顏世安：《外部規範與內心自覺之間——析《論語》中禮與仁的關係》，《江蘇社會科學》，2007 年第 1 期。

17. 楊向奎：《禮的起源》，《孔子研究》，1986 年創刊號。

18. 楊毓團：《後五四時代明清啟蒙學術思想譜系的建構》，《福建論壇》（人文社會科學版），2009 年第 3 期。

19. 楊毓團：《黃道周禮學思想探論》，《湖北大學學報》（哲學社會科學版），2012 年第 2 期。

20. 張顯清：《晚明心學的沒落與實學思潮的興起》，《明史研究論叢》第一輯，1982 年 4 月。

21. 鄭晨寅：《黃道周研究現狀述略》，《閩臺文化交流》，2008 年第 3 期。

22. 袁爾矩：《黃道周與劉宗周哲學思想比較》，《甘肅社會科學》，1989 年第 5 期。